中央财经大学会计学科重点系列教材

中级财务会计

(第八版)

主　编　王君彩
副主编　祁怀锦　王瑞华　宗文龙

中国财经出版传媒集团
经济科学出版社
Economic Science Press

·北　京·

图书在版编目（CIP）数据

中级财务会计 / 王君彩主编. —8 版. —北京：经济科学出版社，2024.2

中央财经大学会计学科重点系列教材

ISBN 978-7-5218-5547-0

Ⅰ.①中… Ⅱ.①王… Ⅲ.①财务会计-高等学校-教材 Ⅳ.①F234.4

中国国家版本馆 CIP 数据核字（2024）第 005707 号

责任编辑：侯晓霞　凌　敏
责任校对：隗立娜
责任印制：张佳裕

中级财务会计（第八版）

王君彩　主编

经济科学出版社出版、发行　新华书店经销
社址：北京市海淀区阜成路甲 28 号　邮编：100142
教材分社电话：010-88191345　发行部电话：010-88191522
网址：www.esp.com.cn
电子邮箱：houxiaoxia@esp.com.cn
天猫网店：经济科学出版社旗舰店
网址：http://jjkxcbs.tmall.com
北京密兴印刷有限公司印装
787×1092　16 开　27.75 印张　600000 字
2024 年 2 月第 8 版　2024 年 2 月第 1 次印刷
ISBN 978-7-5218-5547-0　定价：68.00 元
（图书出现印装问题，本社负责调换。电话：010-88191545）
（版权所有　侵权必究　打击盗版　举报热线：010-88191661
QQ：2242791300　营销中心电话：010-88191537
电子邮箱：dbts@esp.com.cn）

中央财经大学会计学科重点系列教材编委会

主　任 孟　焰

委　员（按姓氏笔画为序）

王彦超　王淑芳　孙　健　刘俊勇
李　玲　李晓梅　孟　焰　吴　溪
武　羿　宗文龙　林秀香　袁　淳
黄益建　薄仙慧

总　　序

中央财经大学会计学科始建于1952年，是新中国设立最早且影响很大的高级财会人才培养基地之一，具有学士、硕士、博士学位授予权。2007年9月被教育部授予"会计学国家重点学科"，2008年1月被教育部和财政部批准为会计学全国高等学校"特色专业建设点"。中央财经大学会计学院一直注重教学改革工作，拥有国家教学名师和北京市教学名师、国家级优秀教学团队、国家级精品课程、国家级双语教学示范课程、中国大学视频公开课、国家级"十一五"和"十二五"规划教材等教学成果。中央财经大学会计学科自建立以来，一直致力于培养具有创新精神与综合能力的优秀财会人才，为国家的经济建设输送更多、更好的现代财经管理高级人才。

21世纪将是一个以网络化、信息化、数字化、知识化为重要特征的新经济时代，新的社会经济环境对中国会计教育提出的新要求主要表现在以下几个方面：第一，随着经济全球化的趋势和中国加入WTO后，国际经济贸易与交流将会日益频繁，作为国际商业通用语言的会计和经济行为准则之一的会计准则必然走向国际化趋同的道路，而中国会计教育亦必须顺应这一大方向，不断深化改革。第二，在新经济条件下，以知识为基础，以迅速发展的计算机技术、新型通信技术和现代网络技术为代表的信息革命正渗透到社会生活的方方面面，这就必然对未来会计人才的业务素质和知识含量提出更高的要求，作为培养会计人才的会计教育亦将因此而面临新的挑战。第三，会计学是一门经济管理科学，其自身的发展必须适应社会经济发展、科技进步、市场经济运行以及企业经营管理的客观要求。市场经济是一种机遇与风险并存的经济，高新科技的飞速发展更加剧了竞争的激烈性和风险的不确定性，而会计工作必须满足企业进行规划与决策、控制与业绩评价的需要；企业经营管理工作不断得到创新，这就要求未来的会计人才必须具备合理的知识结构和较高的综合素质，能够熟练运用各种规避风险和利用机遇的理论与方法，适应和驾驭各种复杂多变的会计环境，并能够对新的环境或条件作出理智的分析，最终灵活而恰当地解决问题。

由于新的社会经济环境对中国会计教育和会计人才提出了新要求，从而必然要求高等会计教育进行相应的改革，而在高等会计教育改革中，会计教材的改革占有核心的地位。会计学科教材系列体系是否能够科学与完整地反映出会计学科中各主要分支学科之间相互联系、相互制约的特点，能否适应国内外会计学科的发展现状与未来的发展趋势，直接关系到学生所掌握的知识结构和能否适应其未来发展的需要。为此，中央财经大学会计学院成立了由学院和各系的领导成员组成的会计学科重点系列教材编委会，负责组织编写工作。本系列教材自 2004 年起陆续正式出版并随着社会经济环境及会计改革的变化进行修订与完善，系列教材的书目包括：《会计学基础》《中级财务会计》《高级财务会计》《管理会计学》《成本会计学》《财务管理学》《审计学》《会计信息系统》。本系列教材适用于普通高等学校和成人高等学校的会计教育，也可作为会计实务工作者的学习参考用书。

我们在编写会计学科重点系列教材过程中，依据我国会计准则、国际会计准则的最新发展，紧密跟踪了国内外会计学的理论与实务发展动态，并参考了国内外有关资料。此外，该系列教材的编写还得到了经济科学出版社和有关单位的大力支持，在此表示感谢。书中存在的问题，热忱欢迎批评指正。

2013 年 8 月

第八版前言

2019年以来，财政部陆续修订发布了《企业会计准则第7号——非货币性资产交换》《企业会计准则第12号——债务重组》，以及一系列的企业会计准则解释。根据会计准则的最新变化，及时修订《中级财务会计》教材，有利于培养高质量会计人才，提高会计信息质量，加强国家统一的会计制度贯彻实施。

在本版教材修订中，我们充分贯彻课程思政建设要求，落实高等教育立德树人的任务。在第一章总论中，基于财政部发布的会计准则制度和《会计人员职业道德规范》，介绍了我国会计法规制度体系、会计信息质量要求、会计职业道德规范要求等，将"三坚三守"的职业道德规范要求写进教材，为学生迈入会计殿堂打下扎实的基础。

与第七版教材相比，本版教材的主要变化包括：第一，将原第一章和第二章合并为第一章，对非货币性资产交换、债务重组、财务报表列报的内容予以修订；第二，结合近年来会计、税法等法规的变化，对收入、财务报表列报等内容进行了较大规模的精简，同时，针对在教学中发现的问题，对教材语言表述、课后习题等均予以调整，以更加符合课堂教学的需要。

本次修订由中级财务会计课程组教师共同完成。宗文龙教授、郑海英教授、余应敏教授、刘彩霞副教授、陈玥副教授、张亚男副教授、李馨子副教授、杨馨助理教授、林雯助理教授参与了本次工作，王君彩、宗文龙、郑海英、刘彩霞对修订内容进行了审定。本教材历经十余年、几代人的不断努力，得到教育部、北京市、中央财经大学的持续资助，在此一并表示感谢！对于本教材可能存在的纰漏，肯请读者批评指正。

编　者

2024年2月

目　录

第一章　总论 ……………………………………………………………（1）

　　第一节　社会经济环境与会计 ……………………………………（1）
　　第二节　我国会计法规制度与会计职业道德规范 ………………（6）
　　第三节　企业会计的基本理论 ……………………………………（10）
　　思考题 ………………………………………………………………（16）

第二章　货币资金 ………………………………………………………（17）

　　第一节　现金 ………………………………………………………（17）
　　第二节　银行存款 …………………………………………………（21）
　　第三节　其他货币资金 ……………………………………………（28）
　　思考题与练习题 ……………………………………………………（30）

第三章　应收及预付款项 ………………………………………………（32）

　　第一节　应收款项概述 ……………………………………………（32）
　　第二节　应收票据 …………………………………………………（33）
　　第三节　应收账款 …………………………………………………（38）
　　第四节　其他应收及预付款 ………………………………………（42）
　　思考题与练习题 ……………………………………………………（44）

第四章　存货 ……………………………………………………………（47）

　　第一节　存货概述 …………………………………………………（47）
　　第二节　存货的计价方法 …………………………………………（49）
　　第三节　原材料核算 ………………………………………………（65）
　　第四节　周转材料核算 ……………………………………………（80）
　　第五节　其他存货核算 ……………………………………………（85）
　　第六节　存货的清查 ………………………………………………（88）
　　思考题与练习题 ……………………………………………………（90）

第五章　投资 （ 94 ）

　　第一节　投资概述 （ 94 ）
　　第二节　以摊余成本计量的金融资产 （ 97 ）
　　第三节　以公允价值计量且其变动计入其他综合收益的金融资产 （ 101 ）
　　第四节　以公允价值计量且其变动计入当期损益的金融资产 （ 105 ）
　　第五节　长期股权投资 （ 108 ）
　　思考题与练习题 （ 118 ）

第六章　固定资产 （ 122 ）

　　第一节　固定资产的概念和分类 （ 122 ）
　　第二节　固定资产的初始计量 （ 124 ）
　　第三节　固定资产的取得 （ 126 ）
　　第四节　固定资产折旧 （ 133 ）
　　第五节　固定资产的处置 （ 139 ）
　　第六节　固定资产的后续支出和减值 （ 143 ）
　　思考题与练习题 （ 146 ）

第七章　无形资产及其他资产 （ 149 ）

　　第一节　无形资产概述 （ 149 ）
　　第二节　无形资产的内容 （ 151 ）
　　第三节　无形资产的核算 （ 154 ）
　　第四节　其他资产 （ 160 ）
　　思考题与练习题 （ 161 ）

第八章　非货币性资产交换 （ 163 ）

　　第一节　非货币性资产交换概述 （ 163 ）
　　第二节　非货币性资产交换以公允价值计量的会计处理 （ 166 ）
　　第三节　非货币性资产交换以换出资产账面价值计量的会计处理 （ 170 ）
　　思考题与练习题 （ 171 ）

第九章　流动负债 （ 173 ）

　　第一节　应付账款和应付票据的核算 （ 173 ）
　　第二节　应付职工薪酬的核算 （ 176 ）
　　第三节　应交税费的核算 （ 183 ）

第四节　其他流动负债的核算 …………………………………………（ 194 ）
　　第五节　债务重组的核算 ……………………………………………（ 197 ）
　　思考题与练习题 ………………………………………………………（ 200 ）

第十章　非流动负债 ……………………………………………………（ 203 ）

　　第一节　长期借款和长期应付款的核算 ……………………………（ 203 ）
　　第二节　应付债券的核算 ……………………………………………（ 206 ）
　　第三节　预计负债的核算 ……………………………………………（ 210 ）
　　第四节　借款费用的核算 ……………………………………………（ 214 ）
　　思考题与练习题 ………………………………………………………（ 221 ）

第十一章　所有者权益 …………………………………………………（ 223 ）

　　第一节　所有者权益概述 ……………………………………………（ 223 ）
　　第二节　实收资本 ……………………………………………………（ 226 ）
　　第三节　其他权益工具 ………………………………………………（ 232 ）
　　第四节　资本公积 ……………………………………………………（ 234 ）
　　第五节　其他综合收益 ………………………………………………（ 235 ）
　　第六节　留存收益 ……………………………………………………（ 237 ）
　　思考题与练习题 ………………………………………………………（ 240 ）

第十二章　收入 …………………………………………………………（ 242 ）

　　第一节　收入概述 ……………………………………………………（ 242 ）
　　第二节　收入的确认和计量 …………………………………………（ 245 ）
　　第三节　合同成本的核算 ……………………………………………（ 258 ）
　　第四节　特定交易的会计处理 ………………………………………（ 262 ）
　　思考题与练习题 ………………………………………………………（ 271 ）

第十三章　费用 …………………………………………………………（ 274 ）

　　第一节　费用的概念和分类 …………………………………………（ 274 ）
　　第二节　费用的确认和计量 …………………………………………（ 276 ）
　　思考题与练习题 ………………………………………………………（ 281 ）

第十四章　利润 …………………………………………………………（ 283 ）

　　第一节　利润的核算 …………………………………………………（ 283 ）
　　第二节　所得税会计 …………………………………………………（ 291 ）

第三节　净利润 ……………………………………………………（ 297 ）
　　思考题与练习题 …………………………………………………（ 299 ）

第十五章　资产负债表 ……………………………………………（ 301 ）

　　第一节　财务报告与财务报表概述 ………………………………（ 301 ）
　　第二节　资产负债表的性质、作用和局限 ………………………（ 304 ）
　　第三节　资产负债表的结构和内容 ………………………………（ 306 ）
　　第四节　资产负债表的编制方法 …………………………………（ 309 ）
　　思考题与练习题 …………………………………………………（ 321 ）

第十六章　利润表和所有者权益变动表 …………………………（ 325 ）

　　第一节　利润表的性质和作用 ……………………………………（ 325 ）
　　第二节　利润表的内容和基本格式 ………………………………（ 326 ）
　　第三节　利润表的编制方法 ………………………………………（ 330 ）
　　第四节　所有者权益变动表 ………………………………………（ 335 ）
　　思考题与练习题 …………………………………………………（ 341 ）

第十七章　现金流量表 ……………………………………………（ 345 ）

　　第一节　现金流量表的内容与作用 ………………………………（ 345 ）
　　第二节　现金流量的含义、分类与内容 …………………………（ 347 ）
　　第三节　现金流量表的格式与经营活动现金流量的列报方法 …（ 349 ）
　　思考题与练习题 …………………………………………………（ 377 ）

第十八章　财务报表附注 …………………………………………（ 380 ）

　　第一节　财务报表附注的含义、作用及形式 ……………………（ 380 ）
　　第二节　财务报表附注的内容 ……………………………………（ 381 ）
　　思考题 ……………………………………………………………（ 385 ）

第十九章　会计调整事项 …………………………………………（ 386 ）

　　第一节　会计政策、会计估计变更和前期差错更正 ……………（ 386 ）
　　第二节　资产负债表日后事项 ……………………………………（ 413 ）
　　思考题与练习题 …………………………………………………（ 428 ）

参考文献 ……………………………………………………………（ 431 ）

第一章

总　　论

【本章学习目的】

本章重点理解我国会计法规体系构成和企业会计准则制度的演进。通过本章的学习，理解社会环境与会计的相互作用；熟悉我国会计准则国际化历程；理解会计职业道德规范的要求；掌握我国会计法规制度体系内容；掌握会计要素分类与确认；掌握会计信息质量要求。

第一节　社会经济环境与会计

会计是随着人类社会生产劳动而产生和发展的。自从人类学会计数开始，就有了会计的萌芽。但在人类社会生产发展的早期，会计只是当作生产机能的一个附带工作。随着社会分工和社会生产的不断发展，特别是产生了货币以后，会计才逐渐成为一种独立的工作。这就意味着，会计作为一种管理活动，是人类社会生产发展到一定阶段的产物，并随着社会生产的进一步发展及由此产生的经济管理的需要而不断地发展和完善。

一、社会经济环境对会计的影响

会计工作处于一定的社会经济环境之中，不可避免地受到所处的社会、政治、经济、文化环境的影响和制约。不同的社会发展阶段，社会经济环境各不相同，因而不同社会阶段的会计也有着不同的特征。由于各国社会经济环境不尽相同，所以各国会计也有着各自的特点。会计服务于一定社会经济环境之下的经济主体，通过会计核算和监督经济主体的经济活动，为经济主体实现其目标服务。而经济活动受一定的社会经济环境的影响和制约，是在一定的社会经济环境的约束下所进行的经济行为。因此，会计也只有适应其所处的社会经济环境，并为其所处的社会经济环境服务，才能得以存在和发展。

（一）会计随着社会经济环境的发展变化而发展、丰富和完善

社会经济环境是由低级向高级、由落后向发达、由不完善向比较完善不断发展的，

随着社会经济的发展和人们对会计认识的提高，会计又从主要应用于微观领域发展到应用于宏观领域，会计信息由原来主要为企业的业主服务，发展到既为企业的投资者服务，又为全社会的经济管理服务。特别是 18 世纪产业革命以后，机器大工业取代了手工作坊生产，生产规模迅速扩大，竞争日趋激烈，产品生产与生产耗费的管理备受重视，孕育了成本会计，并推动了成本会计的发展。成本会计的出现，导致了诸如固定资产价值的分期摊销、计算折旧等方法的出现。

适应社会经济环境的发展要求，会计也从仅仅提供反映经济活动的信息，发展到运用会计信息，参与决策与控制，与此同时，本—量—利分析、责任会计等也先后运用到会计中来。第二次世界大战以后，经济活动的范围日益扩大、跨越国界，出现了资本雄厚、规模庞大的跨国公司。由于跨国公司实行多种经营，而各国的经济法规、会计制度和准则各不相同，所以，跨国公司为了内部的管理和控制，就不可避免地要在其所涉及的各国会计实务之间进行协调，于是就出现了协调各国会计实务与准则的国际会计。国际会计的出现，是社会经济发展国际化的迫切要求，是会计适应社会经济环境发展超越国界的具体体现。

（二）科学技术的进步对会计产生的影响

会计自从其产生以来，在漫长的历史发展过程中，一直是采用手工方式来进行会计工作。采用手工方式处理会计数据，虽然方便、灵活，但是处理速度慢、效率低，容易出差错。进入 20 世纪 50 年代，科学技术革命浪潮对会计工作发生了深刻的变化，电子计算机问世以后不久，国外就开始了将计算机应用于会计数据处理；60 年代中期到 70 年代初期，已经出现了比较完整的会计电子计算机系统，有的电子计算机会计系统已经具备了面向管理的反馈功能；70 年代以后，电子计算机在会计中的应用进一步向高层次发展，电子计算机会计系统不仅比较完善，而且是整个管理信息系统的一个重要组成部分。

科学技术的进步对会计数据处理方式产生影响的同时，也对会计的其他方面，诸如会计工作的组织、会计人员的知识结构、会计职能的发挥等方面产生了一定的影响。电子计算机在会计中的广泛应用，大大提高了会计工作的效率和质量，它使得过去因束缚于会计数据处理而难以发挥出来的会计管理职能终于得以在会计实务中发挥，让世人对会计刮目相看。互联网把人类带入了一个真正的信息化社会，如果说在互联网出现以前计算机技术在会计中的应用主要是提高各个经济主体的会计工作效率和质量的话，那么，互联网的出现及其日益广泛的应用则会使会计插上翅膀，随着传感技术、通信技术、计算机技术、人工智能技术、大数据技术和网络技术的高度发展和有机融合，会计与其他管理活动天衣无缝地融合形成美丽动人的管理世界，从而成为管理实践的新引擎。

二、会计对社会经济环境的影响

如前所述，社会经济环境对会计具有影响和制约作用，但是会计也并不是消极地适应社会经济环境的发展变化的。一方面，社会经济环境的发展，推动了会计的发展与完善；另一方面，会计在不断得到完善与发展之后，又反过来通过自身的核算和监督活动，对其所处的社会经济环境产生一定的影响，在一定程度上促进和推动社会经济的发展，从而推动其所处的社会经济环境的发展变化。

（一）会计对国家宏观经济管理的影响

会计作为一个以提供财务信息为主的经济信息系统，它可以把各个企业、事业单位的资产、负债和有关权益情况，成本费用的开支情况，现金流量状况，实现利税情况，利润分配情况，上缴利税情况，以及各级政府机关的资产状况、负债情况，财政预算的执行情况等信息，通过会计的财务报告，向有关部门报送，通过逐级汇总，可以反映出各个地区、各个部门，乃至整个国家的经济发展状况和各级财政预算的执行情况，为整个国民经济管理的宏观调控提供真实可靠的信息资料，使国民经济管理和控制决策尽可能建立在可靠的基础之上，进而可以有效地促进社会经济资源的合理配置，提高社会经济资源的使用效率，有利于实现社会总供给与社会总需求的平衡，使国民经济健康、协调、稳定地发展，避免国民经济管理的盲目性和社会经济资源使用的无效性和浪费。

（二）会计对企业微观经济管理的影响

一方面，由于会计是企业管理的重要组成部分，所以会计要参与经营决策和控制。会计工作开展得好坏，会直接影响到企业管理的效果，如责任预算编制不当，就会挫伤企业职工的积极性和主动性，影响企业目标的完成；又如责任会计制度建立失当，就不会发挥其应有的作用，等等。另一方面，又由于会计是一个以提供财务信息为主的经济信息系统，所以，会计又要为企业内部管理及时、准确地提供信息，促使企业内部管理不断得到优化，增强企业在市场上的竞争能力，使企业能够长期地在激烈的市场竞争中立于不败之地。会计提供的有关信息，还可以为企业协调各方面的关系，为企业开展经济活动创造良好的内部和外部环境提供依据，力争维持企业正常的生产经营活动。

（三）会计对企业外部与企业有经济利害的关系人的影响

随着社会经济的发展，特别是资产的所有权与经营权发生分离以后，企业规模不断扩大，企业产权出现了多元化格局。一方面，这种社会经济环境对会计提出了一定的要求；另一方面，会计所提供的以财务信息为主的经济信息对与企业有关的投资者，包括所有者、债权人以及其他企业外部与企业有经济利害关系的社会职能部门和团体的经济行为均会产生一定的影响。这种影响可以分为正面影响和负面影响两个方面。如果会计提供的信息表明企业的财务状况优良、经营成果显著、资金流转正常，那么，只要企业需要，投资者包括潜在的投资者就会愿意向企业投入资金，此时，会计对与企业有经济利害关系的外部各方的影响，对于企业来讲就是正面影响。反之，他们就不会愿意对企业投入资金，甚至还可能从企业抽走资金，此时，会计对与企业有经济利害的外部各方的影响，对于企业来讲就是负面影响。由此可见，会计对企业外部与企业有经济利害的关系人的影响是显著的。

（四）会计对维持社会经济法制的作用

人们在社会经济生活中有着各种各样的、错综复杂的经济关系，包括借贷关系、租赁关系、买卖关系、货币结算关系等。为了保证人们的正当权益和社会的正常经济秩序，就需要借助于经济法制手段来规范各种各样的社会经济关系。各种经济关系是和一定的数量相联系的。而会计数据往往体现着一定的经济利益，所以，处理这些经济关系往往需要借用会计的有关信息和数据。如判断人们的正当经济利益是否得到保证，只需要到有关单位去查证有关账册和会计凭证即可作出定论。比如职工有按劳取酬的权利，要判断这项权利是否得到实现，只需要去职工工作的企业查证有关的工资账册，就可以作出准确的判断。

我国法律规定，证券可以依法在证券市场上公开进行买卖。而证券的价格、持有证券的获利能力，都需要有合法的会计账册来证明。股票上市公司，需要按照我国有关规定及时披露会计年报和中期报告，并且这些会计报告还需要附有会计师事务所的注册会计师查账报告。这些都是保证证券合法交易和管理的法定程序。而这里包含了大量的会计工作，如果会计处理不符合有关法规、准则，如果会计信息披露不真实、不可靠，就会造成证券市场的误导，给投资者带来损失，给证券市场带来紊乱。由此可见，合法、有序的证券的交易和管理也离不开会计。

三、会计准则的国际化

会计作为一种商业语言，在国际经济交往过程中是不可缺少的重要工具。为了实现经济发展的国际化，增进国际经济交往，就需要在全球实现现代化的与国际惯例基本一致的会计准则、制度。实现与国际惯例基本相同的会计，有利于促进国际贸易、加速经济发展国际化进程。

（一）国际会计准则理事会（IASB）

进入20世纪70年代，世界经济特别是资本市场日益向全球化发展。随着国际资本的急剧流动，迫切需要在世界范围内具有可比的财务报告信息，于是在 1973 年 6 月 29 日由澳大利亚、加拿大、法国、联邦德国、日本、墨西哥、荷兰、英国和美国九国的会计团体发起成立了国际会计准则委员会（International Accounting Standard Committee，IASC）。国际会计准则委员会是一个纯粹的民间组织，它没有得到官方或国际组织的明确支持或赋予它特定准则的法律权力，但得到了世界各主要国家会计职业团体的支持，具有广泛的代表性和较高的权威性。

1999 年，IASC 战略工作组向 IASC 理事会递交的题为《关于重塑国际会计准则委员会未来的建议》的报告，IASC 进行了重组，成为一个独立团体，并由基金会受托人负责监管。重组后的国际会计准则理事会（International Accounting Standard Board，IASB）由 14 人组成，理事会的每名成员对技术性事项或其他事项拥有一票表决权。准则、征求意见稿或常设解释委员会解释公告（定稿）的发布都需要理事会 14 名成员中的 8 名成员同意。其他决策，包括原则公告草案或讨论稿和议程安排的发布将要求由 50% 或更多理事会成员参加的理事会会议上多数出席者的同意即可。理事会对其技术性的议程具有完全的控制权。2001 年 4 月改组后的会计准则委员会发布的会计准则，称为国际财务报告准则（International Financial Reporting Standard，IFRS）。

目前，IASB 已发布实施的国际财务报告准则包括：《国际财务报告准则第 1 号——首次采用国际财务报告准则》《国际财务报告准则第 2 号——以股份为基础的支付》《国际财务报告准则第 3 号——企业合并》《国际财务报告准则第 4 号——保险合同》《国际财务报告准则第 5 号——持有待售的非流动资产和终止经营》《国际财务报告准则第 6 号——矿产资源的勘探和评价》《国际财务报告准则第 7 号——金融工具：披露》《国际财务报告准则第 8 号——经营分部》《国际财务报告准则第 9 号——金融工具》《国际财务报告准则第 10 号——合并财务报表》《国际财务报告准则第 11 号——合营安排》《国际财务报告准则第 12 号——在其他主体中权益的披露》《国际财务报告准则第 13 号——公允价值计量》《国际财务报告准则第 14 号——价格监管递延账户》《国际财务报告准则第 15 号——源于客户合同的收入》《国际财务报告准则第 16 号——租赁》《国际财务报告准则第 17 号——保险合同》。

（二）我国企业会计准则国际化

中华人民共和国成立后不久，从 20 世纪 50 年代初开始，即由财政部统一审查中央企业各主管部门分行业制定的会计制度。1953 年以后，国营工业企业会计制度、基本建设会计制度由财政部统一制定。此后历经 40 年，我国企业的会计核算都是按分部门、分行业、分所有制，一统到底的会计制度来加以规范。统一会计制度基本上适应当时集中的计划经济体制，从属于财政制度和财务制度，它对于维护财经纪律、保障财政收入、推动企业增产节约起过积极的作用。

改革开放以后，随着我国越来越多的大型企业到海外上市，以及中国加入 WTO 后外国投资者的进一步增加，我国证券市场的全球化已成为经济发展的必然要求。1992年11月30日，经国务院批准，财政部正式颁布了《企业会计准则》，要求于1993年7月1日起施行。这样，我国基本会计准则正式出台，会计改革初步取得成功。基本会计准则颁布后，财政部组织制定了13个行业会计制度，包括工业企业、商品流通企业、交通运输企业、邮电企业、施工企业、农业企业、金融企业、旅游、饮食服务企业等。1997年5月22日，从发布首份关联方关系及其交易的披露准则起，至2001年年底，财政部先后发布了资产负债表日后事项、收入、建造合同、或有事项、无形资产、借款费用、租赁、现金流量表、债务重组、投资、会计政策会计估计变更和会计差错更正、非货币性交易等具体会计准则。2000年12月财政部发布了《企业会计制度》，2001年11月发布了《金融企业会计制度》，2004年4月发布了《小企业会计制度》。

2006年2月，财政部发布了《企业会计准则》，这是一套既与中国国情相适应，同时又充分与国际财务报告准则趋同的、涵盖各类企业（小企业除外）各项经济业务、独立实施的会计准则体系。这套会计准则体系的具体架构由1项基本准则、38项具体准则和应用指南构成，标志着我国企业会计准则与国际管理全面趋同。

2014年以来，为适应社会主义市场经济发展，进一步完善我国企业会计准则体系，提高财务报表列报质量和会计信息透明度，保持我国企业会计准则与国际财务报告准则的持续趋同，财政部相继修订和发布了一系列会计准则，包括：《企业会计准则第9号——职工薪酬》《企业会计准则第30号——财务报表列报》《企业会计准则第33号——合并财务报表》《企业会计准则第39号——公允价值计量》《企业会计准则第40号——合营安排》《企业会计准则第2号——长期股权投资》《企业会计准则第41号——在其他主体中权益的披露》《企业会计准则第22号——金融工具确认与计量》《企业会计准则第23号——金融资产转移》《企业会计准则第24号——套期会计》《企业会计准则第37号——金融工具列报》《企业会计准则第42号——持有待售的非流动资产、处置组和终止经营》《企业会计准则第16号——政府补助》《企业会计准则第14号——收入》《企业会计准则第21号——租赁》《企业会计准则第25号——原保险合同》等具体准则，以及17项企业会计准则解释。这些准则与相关国际财务报告准则趋同，进一步加快了我国会计改革的步伐。

第二节 我国会计法规制度与会计职业道德规范

一、会计法规制度体系

会计法规制度是指国家权力机关和行政机关制定的，用以调整会计关系的各种法律、法规、规章和规范性文件的总称。目前，我国已经形成了以《中华人民共和国会计法》（以下简称《会计法》）为主体，由会计法律、会计行政法规、会计部门规章和规范性文件有机构成的会计法规制度体系。

（一）会计法律

会计法律是指由全国人民代表大会及其常务委员会经过一定立法程序制定的有关会计工作的法律，属于会计法律制度中层次最高的法律规范，是制定其他会计法规的依据，也是指导会计工作的最高准则。主要会计法律包括《会计法》和《中华人民共和国注册会计师法》。

其中，会计领域最基本的法律是《会计法》，该法于1985年1月21日第六届全国人民代表大会常务委员会第九次会议通过、1993年12月29日第八届全国人民代表大会常务委员会第五次会议第一次修正、1999年10月31日第九届全国人民代表大会常务委员会第十二次会议修订、2017年11月4日第十二届全国人民代表大会常务委员会第三十次会议第二次修正，其立法宗旨是规范会计行为，保证会计资料真实、完整，加强经济管理和财务管理，提高经济效益，维护社会主义市场经济秩序。

（二）会计行政法规

会计行政法规是指由国务院制定并发布，或者国务院有关部门拟定并经国务院批准发布，调整经济生活中某些方面会计关系的法律规范。会计行政法规主要包括1990年12月31日国务院发布、2011年1月8日国务院修正的《总会计师条例》，2000年6月21日国务院发布的《企业财务会计报告条例》。

（三）会计部门规章

会计部门规章是指由国家主管会计工作的行政部门即财政部以及其他相关部委根据法律和国务院的行政法规、决定、命令，在本部门的权限范围内制定的、调整会计工作中某些方面内容的法律规范，通常以部令的形式公布。会计部门规章主要包括1996年6月17日财政部发布、2019年3月14日修订的《会计基础工作规范》，2006年2月15日财政部发布、2014年7月23日修订的《企业会计准则——基本准则》，2015年10月23日财政部发布的《政府会计准则——基本准则》，2018年12月6日财政部发布的《会计人员管理办法》，2015年12月11日财政部、国家档案局第二次修订发布的《会计档案管理办法》，2016年2月16日财政部发布、2019年3月14日修订的《代理记账管理办法》，2018年5月19日财政部、人力资源和社会保障部发布的《会计专业技术人员继续教育规定》等。

（四）会计规范性文件

会计规范性文件是除会计行政法规以及部门规章外，由国务院财政部门依照法定权限、程序制定并公开发布，涉及公民、法人和其他组织权利义务，具有普遍约束力，在一定期限内反复适用的公文，通常以财会字文件印发。会计规范性文件主要涉及会计核算、会计监督、会计机构和会计人员以及会计工作管理等内容。关于会计核算的规范性文件主要包括企业会计准则制度、政府及非营利组织会计准则制度等。

此外，省、自治区、直辖市人民代表大会或常务委员会在同宪法、会计法律、行政法规和国家统一的会计制度不相抵触的前提下，根据本地区情况制定发布一些地方性会计法规，如《内蒙古自治区会计条例》《陕西省会计管理条例》《山东省实施〈中华人民共和国会计法〉办法》等。

二、企业会计准则制度

根据《会计法》规定，国家实行统一的会计制度。国家统一的会计制度由国务院财政部门根据本法制定并公布。国家统一的会计制度，是指国务院财政部门根据本法制定的关于会计核算、会计监督、会计机构和会计人员以及会计工作管理的制度。国家统一的会计制度尤其是规范会计核算的准则制度，是生成和提供口径一致、相互可比会计信息的重要标准，是投资者、债权人、社会公众、政府部门等运用会计信息进行投资决策、宏观调控等的重要依据。

根据会计主体不同，我国统一的会计核算制度体系主要包括企业会计准则制度、政府及非营利组织会计准则制度和村集体经济组织、基金（资金）类会计制度等。其中，企业会计准则制度主要包括：

（一）企业会计准则体系

企业会计准则主要适用于上市公司、金融机构、国有企业等大中型企业。我国企业会计准则体系自2006年正式发布以来，财政部在坚持国际趋同和服务国内实践基础上，形成了由基本准则、具体准则、准则解释和会计处理规定构成的基本制度安排。其中，基本准则在企业会计准则体系中起统驭作用，是具体准则制定的依据，主要规范财务报告目标、会计基本假设、会计基础、会计信息质量要求、会计要求、财务报告等内容；具体准则规范企业各项具体业务事项的确认、计量和报告；准则解释对企业实务中出现的、具体准则未作出明确规定的新事项、新问题进行规范；会计处理规定是对企业会计准则体系的补充，满足国家宏观经济管理、国内实务发展、加强准则实施等需要。

目前，我国企业会计准则体系主要包括1项基本准则、43项具体准则、17项企业会计准则解释、10余项会计处理规定（包括3项报表格式文件和5项企业产品成本核算制度）。此外，《企业会计准则——应用指南》中仍然有效的18项具体准则应用指南也属于企业会计准则体系的有机组成内容。

（二）小企业会计准则

小企业会计准则主要适用于符合《中小企业划型标准规定》所规定的小型企业标准的企业，但以下三类小企业除外：（1）股票或债券在市场上公开交易的小企业；（2）金融机构或其他具有金融性质的小企业；（3）企业集体内的母公司和子公司。

目前，我国小企业会计准则主要包括《小企业会计准则》和针对某些特定行业某项或某类业务的会计处理规定，如《律师事务所相关业务会计处理规定》。

（三）企业会计制度

企业会计制度适用于执行企业会计准则、小企业会计准则的企业以外的其他企业。

目前，我国企业会计制度主要包括《企业会计制度》和9项分行业的会计核算办法。

三、会计职业道德规范

会计人员承担着生成提供会计信息和维护国家财经纪律等重要职责，会计人员素质的高低直接影响会计工作和会计信息质量。时任总理朱镕基同志在2001年10月29日视察北京国家会计学院时，为北京国家会计学院题词："诚信为本，操守为重，遵循准则，不做假账"。朱镕基强调，"不做假账"是会计从业人员的基本职业道德和行为准则，所有会计人员必须以诚信为本，操守为重，遵循准则，不做假账，保证会计信息的真实、可靠。

2023年1月，财政部制定了《会计人员职业道德规范》，这是我国首次制定全国性的会计人员职业道德规范，对长期以来会计职业活动实践中形成的职业道德要求进行总结提炼和大力宣传，引导会计人员形成正确的价值追求和行为规范，对于提高会计工作水平和会计信息质量，加强社会信用体系建设，推动经济社会高质量发展具有重要意义。该职业道德规范包括"三坚三守"：

（一）坚持诚信，守法奉公

牢固树立诚信理念，以诚立身、以信立业，严于律己、心存敬畏。学法知法守法，公私分明、克己奉公，树立良好职业形象，维护会计行业声誉。

（二）坚持准则，守责敬业

严格执行准则制度，保证会计信息真实完整。勤勉尽责、爱岗敬业，忠于职守、敢于斗争，自觉抵制会计造假行为，维护国家财经纪律和经济秩序。

(三)坚持学习,守正创新

始终秉持专业精神,勤于学习、锐意进取,持续提升会计专业能力。不断适应新形势新要求,与时俱进、开拓创新,努力推动会计事业高质量发展。

第三节 企业会计的基本理论

一、企业会计目标

会计目标是要求会计工作完成的任务或达到的标准。因不同会计主体所面对的会计信息使用者不同,需要满足的会计信息需求不同,各类会计准则制度针对不同会计主体所规定的具体会计目标、会计要素和会计信息质量要求也有所不同。按照我国《企业会计准则——基本准则》的规定,企业财务会计报告的目标是向财务会计报告使用者提供与企业财务状况、经营成果和现金流量等有关的会计信息,反映企业管理层受托责任履行情况,有助于财务会计报告使用者作出经济决策。财务会计报告使用者包括投资者、债权人、政府及其有关部门和社会公众等。

基本准则对企业财务会计报告目标进行了明确定位,将保护投资者利益、满足投资者进行投资决策的信息需求放在了突出位置,彰显了财务会计报告目标在企业会计准则体系中的重要作用。财务会计报告目标要求满足投资者等信息使用者决策等需要,体现为财务会计报告的决策有用观,财务会计报告目标要求反映企业管理层受托责任的履行情况,体现为财务会计报告的受托责任观。财务会计报告的决策有用观与其受托责任观是有机统一的。投资者出资委托企业管理层经营,希望获得更多的回报,实现股东财富的最大化,从而进行可持续投资;企业管理层接受投资者的委托从事生产经营活动,努力实现资产安全完整、保值增值、防范风险,促进企业可持续发展,就能够更好地持续地履行受托责任,为投资者提供回报,为社会创造价值,从而构成企业经营者的目标。

二、企业会计要素及其确认条件

会计要素是根据交易或者事项的经济特征确定的会计对象所进行的基本分类。企业会计要素按照其性质分为资产、负债、所有者权益、收入、费用和利润,其中,资产、负债和所有者权益要素侧重于反映企业的财务状况,收入、费用和利润要素侧重于反映企业的经营成果。会计要素的界定和分类可以使财务会计系统更加科学严密,为投资者等财务报告使用者提供更加有用的信息。

（一）资产及其确认条件

资产是指企业过去的交易或者事项形成的、由企业拥有或者控制的、预期会给企业带来经济利益的资源。过去的交易或者事项包括购买、生产、建造行为或者其他交易或事项。预期在未来发生的交易或者事项不形成资产。应当由企业拥有或者控制，具体是指企业享有某项资源的所有权，或者虽然不享有某项资源的所有权，但该资源能被企业所控制。预期会给企业带来经济利益，是指资产直接或者间接导致现金和现金等价物流入企业的潜力。这种潜力可以来自企业日常的生产经营活动，也可以是非日常活动；带来经济利益可以是现金或者现金等价物形式，也可以是能转化为现金或者现金等价物的形式，或者是可以减少现金或者现金等价物流出的形式。

将一项资源确认为资产，需要符合资产的定义，还应同时满足以下两个条件：（1）与该资源有关的经济利益很可能流入企业；（2）该资源的成本或者价值能够可靠地计量。

（二）负债及其确认条件

负债是指企业过去的交易或者事项形成的，预期会导致经济利益流出企业的现时义务。现时义务是指企业在现行条件下已承担的义务。未来发生的交易或者事项形成的义务，不属于现时义务，不应当确认为负债。这里所指的义务可以是法定义务，也可以是推定义务。其中法定义务是指具有约束力的合同或者法律法规规定的义务，通常必须依法执行。推定义务是指根据企业多年来的习惯做法、公开的承诺或者公开宣布的政策而导致企业将承担的责任，这些责任也使有关各方形成了企业将履行义务解脱责任的合理预期。

将一项现时义务确认为负债，需要符合负债的定义，还应同时满足以下两个条件：（1）与该义务有关的经济利益很可能流出企业；（2）未来流出的经济利益的金额能够可靠地计量。

（三）所有者权益及其确认

所有者权益是指企业资产扣除负债后，由所有者享有的剩余权益。公司的所有者权益又称为股东权益。所有者权益是所有者对企业资产的剩余索取权，它是企业资产中扣除债权人权益后应由所有者享有的部分，既可反映所有者投入资本的保值增值情况，又体现了保护债权人权益的理念。

所有者权益的来源包括所有者投入的资本、直接计入所有者权益的利得和损失、留存收益等，通常由实收资本（或股本）、资本公积（含资本溢价或股本溢价、其他资本公积）、其他综合收益、盈余公积和未分配利润等构成。直接计入所有者权益的利得和损失，是指不应计入当期损益、会导致所有者权益发生增减变动的、与所有者投入资本或者向所有者分配利润无关的利得或者损失。利得是指由企业非日常活动所形成的、会导致所有者权益增加的、与所有者投入资本无关的经济利益的流入。损失是指由企业非日常活动所发生的、会导致所有者权益减少的、与向所有者分配利润无关的经济利益的流出。

所有者权益的确认主要依赖于其他会计要素，尤其是资产和负债的确认；所有者权益金额的确定也主要取决于资产和负债的计量。

（四）收入及其确认条件

收入是指企业在日常活动中形成的、会导致所有者权益增加的、与所有者投入资本无关的经济利益的总流入。其中，日常活动是指企业为完成其经营目标所从事的经常性活动以及与之相关的活动。例如，工业企业制造并销售产品、商业企业销售商品、保险公司签发保单、咨询公司提供咨询服务、软件企业为客户开发软件、安装公司提供安装服务、商业银行对外贷款、租赁公司出租资产等，均属于企业的日常活动。

当企业与客户之间的合同同时满足下列条件时，企业应当在客户取得相关商品控制权时确认收入：（1）合同各方已批准该合同并承诺将履行各自义务；（2）该合同明确了合同各方与所转让商品或提供劳务（以下简称"转让商品"）相关的权利和义务；（3）该合同有明确的与所转让商品相关的支付条款；（4）该合同具有商业实质，即履行该合同将改变企业未来现金流量的风险、时间分布或金额；（5）企业因向客户转让商品而有权取得的对价很可能收回。

（五）费用及其确认条件

费用是指企业在日常活动中发生的、会导致所有者权益减少的、与向所有者分配利润无关的经济利益的总流出。

费用的确认至少应当符合以下条件：（1）与费用相关的经济利益应当很可能流出企业；（2）经济利益流出企业的结果会导致资产的减少或者负债的增加；（3）经济利益的流出额能够可靠计量。

（六）利润及其确认条件

利润是指企业在一定会计期间的经营成果。通常情况下，如果企业实现了利润，表明企业的所有者权益将增加，业绩得到了提升；反之，如果企业发生了亏损（即利润为负数），表明企业的所有者权益将减少，业绩下滑了。利润往往是评价企业管理层业绩的一项重要指标，也是投资者等财务报告使用者进行决策时的重要参考。

利润包括收入减去费用后的净额、直接计入当期利润的利得和损失等。其中收入减去费用后的净额反映的是企业日常活动的经营业绩，直接计入当期利润的利得和损失反映的是企业非日常活动的业绩。直接计入当期利润的利得和损失，是指应当计入当期损益、最终会引起所有者权益发生增减变动的、与所有者投入资本或者向所有者分配利润无关的利得或者损失。企业应当严格区分收入和利得、费用和损失之间的区别,以更加全面地反映企业的经营业绩。

利润反映的是收入减去费用、利得减去损失后的净额,因此,利润的确认主要依赖于收入和费用以及利得和损失的确认,其金额的确定也主要取决于收入、费用、利得、损失金额的计量。

三、会计信息质量要求

企业会计信息质量要求包括可靠性、相关性、可理解性、可比性、实质重于形式、重要性、谨慎性和及时性等。

(一)可靠性

可靠性要求企业应当以实际发生的交易或者事项为依据进行确认、计量和报告,如实反映符合确认和计量要求的各项会计要素及其他相关信息,保证会计信息真实可靠、内容完整。各单位的会计核算应当以实际发生的经济业务为依据,按照规定的会计处理方法进行,保证会计指标的口径一致、相互可比和会计处理方法的前后各期相一致。也就是说,会计主体提供的会计信息,必须以实际发生的经济业务及证明经济业务发生的合法凭证为依据,如实反映财务状况或者经营成果,做到内容真实、数字准确、项目完整、手续齐备、资料可靠。会计凭证、会计账簿、会计报表和其他会计资料的内容和要求必须符合国家统一会计制度的规定,不得伪造、变造会计凭证和会计账簿,不得设置账外账,不得报送虚假会计报表。

会计信息要有用,必须以可靠为基础,如果财务报告所提供的会计信息是不可靠的,就会给投资人等使用者的决策产生误导甚至损失。为了贯彻可靠性要求,企业应当做到:

1. 以实际发生的交易或者事项为依据进行确认、计量,将符合会计要素定义及其确认条件的资产、负债、所有者权益、收入、费用和利润等如实反映在财务报表中,不得根据虚构的、没有发生的或者尚未发生的交易或者事项进行确认、计量和报告。

2. 在符合重要性和成本效益原则的前提下,保证会计信息的完整性,其中包括应当编报的报表及其附注内容等应当保持完整,不能随意遗漏或者减少应予披露的信息,与使用者决策相关的有用信息都应当充分披露。

(二)相关性

相关性要求企业提供的会计信息应当与投资人等财务报告使用者的经济决策需要相关,有助于投资人等财务报告使用者对企业过去、现在或者未来的情况作出评价或者预测。

会计信息是否有用，是否具有价值，关键是看其与使用者的决策需要是否相关，是否有助于决策或者提高决策水平。相关的会计信息应当能够有助于使用者评价企业过去的决策，证实或者修正过去的有关预测，因而具有反馈价值。相关的会计信息还应当具有预测价值，有助于使用者根据财务报告所提供的会计信息预测企业未来的财务状况、经营成果和现金流量。例如区分收入和利得、费用和损失，区分流动资产和非流动资产、流动负债和非流动负债以及采用公允价值计量等，都可以提高会计信息的预测价值，进而提升会计信息的相关性。

会计信息质量的相关性要求，需要企业在确认、计量和报告会计信息的过程中，充分考虑使用者的决策模式和信息需要。但是，相关性是以可靠性为基础的，两者之间并不矛盾，不应将两者对立起来。也就是说，会计信息在可靠性前提下，尽可能地做到相关性，以满足投资者等财务报告使用者的决策需要。

（三）可理解性

可理解性要求企业提供的会计信息应当清晰明了，便于投资人等财务报告使用者理解和使用。

企业编制财务报告、提供会计信息的目的在于使用，而要使使用者有效使用会计信息，应当能让其了解会计信息的内涵，弄懂会计信息的内容，这就要求财务报告所提供的会计信息应当清晰明了，易于理解。只有这样，才能提高会计信息的有用性，实现财务报告的目标，满足向投资人等财务报告使用者提供决策有用信息的要求。

会计信息毕竟是一种专业性较强的信息产品，在强调会计信息的可理解性要求的同时，还应假定使用者具有一定的有关企业经营活动和会计方面的知识，并且愿意付出努力去研究这些信息。对于某些复杂的信息，如交易本身较为复杂或者会计处理较为复杂，但其与使用者的经济决策相关的，企业就应当在财务报告中予以充分披露。

（四）可比性

可比性要求企业提供的会计信息应当相互可比。主要包括两层含义：

1. 同一企业不同时期可比。为了便于投资人等财务报告使用者了解企业财务状况、经营成果和现金流量的变化趋势，比较企业在不同时期的财务报告信息，全面、客观地评价过去、预测未来，从而作出决策。会计信息质量的可比性要求同一企业不同时期发生的相同或者相似的交易或者事项，应当采用一致的会计政策，不得随意变更。但是，满足会计信息可比性要求，并非表明企业不得变更会计政策，如果按照规定或者在会计政策变更后可以提供更可靠、更相关的会计信息的，可以变更会计政策。有关会计政策变更的情况，应当在附注中予以说明。

2. 不同企业相同会计期间可比。为了便于投资人等财务报告使用者评价不同企业的财务状况、经营成果和现金流量及其变动情况，会计信息质量的可比性要求不同企业同一会计期间发生的相同或者相似的交易或者事项,应当采用规定的会计政策,确保会计信息口径一致、相互可比,以使不同企业按照一致的确认、计量和报告要求提供有关会计信息。

(五)实质重于形式

实质重于形式要求企业应当按照交易或者事项的经济实质进行会计确认、计量和报告,不仅仅以交易或者事项的法律形式为依据。例如,一项租赁属于融资租赁还是经营租赁取决于交易的实质,而不是合同的形式。如果一项租赁实质上转移了与租赁资产所有权有关的几乎全部风险和报酬,出租人应当将该项租赁分类为融资租赁。再如,企业按照销售合同销售商品但又签订了售后回购协议,虽然从法律形式实现了收入,但企业因存在与客户的远期安排而负有回购义务或企业享有回购权利的,表明客户在销售时点并未取得相关商品控制权,企业应当作为租赁交易或融资交易进行相应的会计处理。其中,回购价格低于原售价的,应当视为租赁交易,按照企业租赁准则相关规定进行会计处理;回购价格不低于原售价的,应当视为融资交易,在收到客户款项时确认金融负债,并将该款项和回购价格的差额在回购期间内确认为利息费用等。企业到期未行使回购权利的,应当在该回购权利到期时终止确认金融负债,同时确认收入。

(六)重要性

重要性要求企业提供的会计信息应当反映与企业财务状况、经营成果和现金流量有关的所有重要交易或者事项。

在实务中,如果会计信息的省略或者错报会影响投资人等财务报告使用者据此作出决策的,该信息就具有重要性。重要性的应用需要依赖职业判断,企业应当根据其所处环境和实际情况,从项目的性质和金额大小两方面加以判断。例如,我国上市公司要求对外提供季度财务报告,考虑到季度财务报告披露的时间较短,从成本效益原则的考虑,季度财务报告没有必要像年度财务报告那样披露详细的附注信息。因此中期财务报告准则规定,公司季度财务报告附注应当以年初至本中期末为基础编制,披露自上年度资产负债表日之后发生的、有助于理解企业财务状况、经营成果和现金流量变化情况的重要交易或者事项。这种附注披露,就体现了会计信息质量的重要性要求。

(七)谨慎性

谨慎性要求企业对交易或者事项进行会计确认、计量和报告应当保持应有的谨慎,不应高估资产或者收益、低估负债或者费用。

在市场经济环境下,企业的生产经营活动面临着许多风险和不确定性,如应收款项的可收回性、固定资产的使用寿命、无形资产的使用寿命、售出存货可能发生的退货或者返修等。会计信息质量的谨慎性要求,需要企业在面临不确定性因素的情况下作出职业判断时，应当保持应有的谨慎，充分估计到各种风险和损失，既不高估资产或者收益，也不低估负债或者费用。例如，要求企业对可能发生的资产减值损失计提资产减值准备、对售出商品可能发生的保修义务等确认预计负债等，就体现了会计信息质量的谨慎性要求。

谨慎性的应用也不允许企业设置秘密准备，如果企业故意低估资产或者收益，或者故意高估负债或者费用，将不符合会计信息的可靠性和相关性要求，损害会计信息质量，扭曲企业实际的财务状况和经营成果，从而对使用者的决策产生误导，这是会计准则所不允许的。

（八）及时性

及时性要求企业对于已经发生的交易或者事项，应当及时进行确认、计量和报告，不得提前或者延后。

会计信息的价值在于帮助所有者或者其他方面作出经济决策，具有时效性。即使是可靠、相关的会计信息，如果不及时提供，就失去了时效性，对于使用者的效用就大大降低，甚至不再具有实际意义。在会计确认、计量和报告过程中贯彻及时性，一是要求及时收集会计信息，即在经济交易或者事项发生后，及时收集整理各种原始单据或者凭证；二是要求及时处理会计信息，即按照会计准则的规定，及时对经济交易或者事项进行确认或者计量，并编制财务报告；三是要求及时传递会计信息，即按照国家规定的有关时限，及时地将编制的财务报告传递给财务报告使用者，便于其及时使用和决策。

在实务中，为了及时提供会计信息，可能需要在有关交易或者事项的信息全部获得之前即进行会计处理，这样就满足了会计信息的及时性要求，但可能会影响会计信息的可靠性；反之，如果企业等到与交易或者事项有关的全部信息获得之后再进行会计处理，这样的信息披露可能会由于时效性问题，对于投资者等财务报告使用者决策的有用性将大大降低。这就需要在及时性和可靠性之间作相应权衡，以最好地满足投资者等财务报告使用者的经济决策需要判断标准。

思考题

1. 我国企业会计准则的发展历程包括哪些主要阶段？
2. 我国会计法规制度体系包括哪些内容？
3. 我国企业会计准则制度包括哪些内容？
4. 我国会计职业道德规范包括哪些要求？
5. 企业会计要素的确认条件有哪些？
6. 企业会计信息质量要求有哪些内容？

第二章

货币资金

【本章学习目的】

　　本章重点理解和熟悉货币资金的内容、内部控制规范及核算方法，以保证企业货币资金的安全完整。通过本章的学习，熟悉国家的现金管理制度和银行管理办法；熟悉银行支付结算办法的内容及其有关具体规定；掌握银行存款核对及银行存款余额调节表的编制方法；掌握其他货币资金的内容及其账务处理。

第一节　现　　金

一、现金的概念与范围

　　货币资金是指在企业生产经营过程中以货币形态存在的资产。企业的货币资金按其存放的地点和用途，可分为库存现金、银行存款和其他货币资金。现金是流动性最强的一种货币资金，是立即可以投入流通的交换媒介，可以随时用其购买所需的材料、固定资产，支付有关生产费用、管理费用和财务费用，也可直接用来偿还债务，还可随时存入银行。

　　在各国的会计实务中，现金的概念和范围有所不同，在多数国家，现金是一种广义的概念，它包括一切可以自由流通与转让的交易媒介，也就是说，包括库存纸币、硬币、银行存款以及其他可以普遍接受的流通手段，主要有个人支票、旅行支票、银行汇票、邮政汇票、信用卡、银行本票、保付支票等。在我国，现金是一种狭义的概念，通常是指现行流通的人民币和部分外币。在会计核算中的现金，是指库存现金，在现金流量表中，是指企业的现金和现金等价物，这里现金是指库存现金，现金等价物是指企业持有的期限短、流动性强、易于转换为已知金额现金、价格变动很小的投资。

二、现金的管理与内部控制

（一）现金管理的意义和内容

　　现金属于流动资产，在流动资产中流动性又最强，也是唯一可轻易转化为其他各种资产的特殊资产。一般来说，占有了现金就等于占有了财富，容易被人挪用或侵吞。还有一个不容忽视的方面，就是要经营好现金，使它产生更大的效益。另外，银行是现金结算中心，银行可利用存款组织放贷。因此，加强对现金的管理，保护现金的安全与完整，对企业和社会都具有重大的意义。

在我国，中国人民银行总行是现金管理的主管部门，各级人民银行负责对开户银行的现金管理的具体执行。为了严格管理货币发行，有计划地组织现金投放和回笼，调节货币流通，节约现金使用，国务院批准颁发了《现金管理暂行条例》。每个企业必须按照现金管理的规定进行现金结算，并接受开户银行的监督。

《现金管理暂行条例》的主要内容有：

1. 规定了现金使用范围。用现金支付的款项有：

（1）职工工资、津贴；

（2）个人劳动报酬；

（3）根据国家规定颁发给个人的科学技术、文化艺术、体育等各种奖金；

（4）各种劳动保护、福利费用以及国家规定的对个人的其他支出；

（5）向个人收购农副产品和其他物资的价款；

（6）出差人员必须随身携带的差旅费；

（7）结算起点以下的零星支出；

（8）中国人民银行确定的需用现金支付的其他现金支出。

企业与其他在银行开户单位的经济往来，除上述规定的范围外，其余全部应通过银行进行转账结算。转账结算凭证在经济往来中具有同现金相同的支付能力。

2. 规定了库存现金的限额。库存现金限额是指企业根据现金管理制度的规定，出纳部门留存现金的最高限额。制定这一限额的原则，一般是以各企业日常零星开支所需现金由开户银行核定出最高限额。一般根据企业3～5天日常零星开支所需的现金核定。边远地区、交通不便地区，可适当放宽，但不得超过15天的日常零星开支所需现金。

企业每日的现金结存数，不得超过核定的限额，超过部分，应及时送存银行，以保证现金管理安全。不足部分，可向银行提取现金。企业如因业务发展变化需增加或减少库存现金限额的，可向开户银行提出申请，由开户银行事先核定。

3. 规定了对日常现金收支的管理。按照《现金管理暂行条例》的规定，企业现金收支应当依照下列规定办理：

（1）企业现金收入应当于当日送存开户银行。当日送存确有困难的，由开户银行确定送存时间。

（2）企业支付现金，可以从本单位库存现金限额中支付或者从开户银行提取，不得从本单位的现金收入中直接支付（即坐支）。因特殊情况需要坐支现金的，应当事先报经开户银行审查批准，由开户银行核定坐支范围和限额。坐支单位应当定期向开户银行报送坐支金额和使用情况。

(3) 企业根据规定，从开户银行提取现金，应当写明用途，由本单位财会部门负责人签字盖章，经开户银行审核后，予以支付现金。

(4) 因采购地点不固定，交通不便，生产或者市场急需，抢险救灾以及其他特殊情况必须使用现金的，企业应当向开户银行提出申请，由本单位财会部门负责人签字盖章，经开户银行审核后，予以支付现金。

4. 规定了违反《现金管理暂行条例》处罚原则。企业违反现金管理规定，开户银行有权责令其停止违法活动，并根据情节轻重给予警告或罚款；情节严重的，可在一定期限内停止对该单位的贷款或者停止对该单位的现金支付。

（二）现金的内部控制

前面已经述及，现金的流动性最强，最容易转化为其他资产，容易发生利用现金进行舞弊、欺诈、挪用，甚至贪污盗窃等不法行为。企业每天都发生大量的现金收入和付出，现金流动得是否合理和恰当，关系到企业的资金周转和经营好坏。因此，企业应加强现金的内部控制。

1. 现金的内部控制制度。现金管理集中在企业的财会部门，库存现金的收支与保管应由出纳人员负责。经管现金的出纳人员不得兼管收入、费用、债权、债务等账簿的登记工作以及会计稽核和会计档案保管工作；填写银行结算凭证的有关印鉴，不能集中由出纳人员保管，应实行分管制度。应建立收据和发票的领用制度，领用的收据和发票必须登记数量和起讫编号，由领用人员签字，收回收据和发票存根，应由保管人员办理签收手续。对空白收据和发票应定期检查，以防止短缺。对现金收付的交易必须根据原始凭证编制收付款凭证，并要在原始凭证与收付款凭证上盖上"现金收讫"与"现金付讫"印章。对企业的库存现金，出纳人员应做到日清月结，由财务主管人员进行抽查与稽核。对发现的现金溢缺，必须认真查明原因，并按规定及时处理。内部控制制度在一定程度上能起到保护现金资产安全的作用，当然，也可以利用电子计算机监督各项记录的正确性和提高现金收付的工作效率。

2. 现金收入的内部控制。现金收入主要与销售产品或提供劳务的活动有关，因此，应健全销售收入和应收账款的内部控制制度，作为现金收入内部控制的基础。现金收入控制的原则是职能分开、明确责任、加强监督。企业取得的货币资金收入必须及时入账，不得私设"小金库"，不得账外设账，严格禁止收款不入账的违法行为。

3. 现金支出的内部控制。现金支出要遵守国家规定的结算制度和现金管理制度，任何现金支出都要经有关主管认可批准。贯彻职能分开，尽可能少用现钞，加强监督的控制原则。

4. 库存现金的内部控制。企业应按核定的库存现金限额控制库存现金。超过限额部分及时送存银行，低于限额部分及时提取补足。出纳人员应做到日清月结，账款相符。企业内部审计或稽核人员可定期或不定期地对库存现金进行核查或抽查。

三、现金的核算

为了加强现金管理，企业现金的收入、支出和保管，都由出纳员专门负责办理。企业每笔现金收入、付出，都必须有原始凭证作为收付款的书面证明。例如，企业向银行提取现金，要以现金支票的存根作为向银行提取款项的收入现金的证明；现金存入银行，要以银行退回的送款单回单联作为存款和付出现金的证明；收进小额零星销售货款，应以销售部门开出的发票副本作为收款证明；支付职工出差旅费的借款，应以经有关领导批准的借款单作为支付款项的证明等。这些原始凭证都要经过严格审核，要着重审查现金的收支是否符合现金管理制度；现金的支付有无批准的计划，是否符合开支标准；凭证的项目是否齐全、准确等。对于不合理的现金开支应拒绝支付或报销，并对有关人员进行耐心解释；对于手续不完备凭证，应补办手续；对于仿造、涂改单据和冒领虚报等非法行为，应及时报领导处理。只有经过审核无误，并由会计人员填制签章的收、付款凭证，出纳员才能作为收付现金的依据。出纳员在收款或付款后，应在现金收付款凭证上加盖个人印章和"收讫"或"付讫"的戳记，才能作为登记账簿的依据。

为了总括地核算和监督现金的收入、支出和结存情况，企业应设置"库存现金"科目，进行总分类核算。本科目用以核算企业库存现金的增减变动及结余情况。它是资产类科目。借方反映企业库存现金的增加数；贷方反映企业库存现金的减少数；余额在借方，表示企业实际持有的库存现金。企业收到现金时，借记本科目，贷记有关科目；支出现金时，借记有关科目，贷记本科目；从银行提取现金，根据支票存根所记载的提取金额，借记本科目，贷记"银行存款"科目；将现金存入银行，根据银行退回的进账单第一联，借记"银行存款"科目，贷记本科目。

四、现金的清查

为了保证现金的账实相符和安全完整，除了出纳每日终了结算现金收支外，还需要进行定期、不定期财产清查。现金清查的方法主要是进行实地盘点，将现金实存数与现金日记账进行核对。清查时要注意，有无挪用现金，以借条、白条收据抵充现金等现象存在。将清查结果编制现金盘点报告表，如发现有待查明原因的现金短缺或溢余，应通过"待处理财产损溢"科目核算：属于现金短缺，应按实际短缺的金额，借记"待处理财产损溢"科目，贷记"库存现金"科目；属于现金溢余，按实际溢余的金额，借记"库存现金"科目，贷记"待处理财产损溢"科目。待查明原因后分别情况作以下处理：

1. 如为现金短缺，属于应由责任人赔偿的部分，借记"其他应收款——应收现金短缺款（××个人）"或"库存现金"等科目，贷记"待处理财产损溢"科目；属于无法查明的其他原因，根据管理权限，经批准后处理，借记"管理费用——现金短缺"科目，贷记"待处理财产损溢"科目。

2. 如为现金溢余，属于应支付给有关人员或单位的，应借记"待处理财产损溢"科目，贷记"其他应付款——应付现金溢余（××个人或单位）"科目；属于无法查明原因的现金溢余，经批准后，借记"待处理财产损溢"科目，贷记"营业外收入——现金溢余"科目。

第二节 银行存款

一、银行存款账户的开设与管理

银行存款是指企业存放在银行或其他金融机构的货币资金。企业除在规定限额以内留存少量现金外，其余的货币资金必须全部存入银行。企业的一切货币收支，除在规定范围内使用现金结算外，都必须通过银行办理转账结算。因此，凡实行独立核算的企业，都必须在银行开设账户，以办理企业生产经营活动的资金收付业务。

根据我国《支付结算办法》规定，单位、个人和银行应当按照《银行账户管理办法》的规定开立、使用账户。银行存款账户分为基本存款账户、一般存款账户、临时存款账户和专用存款账户。

基本存款账户是企业办理日常转账结算和现金收付的账户。企业的工资、奖金等现金的支取，只能通过该账户办理。一个企业只能选择一家银行的一个营业机构开立一个基本存款账户。还可在基本存款账户以外的其他银行的一个营业机构开立一个一般存款账户。一般存款账户可办理转账结算和存入现金，但不能支取现金。临时存款账户是企业因临时经营活动需要开立的账户，如企业异地产品展销等。专用存款账户是企业因特定用途需要开立的账户，如基本建设项目专项资金、农副产品资金等，企业的销售款不得转入专用存款账户。

各开户单位应加强对银行存款账户的管理。正确使用银行账户，要遵守以下各项：

1. 遵守银行信贷、结算和现金管理的有关规定，向银行提供有关资料，接受银行的监督。

2. 各单位开立基本存款账户，实行开户许可证制度，必须凭中国人民银行当地分支机构核发的开户许可证办理，不得为还贷、还债和套取现金而多头开立基本存款账户。任何单位和个人不得将单位的资金以个人的名义开立账户存储。

3. 在各单位经营范围内，正确使用本单位在银行开立的账户，不准出租、出借或转让给其他单位和个人使用。不得利用银行账户进行非法活动。

4. 各单位在银行账户必须有足够的资金保证支付，不准签发没有资金保证的票据或远期支票，套取银行信用；不准签发、取得和转让没有真实交易和债权债务的票据，套取银行和他人资金。

5. 及时办理往来结算业务，按照规定与银行对账单进行核对，如有不符应及时查明原因，进行处理。

二、银行存款的核算

银行存款的核算包括序时核算和总分类核算。为了逐日逐笔检查和监督银行存款的收入、支出和结余情况，应设置银行存款日记账。有外币存款的企业，应分别人民币和各种外币设置银行存款日记账。银行存款日记账应分账号设置，逐日逐笔顺序登记，每日结出余款。根据管理需要，可每天或定期编制银行存款日报、月报，并及时与银行对账单进行核对。银行存款日记账的格式，与现金日记账的格式基本相同，根据企业具体情况，可以采用三栏式，也可以采用多栏式。

银行存款的总分类核算在"银行存款"科目进行，借方登记存款的增加数，贷方登记存款的减少数，借方余额表示银行存款的结余额。"银行存款"总账科目可以根据银行存款的收款凭证和付款凭证登记，也可以根据定期编制的汇总收付款凭证汇总登记，也可以根据科目汇总表，还可以根据多栏式银行存款日记账汇总登记。另外应注意，为了避免记账重复，向银行提取现金或将现金存入银行，只编制有关付款凭证，不编制收款凭证。

三、银行存款的对账

为了检查企业和开户银行登记的企业账目是否正确，查明银行存款的实际余额，以便合理安排支出，企业应定期将银行存款日记账的记录与银行对账单进行核对，至少每月核对一次，如两者不一致时，必须逐笔查清，属于记账错误的，如属于银行差错，应通知银行更正，属于企业差错的，由企业更正。除此以外，如果属于未达账项，应编制"银行存款余额调节表"调节相符。所谓未达账项是指企业与银行之间由于各种收付款的结算凭证，在传递过程中存在一定的时间差异，导致一方已记账，而另一方尚未记账的款项。未达账项通常有如下四种情况：

（1）企业已收款记账，银行尚未收款记账。
（2）企业已付款记账，银行尚未付款记账。
（3）银行已收款记账，企业尚未收款记账。
（4）银行已付款记账，企业尚未付款记账。

由于未达账项的存在，双方账面余额不符，这就需要检查核对。核对的方法一般是将企业的"银行存款日记账"与银行提供的"对账单"对照逐笔核对，双方一致的记录，在"对账单"和"银行存款日记账"上同时作标记，表示核对相符。对只有一方记账的记录,则视为未达账项,不作标记,留作调节平衡。

未达账项的调节平衡,一般是通过编制"银行存款余额调节表"进行的。这是检查银行存款余额与企业银行存款账面余额是否相符的一种方法。

编制银行存款余额调节表的方法有两种:一是编制简单调节表;二是编制四栏式调节表。简单调节表是指就某月份银行对账单余额与企业账面余额的差异作简单的加减调节;四栏式余额调节表是指将该表分四栏调节企业账面存款与银行账面存款的期初余额、本期收入、本期支出、期末余额。我国企业通常采用第一种方法即编制简单调节表。

【例2-1】3月31日企业银行存款日记账的账面余额为312 460元,银行对账单余额是314 400元,经查对发现有以下未达账项:

(1) 3月27日企业送存银行的转账支票17 200元,银行尚未入账。

(2) 3月31日银行代付电费1 500元,企业尚未收到付款通知。

(3) 3月31日企业委托银行收款13 800元,银行已收到入账,企业尚未收到收款通知。

(4) 3月31日企业开出转账支票一张计6 840元,持票单位尚未到银行办理结算手续。

根据以上未达账项,编制调节表如表2-1所示。

表2-1　　　　　　　　　银行存款余额调节表　　　　　　　　　单位:元

项　目	金　额	项　目	金　额
银行对账单余额	314 400	企业存款日记账余额	312 460
加:企业已收,银行未收的款项		加:银行已收,企业未收的款项	
27日银行未入账的转账支票	17 200	31日银行收到的款项	13 800
减:企业已付,银行未付的款项		减:银行已付,企业未付的款项	
31日银行未入账的转账支票	6 840	31日代付的电费	1 500
调节后的余额	324 760	调节后的余额	324 760

银行存款经过调节后,企业与银行双方余额必然相符。如果不符,就要通过查阅凭证、账簿来查明原因,并同银行联系更正错账。

在我国,银行存款未达账项调节表,可用来核对账目,不能作为账务处理的依据。但应同"对账单"装订在一起,加以保存,以备日后查阅。而国际上流行的做法是将未达账项调节入账,理由是可以公允地反映财务状况。除定期对账外,还应当加强银行存款的管理,并定期对银行存款进行检查。如果有确凿的证据表明存在银行或其他金融机构的款项已经部分不能收回,或者全部不能收回的,例如,吸收存款的单位已宣告破产,其破产财产不足以清偿的部分,或者全部不能清偿的,应当确认为当期损失,冲减银行存款,借记"营业外支出"科目,贷记"银行存款"科目。

四、银行支付结算办法的应用

《支付结算办法》是中国人民银行为了规范支付结算行为,保障支付结算活动中当事人的合法权益,加速资金周转和商品流通,促进社会主义市场经济的发展而制定和颁布的。企业、单位和个人在社会经济活动中都可使用支付结算。支付结算包括银行汇票、商业汇票、银行本票、支票等票据,信用卡以及汇兑、托收承付、委托收款等结算方式。企业在进行结算、编制银行存款收付款凭证时,应当分别不同的情况进行会计处理。

(一) 银行汇票

银行汇票是汇款单位或个人将款项交给出票银行,由出票银行签发的,由其在见票时,按照实际结算金额无条件支付给收款人或持票人的票据。

使用银行汇票时应注意:银行汇票的付款期为一个月,逾期的票据,兑付银行不予受理;收款人受理申请人交付的银行汇票时,应在出票金额以内,根据实际需要的款项办理结算,并将实际结算金额和多余金额准确、清晰地填入银行汇票和解讫通知,未填明实际结算金额和多余金额或实际结算金额超过出票金额的,银行不予受理;收款人可以将银行汇票背书转让给被背书人,但以不超过出票金额的实际结算金额为准。未填写实际结算金额或实际结算金额超过出票金额的银行汇票不得背书转让;收受银行汇票的企业,应特别注意审查票据的有效性;银行汇票丧失,失票人可以凭人民法院出具的其享有票据权利的证明,向出票银行请求付款或退款。

银行汇票结算的账务处理:

付款单位应在收到银行签发的银行汇票后,根据"银行汇票申请书"存根联编制付款凭证,借记"其他货币资金——银行汇票"科目,贷记"银行存款"科目;报销时,借记"材料采购"或"原材料""库存商品""应交税费——应交增值税(进项税额)"等科目,贷记"其他货币资金——银行汇票"等科目。

汇票结算方式是为了适应多种经济发展和多种渠道商品流通的需要,具有凭证传递迅速、结账灵活方便、信息反馈灵敏的优点。但是,收受汇票必须认真审查,以防止收受假汇票造成不应有的损失。

(二) 商业汇票

商业汇票是出票人签发的,委托付款人在指定日期无条件支付确定的金额给收款人或者持票人的票据。根据承兑人不同,分为商业承兑汇票和银行承兑汇票。商业承兑汇票是收款人开出,经付款人承兑,或由付款人开出并承兑的汇票。由收款人签发的商业承兑汇票,应交付款人承兑;由付款人签发的商业承兑汇票,应经本人承兑。付款须在商业承兑汇票正面签署"承兑"字样并加盖预留银行印鉴后,将商业承兑汇票交给收款人。收款人对将要到期的商业承兑汇票,应递交开户银行办理收款。付款人应于商业承兑汇票到期前将票款足额交存其开户银行,银行在到期日凭票从付款人账户划转给收款人或贴现银行。汇票到期日付款人存款账户不足支付,其开户银行应将汇票退给收款人,由收付双方自行处理,并对付款人按票面金额处以一定罚金。

使用商业汇票应注意:在银行开立存款账户的法人以及其他组织之间,必须具有真实的交易关系或债权债务关系,才能使用商业汇票。商业汇票的付款期限,最长不得超过6个月。符合条件的商业汇票的持有人可持未到期的商业汇票连同贴现凭证向银行申请贴现。条件是指持票人必须提供与其直接前手之间的增值税发票和商品发运票据复印件才能向银行申请贴现。贴现是指票据持有者为了取得现金,以未到期的票据向银行融通资金的一种方法。申请贴现,银行按一定的利息率,扣取自贴现日到到期日的利息,然后将票面余额以现金的形式支付给持票人。持票到期时,银行持票据向最初发票的债务人兑取现款。

采用商业汇票进行商品交易结算的账务处理,是通过设置"应收票据"和"应付票据"科目核算。"应收票据"科目用来核算企业因销售产品等而收到的商业汇票。企业收到商业汇票时,借记"应收票据"科目,贷记"主营业务收入""应交税费——应交增值税(销项税额)"等科目;汇票到期时,根据进账单借记"银行存款"科目,贷记"应收票据"科目。"应付票据"科目用来核算企业因购买材料物资等开出、承兑的商业汇票。企业将汇票和解讫通知交收款单位时借记"材料采购""应交税费——应交增值税(进项税额)"等科目,贷记"应付票据"科目,到期付款时借记"应付票据"科目,贷记"银行存款"科目。

商业汇票结算方式能疏通商品流通渠道,有利于增强企业的信用观念,有利于企业季节性商品的均衡生产,也有利于搞活资金,并对发挥商业信用起积极作用。

(三)银行本票

银行本票是指申请人将款项交存银行,由银行签发的,承诺自己在见票时无条件支付确定的金额给收款人或者持票人的票据。单位和个人在同一票据交换区域需要支付各种款项,均可以使用银行本票。银行本票可以用于转账,注明"现金"字样的银行本票可以用于支取现金。银行本票分为不定额本票和定额本票两种。定额银行本票面额为1 000元、5 000元、1万元和5万元。银行本票付款期限最长不得超过两个月,可以背书转让。银行本票丧失,可以凭人民法院出具的其享有票据权利的证明,向出票银行请求付款或退款。

企业采用银行本票结算方式,将款项送交银行,收到银行签发的银行本票时,借记"其他货币资金——银行本票"科目,贷记"银行存款"科目;用银行本票支付货款以后,根据发票账单等有关凭证借记"材料采购"或"原材料""库存商品""应交税费——应交增值税（进项税额）"等科目，贷记"其他货币资金——银行本票"科目。如果支付价款与本票面额不符，再多退少补。

（四）支票

支票是出票人签发的，委托办理支票存款业务的银行在见票时无条件支付确定的金额给收款人或者持票人的票据。支票有三种：现金支票、转账支票和普通支票。现金支票只能用于支取现金，转账支票只能用于转账，普通支票可以用于支取现金，也可以用于转账。在左上角划两条平行线的为转账支票；不划线的为现金支票。单位和个人的各种款项结算，均可以使用支票并在全国范围内通用。

签发现金支票和用于支取现金的普通支票必须符合国家现金管理的规定。禁止签发空头支票，不得签发与其预留银行签章不符的支票，使用支付密码的，不得签发支付密码错误的支票，否则银行予以退票，并处以相应罚款、赔偿金，甚至停止其签发支票。支票的付款期限为10天。

企业签发支票支付款项时，应根据支票存根和有关的原始凭证，借记"材料采购""应交税费——应交增值税（进项税额）"等有关科目，贷记"银行存款"科目。

企业收到支票时，应填写交款单存入银行，并根据银行退回的交款回单联和有关原始凭证，借记"银行存款"科目，贷记"主营业务收入""应交税费——应交增值税（销项税额）"等有关科目。

（五）信用卡

信用卡是指商业银行向个人和单位发行的，凭以向特约单位购物、消费和向银行存取现金，具有消费信用的特制载体卡片。信用卡按使用对象分为单位卡和个人卡，按信誉等级分为金卡和普通卡。为了进一步加强对使用信用卡结算的规范和管理，支付结算办法主要做了以下规定：单位卡账户的资金一律从其基本存款账户转账存入，不得交存现金，不得将销货收入的款项存入其账户，严禁将单位的款项存入个人卡账户；单位卡不得用于10万元以上的商品交易、劳务供应款项的结算，对于10万元以下的，由于金额较小，为便于持卡人的一些零星支付，允许用于商品交易；单位卡一律不得支取现金；为了控制支付风险，还作了一些强制性规定，比如，透支制度，金卡最高不得超过1万元，普通卡不得超过5 000元，透支期限不得超过60天等。单位申请使用信用卡，应按发卡银行规定，向发卡银行填写申请表。使用信用卡，收款单位对于当日受理的信用卡签购单，填写汇总计算表和进账单，连同签购单一并送交收单银行办理进账，在收到银行收款通知时，据以编制收款凭证，借记"银行存款"科目，贷记"主营业务收入""应交税费——应交增值税（销项税额）"等科目；付款单位对于付出的信用卡资金，应根据银行转来的付款通知和有关原始凭证编制付款凭证，借记"管理费用"等科目，贷记"银行存款"等科目。

（六）汇兑

汇兑是汇款人委托银行将其款项支付给收款人的结算方式。单位和个人的各种款项的结算，均可使用汇兑结算方式。汇兑分信汇和电汇两种，由汇款人选择使用。

采用汇兑结算时的账务处理，由于内容不同，账务处理也不尽相同。例如，清理旧欠，应借记"应付账款"科目，贷记"银行存款"科目；汇给在外地出差人员的差旅费，借记"其他应收款——备用金（×××）"科目，贷记"银行存款"科目；企业派人到外地进行临时或零星采购材料，办理汇款时，银行在汇款委托书上加签"采购资金"字样，由收汇银行以汇款单位名义开设采购账户，并按当地市场管理的有关规定监督支付。企业在会计核算中的账务处理：当企业办理汇款手续后，根据汇兑回单联借记"其他货币资金——外埠存款"科目，贷记"银行存款"科目。当采购员持单据报销时，借记"材料采购""应交税费——应交增值税（进项税额）"等有关科目，贷记"其他货币资金——外埠存款"科目，在外地采购完毕，将多余外埠存款转回当地开户银行时，根据银行的收款通知，借记"银行存款"科目，贷记"其他货币资金——外埠存款"科目。

（七）托收承付

托收承付是根据购销合同由收款人发货后委托银行向异地付款人收取款项，由付款人向银行承认付款的结算方式。使用托收承付结算方式的收款单位和付款单位，必须是国有企业，供销合作社以及经营管理较好，并经开户银行审查同意的城乡集体所有制工业企业。办理托收承付的款项，必须是商品交易，以及因商品交易而产生的劳务供应的款项。代销、寄销、赊销商品的款项，不得办理托收承付结算。托收承付结算每笔的金额起点为1万元，新华书店系统每笔金额起点为1 000元。

采用托收承付方式，收款单位应根据收款通知和有关原始凭证，编制收款凭证，借记"银行存款"科目，贷记"主营业务收入""应交税费——应交增值税（销项税额）"等科目。付款单位应根据承付通知和有关发票账单等原始凭证编制付款凭证，借记"材料采购""应交税费——应交增值税（进项税额）"等科目，贷记"银行存款"科目。

（八）委托收款

委托收款是收款人委托银行向付款人收取款项的结算方式。单位和个人凭已承兑商业汇票、债务、存单等付款人债务证明办理款项的结算，均可以使用委托收款结算方式。在同城范围内，收款人收取公用事业费或根据国务院的规定，可以使用同城特约委托收款。采用委托收款方式，只允许全额付款或全部拒绝付款。

采用委托收款方式，收款单位应根据银行的收款通知及有关凭证借记"银行存款"等科目，贷记"应收账款"等科目；付款单位收到银行转来的委托收款凭证的付款通知联和有关原始凭证，借记"材料采购""应交税费——应交增值税（进项税额）"等科目，贷记"银行存款"等科目。

（九）信用证

信用证结算方式原是国际上贸易结算的一种主要方式。为适应国内贸易的需要，促进社会主义市场经济的健康发展，1997 年 6 月中国人民银行制定印发了《国内信用证结算办法》，该办法旨在通过信用证结算维护贸易双方有关当事人的合法权益，同时丰富了国内结算种类。

信用证，是指开证银行依照申请人的申请开出的，凭符合信用证条款的单据支付的付款承诺，并明确规定该信用证为不可撤销、不可转让的跟单信用证。信用证属于银行信用，采用信用证支付，对购销双方安全收回货款较有保障。

第三节　其他货币资金

其他货币资金是指企业的外埠存款、银行汇票、银行本票、信用证保证金、存出投资款等。

外埠存款是指企业到外地进行临时或零星采购时，汇往采购地银行开立采购专户的款项。银行汇票是企业为取得银行汇票，按规定存入银行的款项。银行本票是企业为取得银行本票，按规定存入银行的款项。信用证保证金是指采用信用证结算方式的企业为开具信用证而存入银行信用证保证金专户的款项。存出投资款是指企业已存入证券公司但尚未进行短期投资的现金。

为了正确、及时地对其他货币资金核算，设置"其他货币资金"账户，它属于资产类，借方记录其他货币资金增加数，贷方表示其减少数。本科目应设置"外埠存款""银行汇票""银行本票""信用证保证金""存出投资款"等明细科目，并按外埠存款的开户银行，银行汇票或本票、信用证的收款单位等设置明细账。

一、外埠存款

企业将款项委托当地银行汇往采购地开立专户时，借记"其他货币资金——外埠存款"科目，贷记"银行存款"科目。收到采购员交来购货发票等报销凭证时，借记"材料采购""应交税费——应交增值税（进项税额）"等科目，贷记"其他货币资金——外埠存款"科目。将多余款项转回时，借记"银行存款"科目，贷记"其他货币资金——外埠存款"科目。

二、银行汇票

企业为取得银行汇票，应填制"银行汇票委托书"并将其送交银行。企业取得银行汇票以后，根据银行签章退回的委托书存根联，借记"其他货币资金——银行汇票"科目，贷记"银行存款"科目。企业使用银行汇票后，应根据发票账单及开户行转来的银行汇票第四联等有关凭证，借记"材料采购""应交税费——应交增值税（进项税额）"等科目，贷记"其他货币资金——银行汇票"科目；如有多余款或因汇票超过付款期等原因发生退回时，应借记"银行存款"科目，贷记"其他货币资金——银行汇票"科目。

三、银行本票

企业为了取得银行本票，向银行提交"银行本票申请书"，将款项交给银行。企业取得银行本票后，根据银行签章退回的申请书存根联，借记"其他货币资金——银行本票"科目，贷记"银行存款"科目。付出银行本票后，企业应根据发票账单等有关凭证，借记"材料采购""应交税费——应交增值税（进项税额）"等科目，贷记"其他货币资金——银行本票存款"科目，因本票过期等原因要求退款时，应填制进账单一式两联，连同本票一并送交银行，根据银行签章退回的进账单第一联，借记"银行存款"科目，贷记"其他货币资金——银行本票"科目。

四、信用证保证金

企业向银行申请开立信用证，应按规定向银行提交开证申请书、信用证申请人承诺书和购销合同。企业向银行交纳保证金，根据银行退回的进账单第一联，借记"其他货币资金——信用证保证金"科目，贷记"银行存款"科目。根据开证行交来的信用证通知书及有关的单据列明的金额，借记"材料采购"或"原材料""库存商品""应交税费——应交增值税（进项税额）"等科目，贷记"其他货币资金——信用证保证金"科目和"银行存款"科目。

五、存出投资款

存出投资款是指企业已存入证券公司但尚未进行交易性投资的现金。企业向证券公司划出资金时，应按实际划出的金额，借记"其他货币资金——存出投资款"科目，贷记"银行存款"科目；购买股票、债券等时，按实际发生的金额，借记"交易性金融资产"科目，贷记"其他货币资金——存出投资款"科目。

思考题与练习题

一、思考题

1. 说明现金的概念与范围。
2. 现金管理制度的主要内容有哪些?
3. 货币资金内部控制的主要内容有哪些?
4. 银行存款账户如何开立和正确使用?
5. 如何编制银行存款余额调节表?
6. 银行支付结算种类有哪些?它们的主要内容有哪些?其账务处理是怎样的?
7. 其他货币资金的内容有哪些?如何进行账务处理?

二、练习题

习题一

【目的】通过练习,掌握有关银行支付结算办法的账务处理方法。

【资料】假设某企业某年某月发生如下经济业务:

1. 3日企业按规定存入银行8 000元,并取得银行本票一张。

2. 5日企业将20 000元汇往采购地上海淮海路银行,以便采购员李玉采购材料,汇款手续已办妥。

3. 6日购买原材料一批,增值税专用发票上注明原材料价款20 000元,增值税2 600元,开出商业承兑汇票一张,材料已验收入库。

4. 7日企业按规定将款项20 000元存入银行,并取得银行汇票一张。

5. 10日企业法定代表人将5 000元支票一张连同其他所需资料送交银行,申请办理信用卡,经银行审查,发给信用卡。

6. 15日购入原材料一批,货款8 000元,增值税1 040元,用银行本票支付,材料已验收入库。

7. 17日收到开户银行通知,将未用完的银行本票余额转回银行结算户。

8. 20日去上海进行材料采购的李玉,寄回采购材料的发票及运输凭证,增值税专用发票上注明的价款为15 000元,增值税为1 950元,材料已验收入库。

9. 25日企业支付6个月期限到期的商业承兑汇票180 000元。

10. 30日购入原材料一批,增值税发票上注明价款为10 000元,增值税为1 300元,用银行汇票支付。

【要求】根据上述经济业务,编制会计分录(列示明细科目)。

习题二

【目的】通过练习,掌握银行存款余额调节表的编制方法。

【资料】某企业于2023年1月31日在工商银行的银行存款余额为256 000元,银行对账单余额为 265 000 元，经查有下列未达账项：

1. 企业于月末存入银行的转账支票 2 000 元，银行尚未入账。
2. 委托银行代收的销货款 12 000 元，银行已经收到入账，但企业尚未收到银行的收款通知。
3. 银行代付本月电话费 4 000 元，企业尚未收到银行付款通知。
4. 企业于月末开出转账支票 3 000 元，持票人尚未到银行办理转账手续。

【要求】根据所给资料填制银行存款余额调节表（见表 2-2）。

表 2-2　　　　　　　　　　　　　　银行存款余额调节表
2023 年 1 月 31 日　　　　　　　　　　　　　　　　　　　　　单位：元

项目	金额	项目	金额
银行对账单余额		企业银行存款日记账余额	
加：		加：	
减：		减：	
调节后的余额		调节后的余额	

第三章

应收及预付款项

【本章学习目的】

通过本章的学习，掌握应收及预付款项的基本核算内容，掌握应收账款、应收票据、预付账款和其他应收款的确认、计量以及账务处理；掌握应收款项减值的基本概念和基本原理；掌握应收款项减值的测试和确认、计量的方法，以及资产减值损失的账务处理。

第一节 应收款项概述

应收款项是指一般企业销售商品或提供劳务形成的各种债权，主要包括应收票据、应收账款、其他应收款、长期应收款等。预付款项是指企业按照购货合同规定预先支付给供货方的款项。

在高度发达的市场经济条件下，企业之间的商品交易大多是建立在商业信用基础上的，很少使用现金交易。企业因赊销业务而形成的应收款项，使企业获得了收取未来经济利益（未来现金流入）的权利。由于在市场经济条件下，商业信用可能发生失败，使企业的应收款项存在着收不回的风险，因此针对应收款项的核算，在会计上就要解决一系列问题，比如，应收款项在何时确认？应收款项应如何计量？应收款项如何进行账务处理？应收款项收不回来的损失该如何核算？以及会计报表中如何列示应收款项的金额？等等。

一、应收款项的确认

应收款项属于企业的一项金融资产。根据我国会计准则规定："企业成为金融工具合同的一方时，应当确认一项金融资产或金融负债。"作为一项金融资产的应收款项的确认，应在企业成为合同的一方，从而拥有收取现金的法定权利时，确认该项应收款项。例如，某企业收到一份加工订单，该企业不能在收到加工订单时就确认为金融资产，因为，此时企业并未拥有收取现金的法定权利。企业只有在商品加工完成、由委托方验收合格并已办理托运后才可确认为金融资产。当然，远期合同除外。我国会计准则还规定了金融资产终止确认的条件。

金融资产满足下列条件之一的，应当终止确认：

（1）收取该金融资产现金流量的合同权利终止。比如，企业已将应收款项收回或放弃收回的权利。

（2）该金融资产已转移，且符合金融资产转移准则中规定的金融资产终止确认条件。比如，转出方已将金融资产所有权上几乎所有的风险和报酬转移给了转入方、转出方已放弃对所转移金融资产的控制等。比如，企业将某项应收账款出售，且不附有追索权，说明与该项应收账款所有权上的有关风险和报酬转移给了转入方，此时应终止确认该项应收账款。

二、应收款项的计量

根据企业会计准则的规定，企业初始确认的金融资产，应当按照公允价值计量。对于一般企业对外销售商品或提供劳务形成的应收债权，通常应按从购货方应收的合同或协议价款作为初始确认金额。从理论上讲，由于应收款项表示的是在未来某个时点应收取的金额，考虑到货币时间价值的影响因素，在交易日按合同或协议价款确认的应收款项账面价值与未来收到现金的现值不相等。因此，只有将应收款项按未来收到现金的现值入账，才是该项资产在销售日的真实价值。但是，一般情况下，由于应收票据、应收账款和其他应收款等金融资产的收款期限较短，金额通常也不大，因此根据会计的重要性原则，为简化其会计核算，企业可以不考虑应收款项受货币时间价值的影响因素，在资产负债表中也不要求对其进行折现，而是直接以其账面价值列示即可。但对于长期应收款，则按照国际上通行的做法，采用实际利率法，按摊余成本进行计量，并在资产负债表中以其折现后的价值列示。

第二节　应收票据

一、应收票据的内容

我国《票据法》规定，票据包括汇票、本票和支票。在我国会计实务中，支票、银行本票及银行汇票均为见票即付的票据，无须将其列为应收票据予以处理。因此，应收票据仅指企业因销售商品、提供劳务等而收到的商业汇票。

商业汇票是出票人签发的，委托付款人在指定日期无条件支付确定的金额给收款人或者持票人的票据。在银行开立存款账户的法人以及其他组织之间必须具有真实的交易关系或债权债务关系，才能使用商业汇票。根据我国现行法规制度的规定，商业汇票的付款期限由交易双方商定，但最长不得超过 6 个月。因此，企业持有的应收票据是一项短期债权，在资产负债表上列示为一项流动资产。

企业可以将自己持有的商业汇票背书转让。背书是指持票人在票据转让他人时在票据背面或者粘单上记载有关事项并签章的票据行为。签章人称为背书人，接受票据转让的人称为被背书人。背书人对票据的到期付款负有连带责任。符合条件的持票人还可持未到期的商业汇票向银行申请贴现。应收票据贴现是指持票人因急需资金，将未到期的商业汇票背书后转让给银行，银行受理后，从票面金额中扣除按银行的贴现率计算确定的贴现息后，将票款余额付给贴现企业的业务活动。

二、应收票据的分类

1. 商业汇票按承兑人不同，分为商业承兑汇票和银行承兑汇票。商业承兑汇票是指由付款人签发并承兑或由收款人签发交由付款人承兑的汇票。商业承兑汇票的付款人收到开户银行的付款通知，应在当日通知银行付款。付款人在接到通知日的次日起三日内（遇法定休假日顺延）未通知银行付款的，视同付款人承诺付款。银行在办理划款时，付款人存款账户不足支付的，银行应填制付款人未付票款通知书，连同商业承兑汇票邮寄持票人开户银行转交持票人；银行承兑汇票是指由在承兑银行开立存款账户的存款人（这里也是出票人）签发，由承兑银行承兑的票据。企业申请使用银行承兑汇票时，应向其承兑银行按票面金额的万分之五交纳手续费。银行承兑汇票的出票人应于汇票到期前将票款足额交存其开户银行，承兑银行应在汇票到期日或到期日后的见票当日支付票款。银行承兑汇票的出票人于汇票到期前未能足额交存票款时，承兑银行作逾期贷款处理，并对出票人尚未支付的汇票金额按照每天万分之五计收利息。

2. 商业汇票按其是否带息，可以分为带息票据和不带息票据两种。带息票据是指商业汇票上标明利率，汇票到期时，承兑人除向收款人或被背书人支付票面金额款外，还应按票面金额和规定的利息率计算支付自票据生效日起至票据到期日止的利息；不带息票据是指商业汇票到期时，承兑人只按票面金额向收款人或被背书人支付款项的票据。我国常用的是不带息票据。

三、应收票据的初始计量

根据我国《企业会计准则》的规定，企业收到开出、承兑的商业汇票时，按照商业汇票的票面金额入账，即应收票据按其面值计价。这也是一种变通的做法，因为商业汇票的票面金额并不一定等于未来收到现金的现值，按照国际通行的做法，企业收到的商业汇票一旦实际上构成一项融资交易，该价款的公允价值应通过对未来收入进行折现后来确定，因此在资产负债表上商业汇票的金额是以现值列示的。在对应收票据按现值计价时，还应区分票据是否带息分别处理。如果是带息票据，且票面利率等于市场利率时，未来现金流量的现值就等于其票据的面值；如果是不带息票据或带息票据的票面利率不等于市场利率时，该票据未来现金流量的现值就不等于其票据的面值，两者差额即为票据的溢价或折价，应在票据存续期内，按实际利率法进行摊销。由于商业汇票在正常情况下，持有时间较短，票据的金额不大，因此在我国会计实务中，为简化会计核算，企业所收到的无论是带息票据还是不带息票据均按其票面金额入账。

四、商业汇票的利息计算

商业汇票的利息是出票人使用货币资金的成本，它是按照使用货币的时间和规定的利率计算的。对付款人来讲，承担的利息是费用；对收款人来讲，收到的利息是收益。

商业汇票的利息计算公式如下：

$$商业汇票的利息 = 商业汇票的票面金额 \times 票面利率 \times 票据期限$$

式中，"票面利率"一般指年利率；"票据期限"指自签发日起至到期日止的时间间隔。商业汇票的期限，有按月表示和按日表示两种。

票据期限按月表示时，应以到期月份中与出票日相同的那一天为到期日。如 4 月 1 日签发的 3 个月票据，到期日应为 7 月 1 日。月末签发的票据，不论月份大小，以到期月份的月末那一天为到期日。与此同时，计算利息使用的年利率要换算成月利率（年利率÷12）。

票据期限按日表示时，应从出票日起按实际经历天数计算。出票日和到期日只能计算其中的一天，即"算头不算尾"或"算尾不算头"。例如，4 月 1 日签发的 90 天票据，其到期日应为 6 月 30 日 [90 天 - 4 月实有天数 - 5 月实有天数 = 90 - 30 - 31 = 29（天）]。即 4 月 1 日与 6 月 30 日算作一天。同时，计算利息使用的利率，要换算成日利率（年利率÷360）。

五、应收票据的账务处理

为了核算和监督应收票据的取得和回收情况，企业应设置"应收票据"科目。企业因销售商品、产品或提供劳务收到开出、承兑的商业汇票时，按商业汇票的票面金额，借记"应收票据"科目，按实现的营业收入，贷记"主营业务收入"科目，按专用发票上注明的增值税额，贷记"应交税费——应交增值税（销项税额）"科目。商业汇票到期，应按实际收到的金额，借记"银行存款"科目，按商业汇票的票面金额，贷记"应收票据"科目。商业承兑汇票到期，承兑人违约拒付或无力支付票款，企业收到银行退回的商业承兑汇票、委托收款凭证、未付票款通知书或拒绝付款证明等，将到期票据的票面金额转入"应收账款"科目。"应收票据"科目期末借方余额，反映企业持有的未到期的商业汇票的票面金额。

企业应当设置"应收票据备查簿",逐笔登记商业汇票的种类、号数、出票日期、票面金额、票面利率、交易合同号,付款人、承兑人、背书人的姓名或单位名称,到期日、背书转让日、贴现日期、贴现率和贴现净额、未计提的利息,以及收款日期和收回金额、退票情况等资料,商业汇票到期结清票款或退票后,应当在备查簿内逐笔注销。

1. 销售商品取得应收票据的核算。

【例3-1】A公司销售一批产品给B公司,货已发出,货款10 000元,增值税额为1 300元。按合同约定3个月以后付款,B公司交给A公司一张3个月到期的商业承兑汇票,票面金额11 300元。其账务处理方法如下:

(1) A公司收到该票据时,作会计分录如下:

借:应收票据——B公司　　　　　　　　　　　　　　　　　11 300
　　贷:主营业务收入　　　　　　　　　　　　　　　　　　　10 000
　　　　应交税费——应交增值税(销项税额)　　　　　　　　1 300

(2) 3个月后,该应收票据到期,A公司收回票据款11 300元,存入银行。作会计分录如下:

借:银行存款　　　　　　　　　　　　　　　　　　　　　　11 300
　　贷:应收票据——B公司　　　　　　　　　　　　　　　　11 300

(3) 如果该票据到期,B公司无力偿还票款,A公司应将到期票据的票面金额转入"应收账款"科目。作会计分录如下:

借:应收账款——B公司　　　　　　　　　　　　　　　　　11 300
　　贷:应收票据——B公司　　　　　　　　　　　　　　　　11 300

2. 收到抵付应收账款的商业汇票。

【例3-2】甲公司收到乙公司寄来一张2个月到期的商业承兑汇票,面值为117 000元,抵偿前欠的产品货款。

甲公司应作如下会计分录:

借:应收票据——乙公司　　　　　　　　　　　　　　　　　117 000
　　贷:应收账款——乙公司　　　　　　　　　　　　　　　　117 000

3. 商业汇票背书转让的账务处理。企业为取得所需物资而将持有的应收票据背书转让时,按应计入取得物资成本的金额,借记"材料采购"或"原材料""库存商品"等科目,按专用发票上注明的增值税额,借记"应交税费——应交增值税(进项税额)"科目,按商业汇票的票面金额,贷记"应收票据"科目,如有差额,借记或贷记"银行存款"等科目。

【例3-3】假设乙公司将持有尚未到期的、票据面值为70 000元的银行承兑汇票背书转让给某钢铁厂,用于购买钢材一批。乙公司取得增值税专用发票上注明价款为62 000元,增值税额为8 060元,并签发转账支票一张,补付货款与票据面值之间的差额 60 元，材料已到货并验收入库（材料按计划成本核算）。作会计分录如下：

借：材料采购　　　　　　　　　　　　　　　　　　　　　62 000
　　应交税费——应交增值税（进项税额）　　　　　　　　 8 060
　　贷：应收票据　　　　　　　　　　　　　　　　　　　 70 000
　　　　银行存款　　　　　　　　　　　　　　　　　　　　　 60

4. 商业汇票贴现的账务处理。当企业出现资金短缺时，可以将其持有的、未到期的应收票据向银行办理贴现。在贴现中，企业付给银行的利息称为贴现利息，银行计算贴现利息的利率称为贴现率，企业从银行获得的票据到期值扣除贴现利息后的货币收入，称为贴现所得。贴现利息和贴现所得的计算公式如下：

贴现所得 = 票据到期值 - 贴现利息

票据到期值 = 票据面值 + 到期利息 = 票据面值 × (1 + 利率 × 期限)

或　　　　　　　　= 票据面值 × (1 + 年利率 × 票据到期天数 ÷ 360)

　　　　　　　　　= 票据面值 × (1 + 年利率 × 票据到期月数 ÷ 12)

贴现利息 = 票据到期值 × 贴现率 × 贴现期

贴现期 = 票据期限 - 企业已持有票据期限

公式中的票据到期值是指：如果是不带息商业汇票，到期值就是其面值；如果是带息商业汇票，到期值就是其面值加上按票据载明的利率计算的票据利息。

【例 3 - 4】A 公司因急需资金，于 7 月 8 日将一张 6 月 8 日签发、120 天期限、票面金额 50 000 元的不带息的银行承兑汇票向银行办理贴现，年贴现率为 10%。则：

票据到期日为 10 月 6 日（6 月 23 天，7 月 31 天，8 月 31 天，9 月 30 天，10 月 5 天）；票据持有天数 30 天（6 月 23 天，7 月 7 天）；贴现期为 90 天（120 - 30）；到期值 50 000 元；贴现利息 1 250 元（50 000 × 10% × 90/360）；贴现所得 48 750 元（50 000 - 1 250）。A 公司作会计分录如下：

借：银行存款　　　　　　　　　　　　　　　　　　　　　48 750
　　财务费用　　　　　　　　　　　　　　　　　　　　　 1 250
　　贷：应收票据　　　　　　　　　　　　　　　　　　　 50 000

如果贴现的是带追索权的商业承兑汇票，风险与报酬未能转移时，则会计分录如下：

借：银行存款　　　　　　　　　　　　　　　　　　　　　48 750
　　财务费用　　　　　　　　　　　　　　　　　　　　　 1 250
　　贷：短期借款　　　　　　　　　　　　　　　　　　　 50 000

票据到期，付款人足额付款，作如下会计分录：

借：短期借款　　　　　　　　　　　　　　　　　　　　　50 000
　　贷：应收票据　　　　　　　　　　　　　　　　　　　 50 000

如果票据到期，承兑人的银行账户不足支付，银行即将已贴现的票据退回申请贴现的企业，同时从贴现企业的账户中将票据款划回。此时，贴现企业应按所附票据本息转作"应收账款"，借记"应收账款"科目，贷记"应收票据"科目；同时，借记"短期借款"科目，贷记"银行存款"科目。

第三节　应收账款

一、应收账款的初始计量

应收账款是指企业因销售商品、提供劳务等经营活动，应向购货单位或接受劳务单位收取的款项。

应收账款初始计量的原则同应收票据相同，均是按照公允价值计量，通常为从购货方应收的合同或协议价款。在我国会计实务中，应收账款的入账价值包括因销售商品或提供劳务从购货方或接受劳务方应收的合同或协议价款、增值税销项税额以及代购货单位垫付的包装费、运杂费等。从理论上来讲，销售日确定的应收账款面值与未来收到现金的现值不等，应收账款应按其现值入账。但由于企业拥有的应收账款，在正常情况下持有时间较短、金额不大，且收款日期不确定，因此不考虑从销售日至付款日之间发生的利息。但对于分期收款销售商品过程中发生的长期应收款，实质上具有融资性质的，应考虑将其金额进行折现。

二、应收账款的账务处理

为了反映应收账款的增减变动及其结存情况，企业应设置"应收账款"科目。不单独设置"预收账款"科目的企业，预收的账款可以在"应收账款"科目核算。

（一）商业折扣

商业折扣是一种"薄利多销"的营销策略，即"买得越多折扣越多"，也是企业最常用的一种促销手段。商业折扣一般在交易发生时，根据客户购买的数量，即可确定实际售价，并按实际发生的售价入账，不需要在买卖双方的任何一方的账上反映商业折扣的内容。因此，存在商业折扣的情况下，企业应收账款的入账金额直接按扣除商业折扣后的实际售价作为其初始计量。比如，企业对某商品的报价是 1 000 元，商业折扣为 10%，如果客户符合折扣条件，则直接按 900 元的实际售价计入应收账款。

【例 3-5】某企业向 A 公司销售一批产品，按照价目表上标明的价格计算，其售价金额为 30 000 元，适用的增值税税率为 13%。由于是批量销售，该企业给予 A 公司

10%的商业折扣,并为 A 公司代垫运杂费 200 元。其账务处理方法如下:

(1) 销售实现时,作会计分录如下:

借:应收账款——A 公司　　　　　　　　　　　　　　30 710
　　贷:主营业务收入　　　　　　　　　　　　　　　　　　27 000
　　　　应交税费——应交增值税(销项税额)　　　　　　　 3 510
　　　　银行存款　　　　　　　　　　　　　　　　　　　　　200

(2) 收到货款和代垫运杂费时,作会计分录如下:

借:银行存款　　　　　　　　　　　　　　　　　　　30 710
　　贷:应收账款——A 公司　　　　　　　　　　　　　　　30 710

(二) 应收款项减值

企业发生的应收款项是建立在商业信用基础上的,如果债务单位出现失信,企业将会因应收款项收不回来而蒙受损失。既然企业所持有的应收款项有收不回来的风险,在会计核算上就应该加以反映。应收款项减值是指企业无法收回或收回的可能性极小的应收款项。因发生应收款项减值而产生的损失,称为应收款项减值损失或坏账损失。

1. 应收款项减值损失的测试。应收账款属于企业的一项金融资产。对于金融资产的减值,会计准则采用"预期信用损失法",即以未来可能的违约事件造成的损失的期望值来计量资产负债表日的减值准备金。预期信用损失通常划分为三个阶段,每个阶段减值的会计处理不同:

(1) 信用风险自初始确认后未显著增加(第一阶段)。对于处于该阶段的金融资产,企业应当按照未来 12 个月的预期信用损失计量损失准备,并按其账面余额(即未扣除减值准备)和实际利率计算利息收入。

(2) 信用风险自初始确认后已显著增加但尚未发生信用减值(第二阶段)。对于处于该阶段的金融资产,企业应当按照该资产整个存续期的预期信用损失计量损失准备,并按其账面余额(即未扣除减值准备)和实际利率计算利息收入。

(3) 初始确认后发生信用减值(第三阶段)。对于处于该阶段的金融资产,企业应当按照该资产整个存续期的预期信用损失计量损失准备,但按其摊余成本(账面余额扣除减值准备的账面价值)和实际利率计算利息收入。

对于由收入准则规范的交易形成的应收款项,会计准则允许采用简化的减值模型,只按照相当于整个存续期内预期信用损失的金额计量损失准备。这相当于直接采用第三阶段的减值处理,无须进行三个阶段的划分判断。

2. 应收款项减值损失的计量。

(1) 计量原则。当应收款项发生减值时,应当将该应收款项的账面价值减记至预计未来现金流量(不包括尚未发生的未来信用损失)现值,减记的金额确认减值损失,计提坏账准备。计算应收款项未来现金流量现值时可采用合同规定的现行实际利率作为折现率。

考虑到短期应收款项的预计未来现金流量与其现值相差很小，在确定相关减值损失时，可不对其预计未来现金流量进行折现。直接根据预计未来现金流量低于应收款项账面价值的差额，确认减值损失，计提坏账准备。

（2）计量方法。根据金融工具会计准则的规定，预期信用损失是以违约概率为权重的、金融工具现金流缺口（即合同现金流量与预期收到的现金流量之间的差额）的现值的加权平均值。预期信用损失是概率加权的结果，应当始终反映发生信用损失的可能性以及不发生信用损失的可能性，而不是仅对最坏或最好的情形作出的估计。

一般情况下，企业运用相对简单的模型就可以满足上述要求，而无须开展复杂的分析。例如，某企业有一笔 100 万元的应收款项，估计未来发生违约的概率为 0.5%，如果违约将损失账面余额的 25%，该企业预期信用损失的金额为 1 250 元（1 000 000 × 0.5% × 25%）。

【例 3-6】 甲公司是一家制造业企业，2023 年甲公司应收账款合计为 3 亿元。考虑到客户群由众多小客户构成，甲公司根据代表偿付能力客户的共同风险特征对应收账款进行分类。甲公司对上述应收账款按整个存续期间的预期信用损失计量损失准备。

甲公司使用逾期天数与违约损失率对照表确定该应收账款组合的预期信用损失。对照表以此类应收账款预计存续期的历史违约损失率为基础，根据前瞻性估计预计调整。在每个资产负债表日，甲公司都将分析前瞻性估计的变动，并据此对历史违约损失率进行调整。

本年甲公司估计的对照表如表 3-1 所示。

表 3-1　　　　　　　　　　甲公司估计的对照表　　　　　　　　　　单位:%

逾期天数	未逾期	逾期 1~30 天	逾期 31~60 天	逾期 61~90 天	逾期 >90 天
违约损失率	0.3	1.6	3.6	6.6	10.6

本年预期信用损失如表 3-2 所示。

表 3-2　　　　　　　　　　甲公司预期信用损失

逾期天数	账面余额（元）	违约损失率（%）	预期信用损失准备（元）
未逾期	15 000 000	0.3	45 000
逾期 1~30 天	7 500 000	1.6	120 000
逾期 31~60 天	4 000 000	3.6	144 000
逾期 61~90 天	2 500 000	6.6	165 000
逾期 >90 天	1 000 000	10.6	106 000
合计	30 000 000		580 000

3. 应收款项减值损失的核算方法。应收款项减值损失的核算方法有两种：直接转销

法和备抵法。其中,直接转销法是指当实际发生坏账时,才将坏账损失计入当期损益,同时冲销应收款项;备抵法是指按期估计坏账损失,形成坏账准备,当某一应收款项全部或部分被确认为坏账时,应根据其金额冲销坏账准备,同时转销相应的应收款项金额的一种核算方法。按照我国会计准则的规定和国际通行做法,企业应采用备抵法核算坏账损失。

4. 计提坏账准备的账务处理。企业应当设置"坏账准备"科目,核算应收款项的坏账准备计提、转销等情况。企业期末计提的坏账准备应确认为信用减值损失。期末应计提的坏账准备金额可按下列公式计算:

$$当期应提取的坏账准备 = 当期按应收款项计算应计提的坏账准备金额 - (或+) "坏账准备"科目的贷方(或借方)余额$$

当期应计提的坏账准备金额大于"坏账准备"科目的贷方余额,应按其差额提取坏账准备;当应计提的坏账准备金额小于"坏账准备"科目的贷方余额,应按其差额冲减已计提的坏账准备。

企业计提坏账准备时,按应减记的金额,借记"信用减值损失"科目,贷记"坏账准备"科目;冲减多计提的坏账准备时作相反的会计分录。

对于企业确实无法收回的应收款项,按管理权限报经批准后作为坏账转销时,应当冲减已计提的坏账准备。已确认并转销的应收款项以后又收回的,应当按照实际收到的金额增加坏账准备的账面余额。

企业实际发生坏账损失时借记"坏账准备"科目,贷记"应收账款""其他应收款"等科目。已确认并转销的应收款项以后又收回时,借记"应收账款""其他应收款"等科目,贷记"坏账准备"科目,同时借记"银行存款"科目,贷记"应收账款""其他应收款"等科目;也可以按照实际收回的金额借记"银行存款"科目,贷记"坏账准备"科目。

【例3-7】2021年12月31日,A公司得知债务人B公司发生严重财务困难,因此对应收B公司的账款进行减值测试。该项应收账款余额合计为2 000 000元,A公司根据B公司的资信情况决定按10%提取坏账准备。2021年年末提取坏账准备的会计分录为:

借:信用减值损失——计提的坏账准备　　　　　　　　　　　200 000
　　贷:坏账准备　　　　　　　　　　　　　　　　　　　　　　200 000

【例3-8】2022年A公司对B公司的应收账款实际发生坏账损失150 000元。确认坏账损失时,应作如下会计分录:

借:坏账准备　　　　　　　　　　　　　　　　　　　　　　150 000
　　贷:应收账款——B公司　　　　　　　　　　　　　　　　　150 000

【例3-9】2022年年末,A公司应收B公司的账款余额为1 800 000元,经减值测试,A公司决定仍按10%计提坏账准备。

根据题意可知：A 公司于 2022 年年末对 B 公司的应收账款计提坏账准备 180 000 元（1 800 000×10%），此时"坏账准备"科目的贷方余额为 50 000 元（200 000 - 150 000），因此本年末应补提的坏账准备金额为 130 000 元（180 000 - 50 000）。A 公司应作如下会计处理：

　　借：信用减值损失——计提的坏账准备　　　　　　　　　　　　130 000
　　　　贷：坏账准备　　　　　　　　　　　　　　　　　　　　　　130 000

【例 3-10】承〖例 3-9〗，假定 A 公司 2023 年 4 月 20 日收到开户银行的收账通知，上年已转销的一笔坏账 60 000 元又收回，已存入银行。A 公司应作如下会计分录：

　　借：应收账款——B 公司　　　　　　　　　　　　　　　　　　60 000
　　　　贷：坏账准备　　　　　　　　　　　　　　　　　　　　　　60 000
　　借：银行存款　　　　　　　　　　　　　　　　　　　　　　　　60 000
　　　　贷：应收账款——B 公司　　　　　　　　　　　　　　　　　60 000

【例 3-11】假定 2023 年年末，A 公司应收 B 公司的账款余额为 1 000 000 元，经减值测试，A 公司决定仍按 10% 计提坏账准备。

根据题意可知：A 公司于 2023 年年末，对 B 公司的应收账款应计提坏账准备 100 000 元（1 000 000×10%），此时"坏账准备"科目的贷方余额为 240 000 元（180 000 + 60 000），因此本年末应冲销多提的坏账准备金额为 140 000 元（240 000 - 100 000）。A 公司应作如下会计分录：

　　借：坏账准备　　　　　　　　　　　　　　　　　　　　　　　140 000
　　　　贷：信用减值损失——计提的坏账准备　　　　　　　　　　　140 000

第四节　其他应收及预付款

一、其他应收款

其他应收款是指企业除应收票据、应收账款、预付账款等以外的其他各种应收及暂付款项。其主要内容包括：(1) 应收的各种赔款、罚款，如因企业财产等遭受意外损失而应向有关保险公司收取的赔款等；(2) 应收的出租包装物租金；(3) 应向职工收取的各种垫付款项，如为职工垫付的水电费、应由职工负担的医药费、房租费等；(4) 存出保证金，如租入包装物支付的押金；(5) 其他各种应收、暂付款项。其他应收款应当按实际发生的金额入账。

为了反映其他应收账款的增减变动及其结存情况，企业应当设置"其他应收款"科目进行核算。

企业发生其他应收款时，借记"其他应收款"科目，贷记"库存现金""银行存款""营业外收入"等科目;收回或转销其他应收款时,借记"库存现金""银行存款""应付职工薪酬"等科目,贷记"其他应收款"科目。

【例 3-12】企业库存的一批原材料物资因火灾被毁损,经保险公司确认,企业应向保险公司收取赔款 50 000 元。根据有关索赔凭证,作会计分录如下:

借:其他应收款——保险公司　　　　　　　　　　　　　　　50 000
　　贷:待处理财产损溢　　　　　　　　　　　　　　　　　　　　　50 000

企业收到保险公司支付的上项赔款 50 000 元,已存入银行。根据银行的收账通知,作会计分录如下:

借:银行存款　　　　　　　　　　　　　　　　　　　　　　　50 000
　　贷:其他应收款——保险公司　　　　　　　　　　　　　　　　　50 000

【例 3-13】企业代职工王刚垫付应由其个人负担的住院医药费 6 000 元,以银行存款支付。根据转账支票存根,作会计分录如下:

借:其他应收款——王刚　　　　　　　　　　　　　　　　　　6 000
　　贷:银行存款　　　　　　　　　　　　　　　　　　　　　　　　6 000

企业根据扣款通知,从王刚的工资中按月扣回为其代垫的住院医药费 1 000 元,6 个月扣清。各月扣款时,根据工资发放明细表,作会计分录如下:

借:应付职工薪酬——工资　　　　　　　　　　　　　　　　　1 000
　　贷:其他应收款——王刚　　　　　　　　　　　　　　　　　　　1 000

二、预付账款

预付账款是指企业按照购货合同规定预先支付给供货方的款项。预付账款应当按实际预付的金额入账。企业预付货款后,有权要求对方按照购货合同规定发货。为了加强对预付账款的管理,一般应单独设置会计科目进行核算,预付账款不多的企业也可以将预付的货款记入"应付账款"科目的借方,但在编制会计报表时,仍然要将"预付账款"和"应付账款"的金额分开列示。

为了核算和监督预付账款的发生和减少情况,企业应设置"预付账款"科目。借方登记企业因购货而预付的款项和收到所购物资时补付的货款;贷方登记收到所购物资时冲减预付账款的金额和退回多付的款项;期末借方余额反映企业实际预付的款项,期末如为贷方余额,反映企业尚未补付的款项。本科目应按供应单位设置明细账,进行明细核算。预付账款情况不多的企业,也可以将预付的款项直接记入"应付账款"科目的借方,不设本科目。

【例 3-14】根据双方签订的合同,A 企业向 B 企业预付了 20 000 元购货款,10 天后,A 企业收到所购货物和结算凭证,货物价款 20 000 元,增值税 2 600 元,A 企业通过银行补付余款。假定材料按实际成本核算,其账务处理方法如下:

（1）A企业预付货款时，作会计分录如下：

借：预付账款　　　　　　　　　　　　　　　　　　　　　　20 000
　　贷：银行存款　　　　　　　　　　　　　　　　　　　　　　20 000

（2）收到货物时，作会计分录如下：

借：原材料　　　　　　　　　　　　　　　　　　　　　　　　20 000
　　应交税费——应交增值税（进项税额）　　　　　　　　　　 2 600
　　贷：预付账款　　　　　　　　　　　　　　　　　　　　　　22 600

（3）通过银行补付货款时，作会计分录如下：

借：预付账款　　　　　　　　　　　　　　　　　　　　　　　 2 600
　　贷：银行存款　　　　　　　　　　　　　　　　　　　　　　 2 600

思考题与练习题

一、思考题

1. 如何对应收票据进行初始计量？
2. 什么是应收票据的贴现？如何进行账务处理？
3. 什么是应收款项？应收款项包括哪些内容？
4. 应收账款应当于何时加以确认？
5. 如何对应收账款进行初始计量？
6. 如何确认应收款项的减值损失？
7. 对应收账款的减值损失应如何核算？
8. 如何核算预付账款？预付账款账户的设置及余额有何特点？

二、练习题

习题一

【目的】通过练习，掌握甲公司开出、承兑商业汇票、背书转让商业汇票及票据到期的核算。

【资料】

1. 甲公司销售产品一批，价款为60 000元，增值税额为7 800元，收到购货方交来一张期限为2个月的不带息银行承兑汇票，票面金额为67 800元。

2. 甲公司收到上述票据款。

3. 甲公司原向A公司销售产品一批，发生应收账款56 500元（含增值税6 500元），经双方协商改用商业汇票方式结算，收到A公司交来票面金额为56 500元、期限为6个月的不带息银行承兑汇票一张。

4. 甲公司将以上资料3中，尚未到期的银行承兑汇票背书转让给某材料公司，用于购买材料一批，增值税发票注明材料买价55 000元，增值税额7 150元，共计货款

62 150元。同时，甲公司签发转账支票一张，补付货款与票据面值之间的差额。（原材料按实际成本核算）

5. 甲公司销售给乙公司产品一批，该产品售价40 000元，销项税额5 200元。收到乙公司签发并承兑的期限为3个月、面值为45 200元的不带息商业承兑汇票一张。

6. 3个月后上项商业承兑汇票已到期，甲公司未能收回该票据款。

7. 甲公司向乙公司销售产品一批，价款为100 000元，增值税额为13 000元，已办理了托收手续，甲公司收到乙公司于当日签发并承兑的一张期限为6个月的不带息商业承兑汇票，票面金额为113 000元。

【要求】根据上述经济业务，作出甲公司销售商品、收到商业汇票的会计分录。

习题二

【目的】通过练习，掌握有关商业汇票贴现的核算。

【资料】

1. 丙企业因急需资金，于9月12日将一张从乙公司收取的票面额为50 000元、期限为6个月的不带息商业承兑汇票到开户银行申请贴现，该票据的出票日为6月1日，到期日为12月1日，银行规定的年贴现率为9%，已办妥贴现手续。

2. 承1，丙企业已贴现的上述商业承兑汇票到期，接银行通知，承兑人乙公司已按期支付票据款。

3. 承1，丙企业已贴现的上述商业承兑汇票到期，因承兑人乙公司无力支付票据款而被开户银行退回，银行同时转来支款通知，已从本企业的存款户扣收票据款50 000元。

4. 承1，假设丙企业于8月3日将其持有的商业承兑汇票向开户银行申请贴现，其他条件不变。

【要求】根据上述经济业务，编制有关票据贴现的会计分录。

习题三

【目的】通过练习，掌握有关计提坏账准备的会计处理。

【资料】

1. 甲公司对某项应收账款按10%计提坏账准备，2023年年初坏账准备贷方余额400万元。发生下列业务：

（1）2023年发生坏账损失420万元；

（2）2023年年末应收账款余额600万元。

【要求】根据上述业务，编制甲公司相关的会计分录。

2. 甲公司于2020年年末对一组具有类似信用风险特征的应收款项首次计提坏账准备，确定的提取比例为10%，当年年末该项应收账款的余额为50 000元。2021年3月，企业确认有6 000元的应收账款已无法收回，按管理权限报经批准后作为坏账转销，其中应收A单位的购货款5 000元，应收B单位的购货款1 000元。2021年年末，应收款项余额为70 000元，提取比例仍为10%。2022年9月，企业收到开户银行的收账通知，已转销的上年应收 B 单位购料款 1 000 元又收回，款项已存入银行。2022 年年末，应收款项余额为 100 000 元，提取比例仍为 10%。2023 年实际发生坏账 1 000 元，2023 年年末，应收款项余额为 75 000 元，提取比例仍为 10%。

【要求】根据上述资料，作出甲公司各年年末有关计提坏账准备的会计分录。

习题四

【目的】通过练习，掌握预付账款的核算。

【资料】甲公司于 8 月 6 日向 B 公司订购原材料一批，按合同规定预付货款 50 000 元，已从银行存款户支付（假定原材料按实际成本核算）。9 月 22 日，材料已到货并验收入库，同时收到 B 公司交来的增值税专用发票，注明该批材料的价款为 100 000 元，增值税额为 13 000 元，9 月 30 日，甲公司以银行存款补付剩余的货款。

【要求】根据上述资料，编制预付货款、购入材料及结清预付货款的会计分录。

第四章

存 货

【本章学习目的】

通过本章的学习，了解存货的种类和范围；掌握存货的确认条件和初始计量；掌握存货发出的计价方法以及存货的期末计量；重点掌握材料按实际成本和按计划成本计价的核算方法；掌握周转材料和委托加工材料的核算方法，以及存货盘盈、盘亏和毁损的账务处理。

第一节 存货概述

一、存货的概念与特点

存货，是指企业在日常活动中持有以备出售的产成品或商品、处在生产过程的在产品、在生产过程或提供劳务过程中耗用的材料和物料等。如库存的、加工中的、在途的各类材料、商品、在产品、半成品、产成品、包装物、低值易耗品等。

存货具有以下特点：

（1）存货具有物质实体，属于有形资产。这一特征，使其与企业的其他不具有物质实体的资产相区别，比如应收账款、应收票据、无形资产等，还有现金和银行存款也不属于存货。

（2）企业持有存货的目的是出售。有的某生产过程已完工入库准备出售，如商品、产成品及某些半成品；有的将在生产或提供劳务过程中耗用，制成产成品后再予以出售，如材料、低值易耗品、包装物等；有的处在生产过程中，如在产品、半成品等。这一特征，使其与固定资产、工程物资等相区别。

（3）存货具有较大的流动性，属于流动资产。存货在生产经营过程中，具有较强的变现能力和流动性，但其流动性又低于现金、应收账款等其他流动资产。这一特点，使其与企业的固定资产、在建工程等相区别。另外，企业的低值易耗品、包装物流动性也较大，故将其列入存货中。

（4）存货具有时效性和发生潜在损失的可能性。在正常的生产经营过程中，存货较容易地转换为货币资金或其他资产，但由于管理不当或其他原因，如商品、材料等，有可能形成积压物资或需降价出售，从而造成损失。

二、存货的确认

正确、合理地确认与计量存货的数量与价值,是存货管理和核算的主要目的。为了正确确定企业存货的数量,应当首先明确存货的范围。

某个项目要确认为存货,首先要符合存货的定义。在此前提下,应当符合存货确认的两个条件:一是该存货有关的经济利益很可能流入企业;二是该存货的成本能够可靠地计量。

(一)该存货有关的经济利益很可能流入企业

资产最重要的特征是预期会给企业带来经济利益。存货作为资产的重要组成部分,如果不能给企业带来预期的经济利益,就不能确认为存货,应判断其是否很可能给企业带来经济利益或包含的经济利益很可能流入企业。在实际工作中,拥有存货的所有权是判断有关的经济利益很可能流入企业的一个重要标志。因此,属于企业的各种存货,只要在盘存日期内其所有权归属于企业,则不论其存放地点,都应作为企业的存货,包括:(1)存放在本企业仓库的存货;(2)存放在本企业门市部和陈列馆的存货;(3)已发运但尚未办理托运手续的存货;(4)购入后无须经过本企业仓库,直接发交货单位或加工单位的存货;(5)委托其他单位加工或代销的存货;(6)已购入但尚未办理入库手续的在途存货等。反之,企业已经销售的存货,因其所有权已经转移给购买方,故不管其是否已经发运,均不应包括在本企业的存货之内。受托加工材料、受托代销商品都不属于本企业的存货。

关于存货的范围需要说明以下几点:

第一,关于代销商品的归属。代销商品是指一方委托另一方代其销售商品。从商品的所有权的转移来分析,代销商品在售出之前,所有权属于委托方,受托方只是代委托方销售商品。因此,代销商品应作为委托方的存货处理。

第二,关于在途商品等的处理。对于销售方按销售合同、协议规定已确认销售(如已收到货款等),而尚未发运给购货方的商品,应作为购货方的存货而不应再作为销售方的存货;对于购货方已收到商品但尚未收到售货方结算发票等的商品,购货方应作为其存货处理;对于购货方已经确认为购进(如已付款等)而尚未到达入库的在途商品,购货方应将其作为存货处理。

第三,关于购货约定问题,对于约定未来购入的商品,由于企业并没有发生实际的购货行为,因此不作为企业的存货,也不确认有关的负债和费用。

(二)该存货的成本能够可靠地计量

存货作为企业资产的重要组成部分,其成本应能够可靠地计量,否则就不能确认为一项存货。比如，企业承诺的订货合同，由于没有发生实际购买行为，不能可靠地确认成本，也就不能确认为购买企业的存货。

三、存货的分类

存货可以按照不同的标准，从不同的角度进行分类。通常按照企业的性质和范围、存货的用途以及存货的存放地点等。

制造企业存货通常包括：

1. 原材料，指企业在生产过程中经加工改变其形态或性质并构成产品主要实体的各种原料及主要材料、辅助材料、外购半成品（外购件）、修理用备件（备品备件）、包装材料、燃料等。

2. 在产品，指企业正在制造尚未完工的生产物，包括正在各个工序加工的产品，和已加工完毕但尚未检验或已检验但尚未办理入库手续的产品。

3. 半成品，指经过一定生产过程并已检验合格交付半成品仓库保管，但尚未制造完工成为产成品，仍需进一步加工的中间产品。不包括从一个生产车间转给另一个生产车间继续加工的自制半成品以及不能单独计算成本的自制半成品。

4. 产成品，指企业已经完成全部生产过程并验收入库，可以按照合同规定的条件送交订货单位，或者可以作为商品对外销售的产品。企业接受外来原材料加工制造的代制品和为外单位加工修理的代修品，制造和修理完成验收入库后，应视同企业的产成品。

5. 商品，指可供销售的物品，包括用本企业自备原材料生产的产成品和对外销售的半成品等。

6. 包装物，属于周转材料，指为了包装本企业商品而储备的各种包装容器，如桶、箱、瓶、坛、袋等。其主要作用是盛装、装潢产品或商品。

7. 低值易耗品，属于周转材料，指不能作为固定资产的各种用具物品，如工具、管理用具、玻璃器皿、劳动保护用品，以及在经营过程中周转使用的容器等。

第二节 存货的计价方法

存货的价值在流动资产价值中占较大比重。因此，对存货的正确计价直接关系到企业资产价值的确定和企业利润的确定，同时，还可以为使用者提供有关存货信息，借以正确地预测企业未来的资金流转状况。

一、存货的初始计量

存货的初始计量，通行的计价基础主要是历史成本，也称实际成本。我国《企业会计准则第1号——存货》规定："存货应当按照成本进行初始计量，存货成本包括采购成本、加工成本和其他成本。"

（一）存货的采购成本

存货的采购成本，包括购买价款、相关税费、运输费、装卸费、保险费以及其他可归属于存货采购成本的费用。

购买价款是指企业购入材料或商品的发票账单的价款，但不包括专用发票上注明的增值税额。如有商业折扣和类似项目的情况下，应将商业折扣和类似项目扣除后的余额作为购买价款。相关税费是指进口关税、其他税金等。其他可归属于存货采购成本的费用是指除上述各项以外的可归属于存货采购成本的费用，如采购过程中发生的仓储费、包装费、运输途中的合理损耗以及入库前的挑选费用等。

（二）存货的加工成本

存货的加工成本，包括直接人工以及按照一定方法分配的制造费用。制造费用，是指企业为生产产品和提供劳务而发生的各项间接费用。企业应当根据制造费用的性质，合理地选择制造费用分配方法。

在同一生产过程中，同时生产两种或两种以上的产品，并且每种产品的加工成本不能直接区分的，其加工成本应当按照合理的方法在各种产品之间进行分配。

（三）存货的其他成本

存货的其他成本，是指除采购成本、加工成本以外的，使存货达到目前场所和状态所发生的其他支出。如在生产过程中为达到下一个生产阶段所必需的费用。企业提供劳务的，所发生的从事劳务提供人员的直接人工和其他直接费用以及可归属的间接费用，计入存货成本。应计入存货成本的借款费用，按照《企业会计准则第17号——借款费用》的规定，在满足借款费用资本化条件时计入存货成本，不满足借款费用资本化条件时计入当期损益。

根据企业会计准则的规定，下列费用应当在发生时确认为当期损益，不计入存货成本：(1) 非正常消耗的直接材料、直接人工和制造费用，是指企业在正常的生产经营活动中，发生的超标准的直接材料、直接人工和制造费用。(2) 仓储费用（不包括在生产过程中为达到下一个生产阶段所必需的费用），是指企业在存货加工和销售环节发生的仓储费用。(3) 不能归属于使存货达到目前场所和状态的其他支出。

需要说明的是，为了如实地反映企业存货价值的动态，合理计算存货费用，企业的各种存货在取得时，应当按照实际成本入账。企业存货的实际成本，由于其来源不同而采购成本有所不同。

1. 购入的存货。按买价加运输费、装卸费、保险费、包装费、仓储费等费用、运输途中的合理损耗、入库前的挑选整理费用和规定应计入成本的税金以及其他费用确认为实际成本。

国外进口原材料的入账价值包括：进口原材料原价，包括原材料的结算标价和进口加成费；运杂费，包括国外运杂费、保险费、关税以及用于非应纳增值税项目或免征增值税项目和小规模纳税企业支付的增值税、银行手续费和国内运杂费。

2. 自制的存货。以制造过程中的各项实际支出确认为实际成本。包括自制过程发生的直接材料、直接人工、其他直接费用和应分摊的间接制造费用。

3. 委托外单位加工完成的存货。以实际耗用的原材料或者半成品以及加工费、运输费、装卸费和保险费等费用以及按规定应计入成本的税金确认为实际成本。

4. 投资者投入的存货。投资者投入存货的成本，应当按照投资合同或协议约定的价值确定，但合同或协议约定价值不公允的除外。

5. 接受捐赠的存货。捐赠方提供了有关凭据（如发票、报关单、有关协议）的，按凭据上表明的金额加上应支付的相关税费，确认为实际成本。如果捐赠方没有提供有关凭据的，按以下顺序确定其实际成本：

（1）同类或类似存货存在活跃市场的，按同类或类似存货的市场价格估计的金额，加上应支付的相关税费，作为实际成本；

（2）同类或类似存货不存在活跃市场的，按该接受捐赠的存货的预计未来现金流量现值，作为实际成本。

按照计划成本核算存货的企业，对存货的实际成本与计划成本之间的差异，应当单独组织核算。

二、存货成本流转的假设

企业的存货是不断流动的，有流入也有流出，流入与流出相抵后的结余即为期末存货，本期期末存货结转到下期，即为下期的期初存货，下期继续流动，就形成了生产经营过程中的存货流转。

存货流转包括实物流转和成本流转两个方面。在理论上，存货的成本流转与其实物流转应当一致，也就是说，购置存货时所确定的成本应当随着该项存货的销售或耗用而结转。例如，某商品购进成本，第一批100件，单价15元；第二批50件，单价10元；第三批80件，单价11元。本期销售的结果，第一批售出80件，第二批售出30件，第三批售出10件。已销商品的成本为：$80 \times 15 + 30 \times 10 + 10 \times 11 = 1\ 610$（元），销售后库存商品实物为第一批20件，第二批20件，第三批70件。由此可见，该商品的成本流转与实物流转是一致的，但在实际工作中，这种一致的情况非常少见。因为，企业的存货进出量很大，存货的品种繁多，存货的单位成本多变，难以保证各种存货的成本流转与实物流转相一致。由于同一种存货尽管单价不同，但均能满足销售或生产的需要，在存货被销售或耗用后，无须逐一辨别哪一批实物被发出，哪一批实物留作库存，成本的流转顺序和实物的流转顺序可以分离，只要按照不同的成本流转程序确定已发出存货的成本和库存存货的成本即可。这样，就出现了存货成本的流转假设。

采用某种存货成本流转的假设，在期末存货与发出存货之间分配成本，就产生了不同的确定发出存货成本的方法，即发出存货的计价方法。按照《企业会计准则第1号——存货》的规定，企业应当根据各类存货的实际情况，确定发出存货的实际成本，可以采用的方法有个别计价法、先进先出法、加权平均法、移动平均法等。对于不能替代使用的存货，以及为特定项目专门购入或制造的存货，一般应当采用个别计价法确定发出存货的成本。

发出存货计价方法的不同，对企业财务状况、盈亏情况会产生不同的影响，主要表现在以下三个方面：

第一，存货计价对企业损益的计算有直接影响。表现在：（1）期末存货计价（估价）如果过低，当期的收益可能因此而相应减少；（2）期末存货计价（估价）如果过高，当期的收益可能因此而相应增加；（3）期初存货计价如果过低，当期的收益可能因此而相应增加；（4）期初存货计价如果过高，当期的收益可能因此而相应减少。

第二，存货计价对于资产负债表有关项目数额的计算有直接影响，包括流动资产总额、所有者权益等项目，都会因存货计价的不同而有不同的数据。

第三，存货计价方法的选择对计算缴纳所得税的数额有一定的影响。因为不同的计价方法，对结转当期销售成本的数额会有所不同，从而影响企业当期应纳税利润数额的确定。

三、发出存货的计价方法

采用实际成本进行存货日常核算的企业，由于存货入库时间、产地、价格、运输费用及生产耗费的条件不同，造成同一种存货的每批成本往往不同。这样就产生了在存货发生时应按什么单价记账的问题。根据企业会计准则的规定，企业应当采用先进先出法、加权平均法或者个别计价法确定发出存货的实际成本。低值易耗品和包装物，应当采用一次摊销法或者五五摊销法进行摊销，计入相关资产的成本或者当期损益。其他周转材料，如企业（建造承包商）的钢模板、木模板、脚手架等，可以采用一次转销法、五五摊销法或者分次摊销法。

如果按照计划成本核算的，应当按期结转其应负担的成本差异，将计划成本调整为实际成本。

（一）实际成本法下的发出存货成本的确定

1. 先进先出法。先进先出法是以"先入库的存货先发出"这一假定为依据，并根据这一假定的成本流转顺序对发出存货和库存存货进行计价。即每次发出存货的单价按先入库存货实际单价为发出存货的实际单价。如果发出存货的数量在第一批入库数量以内，则以第一批入库存货的实际成本计算。如果发出存货的数量超过第一批入库的数量，其超出部分，按第二批入库存货的实际单价计算，依此类推。

假设某企业2023年7月甲材料的入库、发出和结存资料如表4-1所示。

表4-1　　　　　　　　　　甲材料的入库、发出和结存资料

2023 年		摘要	收入		发出数量（千克）	结存数量（千克）
月	日		数量（千克）	单价（元）		
7	1	期初存货	4 000	2.00		4 000
7	5	购入	6 000	2.10		10 000
7	10	领用			8 000	2 000
7	18	购入	4 000	2.15		6 000
7	23	领用			4 000	2 000
7	28	购入	2 000	2.20		4 000

现以表4-1资料为例，演示先进先出法的核算过程，如表4-2所示。

表4-2　　　　　　　　　　　　　材料明细账

材料类别：黑色金属　　　　　　存放地点：第2号库
材料编号：10521　　　　　　　　最高储备量：15 000
名称及规格：甲材料　　　　　　最低储备量：3 000
计量单位：千克　　　　　　　　　　　　　　　　　　　　　　　金额单位：元

2023 年		凭证编号	摘要	收入			发出			结存		
月	日			数量	单价	金额	数量	单价	金额	数量	单价	金额
7	1		期初余额							4 000	2.00	8 000
7	5	略	购入	6 000	2.10	12 600				4 000 6 000	2.00 2.10	8 000 12 600
7	10		领用				4 000 4 000	2.00 2.10	8 000 8 400	2 000	2.10	4 200
7	18		购入	4 000	2.15	8 600				2 000 4 000	2.10 2.15	4 200 8 600
7	23		领用				2 000 2 000	2.10 2.15	4 200 4 300	2 000	2.15	4 300

续表

2023年		凭证编号	摘要	收入			发出			结存		
月	日			数量	单价	金额	数量	单价	金额	数量	单价	金额
7	28		购入	2 000	2.20	4 400				2 000 2 000	2.15 2.20	4 300 4 400
7	31		本期发出额及期末余额	12 000		25 600	12 000		24 900	2 000 2 000	2.15 2.20	4 300 4 400

2. 加权平均法。加权平均法是在计算存货的单价时，以期初存货数量和本期各批收入存货的数量作为权数的计价方法。即平时收入时按数量、单价、金额登记，但每次不确定其结存单价，而是在期终时一次计算其本期的加权平均单价。本期耗用或出售的存货，平时只登记数量，不登记单价和金额，到期终时，再按此加权平均单价确定其金额。其计算公式如下：

$$\text{加权平均单价} = \left(\frac{\text{期初结存}}{\text{金额}} + \frac{\text{本期收入}}{\text{金额}}\right) \div \left(\frac{\text{期初结存}}{\text{数量}} + \frac{\text{本期收入}}{\text{数量}}\right)$$

本期耗用或出售金额 = 本期耗用或出售数量 × 加权平均单价

期末结存金额 = 期末结存数量 × 加权平均单价

现仍以表 4-1 资料为例，演示加权平均法的核算过程，如表 4-3 所示。

表 4-3　　　　　　　　　　　材料明细账

材料类别：黑色金属　　　　　　存放地点：第 2 号库
材料编号：10521　　　　　　　最高储备量：15 000
名称及规格：甲材料　　　　　　最低储备量：3 000
计量单位：千克　　　　　　　　　　　　　　　金额单位：元

2023年		凭证编号	摘要	收入			发出			结存		
月	日			数量	单价	金额	数量	单价	金额	数量	单价	金额
7	1		期初余额							4 000	2.00	8 000
7	5	略	购入	6 000	2.10	12 600				10 000		
7	10		领用				8 000			2 000		
7	18		购入	4 000	2.15	8 600				6 000		
7	23		领用				4 000			2 000		
7	28		购入	2 000	2.20	4 400				4 000		
7	31		本期发出额及期末余额	12 000		25 600	12 000	2.10	25 200	4 000	2.10	8 400

甲材料的平均单价 = (8 000 + 25 600) ÷ (4 000 + 12 000) = 2.10（元）

发出材料的金额 = 12 000 × 2.10 = 25 200（元）

期末结存材料金额 = 4 000 × 2.10 = 8 400（元）

3. 移动平均法。移动平均法是在每次购入存货以后，根据库存数量以及库存金额计算出新的平均单价，再将随后发出存货的数量按这一平均单价计算出发出存货的金额。即每收入一次存货就计算一次平均单价。其计算公式如下：

移动平均单价 =（本次收入之前结存存货金额 + 本次收入存货的金额）
÷（本次收入之前结存数量 + 本次收入存货的数量）

发出存货金额 = 本次发出存货的数量 × 当前移动平均单价

期末结存存货金额 = 期末结存存货的数量 × 当前移动平均单价

现仍以表 4 - 1 资料为例，演示移动平均法的核算过程，如表 4 - 4 所示。

表 4 - 4　　　　　　　　　　材料明细账

材料类别：黑色金属　　　　存放地点：第 2 号库
材料编号：10521　　　　　最高储备量：15 000
名称及规格：甲材料　　　　最低储备量：3 000
计量单位：千克　　　　　　　　　　　　　　　金额单位：元

2023年		凭证编号	摘要	收入			发出			结存		
月	日			数量	单价	金额	数量	单价	金额	数量	单价	金额
7	1		期初余额							4 000	2.00	8 000
7	5	略	购入	6 000	2.10	12 600				10 000	2.06*	20 600
7	10		领用				8 000	2.06	16 480	2 000	2.06	4 120
7	18		购入	4 000	2.15	8 600				6 000	2.12	12 720
7	23		领用				4 000	2.12	8 480	2 000	2.12	4 240
7	28		购入	2 000	2.20	4 400				4 000	2.16	8 640
7	31		本期发出额及期末余额	12 000		25 600	12 000		24 960	4 000	2.16	8 640

注：*2.06 =（8 000 + 12 600）÷（4 000 + 6 000）。

4. 个别计价法。个别计价法，又称个别认定法、具体辨认法、分批实际法。采用这一方法是假设存货的成本流转与实物流转相一致，按照各种存货的批别，逐一辨认各批发出存货和期末存货所属的购进批别或生产批别，分别按其购入或生产时所确定的单位成本作为计算各批发出存货和期末存货成本的方法。

个别计价法适用于容易识别、存货品种数量不多、单位成本较高的存货计价，如房产、船舶、飞机、重型设备、珠宝、名画等贵重物品。

采用这种方法，计算发出存货的成本和期末存货的成本比较合理、准确，但这种方法的前提是需要对发出和结存存货的批次进行具体认定，以辨别其所属的收入批次，所以实务操作的工作量繁重，困难较大。

现仍以表 4 - 1 资料为例，演示个别计价法的核算过程，如表 4 - 5 所示。

表 4-5　　　　　　　　　　　　材料明细账

材料类别：黑色金属　　　　　存放地点：第 2 号库
材料编号：10521　　　　　　最高储备量：15 000
名称及规格：甲材料　　　　　最低储备量：3 000
计量单位：千克　　　　　　　　　　　　　　　　　　　　　金额单位：元

2023年		凭证编号	摘要	收入			发出			结存		
月	日			数量	单价	金额	数量	单价	金额	数量	单价	金额
7	1		期初余额							4 000	2.00	8 000
7	5	略	购入	6 000	2.10	12 600				4 000 6 000	2.00 2.10	8 000 12 600
7	10		领用				3 000 5 000	2.00 2.10	6 000 10 500	1 000 1 000	2.00 2.10	2 000 2 100
7	18		购入	4 000	2.15	8 600				1 000 1 000 4 000	2.00 2.10 2.15	2 000 2 100 8 600
7	23		领用				1 000 3 000	2.00 2.15	2 000 6 450	1 000 1 000	2.10 2.15	2 100 2 150
7	28		购入	2 000	2.20	4 400				1 000 1 000 2 000	2.10 2.15 2.20	2 100 2 150 4 400
7	31		本期发出额及期末余额	12 000		25 600	12 000		24 950	1 000 1 000 2 000	2.10 2.15 2.20	2 100 2 150 4 400

据表 4-1 的资料，该企业 7 月 31 日甲材料的期末存货为 4 000 千克，经确认，7 月 10 日领用的 8 000 千克，其中有 3 000 千克是期初存货，5 000 千克是 7 月 5 日购入的；7 月 23 日领用的 4 000 千克，其中 1 000 千克是期初存货，3 000 千克是 7 月 18 日购入的。计算如下：

本期发出甲材料总金额 = 3 000 × 2 + 5 000 × 2.10 + 1 000 × 2 + 3 000 × 2.15
　　　　　　　　　　 = 24 950（元）

本期期末甲材料库存总金额 = 1 000 × 2.10 + 1 000 × 2.15 + 2 000 × 2.20
　　　　　　　　　　　　 = 8 650（元）

（二）计划成本法下发出存货成本的确定

计划成本法是指存货的收入、发出和结存均采用计划成本进行日常核算，同时将实际成本与计划成本的差额另行设置有关成本差异账户（如"材料成本差异"账户）反映，期末计算发出存货和结存存货应分摊的成本差异，将发出存货和结存存货由计划成本调整为实际成本的方法。有关计算公式如下：

存货成本差异率 =（月初结存存货成本差异额 + 本月收入存货成本差异额）
　　　　　　　÷（月初结存存货计划成本 + 本月收入存货计划成本）× 100%

根据存货成本差异率，就可以将发出存货的计划成本调整为实际成本，其计算公式为：

发出存货应负担的成本差异 = 发出存货计划成本 × 存货成本差异率

发出存货的实际成本 = 发出存货的计划成本 ± 发出存货应负担的成本差异

结存存货的实际成本 = 结存存货的计划成本 ± 结存存货应负担的成本差异

【例4-1】某企业2023年5月初结存原材料的计划成本为50 000元，本月收入原材料的计划成本为100 000元，本月发出材料的计划成本为80 000元，原材料成本差异的月初数为1 000元（超支），本月收入材料成本差异为2 000元（超支）。材料成本差异率及发出材料应负担的成本差异计算如下：

材料成本差异率 = (1 000 + 2 000) ÷ (50 000 + 100 000) × 100% = 2%

发出材料应负担的成本差异 = 80 000 × 2% = 1 600（元）

发出材料的实际成本 = 80 000 + 1 600 = 81 600（元）

结存材料的实际成本 = 70 000 + 1 400 = 71 400（元）

(三) 存货的估价方法

在定期盘存制和永续盘存制下，都需要定期或不定期通过实物盘点来确定期末存货成本和本期销货成本，或验证会计记录的正确性。但在有些情况下，不可能或不必要对存货进行全面盘点，这时需要通过估价的方法来确定期末存货成本。在商品流通企业，常用的估价方法有毛利率法和售价金额核算法。

1. 毛利率法。毛利率法是根据本期实际销售额乘以上期实际（或本期计划）毛利率匡算本期销售毛利，据以计算发出存货和期末结余存货成本的一种方法。计算公式为：

销售净额 = 商品销售收入 − 销售折扣与折让

毛利率 = 销售毛利 ÷ 销售净额 × 100%

销售毛利 = 销售净额 × 毛利率

销售成本 = 销售净额 − 销售毛利

期末存货成本 = 期初存货成本 + 本期购货成本 − 本期销售成本

这一方法是商品流通企业，尤其是商业批发企业常用的计算本期商品销售成本和期末库存商品成本的方法。商品流通企业由于经营商品的品种繁多，如果分品种计算商品成本，工作量较为繁重，而且，一般来讲，商品流通企业同类商品的毛利率大致相同，采用这种存货计价方法既能减轻工作量，也能满足对存货管理的需要。

【例4-2】某商场2023年4月1日甲类商品库存75 000元，本月购进40 000元，本月销售收入65 000元，发生的销售折让为3 250元，上月该类商品的毛利率为20%。本月已销商品和库存商品成本计算如下：

本月销售净额 = 65 000 − 3 250 = 61 750（元）

销售毛利 = 61 750 × 20% = 12 350（元）

本月销售成本 = 61 750 − 12 350 = 49 400（元）

库存商品成本 = 75 000 + 40 000 − 49 400 = 65 600（元）

需要说明的是，由于采用毛利率法是按存货大类来计算的，其结果往往不够准确，为此，一般应在每季季末用上述其他一些方法进行调整，即每季的最后一个月一般不能用此方法。

2. 售价金额核算法。采用这一方法时，平时商品的购进、储存、销售均按售价记账，售价与进价的差额通过"商品进销差价"科目反映，期末计算进销差价率和本期已销商品应分摊的进销差价，并据以调整本期销售成本。有关计算公式如下：

进销差价率 =（期初库存商品进销差价 + 本期购进商品进销差价）

÷（期初库存商品售价 + 本期购进商品售价）

本期已销商品应分摊的进销差价 = 本期商品销售收入 × 进销差价率

本期销售商品的实际成本 = 本期商品销售收入 − 本期已售商品应分摊的进销差价

【例 4 − 3】某企业 2023 年 3 月初某商品进价成本为 400 000 元，售价总额为 520 000 元，本期购进该商品的进价成本为 200 000 元，售价总额为 280 000 元，本期销售收入为 370 000 元。有关计算如下：

进销差价率 =（120 000 + 80 000）÷（520 000 + 280 000）× 100% = 25%

已销商品应分摊的进销差价 = 370 000 × 25% = 92 500（元）

本期销售商品的实际成本 = 370 000 − 92 500 = 277 500（元）

对于从事商业零售业务的企业（如百货商场、超市等），由于经营的商品种类、品质、规格等繁多，而且要求按商品零售价格标价，采用其他成本计算结转方法均较困难，因此广泛采用这一方法。

四、存货的期末计量

会计期末，为了客观、真实、准确地反映企业期末存货的实际价值，企业在编制资产负债表时，要确定"存货"项目的金额，即要确定期末存货的价值。根据《企业会计准则第 1 号——存货》的规定，资产负债表日，存货应当按照成本与可变现净值孰低计量。存货成本高于其可变现净值的，应当计提存货跌价准备，计入当期损益。

（一）成本与可变现净值孰低法的含义

"成本与可变现净值孰低法"，是指对期末存货按照成本与可变现净值两者之中较低者计价的方法。即当成本低于可变现净值时，存货按成本计价；当可变现净值低于成本时，存货按可变现净值计价。"成本与可变现净值孰低"的理论基础主要是使存货符合资产的定义。当存货的可变现净值下跌至成本以下时，表明该存货给企业带来的未来经济利益低于其账面价值，因而应将这部分损失从资产价值中扣除，计入当期损益。否则，当存货的可变现净值低于其成本时，如果仍然以其历史成本计量，就会出现虚夸资产的现象。

这里所讲的"成本"是指期末存货的实际成本。如企业在存货成本的日常核算中采用计划成本法、售价金额核算法等简化核算方法则成本应为经调整后的实际成本。"可变现净值"，是指在日常活动中，存货的估计售价减去至完工时估计将要发生的成本、估计的销售费用以及相关税费后的金额。

（二）可变现净值的确定

1. 可变现净值的特征。可变现净值的特征表现为存货的预计未来净现金流量，而不是存货的售价或合同价。企业预计的销售存货现金流量，并不完全等于存货的可变现净值。存货在销售过程中可能发生的销售费用和相关税费，以及为达到预定可销售状态还可能发生的加工成本等相关支出，构成现金流入的抵减项目。企业预计的销售存货现金流量，扣除这些抵减项目后，才能确定存货的可变现净值。

2. 确定可变现净值应考虑的主要因素。企业在确定存货的可变现净值时，应当以取得的确凿证据为基础，并且考虑持有存货的目的等因素。

（1）在对可变现净值加以确定时，应以取得的确凿证据为基础。此处所讲的"确凿证据"是指对确定存货的可变现净值有直接影响的客观证明，如产成品或商品的市场销售价格、与产成品或商品相同或类似商品的市场销售价格、销货方提供的有关资料和生产成本资料等。

（2）应考虑持有存货的目的。由于企业持有存货的目的不同，确定存货可变现净值的计算方法也不同。如用于出售的存货和用于继续加工的存货，其可变现净值的计算就不相同，因此，企业在确定存货的可变现净值时，应考虑持有存货的目的。企业持有存货的目的，通常可以分为：一是持有以备出售，如商品、产成品，其中又分为有合同约定的存货和没有合同约定的存货；二是将在生产过程或提供劳务过程中耗用的存货，如原材料等。

产成品、商品和用于出售的材料等直接用于出售的商品存货，在正常生产经营过程中，应当以该存货的估计售价减去估计的销售费用和相关税费后的金额，确定其可变现净值。

需要经过加工的材料存货，在正常生产经营过程中，应当以所生产的产成品的估计售价减去至完工时估计将要发生的成本、估计的销售费用和相关税费后的金额，确定其可变现净值。

（3）资产负债表日，同一项存货中一部分有合同价格约定、其他部分不存在合同价格的，应当分别确定其可变现净值，并与其相对应的成本进行比较，分别确定存货跌价准备的计提或转回的金额。

3. 可变现净值中估计售价的确定。从上述"可变现净值"的概念可以看出，存货估计售价的确定对于计算其可变现净值非常重要。企业在确定存货的估计售价时，应当以资产负债表日为基准，但是如果当月存货价格变动较大时，则应当以当月该存货平均销售价格或资产负债表日最近几次销售价格的平均数，作为其估计售价的基础。此外，企业还应当按照以下原则确定存货的估计售价。

（1）为执行销售合同或者劳务合同而持有的存货，通常应当以产成品或商品的合同价格作为其可变现净值的计量基础。

如果企业与购买方签订了销售合同（或劳务合同，下同），并且销售合同订购的数量大于或等于企业持有的存货数量。在这种情况下，在确定与该项销售合同直接相关存货的可变现净值时，应当以销售合同价格作为其可变现净值的计量基础。也就是说，如果企业就其产成品或商品签订了销售合同，则该批产成品或商品的可变现净值应当以合同价格作为计量基础；如果企业销售合同所规定的标的物还没有生产出来，但持有专门用于该标的物生产的原材料，其可变现净值也应当以合同价格作为计量基础。这里所讲的"销售合同"是指固定销售合同，如价格固定、数量固定、标的物的规格固定、交货地点固定等。

【例 4-4】2022 年 9 月 3 日，新世纪公司与希望公司签订了一份销售合同，双方约定，2023 年 1 月 20 日，新世纪公司应按每台 310 000 元的价格向希望公司提供 WH 型机器 12 台。2022 年 12 月 31 日，新世纪公司 WH 型机器的账面价值（成本）为 2 800 000 元，数量为 10 台，单位成本为 280 000 元。2022 年 12 月 31 日，WH 型机器的市场销售价格为 300 000 元。

确定 WH 机器估计售价的过程如下：

根据新世纪公司与希望公司签订的销售合同规定，该批 WH 型机器的销售价格已由销售合同约定，并且其库存数量小于销售合同约定的数量，因此，在这种情况下，计算 WH 型机器的可变现净值应以销售合同约定的价格 3 100 000 元（310 000×10）作为计量基础，即估计售价为 3 100 000 元。

【例 4-5】2022 年 12 月 26 日，新世纪公司与希望公司签订了一份销售合同，双方约定，2023 年 3 月 20 日，新世纪公司应按每台 310 000 元的价格向希望公司提供 WJ 型机器 10 台。

2022 年 12 月 31 日，新世纪公司还没有生产该批 WJ 型机器，但持有库存原材料——D 材料专门用于生产该批 WJ 型机器 10 台，其账面价值（成本）为 1 440 000 元，市场销售价格 1 120 000 元。

确定 D 材料可变现净值计量基础的过程如下：

根据新世纪公司与希望公司签订的销售合同规定，WJ 型机器的销售价格已由销售合同约定，新世纪公司还未生产，但持有库存原材料——D 材料专门用于生产该批 WJ

型机器,且可生产的 WJ 型机器的数量不大于销售合同订购的数量,因此,在这种情况下,计算该批原材料——D 材料的可变现净值时,应以销售合同约定的 WJ 型机器的销售价格 3 100 000 元(310 000×10)作为计量基础。

(2) 如果企业持有存货的数量多于销售合同订购数量,超出部分的存货可变现净值应当以产成品或商品的一般销售价格作为计量基础。

在这种情况下,销售合同约定数量的存货,应以销售合同所规定的价格作为可变现净值的计量基础;超出部分的存货的可变现净值应以一般销售价格作为计量基础。

【例 4 - 6】2022 年 9 月 3 日,新世纪公司与希望公司签订了一份销售合同,双方约定,2023 年 1 月 20 日,新世纪公司应按每台 310 000 元的价格向希望公司提供 WH 型机器 12 台。2022 年 12 月 31 日,新世纪公司 WH 型机器的账面价值(成本)为 3 920 000 元,数量为 14 台,单位成本为 280 000 元。2022 年 12 月 31 日,WH 型机器的市场销售价格为 300 000 元。

确定 WH 机器估计售价的过程如下:

根据新世纪公司与希望公司签订的销售合同规定,WH 型机器的销售价格已由销售合同约定,但是其库存数量大于销售合同约定的数量,因此,在这种情况下,对于销售合同约定数量(12 台)的 WH 型机器的可变现净值应以销售合同约定的价格 3 720 000 元(310 000×12)作为计量基础,即估计售价为 3 720 000 元;而对于超出部分(2 台)的 WH 型机器的可变现净值应以一般销售价格 600 000 元(300 000×2)作为计量基础,即估计售价为 600 000 元。

(3) 没有销售合同或劳务合同约定的存货,其可变现净值应当以产成品或商品一般销售价格或原材料的市场价格作为计量基础。

【例 4 - 7】2022 年 12 月 31 日,新世纪公司 WS 型机器的账面价值(成本)为 2 400 000 元,数量为 8 台,单位成本为 300 000 元。2022 年 12 月 31 日,WS 型机器的市场销售价格为 320 000 元。新世纪公司没有签订有关 WS 型机器的销售合同。

确定 WS 机器估计售价的过程如下:

由于新世纪公司没有就 WS 型机器签订销售合同,因此,在这种情况下,计算 WS 型机器的可变现净值应以一般销售价格 2 560 000 元(320 000×8)作为计量基础,即估计售价为 2 560 000 元。

【例 4 - 8】2022 年,新世纪公司根据市场需求的变化,决定停止生产 WJ 型机器。为减少不必要的损失,决定将原材料中专门用于生产 WJ 型机器的外购原材料——D 材料全部出售,2022 年 12 月 31 日其账面价值(成本)为 2 000 000 元,数量为 10 吨。据市场调查,D 材料的市场价格为 100 000 元/吨,同时可能发生销售费用及税金 5 000 元。

确定 D 材料可变现净值计量基础的过程如下:

由于在这种情况下企业已决定不再生产 WJ 型机器,因此,该批 D 材料的可变现净值不能再以 WJ 型机器的销售价格作为其计量基础,而应按其出售的市场价格作为计量基础。即该批 D 材料的可变现净值为 995 000 元（100 000×10－5 000）。

（三）材料存货的期末计量

会计期末，在运用成本与可变现净值孰低原则对材料存货进行计量时，需要考虑材料的用途：对于用于生产而持有的材料等，则应当将其与所生产的产成品的期末价值减损情况联系起来；对于用于出售的材料等，则只需要将材料的成本与根据材料本身的估计售价确定的可变现净值相比即可。

具体来说，对于用于生产而持有的材料等，按以下原则处理：

1. 对于用于生产而持有的材料等，如果用其生产的产成品的可变现净值预计高于成本，则该材料应当按照成本计量。这里的"材料"指原材料、在产品、委托加工材料等。"可变现净值高于成本"中的成本是指产成品的生产成本。

【例 4－9】2022 年 12 月 31 日，兴业公司库存原材料——A 材料的账面价值（成本）为 3 000 000 元，市场购买价格为 2 800 000 元，假设不发生其他购买费用，用 A 材料生产的产成品——WT 型机器的可变现净值高于成本。

确定 2022 年 12 月 31 日 A 材料价值的过程如下：

根据上述资料可知，2022 年 12 月 31 日，A 材料的账面价值（成本）高于其市场价格，但是由于用其生产的产成品——WT 型机器的可变现净值高于成本，也就是用该原材料生产的最终产品此时并没有发生价值减损，因而，在这种情况下，即使 A 材料账面价值（成本）已高于市场价格，也不应计提存货跌价准备，仍应按 3 000 000 元列示在 2022 年 12 月 31 日的资产负债表的存货项目之中。

2. 如果材料价格的下降表明产成品的可变现净值低于成本，则该材料应当按可变现净值计量。

【例 4－10】2022 年 12 月 31 日，兴业公司库存原材料——B 材料的账面价值（成本）为 1 200 000 元，市场购买价格为 1 100 000 元。假设不发生其他购买费用，由于 B 材料价格下降，市场上用 B 材料生产的 WI 型机器的售价也发生了相应下降，下降幅度为 10%。由此造成兴业公司 WI 型机器的售价总额由 3 000 000 元降为 2 700 000 元，但生产成本仍为 2 800 000 元，将 B 材料加工成 WI 型机器尚需投入 1 600 000 元，估计销售费用及税金为 100 000 元。

确定 2022 年 12 月 31 日 B 材料价值的步骤如下：

第一步，计算用该原材料所生产的产成品的可变现净值：

WI 型机器的可变现净值 = WI 型机器估计售价 － 估计销售费用及税金

$$= 2\ 700\ 000 - 100\ 000$$

$$= 2\ 600\ 000（元）$$

第二步，将用该原材料所生产的产成品的可变现净值与其成本进行比较：

WI 型机器的可变现净值 2 600 000 元，低于其成本 2 800 000 元，即 B 材料价格的下降表明 WI 型机器的可变现净值低于成本，因此 B 材料应当按可变现净值计量。

第三步，计算该原材料的可变现净值，并确定其期末价值：

B 材料的可变现净值 = WI 型机器的售价总额 - 将 B 材料加工成 WI 型机器尚需投入的成本 - 估计销售费用及税金

= 2 700 000 - 1 600 000 - 100 000

= 1 000 000（元）

B 材料的可变现净值 1 000 000 元，低于其成本 1 200 000 元，因此 B 材料的期末价值应为其可变现净值 1 000 000 元，即 B 材料应按 1 000 000 元列示在 2022 年 12 月 31 日的资产负债表的存货项目之中。

由于企业存货种类繁多，工作量大，为考虑实际应用，可用直观判断减值迹象。可变现净值低于成本的迹象有以下 5 项：

当存在以下情况之一时，应当计提存货跌价准备：（1）该存货的市场价格持续下跌，并且在可预见的未来无回升的希望；（2）企业使用该项原材料生产的产品的成本大于产品的销售价格；（3）企业因产品更新换代，原有库存原材料已不适应新产品的需要，而该原材料的市场价格又低于其账面成本；（4）因企业所提供的商品或劳务过时或消费者偏好改变而使市场的需求发生变化，导致市场价格逐渐下跌；（5）其他足以证明该项存货实质上已经发生减值的情形。

存货存在下列情形之一的表明存货的可变现净值为零：（1）已霉烂变质的存货；（2）已过期且无转让价值的存货；（3）生产中已不再需要，并且已无使用价值和转让价值的存货；（4）其他足以证明已无使用价值和转让价值的存货。

（四）"成本与可变现净值孰低法"的基本方法

企业通常应当按照单个存货项目计提存货跌价准备，可以叫"单项比较法"。对于数量繁多、单价较低的存货，可以按照存货类别计提存货跌价准备，可以叫"分类比较法"。与在同一地区生产和销售的产品系列相关、具有相同或类似最终用途或目的，且难以与其他项目分开计量的存货，可以合并计提存货跌价准备，可以叫"合并比较法"。

【例 4 - 11】某公司有 A、B、C、D 四种存货，按其性质的不同分为甲、乙两大类。各种存货的成本与可变现净值已经确定，现分别按三种比较法确定期末存货的成本，如表 4 - 6 所示。

表 4 - 6   期末存货成本与可变现净值比较   金额单位：元

项目	成本	可变现净值	单项比较法	分类比较法	合并比较法
甲类存货	2 500	2 400		2 400	
A 存货	1 000	800	800		
B 存货	1 500	1 600	1 500		

续表

项目	成本	可变现净值	单项比较法	分类比较法	合并比较法
乙类存货	5 000	5 200		5 000	
C 存货	2 000	2 300	2 000		
D 存货	3 000	2 900	2 900		
总计	7 500	7 600	7 200	7 400	7 500

（五）存货跌价准备的确认和转回

企业应在每一资产负债表日，比较存货成本与可变现净值，计算出应计提的存货跌价准备，再与已提数进行比较，若应提数大于已提数，应予补提。企业计提的存货跌价准备，应计入当期损益（资产减值损失）。

计提的存货跌价准备在一定条件下允许转回，转回的条件是：在本项目内转回；原来计提的因素已经消失；在原已计提的存货跌价准备金额内转回，转回的金额计入当期损益。转回的金额计入当期损益（资产减值损失）。

（六）存货跌价准备的账务处理

企业在选定某种比较方法确定了期末存货的价值之后，应视情况进行有关账务处理。

1. 成本低于可变现净值。如果期末存货的成本低于可变现净值时，则无须作账务处理，资产负债表中的存货仍按期末账面价值列示。

2. 可变现净值低于成本。如果期末存货的可变现净值低于成本时，则必须在当期确认存货跌价损失，并进行有关的账务处理。具体账务处理方法主要有直接转销法和备抵法两种。

（1）直接转销法，即在确认存货跌价损失时，将可变现净值低于成本的损失直接冲销有关存货科目，同时将存货成本调整为可变现净值，这种方法下，企业应设置"资产减值损失"科目，反映企业各项资产发生的减值损失。确认损失时，借记"资产减值损失"科目，贷记有关存货科目。

采用这种方法，要直接冲销有关存货的账簿记录，即要冲减有关的明细账记录，工作量较大，而且若已作调整的存货以后可变现净值又得以恢复，再恢复有关存货的成本记录也十分麻烦，因此这一方法不常用。

（2）备抵法，即对于存货可变现净值低于成本的损失不直接冲减有关存货科目，而是另设"存货跌价准备"科目反映。具体做法是：每一会计期末，比较根据成本与可变现净值的差额所计算的应提取的存货跌价准备和已提取的存货跌价准备，若应提数大于已提数，应予补提；反之，应冲销部分已提数。提取和补提存货跌价损失准备时，借记"资产减值损失——计提的存货跌价准备"科目，贷记"存货跌价准备"科目；冲回或转销存货跌价准备时,作相反会计分录。当已计提跌价准备的存货的价值以后又得以恢复时,其冲回的跌价准备金额,应以"存货跌价准备"科目的余额冲减至零为限。在"资产负债表"中,"存货跌价准备"是存货项目的减项。

这一做法的优点是无须对有关存货的明细账进行调整,保持了账簿记录的原貌,工作量也较小。

【例 4 – 12】 新世纪公司采用"成本与可变现净值孰低法"进行存货的计价核算,并运用"备抵法"进行相应的账务处理。假设,2022 年 1 月 31 日某项存货的账面成本为 100 000 元,预计可变现净值为 90 000 元,应计提的存货跌价准备为 10 000 元。应作如下会计处理:

借:资产减值损失——计提的存货跌价准备　　　　　　10 000
　　贷:存货跌价准备　　　　　　　　　　　　　　　　　　10 000

假设,2022 年 2 月 28 日该存货的预计可变现净值为 85 000 元,则应补提的存货跌价准备为 5 000 元,即:

借:资产减值损失——计提的存货跌价准备　　　　　　5 000
　　贷:存货跌价准备　　　　　　　　　　　　　　　　　　5 000

2022 年 3 月 31 日,该存货的可变现净值有所恢复,预计可变现净值为 97 000 元,则应冲减计提的存货跌价准备 12 000 元,即:

借:存货跌价准备　　　　　　　　　　　　　　　　　　12 000
　　贷:资产减值损失——计提的存货跌价准备　　　　　12 000

2022 年 4 月 30 日,该存货的可变现净值进一步恢复,预计可变现净值为 105 000 元,则应冲减计提的存货跌价准备 3 000 元(以以前已入账的提取数为限),即:

借:存货跌价准备　　　　　　　　　　　　　　　　　　3 000
　　贷:资产减值损失——计提的存货跌价准备　　　　　3 000

(七)存货跌价准备的结转

企业计提了存货跌价准备,如果其中有部分存货已经销售,则企业在结转销售成本时,应同时结转对其已计提的存货跌价准备。按存货类别计提存货跌价准备的,也应按比例结转相应的存货跌价准备。

第三节　原材料核算

一、原材料的分类

原材料是生产经营过程中的劳动对象,是企业生产经营中不可缺少的物质要素。原材料作为被加工的劳动对象，在生产经营中起着不同的作用，有的被劳动者用来进行加工，构成产品的实体；有的虽不构成产品实体，但有助于产品的形成；有的在生产经营中被劳动工具所消耗。尽管材料在生产经营过程中所起的作用不同，但它们具有共同的特点：一次性地参加生产经营，经过一个生产周期，就要全部被消耗掉，或改变其原有的实物形态；同时其价值也随着实物的消耗，一次性地全部转移到产品价值中去，并且通过产品销售其价值一次性地得到补偿。

按照在生产经营过程中的不同作用，原材料一般可分为：

1. 原料及主要材料。原料及主要材料是指经过加工后能够构成产品主要实体的各种原料和主要材料。原料是指没有经过加工的材料。如纺纱用的原棉，制糖用的甘蔗，冶炼用的铁矿石等。主要材料是指经过加工后的材料。如织布用的棉纱、机器制造用的钢材等。

2. 外购半成品（外购协作件）。外购半成品是指从外部购入，需经本企业进一步加工或装配的已加工过的原材料。如织布厂外购的棉纱；汽车制造厂外购的轮胎等。外购半成品也可归入原料及主要材料一类。

3. 辅助材料。辅助材料是指直接用于生产，在生产中起辅助作用，不构成产品主要实体的各种材料。按其在生产中所起作用的不同，又可分为：（1）加入产品实体与主要材料相结合，或使主要材料发生变化，或给予产品某种性能，如染料、油漆、催化剂等；（2）被劳动工具所消耗，如维护机器设备用的润滑油和防锈剂等；（3）为创造正常劳动条件而消耗的，如清洁工作地点的各种用具等。

4. 燃料。燃料是指工艺技术过程或非工艺技术过程中用来燃烧取得热能的各种材料。包括固体燃料、液体燃料和气体燃料。

5. 修理用备件（备品备件）。修理用备件是指为修理本企业机器设备和运输工具所专用的各种备品备件。如轴承、齿轮等。一般修理用零件可归入辅助材料。

6. 包装材料。一般用包装材料，如纸张、麻绳、铁皮等，也可归入辅助材料类。

二、按实际成本计价的材料采购收发核算

按实际成本计价组织的材料采购收发核算，是指在收发料凭证、明细账、总账上都以实际成本来反映材料的收、发、结存情况。

（一）材料收发的凭证

严格审核材料收发的凭证和手续，是正确组织材料核算的重要前提。通过对凭证的编制、取得和审核，可以对材料的收发保管实行监督，明确经济责任，防止材料管理混乱和损失浪费现象的发生。

材料收入的凭证主要有收料单、交库单以及退料单等。材料的发出凭证主要有领料

单、限额领料单、领料登记簿、销售发料单、配比发料单等。

(二) 材料明细核算

工业企业的材料品种繁多、规格复杂、收发频繁。若管理不严、忽视核算,发生材料供应不足,就会影响生产;若材料储备过多,又会形成积压。为确保生产需要,又不致积压浪费,就必须合理地组织好材料的明细分类核算。

材料的明细分类核算包括数量核算和金额核算两个方面。数量核算一般由仓库进行,主要是为加强材料的物资管理,及时了解各种材料的收发、结存情况,以便为制定采购计划提供依据。金额核算一般由财会部门或由财会部门和仓库配合进行,主要是加强材料的价值管理,及时了解各种材料的占用状况,为制定材料储备定额和计算产品成本提供资料。

(三) 材料的总分类核算

为了总括反映和监督材料的增减变动和结存情况,应设置"原材料""在途物资"等科目。

"原材料"科目核算企业库存的各种材料,其借方发生额,反映收入各种材料的实际成本;贷方发生额,反映发出材料的实际成本;借方余额表示库存材料的实际成本。

"在途物资"科目核算企业已经付款或已开出、承兑商业汇票但尚未到达或尚未验收入库的材料。其借方发生额,反映已支付或已开出、承兑商业汇票的材料货款;贷方发生额,反映已验收入库的材料;借方余额表示已经付款或已开出承兑商业汇票尚未验收入库的在途材料。"在途物资"科目应按照供应单位设置明细账。

材料的总分类核算包括材料收入的总分类核算和材料发出的总分类核算。我们先来看一下材料收入的总分类核算:

1. 外购材料收入的核算。从供应单位采购材料和验收入库的业务看,因为货款结算方式、采购地点、收料和付款时间不同,其账务处理也有所不同。

(1) 货款付清,同时收料。企业采购材料,如果付款后随即收到材料,或者货款支付或已开出、承兑商业汇票与材料的验收入库基本上同时进行,则在业务发生后,即可根据银行结算凭证、发票账单和收料单等确定的材料成本,借记"原材料"科目,根据取得的增值税专用发票上注明的税额,借记"应交税费——应交增值税(进项税额)"科目,按照实际支付的款项,贷记"银行存款""其他货币资金""应付票据"等科目。

【例4-13】华天企业为增值税一般纳税人,某日该企业购入原材料一批,取得的增值税专用发票上注明的原材料价款为12 600元,增值税额为1 638元,发票等结算凭证已经收到,货款已通过银行转账支付,材料已验收入库。作如下会计分录:

借：原材料——原料及主要材料　　　　　　　　　　　　　12 600
　　应交税费——应交增值税（进项税额）　　　　　　　　1 638
　　贷：银行存款　　　　　　　　　　　　　　　　　　　　14 238

（2）付款在前，收料在后。该项业务的产生，多数是在企业向外地采购材料，发生结算凭证等单据已到，并已承付货款或开出、承兑商业汇票，但材料尚在运输途中。在会计上将此项业务作为在途物资处理，通过"在途物资"科目核算。

【例4-14】假设【例4-13】中购入材料的业务，发票等结算凭证已到，货款已经支付，但材料尚未运到。企业应于收到发票等结算凭证时，作如下会计分录：

借：在途物资　　　　　　　　　　　　　　　　　　　　　12 600
　　应交税费——应交增值税（进项税额）　　　　　　　　1 638
　　贷：银行存款　　　　　　　　　　　　　　　　　　　　14 238

上述材料到达验收入库时，再作如下分录：

借：原材料——原料及主要材料　　　　　　　　　　　　　12 600
　　贷：在途物资　　　　　　　　　　　　　　　　　　　　12 600

（3）收料在前，付款在后。企业在材料采购过程中，发生材料已到，结算凭证未到或企业暂时无力支付的业务，如所收到的材料，确属企业订购的品种，可先行办理材料的验收入库手续，并分别情况作出必要的账务处理。

其一，材料已到，供应单位发票账单也已到达，但由于企业的银行存款不足而暂未付款，在此情况下，属于企业占用了供应单位的资金，形成了应付而未付供应单位的款项，构成了企业的一项流动负债，应通过"应付账款"科目核算。

【例4-15】华天企业从外地西江钢铁厂购入甲种材料2 000千克，买价4 000元，增值税发票上的增值税额为520元，供应单位代垫运杂费400元、增值税额36元。材料已到达并已验收入库，但货款尚未支付。应据有关发票账单及收料单等凭证作如下分录：

借：原材料——原料及主要材料　　　　　　　　　　　　　4 400
　　应交税费——应交增值税（进项税额）　　　　　　　　556
　　贷：应付账款——西江钢铁厂　　　　　　　　　　　　4 956

其二，材料已到，但供应单位发票账单未到，而货款尚未支付。在此情况下，为做到材料账实相符，应先按双方合同价格或计划价格暂估入账，借记"原材料"科目，贷记"应付账款"科目。下月初用红字做同样的记账凭证，予以冲回，以便下月付款或开出、承兑商业汇票时，按正常程序，借记"原材料""应交税费——应交增值税（进项税额）"科目，贷记"银行存款"或"应付票据"等科目。

在实际工作中，发生的材料已经验收入库，而发票账单尚未到达情况时，一般情况下，发票账单在材料到达后的几天内即可到达。为简化核算手续，对这些业务当月内可暂不进行总分类核算，只在材料明细分类账中登记收入数量，待发票账单到达后，按实际成本入账。但如果月终仍未收到发票账单，应暂估入账，下月初用红字将暂估价注销，待发票账单到达后再按实际成本入账。

【例 4-16】假设上例购入材料的业务，材料已经运到，并验收入库，但发票等结算凭证尚未收到，货款尚未支付。月末，按照暂估价入账，假设其暂估价为 12 000 元，有关会计处理如下：

借：原材料——原料及主要材料　　　　　　　　　　　　　12 000
　　贷：应付账款——暂估应付账款　　　　　　　　　　　　　　　12 000

下月初用红字将上述分录原账冲回：

借：原材料——原料及主要材料　　　　　　　　　　　　　12 000
　　贷：应付账款——暂估应付账款　　　　　　　　　　　　　　　12 000

（4）预付材料款业务。企业预付货款时，借记"预付账款"科目，贷记"银行存款"科目。待预付货款的材料验收入库后，再根据供应单位的发票账单上的应付价款、税额，借记"原材料"和"应交税费——应交增值税（进项税额）"科目，贷记"预付账款"科目。补付货款时，再借记"预付账款"科目，贷记"银行存款"科目。若预付金额大于应付金额，则根据有关退款的结算凭证，借记"银行存款"科目，贷记"预付账款"科目。

【例 4-17】2023 年 3 月 10 日新世纪公司与华天企业签订一项购货合同，购入材料一批，根据合同规定，新世纪公司应向华天企业预付货款 25 500 元，货款已转账支付。有关会计处理如下：

借：预付账款——华天企业　　　　　　　　　　　　　　　25 500
　　贷：银行存款　　　　　　　　　　　　　　　　　　　　　　　25 500

3 月 31 日，新世纪公司收到华天企业的该批材料，并已验收入库。发票等结算凭证已经收到，取得的增值税专用发票上注明的原材料价款为 65 000 元，增值税额为 8 450 元，合计金额为 73 450 元，应补付货款已通过银行转账支付。有关会计处理如下：

借：原材料　　　　　　　　　　　　　　　　　　　　　　　65 000
　　应交税费——应交增值税（进项税额）　　　　　　　　　　8 450
　　贷：预付账款——华天企业　　　　　　　　　　　　　　　　　73 450
借：预付账款——华天企业　　　　　　　　　　　　　　　47 950
　　贷：银行存款　　　　　　　　　　　　　　　　　　　　　　　47 950

（5）短缺和损毁的处理。企业购入材料验收入库时，如发现短缺和毁损，应认真查明原因，分清经济责任，区别不同情况，分别进行处理。

凡属运输途中合理损耗，如由于自然损耗等原因而发生的短缺，应相应地提高入库材料的实际单位成本，减少实收数量，不再进行其他账务处理；凡是由于供应单位的责任而造成的短缺或毁损，按扣除供应单位赔偿数额后的金额，借记有关材料科目，贷记"银行存款"科目。

若上述货款已经支付,并已记入"在途物资"科目,如果是供应单位的责任,则要求供应单位赔偿,以有责任的供应单位应赔偿的款项,借记"应付账款"科目,以原金额贷记"在途物资"科目;如果是由于运输不慎造成的,属于运输单位的责任,则要求运输机构赔偿,借记有关材料科目和"其他应收款"科目,贷记"在途物资"科目。

凡是属于购入材料在运输途中发生非常损失和尚待查明原因的途中损耗,借记"待处理财产损溢"科目,贷记"在途物资"科目。

2. 自制材料和残废料入库的核算。企业基本生产车间或辅助生产车间自制的材料,以及生产过程中产生的废料,在交库时,借记有关材料科目,贷记"生产成本"科目。

3. 投资者投入材料的核算。企业在生产经营中,往往由于生产的需要,吸收其他单位或个人投入材料。当投资者投入材料时,应按投资各方确认的价值,借记"原材料"科目,按专用发票上注明的增值税额,借记"应交税费——应交增值税(进项税额)"科目,按占被投资方股权总额的比例,贷记"实收资本"或"股本"科目。按借贷双方的差额,贷记"资本公积"科目。

【例4-18】2023年3月1日,新世纪公司收到红卫公司投入的原材料一批,增值税专用发票上注明的原材料增值税额为32 500元,双方确认的价值为250 000元,新世纪公司股本总额为3 000 000元,红卫公司占7%。新世纪公司的会计处理如下:

  借:原材料   250 000
    应交税费——应交增值税(进项税额)   32 500
    贷:股本   210 000
      资本公积   72 500

4. 企业接受捐赠的原材料,按照确定的实际成本以及支付的相关税费,借记"原材料"科目,贷记"营业外收入"科目,按实际支付的相关税费,贷记"银行存款"等科目。

【例4-19】华天企业接受红卫企业捐赠一批原材料,捐赠方红卫企业没有提供发票等凭证,但市场上有同类材料,按其市场价格估计这批材料价格为350 000元,以银行存款支付给企业的运费为6 000元,材料已验收入库。华天企业作如下会计分录:

  借:原材料   356 000
    贷:营业外收入   350 000
      银行存款   6 000

材料收入的总分类核算,在材料收入业务不多的企业里,可以根据收料凭证逐日编制记账凭证,并据以登记总分类账。在材料收入业务多的企业里,为简化核算工作,财会部门也可以根据收料凭证,定期编制"收料凭证汇总表",月终时一次登记总分类账。收料凭证汇总表的格式如表4-7所示。

表 4-7　　　　　　　　　　　　材料凭证汇总表
2023 年 7 月

应借科目：原材料　　　　　　　　　　　　　　　　　　　　　　　　　　　　单位：元

应贷科目	材料类别					
	原料及主要材料	辅助材料	外购半成品	修理用备件	燃料	合计
银行存款						
1～10 日	12 600					12 600
11～20 日	7 430					7 430
21～31 日	5 570					5 570
合计	25 600					25 600
应付票据	8 600					8 600
应付账款	4 400					4 400
生产成本	3 260					3 260
本月收入总计	41 860					41 860

表 4-7 的外购材料，是按旬归类填列的；应付账款和自制材料及废料交库则是在月末根据其账户分析后一次填列。

根据"收料凭证汇总表"所列有关原材料收入的业务，作如下会计分录：

借：原材料　　　　　　　　　　　　　　　　　　　　41 860
　　贷：银行存款　　　　　　　　　　　　　　　　　　25 600
　　　　应付票据　　　　　　　　　　　　　　　　　　8 600
　　　　应付账款　　　　　　　　　　　　　　　　　　4 400
　　　　生产成本　　　　　　　　　　　　　　　　　　3 260

材料发出的总分类核算：

企业生产过程中发出材料业务非常频繁，平时根据领发料凭证逐笔登记材料明细分类账，以详细反映各种材料的收、发金额和结存余额。总分类核算一般是根据按实际成本计价的领、发料凭证，按领用部门和用途进行归类汇总，通过编制"发出材料汇总表"，于月末一次登记总分类账，这样就可大大简化记账工作。"发料凭证汇总表"的一般格式如表 4-8 所示。

表 4-8　　　　　　　　　　　　发料凭证汇总表　　　　　　　　　　　　单位：元

应贷科目	应借科目						
	生产成本	制造费用	管理费用	在建工程	营业费用	其他业务支出	合计
原料及主要材料	43 430.00						43 430.00
辅助材料	2 737.10	1 075.65	747.40				4 560.15
外购半成品	7 615.40						7 615.40

续表

应贷科目	应借科目						
	生产成本	制造费用	管理费用	在建工程	营业费用	其他业务支出	合计
修理用备件	3 181.50						3 181.50
包装材料							
燃料							
合计	56 964.00	1 075.65	747.40				58 787.05

根据"发料凭证汇总表"进行材料发出的核算。对生产领用的各项原料及主要材料、辅助材料、外购半成品、修理用备件等作如下会计分录：

借：生产成本   56 964.00
      制造费用   1 075.65
      管理费用   747.40
    贷：原材料   58 787.05

三、按计划成本计价的材料采购收发核算

按计划成本计价组织的材料采购收发核算，是指在收发料凭证、明细账、总账上都以计划成本来反映材料的收、发、结存情况。实际成本与计划成本之间的差异，单独组织核算，最终于月末将领用材料的计划成本调整为实际成本。

（一）材料的收发凭证

按计划成本计价的材料收发凭证的格式与按实际成本计价的收发料凭证格式基本相同，所不同的是在凭证上要列明材料的计划单价（其格式略）。

（二）材料明细核算

在按计划成本计价核算方式下，库存材料明细账的设置，与按实际成本计价的明细账基本相同，所不同的是"账卡合一"的明细账和材料二级分类账（或材料收发结存汇总表），都按计划成本反映。

由于材料计划成本一经确定，年内一般不予变动，这样，只要控制数量，也就控制了金额。因此在材料明细账内设"收入""发出"两栏，且在两栏内只反映数量，不必逐笔反映金额，但也不必逐笔登记金额，到月末根据材料结存数量和计划单价就可以计算并登记结存金额。

材料明细账的一般格式如表4-9所示。

表 4-9　　　　　　　　　　　　　　材料明细账

材料科目：原材料　　　　　　　　　　　　　　　　　　　　　　存放地点：第 2 号库
类别：原料及主要材料　　　　　　　　　　　　　　　　　　　　最高储备量：15 000
名称及规格：甲材料　　　　　　　　　　　　　　　　　　　　　最低储备量：3 000
　　　　　　　　　　　　　　　　　　　　　　　　　　　　　　计量单价：2.15 元/千克
　　　　　　　　　　　　　　　　　　　　　　　　　　　　　　计量单位：千克

2023 年		凭证编号	摘要	收入数量	发出数量	结存		稽核
月	日					数量	金额	
7	1		期初余额			4 000	8 600	
7	5		购入	6 000		10 000		
7	10		领用		8 000	2 000		
7	18	略	购入	4 000		6 000		
7	23		领用		4 000	2 000		
7	28		购入	2 000		4 000		
7	31		本期发生额及期末余额	12 000	12 000	4 000	8 600	

财会部门除了设置库存材料明细账外，还应按材料的仓库类别和材料的类别设置只反映金额的材料二级分类账或材料收发结存汇总表。

为了详细反映和控制材料采购的付款、到货和在途材料的情况，以便确定其实际成本和采购业务成果，还应设置材料采购明细账，并在"材料采购"账户下，设置明细分类账，进行明细分类核算。其明细分类账户通常可以按照材料账户即"原材料""包装物""低值易耗品"设置。如果原材料储备量较大，材料费用占产品成本比重较大时，也可以按材料的类别或品种设置。材料采购明细账的格式如表 4-10 所示。

表 4-10　　　　　　　　　　　　　材料采购明细账

明细科目：原材料　　　　　　　　　　　　　　　　　　　　　　　　　　　　单位：元

2023 年		记账凭证号数	发票账单号	收料凭证		供货单位名称	材料名称	借方金额			贷方金额		
月	日			日期	编号			买价	采购费用	合计	计划成本	其他	合计
7	5			7/5		南宏钢铁厂	甲种材料	12 000	600	12 600	12 900		12 900
7	13			7/13		西江钢铁厂	甲种材料	8 000	600	8 600	8 600		8 600
7	20					兰新钢铁厂	乙种材料	15 000	1 000	16 000			
7	28			7/28		永莫钢铁厂	丙种材料	12 500	500	13 000	12 540		12 540
7	30			7/30		西江钢铁厂	甲种材料	4 000	400	4 400	4 300		4 300
7													

续表

2023年		记账凭证号数	发票账单号	收料凭证		供货单位名称	材料名称	借方金额			贷方金额		
月	日			日期	编号			买价	采购费用	合计	计划成本	其他	合计
本月合计								51 500	3 100	54 600	38 340		38 340
结转材料成本差异													260
月末在途材料（转下月）													16 000
本月发出额合计										54 600			54 600

材料采购明细账，可采用横线登记的方法逐笔登记。借方金额栏根据付款凭证和转账凭证按发生业务的日期顺序，逐笔登记其实际成本；贷方金额栏根据收料单等有关凭证登记计划成本。每笔收料业务与其相应的付款或转账业务，应在同一行内登记。月末，计算出节约或超支的材料成本差异额并进行结转，将差异额登记在有关栏内。对于已付款但尚未入库的在途材料，逐笔结转照抄在下月材料采购明细账内，以便下月收到材料时登记入账。

为了反映各类或各品种材料的成本差异，计算差异率，以及据以调整发出材料的计划成本，需要设置"材料成本差异"明细账，以进行明细分类核算。其明细分类账户同材料采购明细账户的设置应保持一致，既可以按照材料账户"原材料""包装物""低值易耗品"设置，也可以按照材料类别和品种设置。账页的格式如表4-11所示。

表4-11　　　　　　　　　　　　材料成本差异明细账

明细科目：原材料　　　　　　　　　　　　　　　　　　　　　　　　　　　　　　单位：元

2023年		凭证号数	摘要	收入			差异分配率	发出		结存		
月	日			计划成本	借方差额（超支）	贷方差额（节约）		计划成本	成本差异	计划成本	借方差额（超支）	贷方差额（节约）
7	1		期初余额							57 180	707.60	
7	31		外购材料	38 340	260					95 520	967.60	
7	31		自制材料	3 240	20					98 760	987.60	
7	31		本月发料				1%	58 205	582.05	40 555	405.55	
			本月合计	41 580	280		1%	58 205	582.05	40 555	405.55	

材料成本差异明细账中本月收入和本月发出材料的计划成本，应分别根据收料凭证汇总表和发料凭证汇总表填列；本月收入和本月发出材料的成本差异，应分别根据有关转账凭证填列，超支差异记入"借方差异"栏内，节约差异记入"贷方差异"栏内。其中差异分配率，则是根据差异明细账内有关数字计算后填列。

发出材料应负担的成本差异，必须按月分摊，不得在季末或年末一次计算，发出材料应负担的成本差异，除委托外部加工发出材料可按期初的差异率计算外，都应使用当月的实际差异率;如果期初的成本差异率与本月成本差异率相差不大的,也可按期初的成本差异率计算。计算方法一经确定,不得任意变动。材料成本差异率的计算公式:

本月材料成本差异率 =(月初结存材料成本差异 + 本月收入材料成本差异)
÷(月初结存材料的计划成本 + 本月收入材料的计划成本)×100%

期初材料成本差异率 = 月初结存材料的成本差异 ÷ 月初结存材料的计划成本 ×100%

发出材料应分担的成本差异的计算公式如下:

发出材料应分摊的成本差异 = 发出材料计划成本 × 材料成本差异率

有了材料成本差异率,并确定了发出材料应分摊的成本差异,就可以将发出材料的计划成本调整为实际成本:

发出材料的实际成本 = 发出材料的计划成本 + 发出材料应分摊的成本差异

进而也可以确定期末结存材料应分摊的材料成本差异:

结存材料应分摊的成本差异 = 结存材料的计划成本 × 材料成本差异率

【例4-20】在表4-11"材料成本差异——原材料"明细账中,月初结存原材料的计划成本为57 180元;本月收入材料的计划成本为41 580元。月初结存材料的成本差异为超支差额707.60元;本月收入材料的成本差异为超支差额280元;本月发出材料的计划成本为58 205元。其计算结果如下:

原材料成本差异率 =(707.60 + 280)÷(57 180 + 41 580)×100% = 1%
发出材料应分摊的成本差异 = 58 205 × 1% = 582.05(元)
发出原材料的实际成本 = 58 205 + 582.05 = 58 787.05(元)
结存原材料应分摊的成本差异 = 40 555 × 1% = 405.55(元)

(三)材料总分类核算

材料按计划成本计价进行的总分类核算,仍应设置"原材料"科目,但均应按计划成本入账,即按计划成本核算企业库存的各种材料。由于材料的计划成本与实际成本之间必然会产生差异,为了正确计算材料的采购成本和考核采购业务成果,还需增设"材料采购"与"材料成本差异"两个资产类科目。

"材料采购"科目,用来核算企业购入材料的采购成本,反映采购业务成果。其借方发生额,反映所有从外部购入材料的实际采购成本(包括已付款或已开出、承兑商业汇票;发票账单已到,尚未付款或尚未开出、承兑商业汇票的收料业务),以及结转实际成本小于计划成本的差异额(节约额);贷方发生额,反映已验收入库材料的计划成本,以及结转实际成本大于计划成本的差异额(超支额)。借方余额表示已经支付或已开出、承兑商业汇票,尚未验收入库的在途材料(无须另设"在途物资"科目)。按照材料类别和品种设置明细账。

"材料成本差异"科目核算企业各种材料的实际成本与计划成本的差异。其借方发生额，反映材料实际成本大于计划成本的差异额（超支额）；贷方发生额，反映材料实际成本小于计划成本的差异额（节约额），以及发出材料应分摊的成本差异结转数。发出材料应分摊的超支额，用蓝字结转，节约额用红字结转。

"材料成本差异"科目是各个材料科目的调整科目，当"材料成本差异"为借方余额时，即表示库存材料的超支额，它就是各个材料科目的"附加调整"科目；如为贷方余额时，即表示库存材料的节约额，它就是各个材料科目的"备抵调整"科目。"材料成本差异"科目应按照材料类别和品种设置明细账。

材料收入的总分类核算：

1. 外购材料收入的核算。同实际成本计价核算一样，由于采购地点、结算方式和收料与付款时间的不同，同样存在几种不同情况。

（1）货款付清，同时收料。企业在办理货款结算，同时办理材料验收入库手续后，财会部门应根据银行结算凭证、发票账单等，按采购的实际成本，记入"材料采购"科目的借方和"银行存款""库存现金""其他货币资金""应付票据"等科目的贷方，同时根据"收料单"，按计划成本记入有关材料科目的借方和"材料采购"科目的贷方。

【例4-21】7月5日，企业从南宏钢铁厂购入甲种材料6 000千克，价款12 600元，取得的增值税专用发票上注明的增值税额为1 638元，当即以银行存款付清。材料已按计划成本12 900元验收入库。应作如下会计分录：

```
借：材料采购——原材料                          12 600
    应交税费——应交增值税（进项税额）           1 638
    贷：银行存款                                        14 238
借：原材料——原料及主要材料                    12 900
    贷：材料采购——原材料                               12 900
```

（2）付款在前，收料在后。当货款已经支付或已开出、承兑商业汇票，材料尚未到达，作为在途材料，记入"材料采购"科目的借方，待材料到达验收入库后，再据"收料单"按计划成本，由"材料采购"科目的贷方转入有关材料科目的借方。

【例4-22】7月13日，企业从外地西江钢铁厂采购甲种材料4 000千克，买价8 600元，增值税额1 118元，采用商业汇票结算方式，签发银行承兑汇票一张，计9 718元，向开户银行申请承兑，并以银行存款支付手续费50元，当日连同解讫通知一并交给供应单位，材料尚未运达。应据有关凭证作如下会计分录：

```
借：材料采购——原材料                           8 600
    应交税费——应交增值税（进项税额）           1 118
    贷：应付票据                                         9 718
借：财务费用                                          50
```

贷：银行存款　　　　　　　　　　　　　　　　　　　　　　　50

　上述甲种材料于 18 日到达，并已验收入库，其计划成本为 8 600 元。据"收料单"作如下分录：

　　借：原材料——原料及主要材料　　　　　　　　　　　　　8 600
　　　贷：材料采购——原材料　　　　　　　　　　　　　　　　　8 600

【例 4-23】7 月 20 日，企业从兰新钢铁厂采购乙种材料 10 000 千克，买价 16 000 元，增值税额 2 080 元，采用托收承付结算方式，已承付全部货款，材料尚未到达。应据有关结算凭证作如下会计分录：

　　借：材料采购——原材料　　　　　　　　　　　　　　　　16 000
　　　应交税费——应交增值税（进项税额）　　　　　　　　　　2 080
　　　贷：银行存款　　　　　　　　　　　　　　　　　　　　　18 080

　上述乙种材料至月终仍未到达，其实际成本保留在"材料采购"科目。

　（3）付款在前，收料在后。企业在组织货源过程中，根据购销双方所签经济合同，可先预付部分货款，待收料后，再行清算。从表面看，当属在途材料，但其性质有所不同，预付货款是暂付款性质，属于结算中债权。预付款记入"预付账款"科目借方，待收到材料后，记入"材料采购"科目借方，"预付账款"科目贷方。

【例 4-24】7 月 20 日，企业采用预付款方式向外地永宁钢铁厂订购丙种材料 5 000 千克，根据双方合同规定以银行存款先行预付货款 10 000 元，应作如下会计分录：

　　借：预付账款　　　　　　　　　　　　　　　　　　　　　10 000
　　　贷：银行存款　　　　　　　　　　　　　　　　　　　　　10 000

　上例预购的丙种材料 5 000 千克，于 27 日到达，其发票金额为 13 000 元，增值税额为 1 690 元，以银行存款补付货款 4 690 元。材料已根据"收料单"并按计划成本 12 540 元验收入库。应作如下会计分录：

　　借：材料采购——原材料　　　　　　　　　　　　　　　　13 000
　　　应交税费——应交增值税（进项税额）　　　　　　　　　　1 690
　　　贷：预付账款　　　　　　　　　　　　　　　　　　　　　10 000
　　　　 银行存款　　　　　　　　　　　　　　　　　　　　　　4 690
　　借：原材料——原材料及主要材料　　　　　　　　　　　　12 540
　　　贷：材料采购——原材料　　　　　　　　　　　　　　　　12 540

　（4）收料在前，付款在后。此类业务仍分为两种情况：一是结算凭证已到，但企业暂时无力支付或未开出、承兑商业汇票；二是发票账单等结算凭证未到，而货款尚未支付。应分别情况作出必要的账务处理。

　其一，材料已到，并已验收入库，供应单位发票账单也已到达，但企业暂时存款不足而未付款或未开出、承兑商业汇票。在此情况下，属于企业占用了供应单位的资金，形成了企业的债务，应记入"材料采购"科目的借方和"应付账款"科目的贷方。

其二，材料已到，但供应单位发票账单未到，而货款尚未支付。在此情况下，平时可不作账务处理，到月终发票账单仍未到达，为使材料账实相符，应按计划成本暂估入账，到下月初用红字冲回，以便下月付款或开出、承兑商业汇票后，按正常程序通过"材料采购"科目核算。

【例 4-25】 7 月 29 日，企业接到货场通知，从兰新钢铁厂按合同购入的 12 000 千克乙种材料已经到达，并于当日验收入库，但对方发票账单未到，故按计划成本 19 000 元暂估入账。应于月终根据收料单作如下会计分录：

借：原材料——原料及主要材料　　　　　　　　　　　　　　　19 000
　　贷：应付账款——暂估应付账款　　　　　　　　　　　　　　19 000

下月初填制红字收料凭证并据以作相同红字分录，将暂估价冲销。待收到发票账单后，据实按正常程序入账。

（5）短缺和毁损的处理。材料验收入库时发现短缺毁损，仍应根据不同情况分别作出处理：属于运输途中的合理耗损，应计入已入库材料实际成本之中；属于供应单位的责任，应由供应单位负责赔偿，记入"应付账款"科目的借方；属于运输单位的责任，应由运输单位负责赔偿，记入"其他应收款"科目的借方；属于运输途中发生非常损失和尚待查明原因的超定额耗损等，记入"待处理财产损溢"科目的借方。同时记入"材料采购"科目的贷方。

（6）外购材料成本差异的结转。企业外购材料成本差异的结转，一般是在月终进行。月终时将已经付款或已开出、承兑商业汇票及暂无款支付的收料凭证，按实际成本和计划成本分别加以汇总，计算出成本差异，并由"材料采购"科目转入"材料成本差异"科目。

现据上述外购材料各项业务，经过汇总计算（见表 4-10）后得出，本月外购材料的实际成本大于计划成本，即发生超支差异 260 元。据以作如下会计分录：

借：材料成本差异——原材料　　　　　　　　　　　　　　　　260
　　贷：材料采购——原材料　　　　　　　　　　　　　　　　　260

2. 自制材料和废料交库的核算。企业基本生产车间或辅助生产车间自制的材料，以及生产中产生的废料，在交库时，应据"材料交库单"中所列计划成本入账，并结转成本差异。

【例 4-26】 企业的基本生产车间，为生产所需自制丁种材料一批，其实际制造成本为 3 260 元，按材料交库单所列计划成本 3 240 元验收入库，并结转超支差异 20 元。应据有关凭证作如下会计分录：

借：原材料——原材料及主要材料　　　　　　　　　　　　　　3 240
　　材料成本差异　　　　　　　　　　　　　　　　　　　　　　20
　　贷：生产成本　　　　　　　　　　　　　　　　　　　　　　3 260

3. 投资人投入材料的核算。投资人以材料对企业进行投资，当企业接受投资后，应根据收料单等有关凭证,按材料的计划成本借记有关材料科目,按专用发票上注明的增值税额,借记"应交税费——应交增值税(进项税额)"科目,按双方协议确定的价值,贷记"实收资本""股本"等科目,按计划成本与投资各方确认的价值之间的差额,借记或贷记"材料成本差异"科目。作分录如下:

借:原材料等科目(计划成本)
　　材料成本差异(确定价值大于计划成本的差异)
　贷:实收资本(确定的价值)
　　材料成本差异(确定价值小于计划成本的差异)

为了简化核算工作,入库材料的总分类核算,也可以通过编制"收料凭证汇总表"的方式经过汇总后进行账务处理。

收料凭证汇总表的一般格式如表 4-12 所示。

表 4-12　　　　　　　　　　收料凭证汇总表

应借科目:原材料　　　　　　　2023 年 7 月　　　　　　　　　　　　　单位:元

应贷科目	原料及主要材料		辅助材料		外购半成品		修理用备件		合　计		差异额
	实际成本	计划成本	实际成本	计划成本	实际成本	计划成本	实际成本	计划成本	实际成本	计划成本	
物资采购	38 600	38 340							38 600	38 340	260
物资采购	19 000	19 000							19 000	19 000	—
生产成本	3 260	3 240							3 260	3 240	20
合计	60 860	60 580							60 860	60 580	280

材料发出的总分类核算:

按计划成本计算的材料发出的总分类核算,一般是在月终根据各种发料和退料凭证,按照发出材料的类别和用途分别汇总,据以编制"发料凭证汇总表"并根据汇总表进行发出材料的总分类核算。"发料凭证汇总表"的一般格式如表 4-13 所示。

表 4-13　　　　　　　　　　发料凭证汇总表

　　　　　　　　　　　　　　2023 年 7 月　　　　　　　　　　　　　　单位:元

应贷科目	应借科目					
	生产成本	制造费用	管理费用	在建工程	产品销售费用	合计
原料及主要材料	43 000.00					43 000.00
辅助材料	2 710.00	1 065.00	740.00			4 515.00
外购半成品	7 540.00					7 540.00
修理用备件	3 150.00					3 150.00

续表

应贷科目	应借科目					
	生产成本	制造费用	管理费用	在建工程	产品销售费用	合计
包装材料						
燃料						
计划成本小计	56 400.00	1 065.00	740.00			58 205.00
成本差异（差异率1%）	564.00	10.65	7.40			582.05
实际成本小计	56 964.00	1 075.65	747.40			58 787.05

发料凭证汇总表中的计划成本应根据各种发料凭证和退料凭证直接分类汇总填列；"成本差异"应根据前述公式计算填列；发出材料的计划成本加上成本差异即为发出材料的实际成本。

根据发料凭证汇总表所列计划成本作如下会计分录：

借：生产成本　　　　　　　　　　　　　　56 400
　　制造费用　　　　　　　　　　　　　　 1 065
　　管理费用　　　　　　　　　　　　　　 740
　　贷：原材料　　　　　　　　　　　　　58 205

根据发料凭证汇总表所列发出材料应分摊的成本差异作如下分录：

借：生产成本　　　　　　　　　　　　　　564.00
　　制造费用　　　　　　　　　　　　　　 10.65
　　管理费用　　　　　　　　　　　　　　 7.40
　　贷：材料成本差异——原材料　　　　　582.05

第四节　周转材料核算

周转材料，是指企业在正常生产经营过程中多次使用、逐渐转移其价值但仍保持原有形态不确认为固定资产的材料。周转材料包括包装物、低值易耗品，以及企业（建造承包商）的钢模板、木模板、脚手架等。包装物和低值易耗品可以采用一次转销法、五五摊销法进行摊销；建造承包企业的钢模板、木模板、脚手架和其他周转材料等，可以采用一次转销法、五五摊销法或者分次摊销法进行摊销。"周转材料"账户可按周转材料的种类，分别"在库""在用"和"摊销"进行明细核算。企业周转材料中的包装物、低值易耗品，可以单独设置"包装物""低值易耗品"账户进行相应的核算。

一、包装物的核算

包装物是指为了包装本企业产品而储备的各种包装容器,如箱、桶、瓶、坛、袋等。

包装物包括:(1)生产过程中用于包装产品作为产品组成部分的包装物;(2)随同产品出售而不单独计价的包装物;(3)随同产品出售而单独计价的包装物;(4)出租或出借给购买单位使用的包装物。

包装物与包装材料不同。后者如包装用的纸、绳、铁丝、铁皮等,不是容器,应属于原材料,故作为原材料核算。此外,用于储存和保管产品、材料而不对外出售的包装物,应按其价值大小和使用年限长短,分别作为固定资产或低值易耗品核算。单独列作企业商品产品的自制包装物,应作为库存商品核算。

为了核算企业库存、出租或出借各种包装物的实际成本或计划成本和出租、出借包装物的价值损耗,应设置"包装物"科目。

"包装物"科目属于资产类科目,核算企业库存各种包装物及出租、出借包装物的摊余价值。其借方发生额反映入库、出租、出借包装物的实际成本或计划成本及冲减的包装物摊销数额;贷方发生额,反映出库、收回出租、出借包装物的实际成本或计划成本以及计提的包装物摊销额;借方余额表示库存未用包装物的实际成本或计划成本和出租、出借以及库存已用包装物的摊余价值。按"库存未用包装物""库存已用包装物""出租包装物""出借包装物""包装物摊销"分设明细科目。

(一)包装物收入的核算

企业购入、自制、委托外单位加工完成验收入库的包装物,以及对包装物的清查盘点,比照"原材料"科目的相关规定进行会计处理。

(二)生产领用和随同产品出售包装物的核算

1. 生产领用包装物的核算。生产过程中领用的包装物,用于包装产品,成为产品的组成部分。其价值应记入"生产成本"科目,构成产品制造成本的一部分。按计划成本核算的企业,月末还应结转领用包装物应负担的成本差异。

【例4-27】企业的基本生产车间为包装 B 产品,领用包装物一批,计划成本为800元,材料成本差异率为-2%。应作如下会计分录:

借:生产成本　　　　　　　　　　　　　　　　784
　　贷:包装物　　　　　　　　　　　　　　　　　　800
　　　　材料成本差异——包装物　　　　　　　　　 16

2. 随同产品出售包装物的核算。随同产品出售的包装物,有的不单独计价,有的单独计价,故核算方法不尽相同。

(1) 随同产品出售,不单独计价包装物核算。企业在销售过程中领用,并随同产品出售,而不单独计价的包装物,应作为企业产品销售费用的一部分,计入期间费用,借记"销售费用"科目,贷记"包装物"科目。

【例 4-28】企业在销售过程中领用一批不单独计价的包装物品,来包装 A 产品,该包装物计划成本为 200 元,材料成本差异率为 -2%。应作如下会计分录:

借:销售费用	196
贷:包装物	200
材料成本差异——包装物	4

(2) 随同产品出售,单独计价包装物的核算。企业在销售过程中领用,并随同产品出售,而又单独计价的包装物,应作为对外销售处理,借记"银行存款""应收账款"等科目,贷记"其他业务收入""应交税费——应交增值税(销项税额)"科目。同时,发出包装物时,借记"其他业务成本"科目,贷记"包装物"科目。

【例 4-29】企业为销售甲产品,在销售过程中领用一批单独计价的包装物,增值税专用发票上注明的价款为 6 000 元,增值税销项税额为 780 元,款项已存入银行。其包装物计划成本为 5 000 元,材料成本差异率为 +2%,应作如下会计分录:

借:银行存款	6 780
贷:其他业务收入	6 000
应交税费——应交增值税(销项税额)	780
借:其他业务成本	5 100
贷:包装物	5 000
材料成本差异——包装物	100

(三) 出租、出借包装物的核算

企业对于可以长期周转使用的包装物,一般要求使用单位用完后归还企业。其中有的包装物采用出租方式,有的包装物采用出借方式,为督促使用单位按期归还,不论采用什么方式提供给购货单位使用的包装物,都要收取押金。对出租的包装物除收取押金外,还要向租用单位收取租金。

出租、出借包装物,在第一次领用新包装物时,应结转成本,借记"其他业务成本"科目(出租包装物)或借记"销售费用"科目(出借包装物),贷记"包装物"科目。以后收回已使用的出租、出借包装物,应加强实物管理,并在备查簿上进行登记。

收到出租、出借包装物的押金,借记"库存现金""银行存款"等科目,贷记"其他应付款"科目,退回押金时做相反会计分录。对于逾期未退包装物而没收的押金,借记"其他应付款"科目,按应交的增值税,贷记"应交税费——应交增值税(销项税额)"科目,按其差额,贷记"其他业务收入"科目。这部分没收的押金收入应交的消费税等税费，计入其他业务成本，借记"税金及附加"科目，贷记"应交税费——应交消费税"等科目；对于逾期未退包装物没收的加收押金，应转作"营业外收入"处理，借记"其他应付款"科目，按应交的增值税、消费税等税费，贷记"应交税费"等科目，按其差额，贷记"营业外收入——逾期包装物押金没收收入"科目。

出租、出借的包装物，不能使用而报废时，按其残料价值，借记"原材料"科目，贷记"其他业务成本"（出租包装物）、"销售费用"（出借包装物）等科目。

二、低值易耗品的核算

低值易耗品按其在生产经营中所起的作用看，属于劳动手段。它在生产过程中能多次使用，其价值随着实物的磨损而逐渐转移，在使用过程中，需要经常修理，在报废时还有一定的残余价值。因此，同固定资产有相似之处。但是，低值易耗品单位价值较低或者使用期限较短，更换也较频繁，其价值转移方式可以采用一次或分期摊销的方式。因此，低值易耗品同材料有相似之处。为了简化核算工作，在实际工作中一般将其作为材料进行管理和核算。

从前述低值易耗品的特点可看出，低值易耗品在其使用过程中，有存放在仓库未经领用的在库低值易耗品；有为使用部门领用的在用低值易耗品。因此，低值易耗品的核算，可以分为在库低值易耗品和在用低值易耗品的核算。

在库低值易耗品的核算，是指低值易耗品的购入、自制，委托加工完成入库和领发过程的核算。其核算内容与材料完全一样，故不再重复。

在用低值易耗品的核算，是指低值易耗品从仓库发给使用单位起直到报废为止的整个使用过程的核算。由于低值易耗品是劳动资料，在生产经营过程中，被反复使用，而仍保持其原有实物形态，其价值可采用一次摊销法，分次摊销法。所以其核算，实际上就是领用、摊销与报废的核算。

（一）在用低值易耗品的总分类核算

为了核算企业在库、在用低值易耗品的实际成本或计划成本，以及在用低值易耗品的价值损耗，应设置"低值易耗品"科目。该科目属于资产类科目。其借方发生额，反映在库、在用低值易耗品的实际成本或计划成本及冲减的低值易耗品的摊销额；贷方发生额，反映出在库低值易耗品的实际成本或计划成本及计提的在用低值易耗品摊销额；借方余额表示在库低值易耗品的实际成本或计划成本及在用低值易耗品的摊余价值。在分次摊销法下，还应设置"在库低值易耗品""在用低值易耗品""低值易耗品摊销"三个明细科目。

1. 一次摊销法。它是指在领用低值易耗品时，将其价值全部一次计入有关的成本费用。

它适用于价值比较低或使用期限比较短,而且一次领用数量不多的低值易耗品,如一般的管理用具、小型工具、卡具,以及容易破碎的玻璃器皿等。领用时,应根据其用途分别借记"制造费用""管理费用""其他业务成本"等科目,贷记"低值易耗品——在库低值易耗品"科目。报废后的残值应冲减有关的成本费用。

【例4-30】企业的基本生产车间领用一般工具一批,其计划成本为200元,材料成本差异率为+3%。应作会计分录如下:

借:制造费用　　　　　　　　　　　　　　　　　　　　206
　　贷:低值易耗品　　　　　　　　　　　　　　　　　　200
　　　　材料成本差异——低值易耗品　　　　　　　　　　　6

2. 分次摊销法。

【例4-31】企业基本生产车间领用低值易耗品一批,计划成本为4 000元。本月报废以前月份领用的低值易耗品一批,计划成本为1 000元,成本差异率为-3%,报废工具的残值为50元,企业估计该低值易耗品的使用次数为2次。应作如下会计分录:

按计划成本将"在库低值易耗品"转为"在用低值易耗品"。

借:低值易耗品——在用低值易耗品　　　　　　　　　　4 000
　　贷:低值易耗品——在库低值易耗品　　　　　　　　4 000

月末,计算在用低值易耗品的摊销额,应按其价值的一半,计入制造费用。

借:制造费用　　　　　　　　　　　　　　　　　　　2 000
　　贷:低值易耗品——低值易耗品摊销　　　　　　　　2 000

本月报废以前领用低值易耗品,应将残值回收入库,并按报废低值易耗品的计划成本的一半,作为报废摊销额。

借:原材料　　　　　　　　　　　　　　　　　　　　　50
　　贷:制造费用　　　　　　　　　　　　　　　　　　　50
借:制造费用　　　　　　　　　　　　　　　　　　　　500
　　贷:低值易耗品——低值易耗品摊销　　　　　　　　　500

注销在用低值易耗品的计划成本和摊销额。

借:低值易耗品——低值易耗品摊销　　　　　　　　　1 000
　　贷:低值易耗品——在用低值易耗品　　　　　　　　1 000

月终,计算并分摊报废低值易耗品应负担的成本差异。

借:制造费用　　　　　　　　　　　　　　　　　　　　30
　　贷:材料成本差异——低值易耗品　　　　　　　　　　30

注:1 000×(-3%)=-30(元)。

(二)在用低值易耗品的明细分类核算

由于低值易耗品具有品种复杂,数量较多,收发频繁,使用和保管又比较分散的特点，因而企业应采取切实措施做好在用低值易耗品的明细核算和实物管理工作。

企业的财会部门与使用部门应按各个使用部门设立低值易耗品明细账，按低值易耗品的类别、品种、规格进行数量和金额的明细核算，并在使用部门建立必需品的账卡，以登记其领用、转移、报废和结存情况。

第五节 其他存货核算

一、委托加工物资

（一）委托加工物资概述

企业购入的物资，绝大部分能够直接用于生产和经营管理。但也有一些物资，还需要进一步加工改制后才能用于生产经营。由于受本企业工艺设备条件的限制，需要把一些材料送往外单位，委托外单位将此物资加工制成另一种性能和用途的物资，如将木板加工成木箱，将纸张加工成办公用纸等。

企业委托其他单位加工的物资，其实际成本应包括：

（1）加工中实际耗用物资的实际成本。

（2）支付的加工费用。

（3）支付的税金，包括委托加工物资应负担的消费税（指属于消费税应税范围的加工物资）。

对于委托加工物资涉及的增值税和消费税应区别不同情况处理：

加工物资应负担的增值税，凡属加工物资用于应交增值税项目并取得增值税专用发票的一般纳税人，可将这部分增值税作为进项税额，不计入加工物资的成本；凡属加工物资用于非应纳增值税项目或免征增值税项目的，以及未取得增值税专用发票的一般纳税人和小规模纳税人的加工物资，应将这部分增值税计入加工物资的成本。

加工物资应负担的消费税，凡属加工物资收回后直接用于销售的，应将受托方代收代缴的消费税计入委托加工物资的成本；凡属加工物资收回后用于连续生产的，按规定准予抵扣的，按受托方代收代缴的消费税记入"应交税费——应交消费税"科目的借方，待应交消费税的加工物资连续生产完工销售后，抵交其应交纳的销售环节的消费税。

（4）支付加工物资的往返运杂费。

（二）委托加工物资的核算

委托加工业务在会计处理上主要包括拨付加工物资、支付加工费用和税金、收回加工物资和剩余物资等几个环节。

1. 拨付委托加工物资。企业发给外单位的加工物资时，应将物资的实际成本借记"委托加工物资"科目，贷记"原材料"（或"库存商品"）科目；如果发出物资采用计划成本（或售价）核算的，还应同时结转成本差异。

2. 支付加工费、增值税等。企业支付的加工费、应负担的运杂费等，应计入委托加工物资的成本，借记"委托加工物资""应交税费——应交增值税（进项税额）"科目，贷记"银行存款"科目。

3. 交纳的消费税。按照消费税的有关规定，如果委托加工物资属于应税消费品，应由受托方在向委托方交货时代收代缴税款。委托加工的应税消费品，用于连续生产的，所纳税款准予按规定抵扣；委托加工的应税消费品直接出售的，不再征收消费税。

在会计处理上，也要区分上述不同情况。委托加工的物资收回后用于连续生产的应税消费品，按规定准予抵扣的受托方代扣代缴的消费税额，借记"应交税费——应交消费税"科目，贷记"应付账款""银行存款"等科目；委托加工的物资收回后直接出售的，代收代缴的消费税计入委托加工物资的成本，借记"委托加工物资"科目，贷记"应付账款""银行存款"等科目。

4. 加工完成收回加工物资。委托加工物资加工完成验收入库后，应按加工收回物资的实际成本和剩余物资的实际成本，借记"原材料""库存商品"等科目，贷记"委托加工物资"科目。如果采用计划成本或计划售价的，应按计划成本或计划售价借记"原材料"或"库存商品"等科目，实际成本与计划成本的差异，借记或贷记"材料成本差异"科目或"商品进销差价"科目，贷记"委托加工物资"科目。

【例 4 - 32】A 企业委托 B 企业加工材料一批（属于应税消费品）。原材料成本为 400 000 元，支付的加工费有 68 000 元（不含增值税），消费税税率为 10%，材料加工完毕验收入库，加工费用等尚未支付。双方适用的增值税税率均为 13%。A 企业的有关会计处理如下：

（1）发出委托加工材料：

借：委托加工物资　　　　　　　　　　　　　　　　　　　400 000
　　贷：原材料　　　　　　　　　　　　　　　　　　　　　　　　400 000

（2）支付加工费用：

消费税的组成计税价格 =（400 000 + 68 000）÷（1 - 10%）= 520 000（元）

（受托方）代扣应交的消费税 = 520 000 × 10% = 52 000（元）

应纳增值税 = 68 000 × 13% = 8 840（元）

若 A 企业收回加工后的材料用于继续生产应税消费品，应作：

借：委托加工物资　　　　　　　　　　　　　　　　　　　68 000
　　应交税费——应交增值税（进项税额）　　　　　　　　8 840
　　　　　　——应交消费税　　　　　　　　　　　　　　52 000
　　贷：应付账款　　　　　　　　　　　　　　　　　　　　　　128 840

若 A 企业收回加工后的材料直接用于销售，则应作：

借：委托加工物资　　　　　　　　　　　　　　　120 000
　　应交税费——应交增值税（进项税额）　　　　　8 840
　　贷：应付账款　　　　　　　　　　　　　　　　　　　128 840

（3）加工完成收回委托加工原材料：

若 A 企业收回加工后的材料用于继续生产应税消费品，则应作：

借：原材料　　　　　　　　　　　　　　　　　　468 000
　　贷：委托加工物资　　　　　　　　　　　　　　　　　468 000

若 A 企业收回加工后的材料直接用于销售，则应作：

借：原材料　　　　　　　　　　　　　　　　　　520 000
　　贷：委托加工物资　　　　　　　　　　　　　　　　　520 000

二、库存商品的核算

库存商品包括库存产成品、外购商品、存放在门市部准备出售的商品、发出展览的商品以及寄存在外的商品等。

工业企业的库存商品主要是指产成品。产成品是指企业已经完成全部生产过程并已验收入库合乎标准规格和技术条件，可以按照合同规定的条件送交订货单位或者可以作为商品对外销售的产品。企业接受外单位来料加工制造的入库代制品及为外单位加工修理的代修品，在制造和修理完成验收入库后，视同企业的产成品。

为了便于进行总分类核算，企业财会部门于月末可根据本期产成品入库单及产成品成本计算单编制"产成品入库汇总表"作为编制会计凭证的依据。"产成品入库汇总表"的一般格式如表 4 – 14 所示。

表 4 – 14　　　　　　　　　　产成品入库汇总表
2023 年 7 月

产品名称	规格	计量单位	数量	单位成本（元）	总成本（元）
A 产品		台	10	2 000	20 000
B 产品		件	100	500	50 000
合计					70 000

根据表 4 – 14 "产成品入库汇总表"，编制如下会计分录：

借：库存商品——A 产品　　　　　　　　　　　　20 000
　　　　　　——B 产品　　　　　　　　　　　　50 000
　　贷：生产成本——基本生产成本　　　　　　　　　　70 000

为了汇总反映全月发出产成品的实际成本，便于进行产成品发出的总分类核算，还应根据各种产成品出库单计列出库数量和各产成品明细账所列发出产成品的实际单位成本，编制"产成品发出汇总表"作为编制会计凭证的依据。"产成品发出汇总表"的一般格式如表4-15所示。

表4-15　　　　　　　　　　　产成品发出汇总表
2023年7月

产品名称	规格	计量单位	数量	单位成本（元）	总成本（元）
A产品		台	8	2 015	16 120
B产品		件	75	507	38 025
合计					54 145

根据表4-15"产成品发出汇总表"，编制如下会计分录：

借：主营业务成本　　　　　　　　　　　　　　　　　　54 145
　　贷：库存商品——A产品　　　　　　　　　　　　　　16 120
　　　　　　　　——B产品　　　　　　　　　　　　　　38 025

一般的工业企业产成品种类不多，收发也不频繁，因而应按上述实际成本进行核算。若企业产成品种类较多，收发较频繁，也可以按计划成本进行日常核算。其实际成本与计划成本的差额，可以单独设置"产品成本差异"科目。其用法与"材料成本差异"科目相同。

【例4-33】企业本月完工入库产成品一批，其实际制造成本为98 000元，按计划成本100 000元验收入库。应作如下会计分录：

借：库存商品　　　　　　　　　　　　　　　　　　　100 000
　　贷：生产成本　　　　　　　　　　　　　　　　　　　98 000
　　　　产品成本差异　　　　　　　　　　　　　　　　　2 000

又假设，该月销售产品一批，其计划成本为85 000元，产品成本差异为-2%。应作如下会计分录：

借：主营业务成本　　　　　　　　　　　　　　　　　　83 300
　　贷：库存商品　　　　　　　　　　　　　　　　　　　85 000
　　　　产品成本差异　　　　　　　　　　　　　　　　　1 700

第六节　存货的清查

一、存货清查概述

为了保护企业存货的安全完整，做到账实相符，企业应对存货进行定期的清查。

存货清查通常采用实地盘点的方法。即通过盘点确定各种存货的实际库存数,并与账面结存数相核对。对于账实不符的存货,核实盘盈、盘亏和毁损的数量,应在期末前查明造成盘亏或毁损的原因,并据以编制"存货盘点报告表",根据企业的管理权限,经股东大会或董事会,或经理(厂长)会议或类似机构批准后,在期末结账前处理完毕。盘盈的存货,应冲减当期的管理费用;盘亏的存货,在减去过失人或者保险公司等赔偿和残值收入之后,计入当期管理费用,属于非常损失的,计入营业外支出。在报经有关部门处理前,根据"存货盘点报告表",将盘盈或盘亏、毁损的存货,先作为待处理财产溢余或损失处理,同时按盘盈或盘亏、毁损存货的实际成本调整存货的账面价值,使存货账实相符。

二、存货清查的核算

为了核算企业在财产清查中查明的各财产物资的盘盈、盘亏和毁损,企业应设置"待处理财产损溢"科目。从其性质和结构看,该科目具有双重性质。其借方登记发生的各种财产物资的盘亏金额和批准转销的盘盈金额,贷方登记发生的各种财产物资的盘盈金额和批准转销的盘亏金额。期末借方余额为尚未处理的各种财产物资的净损失;期末贷方余额为尚未处理的各种财产物资的净溢余。存货的盘盈、盘亏和毁损,通过"待处理流动资产损溢"明细科目核算。

(一)存货盘盈的核算

由于盘盈的存货没有账面记录,所以如果产生了盘盈应该予以补记,按照存货的计划成本或估计价值,借记有关存货科目,贷记"待处理财产损溢"科目;存货盘盈一般是由于收发计量或核算上的差错所造成的,故应相应冲减管理费用,借记"待处理财产损溢"科目,贷记"管理费用"科目。在采用计划成本进行存货日常核算的情况下,盘盈存货应按计划成本入账。

【例4-34】某企业进行存货清查时,发现某产品盘盈100千克,计划单位成本为19.5元/千克,合计1 950元。应作如下会计分录:

借:库存商品　　　　　　　　　　　　　　　　　　　　　1 950
　　贷:待处理财产损溢　　　　　　　　　　　　　　　　　1 950

经核查该项盘盈属于收发计量错误造成。经批准作为冲减管理费用处理。应作如下会计分录:

借:待处理财产损溢　　　　　　　　　　　　　　　　　　1 950
　　贷:管理费用　　　　　　　　　　　　　　　　　　　　1 950

(二)存货盘亏和毁损的核算

存货的盘亏和毁损,先按其账面成本,借记"待处理财产损溢"科目,贷记有关存货科目。经审批后，按发生的原因和相应的处理决定，分别进行转销。

属于自然损耗造成的定额内损耗，应借记"管理费用"科目；属于过失人责任造成的损失，应扣除其残料价值，借记"原材料""其他应收款"科目；应向保险公司收取赔偿金，借记"其他应收款——保险公司"科目；剩余净损失或未参加保险部分的损失，借记"营业外支出——非常损失"科目；若损失中有一般经营损失部分，借记"管理费用"科目。按盘亏和毁损数额，贷记"待处理财产损溢"科目。

【例 4-35】 某企业进行存货清查时，发现材料短缺 500 千克，其计划单位成本为 36 元/千克，总计 18 000 元，材料成本差异率为 +2%。应作如下会计分录：

借：待处理财产损溢　　　　　　　　　　　　　　　　18 360
　　贷：原材料　　　　　　　　　　　　　　　　　　　　18 000
　　　　材料成本差异——原材料　　　　　　　　　　　　　360

经查，该项短缺分别由多种原因造成，经批准，分别进行转销。

(1) 材料短缺中，属于责任过失人造成 2 000 元损失的部分，应由其予以赔偿。应作如下会计分录：

借：其他应收款——过失人　　　　　　　　　　　　　2 000
　　贷：待处理财产损溢　　　　　　　　　　　　　　　　2 000

(2) 材料短缺中，属于一般耗损的部分，价值 325 元，应计入费用。应作如下会计分录：

借：管理费用　　　　　　　　　　　　　　　　　　　　325
　　贷：待处理财产损溢　　　　　　　　　　　　　　　　　325

(3) 材料短缺中，属于非常损失的部分，价值 16 035 元，其中，收回残料 100 元，保险公司给予赔款 15 900 元，剩余 35 元经批准转为营业外损失。应作如下会计分录：

借：原材料　　　　　　　　　　　　　　　　　　　　　100
　　其他应收款——保险公司　　　　　　　　　　　　15 900
　　营业外支出——非常损失　　　　　　　　　　　　　　35
　　贷：待处理财产损溢　　　　　　　　　　　　　　　16 035

企业的待处理财产损溢，应查明原因，在期末结账前处理完毕，处理后"待处理财产损溢"科目应无余额。如在期末结账前尚未经批准，应在对外提供财务会计报告时先按上述规定进行处理，并在会计报表附注中作出说明；如果其后批准处理的金额与已处理的金额不一致，应按其差额调整会计报表相关项目的年初数。

思考题与练习题

一、思考题

1. 什么是存货？按照企业的性质和存货的用途，存货可分为哪几类？

2. 存货的确认条件有哪些？
3. 说明存货的初始计量方法。
4. 存货发出成本的计价方法有哪些？各方法有何优缺点？试分析不同计价方法的采用对资产、收益、纳税和决策将产生什么影响？
5. 存货的期末计量的原则是什么？
6. 什么是成本与可变现净值孰低法？
7. 存货跌价准备如何核算？
8. 原材料按实际成本计价方法如何进行日常核算？
9. 原材料按计划成本计价方法如何进行日常核算？
10. 低值易耗品在核算上有何特点？如何进行核算？
11. 委托加工材料如何核算？
12. 对存货清查中发现的盘盈、盘亏和毁损如何处理？

二、练习题

习题一

【目的】通过练习，掌握几种发出存货成本的计算方法。

【资料】某企业2023年10月存货收发情况如表4-16所示。

表4-16　　　　　某企业2023年10月存货收发情况

日期	摘要	数量（千克）	单价（元）
1	期初余额	1 500	400
3	购入	500	420
9	生产领用	1 200	
18	购入	2 000	430
24	生产领用	1 000	

【要求】根据上列资料，分别采用"先进先出法""移动平均法""加权平均法"确定该材料存货的本期发出成本和期末存货成本。

习题二

【目的】通过练习，掌握按实际成本计价方法进行的材料收发核算方法。

【资料】某公司为一般纳税人企业，用实际成本法进行材料收发核算，2023年10月发生的材料收发业务如下：

(1) 3日购入原材料一批，取得的增值税专用发票上注明的原材料价款为16 000元，增值税额为2 080元，发票等结算凭证已经收到，货款已通过银行转账支付，材料已验收入库。

(2) 5日购入材料一批，发票等结算凭证已到，价款为10 000元，增值税额为1 300元，货款已经支付，但材料尚未运到。

(3) 7日购入材料价款6 000元,增值税发票上的增值税额为780元,供应单位代垫运杂费400元、增值税额36元。材料已到达并已验收入库,但货款尚未支付。

(4) 9日,收到5日购入的材料。

(5) 31日收到材料一批,并验收入库,但发票等结算凭证尚未收到,货款尚未支付。月末,按照暂估价入账,假设其暂估价为20 000元。

【要求】根据以上经济业务,编制有关会计分录。

习题三

【目的】通过练习,掌握按计划成本计价方法进行的材料收发核算方法。

【资料】某企业为一般纳税企业,采用计划成本法进行原材料的核算,有关资料如下:

(1) 2023年11月1日,原材料账面成本为1 000 000元,材料成本差异为借方余额20 000元;

(2) 11月4日,购入原材料一批,取得增值税发票上注明的原材料价款为200 000元,增值税额26 000元,外地运费为10 000元,增值税额900元,有关款项已通过银行存款支付。

(3) 上述材料的计划成本为220 000元,材料已验收入库。

(4) 本月领用材料的计划成本为800 000元,其中:生产领用700 000元,车间管理部门领用80 000元,厂部管理部门领用20 000元。

(5) 11月27日,购入材料一批,材料已运到,并验收入库,但发票等结算凭证尚未受到,贷款尚未支付。该批材料的计划成本为70 000元。

(6) 12月6日,收到11月27日购进材料的结算凭证并支付有关款项,该批材料的实际成本为80 000元,增值税额为10 400元,企业开出期限为3个月的商业承兑汇票结算价款。

(7) 12月12日,进口原材料一批,其关税价格为100 000元,支付的进口关税为20 000元,支付的消费税为7 200元,增值税为16 536元,款项已用银行存款支付。

(8) 上述进口原材料已验收入库,其计划成本为160 000元。

(9) 12月20日,接收某企业投资转入一批原材料,取得增值税专用发票上注明的价款为400 000元,增值税额为52 000元。原材料的计划成本为500 000元。

(10) 12月份领用原材料的计划成本为900 000元,其中生产领用760 000元,车间管理部门领用100 000元,厂部管理部门领用40 000元。

【要求】根据以上资料,进行11月份、12月份的材料核算工作,并编制有关的会计分录。

习题四

【目的】通过练习,掌握低值易耗品分次摊销法。

【资料】东风机械厂2023年3月有关低值易耗品业务如下:

(1) 加工车间从仓库领用工具一批，计划成本 8 000 元；
(2) 领用工具采用分次摊销法，按工具原计划成本的 50% 计算摊销额计入制造费用；
(3) 报废一批工具计划成本 2 000 元，残料收入为 60 元，残料已入生产库房；
(4) 结转报废工具分摊的材料成本差异额（假设材料成本差异为节约 2%）。

【要求】根据上述资料编制有关会计分录。

习题五

【目的】通过练习，掌握委托加工材料的核算方法。

【资料】某企业本月发生有关委托加工材料的经济业务如下：

A 企业委托 B 企业加工材料一批（属于应税消费品）。原材料成本为 50 000 元，支付的加工费有 13 000 元（不含增值税），消费税税率为 10%，材料加工完毕验收入库，加工费用等尚未支付。双方适用的增值税税率均为 13%。

【要求】
(1) 若 A 企业收回加工后的材料用于继续生产应税消费品，应如何进行会计处理；
(2) 若 A 企业收回加工后的材料直接用于销售，应如何进行会计处理。

习题六

【目的】通过练习，掌握"成本与可变现净值孰低法"的应用和账务处理。

【资料】某企业 2022 年年末某材料的账面成本为 100 000 元，由于市场价格下跌，预计可变现净值为 80 000 元；2023 年 3 月 31 日，该材料的账面成本为 100 000 元，由于市场价格有所上升，该材料的预计可变现净值为 95 000 元；2023 年 6 月 30 日该材料的账面成本为 100 000 元，由于市场价格进一步上升，该材料的预计可变现净值为 111 000 元。

【要求】计算该企业 2022 年年末、2023 年 3 月 31 日、2023 年 6 月 30 日的存货跌价准备，并作相应会计分录。

第五章

投　　资

【本章学习目的】

　　本章重点掌握交易性金融资产、债权投资、长期股权投资的核算。通过本章的学习，掌握交易性金融资产的账务处理；掌握债权投资的账务处理；掌握长期股权投资的账务处理；熟悉其他债权投资、其他权益工具投资的账务处理；熟悉金融资产的分类；熟悉交易性金融资产、其他权益工具投资、债权投资、其他债权投资、长期股权投资的概念。

第一节　投资概述

一、投资的性质

　　投资有广义和狭义之分，广义的投资包括对外的权益性投资、债权性投资、期货投资、房地产投资，以及对内的固定资产投资、存货投资等，狭义的投资一般仅包括权益性投资、债权性投资等。本章投资仅讲述狭义的投资，包括金融资产中的交易性金融资产、债权投资、其他债权投资、其他权益工具投资，以及长期股权投资。

二、投资的分类

　　投资可以按照不同的标准进行分类，主要有以下几种分类：

　　（一）按照投资的对象不同分类

　　投资按照其投资的对象不同可以分为：

　　1. 债权性投资。债权性投资是指企业通过购买债务性证券获得债权的投资。债务性证券，又称为契约性证券，是由证券发行企业或政府机关用契约的形式明确规定还本、付息的期限和金额。如政府发行的国库券，银行发行的金融债券，企业发行的企业债券等。债权性投资风险小，收益较低，债权人不参与债务单位的经营管理情况。

　　2. 权益性投资。权益性投资是指企业通过购买权益性证券或通过签订合同、协议方式投出资产取得受资企业相应份额净资产的所有权的投资。权益性证券是指代表发行企业所有者权益的证券，如股份有限公司发行的普通股股票。权益性投资者有权直接或间接参与受资企业经营管理，有权参与受资企业的财务分配。权益性投资的风险较大，投资收益不确定。

3. 混合性投资。混合性投资是指通过购买混合性证券进行的投资。混合性证券是同时具有债权性和权益性证券双重性质的证券。如企业发行的优先股股票和可转换债券。优先股股票一般定期派发股利，而且股利率预先约定，这点类似债务性证券；但它也代表发行企业资产中的剩余所有权，这点类似权益性证券。可转换债券指公司债的持有人有权将它们转换为发行公司的其他证券，如普通股股票等，在未转换之前，其属于债务性证券，在转换为股票后则属于权益性证券。

（二）按照投资对象的变现能力不同分类

投资按照投资对象的变现能力不同可以分为：

1. 易于变现的投资。易于变现的投资是指能在证券市场上随时变现的投资。这类投资必须是能够上市交易的股票、债券等。

2. 不易于变现的投资。不易于变现的投资是指不能轻易在证券市场上变现的投资。这类投资通常不能上市交易，要将所持投资转换为现金并非轻而易举。

三、金融资产的相关概念

（一）金融工具的含义

金融工具，是指形成一个企业的金融资产并形成其他方的金融负债或权益工具的合同。合同的形式可以采用书面形式，也可以不采用书面形式。实务中的金融合同通常采用书面形式。金融工具包括金融资产、金融负债和权益工具。

金融资产主要包括现金、应收账款、应收票据、贷款、垫款、其他应收款、应收利息、债权投资、股权投资、基金投资、衍生金融资产等。

（二）金融资产的分类

金融资产的分类是金融资产确认和计量的基础。企业应当根据其管理金融资产的业务模式和金融资产的合同现金流量特征，将金融资产划分为以下三类：（1）以摊余成本计量的金融资产；（2）以公允价值计量且其变动计入其他综合收益的金融资产；（3）以公允价值计量且其变动计入当期损益的金融资产。对金融资产的分类一经确定，不得随意变更。

1. 企业管理金融资产的业务模式。

（1）业务模式评估。企业管理金融资产的业务模式，是指企业如何管理其金融资产以产生现金流量。业务模式决定企业所管理的金融资产现金流量的来源是收取合同现金流量、出售金融资产还是两者兼有。一个企业可能会采取多个业务模式管理其金融资产。

（2）以收取合同现金流量为目标的业务模式。在以收取合同现金流量为目标的业务模式下，企业管理金融资产旨在通过在金融资产存续期内收取合同付款来实现现金流量，而不是通过持有并出售金融资产产生整体回报。

（3）收取合同现金流量和出售金融资产为目标的业务模式。以收取合同现金流量和出售金融资产为目标的业务模式下，企业的关键管理人员认为收取合同现金流量和出售金融资产对于实现其管理目标而言都是不可或缺的。例如，企业的目标是管理日常流动性需求同时维持特定的收益率，或将金融资产的存续期与相关负债的存续期进行匹配。与以收取合同现金流量为目标的业务模式相比，因为出售金融资产是此业务模式的目标之一，所以此业务模式涉及的出售频率更高、价值更大。

（4）其他业务模式。如果企业管理金融资产的业务模式不是以收取合同现金流量为目标，也不是以收取合同现金流量和出售金融资产两者兼而有之为目标，该金融资产应当分类为以公允价值计量且其变动计入当期损益的金融资产。在这种情况下，企业管理金融资产的目标是通过出售金融资产以实现其现金流量。

2. 金融资产的合同现金流量特征。金融资产的合同现金流量特征，是指金融工具合同约定的、反映相关金融资产经济特征的现金流量属性。企业分类为以摊余成本计量的金融资产和以公允价值计量且其变动计入其他综合收益的金融资产，其合同现金流量特征应当与基本借贷安排相一致。即相关金融资产在特定日期产生的合同现金流量仅为对本金和以未偿付本金金额为基础的利息的支付。

本金是指金融资产在初始确认时的公允价值，本金金额可能因提前还款等原因在金融资产的存续期内发生变动。利息包括对货币时间价值、与特定时期未偿付本金金额相关的信用风险，以及其他基本借贷风险、成本和利润的对价。

（三）金融资产的计量

1. 金融资产的初始计量。企业初始确认金融资产，应当按照公允价值计量。以公允价值计量且其变动计入当期损益的金融资产，相关交易费用应当直接计入当期损益；其他类别的金融资产，其相关交易费用应当计入初始确认金额。交易费用是指可直接归属于购买、发行或处置金融资产的增量费用。增量费用是指企业没有发生购买、发行或处置金融资产的情形下就不会发生的费用，包括支付给代理机构、咨询公司、券商、证券交易所、政府有关部门等的手续费、佣金、相关税费以及其他必要支出，不包括债券溢价、折价、融资费用、内部管理成本和持有成本等与交易不直接相关的费用。

企业取得金融资产所支付的价款中包含的已宣告但尚未发放的现金股利或已到付息期但尚未领取的债券利息，应当单独确认为应收项目。

2. 金融资产后续计量。金融资产后续计量与金融资产的分类密切相关。金融资产后续计量原则：企业应当按不同类别的金融资产，分别以摊余成本、以公允价值计量且其变动计入其他综合收益或以公允价值计量且其变动计入当期损益进行后续计量。

企业对金融资产进行后续计量时需要注意：如果一项金融工具以前被确认为金融资产并以公允价值计量，而它现在的公允价值低于零，企业应将其确认为一项负债。

第二节 以摊余成本计量的金融资产

一、以摊余成本计量的金融资产的确认

金融资产同时符合下列条件的，应当分类为以摊余成本计量的金融资产：
（1）企业管理该金融资产的业务模式是以收取合同现金流量为目标。
（2）该金融资产的合同条款规定，在特定日期产生的现金流量，仅为对本金和以未偿付本金金额为基础的利息的支付。

二、以摊余成本计量的金融资产的初始计量

以摊余成本计量的金融资产应当按取得时的公允价值和相关交易费用之和作为初始确认金额。支付的价款中包含的已到付息期但尚未领取的债券利息，应单独确认为应收项目。

三、以摊余成本计量的金融资产的会计处理

企业一般应设置"银行存款""应收账款""债权投资"等科目核算以摊余成本计量的金融资产。"债权投资"科目应当按照其类别和品种，分别设置"成本""利息调整""应计利息"等科目进行明细核算。

（一）以摊余成本计量的金融资产取得的会计处理

企业取得以摊余成本计量的金融资产时，应按其面值，借记"债权投资——成本"科目；按已到付息期但尚未领取的利息，借记"应收利息"科目；按实际支付的金额，贷记"银行存款"等科目；按其差额，借记或贷记"债权投资——利息调整"科目。

（二）以摊余成本计量的金融资产持有期间的会计处理

以摊余成本计量的金融资产在持有期间应当按照摊余成本和实际利率计算确认利息收入，计入投资收益。实际利率应当在取得以摊余成本计量的金融资产时确定，在该金

融资产预期存续期间或适用的更短期间内保持不变。

资产负债表日以摊余成本计量的金融资产如为分期付息、一次还本债券投资的，应按票面利率计算确定的应收未收利息，借记"应收利息"科目；按摊余成本和实际利率计算确定的利息收入，贷记"投资收益"科目；按其差额，借记或贷记"债权投资——利息调整"科目。收到持有期间支付的利息，借记"银行存款"等科目，贷记"应收利息"科目。

资产负债表日以摊余成本计量的金融资产如为一次还本付息债券投资的，应按票面利率计算确定的应收未收利息，借记"债权投资——应计利息"科目；按摊余成本和实际利率计算确定的利息收入，贷记"投资收益"科目；按其差额，借记或贷记"债权——利息调整"科目。

1. 实际利率法。实际利率法，是指计算金融资产或金融负债的摊余成本以及将利息收入或利息费用分摊计入各会计期间的方法。其中，实际利率是指将金融资产或金融负债在预计存续期的估计未来现金流量，折现为该金融资产账面余额或该金融负债摊余成本所使用的利率。在确定实际利率时，应当在考虑金融资产或金融负债所有合同条款（如提前还款、展期、看涨期权或其他类似期权等）的基础上估计预期现金流量，但不应当考虑预期信用损失。

2. 摊余成本。金融资产的摊余成本，是指该金融资产的初始确认金额经下列调整后的结果：

（1）扣除已偿还的本金；

（2）加上或减去采用实际利率法将该初始确认金额与到期日金额之间的差额进行摊销形成的累计摊销额；

（3）扣除累计计提的损失准备。

3. 利息收入。企业应当根据金融资产账面余额乘以实际利率计算确定利息收入。

4. 已发生信用减值的金融资产。当对金融资产预期未来现金流量具有不利影响的一项或多项事件发生时，该金融资产成为已发生信用减值的金融资产。金融资产已发生信用减值的证据包括下列可观察信息：

（1）发行方或债务人发生重大财务困难；

（2）债务人违反合同，如偿付利息或本金违约或逾期等；

（3）债权人出于与债务人财务困难有关的经济或合同考虑，给予债务人在任何其他情况下都不会作出的让步；

（4）债务人很可能破产或进行其他财务重组；

（5）发行方或债务人财务困难导致该金融资产的活跃市场消失；

（6）以大幅折扣购买或源生一项金融资产，该折扣反映了发生信用损失的事实。

金融资产发生信用减值，有可能是多个事件的共同作用所致，未必是可单独识别的事件所致。

(三) 以摊余成本计量的金融资产处置的会计处理

以摊余成本计量的金融资产在终止确认、发生减值或摊销时产生的利得或损失,应当计入当期损益。

【例 5-1】2018 年 1 月 1 日,甲公司支付价款 1 915.84 万元(含交易费用但不含利息)从上海证券交易所购入某公司分期付息债券,面值 2 000 万元,票面利率 5%,按年支付利息(即每年 100 万元),本金到期时一次支付,债券期限还剩 5 年。合同约定,该债券的发行方在遇到特定情况时可以将债券赎回,且不需要为提前赎回支付额外款项。实际利率 6%。甲公司在购买该债券时,预计发行方不会提前赎回。甲公司根据其管理该债券的业务模式和该债券的合同现金流量特征,将该债券分类为以摊余成本计量的金融资产。假定不考虑所得税、减值损失等因素。每年的实际利息收入、现金流入及年初和年末摊余成本如表 5-1 所示。

表 5-1　　　2018~2022 年实际利息收入、现金流入及年初和年末摊余成本　　　单位:万元

年份	年初摊余成本 (1)	实际利息 (2) (按 6% 计算)	现金流入 (3)	年末摊余成本 (4)=(1)+(2)-(3)
2018	1 915.84	114.95	100	1 930.79
2019	1 930.79	115.85	100	1 946.64
2020	1 946.64	116.80	100	1 963.44
2021	1 963.44	117.81	100	1 981.25
2022	1 981.25	118.75*	2 000+100	0

注:*118.75 考虑了计算过程中四舍五入导致的尾差 0.13 万元。

根据上述数据,甲公司应作账务处理如下(单位:万元):

(1) 2018 年 1 月 1 日,购入债券时:

借:债权投资——成本　　　　　　　　　　　　　　　　　　　　　2 000
　　贷:银行存款　　　　　　　　　　　　　　　　　　　　　　　　1 915.84
　　　　债权投资——利息调整　　　　　　　　　　　　　　　　　　　　84.16

(2) 2018 年 12 月 31 日,确认实际利息收入时:

借:应收利息　　　　　　　　　　　　　　　　　　　　　　　　　　100
　　债权投资——利息调整　　　　　　　　　　　　　　　　　　　　14.95
　　贷:投资收益　　　　　　　　　　　　　　　　　　　　　　　　114.95

(3) 收到利息时:

借:银行存款　　　　　　　　　　　　　　　　　　　　　　　　　　100
　　贷:应收利息　　　　　　　　　　　　　　　　　　　　　　　　　100

2019 年、2020 年、2021 年可比照 2018 年进行账务处理。

(4) 2022 年 12 月 31 日，确认实际利息收入时：

借：应收利息　　　　　　　　　　　　　　　　　　　100
　　　债权投资——利息调整　　　　　　　　　　　　18.75
　　　贷：投资收益　　　　　　　　　　　　　　　　　　　118.75

(5) 收到票面利息和本金时：

借：银行存款　　　　　　　　　　　　　　　　　　2 100
　　　贷：应收利息　　　　　　　　　　　　　　　　　　　100
　　　　债权投资——成本　　　　　　　　　　　　　　2 000

【例 5-2】 2018 年 1 月 1 日，甲公司支付价款 4 484 万元（含交易费用但不含利息）从上海证券交易所购入某公司到期一次还本付息债券，面值 5 000 万元，票面利率 4%，利息不以复利计算，期限还剩 5 年。2023 年 1 月 1 日，债券到期。甲公司在购买该债券时，预计发行方不会提前赎回。甲公司根据其管理该债券的业务模式和该债券的合同现金流量特征，将该债券分类为以摊余成本计量的金融资产。不考虑所得税、减值损失等因素。甲公司所购买债券的实际利率 r 计算如下：$(200+200+200+200+200+5\ 000) \times (1+r)^{-5} = 4\ 484$（万元），由此得出 $r \approx 6\%$。每年的实际利息收入、现金流入及年初和年末摊余成本如表 5-2 所示。

表 5-2　　2018~2022 年实际利息收入、现金流入及年初和年末摊余成本　　　　单位：万元

年份	年初摊余成本（1）	实际利息（2）（按6%计算）	现金流入（3）	年末摊余成本（4）=（1）+（2）-（3）
2018	4 484.00	269.04	0	4 753.04
2019	4 753.04	285.18	0	5 038.22
2020	5 038.22	302.29	0	5 340.51
2021	5 340.51	320.43	0	5 660.94
2022	5 660.94	339.06*	5 000 + 1 000	0

注：*339.06 考虑了计算过程中出现的尾差 0.6 万元。

根据上述数据，甲公司应作账务处理如下（单位：万元）：

(1) 2018 年 1 月 1 日，购入债券时：

借：债权投资——成本　　　　　　　　　　　　　　5 000
　　　贷：银行存款　　　　　　　　　　　　　　　　　　4 484
　　　　债权投资——利息调整　　　　　　　　　　　　516

(2) 2018 年 12 月 31 日，确认实际利息收入时：

借：债权投资——应计利息　　　　　　　　　　　　200
　　　　　　——利息调整　　　　　　　　　　　　　69.04
　　　贷：投资收益　　　　　　　　　　　　　　　　　　269.04

（3）2019 年 12 月 31 日，确认实际利息收入时：
借：债权投资——应计利息   200
         ——利息调整   85.18
    贷：投资收益   285.18

2020 年、2021 年可比照 2019 年进行账务处理。

（4）2022 年 12 月 31 日，确认实际利息收入时、收到本金和名义利息时：
借：债权投资——应计利息   200
         ——利息调整   139.06
    贷：投资收益   339.06
借：银行存款   6 000
    贷：债权投资——成本   5 000
             ——应计利息   1 000

（四）以摊余成本计量的金融资产的减值准备

以摊余成本计量的金融资产发生减值时，应当将该金融资产的账面价值与预计未来现金流量现值之间的差额，确认为减值损失，借记"信用减值损失"科目，贷记"债权投资减值准备"等科目。

第三节　以公允价值计量且其变动计入其他综合收益的金融资产

一、以公允价值计量且其变动计入其他综合收益的金融资产的确认

金融资产同时符合下列条件的，应当分类为以公允价值计量且其变动计入其他综合收益的金融资产：

1. 企业管理该金融资产的业务模式既以收取合同现金流量为目标，又以出售该金融资产为目标。

2. 该金融资产的合同条款规定，在特定日期产生的现金流量，仅为对本金和以未偿付本金金额为基础的利息的支付。

权益工具投资的合同现金流量评估一般不符合基本借贷安排，因此只能分类为以公允价值计量且其变动计入当期损益的金融资产。然而在初始确认时，企业可以将非交易性权益工具投资指定为以公允价值计量且其变动计入其他综合收益的金融资产，并按规定确认股利收入。该指定一经作出不得撤销。企业投资其他上市公司股票或者非上市公司股权的，都可能属于此情形。初始确认时，企业可基于单项非交易性权益工具，将其指定为以公允价值计量且其变动计入其他综合收益的金融资产。

二、以公允价值计量且其变动计入其他综合收益的金融资产的初始计量

以公允价值计量且其变动计入其他综合收益的金融资产应当按取得时的公允价值和相关交易费用之和作为初始确认金额。支付的价款中包含的已到付息期但尚未领取的债券利息或已宣告发放但尚未领取的现金股利,应单独确认为应收项目。

三、以公允价值计量且其变动计入其他综合收益的金融资产的会计处理

企业一般应设置"银行存款""其他债权投资""其他权益工具投资""其他综合收益"等科目核算以公允价值计量且其变动计入其他综合收益的金融资产。"其他债权投资"科目应当按照其类别和品种,分别设置"成本""利息调整""公允价值变动"等进行明细核算。"其他权益工具投资"应当按照其类别和品种,分别设置"成本""公允价值变动"等进行明细核算。

(一)以公允价值计量且其变动计入其他综合收益的金融资产取得的会计处理

企业取得以公允价值计量且其变动计入其他综合收益的其他债权投资时,应按其面值,借记"其他债权投资——成本"科目;按已到付息期但尚未领取的利息,借记"应收利息"科目;按实际支付的金额,贷记"银行存款"等科目;按其差额,借记或贷记"其他债权投资——利息调整"科目。

企业取得以公允价值计量且其变动计入其他综合收益的其他权益工具投资时,应按其公允价值与交易费用之和,借记"其他权益工具投资——成本"科目;按已宣告发放但尚未领取的现金股利,借记"应收股利"科目;按实际支付的金额,贷记"银行存款"等科目。

(二)以公允价值计量且其变动计入其他综合收益的金融资产后续计量的会计处理

分类为以公允价值计量且其变动计入其他综合收益的其他债权投资所产生的所有利得或损失,除减值损失或汇兑损益外,均应计入其他综合收益,直至该金融资产终止确认或被重分类。但是,采用实际利率法计算的该金融资产的利息应当计入当期损益。该金融资产计入各期损益的金额应当与视同其一直按摊余成本计量而计入各期损益的金额。

指定为以公允价值计量且其变动计入其他综合收益的其他权益工具投资,其公允价值的后续变动计入其他综合收益,不需计提减值准备。除了获得的股利(明确代表投资成本部分收回的股利除外)计入当期损益外,其他相关的利得和损失(包括汇兑损益)均应当计入其他综合收益,且后续不得转入当期损益。

(三) 以公允价值计量且其变动计入其他综合收益的金融资产处置的会计处理

以公允价值计量且其变动计入其他综合收益的其他债权投资终止确认时，之前计入其他综合收益的累计利得或损失应当从其他综合收益中转出，计入当期损益。

指定为以公允价值计量且其变动计入其他综合收益的其他权益工具投资终止确认时，之前计入其他综合收益的累计利得或损失应当从其他综合收益中转出，计入留存收益。

【例 5-3】2022 年 1 月 1 日，乙公司支付价款 20 555 100 元从上海证券交易所购入丙公司同日发行的 3 年期公司债券，该公司债券的票面总金额为 20 000 000 元，票面利率为 5%，实际利率为 4%，利息每年末支付，本金到期支付。合同约定，该债券的发行方在遇到特定情况时可以将债券赎回，且不需要为提前赎回支付额外款项。乙公司在购买该债券时，预计发行方不会提前赎回。乙公司根据其管理该债券的业务模式和该债券的合同现金流量特征，将该债券分类为以公允价值计量且其变动计入其他综合收益的金融资产。假定不考虑所得税、减值损失等因素。2022 年 12 月 31 日，乙公司购入的丙公司债券的市场价格为 20 177 304 元。

乙公司购入债券时应作账务处理如下：

（1）2022 年 1 月 1 日购入丙公司债券时：

借：其他债权投资——成本　　　　　　　　　　　　　20 000 000
　　　　　　　　　——利息调整　　　　　　　　　　　　555 100
　　贷：银行存款　　　　　　　　　　　　　　　　　20 555 100

（2）2022 年 12 月 31 日确认应收利息、实际债券利息收入时：

2022 年实际利息 = 20 555 100 × 4% = 822 204（元）
2022 年年末摊余成本 = 20 555 100 + 822 204 - 1 000 000 = 20 377 304（元）

借：应收利息　　　　　　　　　　　　　　　　　　　1 000 000
　　贷：其他债权投资——利息调整　　　　　　　　　　　177 796
　　　　投资收益　　　　　　　　　　　　　　　　　　822 204

（3）2022 年 12 月 31 日确认公允价值变动时：

2022 年公允价值变动 = 20 377 304 - 20 177 304 = 200 000（元）

借：其他综合收益——其他债权投资公允价值变动　　　　200 000
　　贷：其他债权投资——公允价值变动　　　　　　　　200 000

（4）2023 年 1 月 1 日收到债券利息时：

借：银行存款　　　　　　　　　　　　　　　　　　　1 000 000
　　贷：应收利息　　　　　　　　　　　　　　　　　1 000 000

（5）2023 年 2 月 1 日，乙公司以 21 000 000 元对外出售该债券时：

借：银行存款　　　　　　　　　　　　　　　　　　　21 000 000

                其他债权投资——公允价值变动   200 000
        贷：其他债权投资——成本   20 000 000
                     ——利息调整   377 304
            投资收益   822 696

【例 5-4】2022 年 3 月 8 日，甲公司支付价款 1 814 万元（含交易费用 2 万元和已宣告发放现金股利 12 万元），购入乙公司发行的股票 300 万股，占乙公司有表决权股份的 1%。甲公司将其指定为以公允价值计量且其变动计入其他综合收益的其他权益工具投资。

2022 年 5 月 12 日，甲公司收到乙公司发放的现金股利 12 万元。

2022 年 6 月 30 日，该股票市价为每股 6.2 元。

2022 年 12 月 31 日，甲公司仍持有该股票；当日，该股票市价为每股 6.1 元。

2023 年 5 月 10 日，乙公司宣告发放股利 5 000 万元。

2023 年 5 月 20 日，甲公司收到乙公司发放的现金股利。

2023 年 6 月 20 日，甲公司由于某特殊原因以每股 6.4 元的价格将股票全部转让，支付交易费用 2.5 万元。

假定不考虑其他因素，甲公司的账务处理如下（单位：万元）：

（1）2022 年 3 月 8 日，购入股票时：

借：其他权益工具投资——成本   1 802
    应收股利   12
    贷：银行存款   1 814

（2）2022 年 5 月 12 日，收到现金股利时：

借：银行存款   12
    贷：应收股利   12

（3）2022 年 6 月 30 日，确认股票价格变动时：

借：其他权益工具投资——公允价值变动   58
    贷：其他综合收益——其他权益工具投资公允价值变动   58

（4）2022 年 12 月 31 日，确认股票价格变动时：

借：其他综合收益——其他权益工具投资公允价值变动   30
    贷：其他权益工具投资——公允价值变动   30

（5）2023 年 5 月 10 日，确认应收现金股利时：

借：应收股利   50
    贷：投资收益   50

（6）2023 年 5 月 20 日，收到现金股利时：

借：银行存款   50
    贷：应收股利   50

(7) 2023 年 6 月 20 日，出售股票时：
借：银行存款　　　　　　　　　　　　　　　　　　　1 917.5
　　其他综合收益——其他权益工具投资公允价值变动　　28
　　贷：其他权益工具投资——成本　　　　　　　　　1 802
　　　　　　　　　　　　——公允价值变动　　　　　 28
　　　　盈余公积　　　　　　　　　　　　　　　　　 11.55
　　　　利润分配——未分配利润　　　　　　　　　　103.95

第四节　以公允价值计量且其变动计入当期损益的金融资产

一、以公允价值计量且其变动计入当期损益的金融资产的确认

按照前述分类为以摊余成本计量的金融资产和以公允价值计量且其变动计入其他综合收益的金融资产之外的金融资产，企业应当将其分类为以公允价值计量且其变动计入当期损益的金融资产。例如，企业持有的普通股股票的合同现金流量是收取被投资企业未来股利分配以及其清算时获得剩余收益的权利。由于股利及获得剩余收益的权利均不符合本金和利息的定义，因此企业持有的普通股股票应当分类为以公允价值计量且其变动计入当期损益的金融资产。

二、以公允价值计量且其变动计入当期损益的金融资产的初始计量

以公允价值计量且其变动计入当期损益的金融资产应当按照取得时的公允价值作为初始确认金额，相关交易费用应在发生时计入当期损益。支付的价款中包含已宣告但尚未发放的现金股利或已到付息期但尚未领取的债券利息，应当单独确认为应收项目。

三、以公允价值计量且其变动计入当期损益的金融资产的会计处理

企业应当设置"交易性金融资产""公允价值变动损益""投资收益"等科目核算以公允价值计量且其变动计入当期损益的金融资产。企业持有的直接指定为以公允价值计量且其变动计入当期损益的金融资产，也在本科目核算。"交易性金融资产"科目应当按照其类别和品种，分别设置"成本""公允价值变动"等进行明细核算。

【例 5-5】2022 年 1 月 1 日，甲企业从二级市场支付价款 206 万元（含已到付息期但尚未领取的利息 6 万元）购入某公司发行的债券，另发生交易费用 4 万元。该债券面值 200 万元，剩余期限为 2 年，票面年利率为 6%，每半年付息一次。甲公司根据其管

理该债券的业务模式和该债券的合同现金流量特征,将该债券分类为以公允价值计量且其变动计入当期损益的金融资产。其他资料如下:

(1) 2022年1月4日,收到该债券2021年下半年利息6万元;

(2) 2022年6月30日,该债券的公允价值为202万元(不含利息);

(3) 2022年7月4日,收到该债券半年利息;

(4) 2022年12月31日,该债券的公允价值为201万元(不含利息);

(5) 2023年1月4日,收到该债券2022年下半年利息;

(6) 2023年3月30日,甲企业将该债券出售,取得价款204.2万元(含1季度利息3万元)。

假定不考虑其他因素,甲公司应作账务处理如下:

(1) 2022年1月1日,购入债券时:

借:交易性金融资产——成本 2 000 000
　　应收利息 60 000
　　投资收益 40 000
　　贷:银行存款 2 100 000

(2) 2022年1月4日,收到该债券2021年下半年利息时:

借:银行存款 60 000
　　贷:应收利息 60 000

(3) 2022年6月30日,确认债券公允价值变动和投资收益时:

借:交易性金融资产——公允价值变动 20 000
　　贷:公允价值变动损益 20 000
借:应收利息 60 000
　　贷:投资收益 60 000

(4) 2022年7月4日,收到该债券上半年利息时:

借:银行存款 60 000
　　贷:应收利息 60 000

(5) 2022年12月31日,确认债券公允价值变动和投资收益时:

借:公允价值变动损益 10 000
　　贷:交易性金融资产——公允价值变动 10 000
借:应收利息 60 000
　　贷:投资收益 60 000

(6) 2023年1月4日,收到该债券2022年下半年利息:

借:银行存款 60 000
　　贷:应收利息 60 000

(7) 2023年3月30日，将该债券通过二级市场出售时：
借：银行存款 2 042 000
　　贷：交易性金融资产——成本 2 000 000
　　　　　　　　　　　　　——公允价值变动 10 000
　　　　投资收益 32 000

【例5-6】假定〖例5-4〗中的甲公司根据其管理乙公司股票的业务模式和乙公司股票的合同现金流量特征，将乙公司股票分类为以公允价值计量且其变动计入当期损益的金融资产。其他资料不变。

假定不考虑其他因素，甲公司的账务处理如下（单位：万元）：

(1) 2022年3月8日，购入股票时：
借：交易性金融资产——成本 1 800
　　应收股利 12
　　投资收益 2
　　贷：银行存款 1 814

(2) 2022年5月12日，收到现金股利时：
借：银行存款 12
　　贷：应收股利 12

(3) 2022年6月30日，确认股票价格变动时：
借：交易性金融资产——公允价值变动 60
　　贷：公允价值变动损益 60

(4) 2022年12月31日，确认股票价格变动时：
借：公允价值变动损益 30
　　贷：交易性金融资产——公允价值变动 30

(5) 2023年5月10日，确认应收现金股利时：
借：应收股利 50
　　贷：投资收益 50

(6) 2023年5月20日，收到现金股利时：
借：银行存款 50
　　贷：应收股利 50

(7) 2023年6月20日，出售股票时：
借：银行存款 1 917.5
　　贷：交易性金融资产——成本 1 800
　　　　　　　　　　　　　——公允价值变动 30
　　　　投资收益 87.5

第五节 长期股权投资

一、长期股权投资的概念及账户设置

(一) 长期股权投资的概念及特征

长期股权投资,是指投资方对被投资单位实施控制、重大影响的权益性投资,以及对其合营企业的权益性投资。

投资企业进行股权投资,不是单纯地为了取得被投资单位的投资收益,而是或为了达到控制被投资单位,或为了对被投资单位施加重大影响,以达到控制原材料供应、控制销售渠道和达到规模效益等目的,以分散经营风险。股权投资通常具有投资大、投资期限长、风险大以及能为企业带来较大的利益等特点。

长期股权投资包括以下几方面:

(1) 投资方能够对被投资单位实施控制的权益性投资,即对子公司投资。控制是指投资方拥有对被投资单位的权力,通过参与被投资单位的相关活动而享有可变回报。

(2) 投资方与其他合营方一同对被投资单位实施共同控制且对被投资单位净资产享有权利的权益性投资,即对合营企业投资。共同控制是指按照相关约定对某项安排所共有的控制,并且该安排的相关活动必须经过分享控制权的参与方一致同意后才能决策。

(3) 投资方对被投资单位具有重大影响的权益性投资,即对联营企业投资。重大影响是指对一个企业的财务和经营政策有参与决策的权力,但并不能够控制或者与其他方一起共同控制这些决策的制定。当投资企业直接拥有被投资单位的表决权资本大于等于20%但小于50%时,一般认为对被投资单位具有重大影响。

此外实务中,如果投资企业直接拥有被投资单位20%以下的表决权资本,但符合下列一种或几种情形的,一般认为对被投资单位具有重大影响:

(1) 在被投资单位的董事会或类似的权力机构中派有代表。在这种情况下,由于在被投资单位的董事会或类似的权力机构中派有代表,并享有相应的实质性的参与决策权,投资企业可以通过该代表参与被投资单位政策的制定,从而达到对该被投资单位施加重大影响。

(2) 参与被投资单位财务和经营政策的制定过程。在这种情况下,由于在制定政策过程中可以为其自身利益而提出建议和意见,由此可以对该被投资单位施加重大影响。

(3) 与被投资单位之间发生重要交易。有关的交易因对被投资单位的日常经营具有重要性,进而一定程度上可以影响到被投资单位的生产经营决策。

(4) 向被投资单位派出管理人员。在这种情况下,管理人员有权力主导被投资单位

的财务和经营活动，从而能对被投资单位施加重大影响。

（5）向被投资单位提供关键的技术资料。在这种情况下，由于被投资单位的生产经营需要依赖投资方的技术或技术资料，从而表明投资方对被投资单位具有重大影响。

（二）账户设置

企业对外进行长期股权投资，应根据不同情况，分别采用成本法或权益法核算。

为了总括地核算和监督企业长期股权投资的增减变动和结存情况，应设置"长期股权投资"总账科目。该科目属于资产类科目，其借方登记长期股权投资的增加额；贷方登记长期股权投资的减少额；期末余额在借方，表示企业期末长期股权投资的持有额。本科目应当按照被投资单位进行明细核算。长期股权投资核算采用权益法的，应分别设置"投资成本""损益调整""其他综合收益""其他权益变动"等进行明细核算。

二、长期股权投资的初始计量及取得的核算

（一）企业合并以外的其他方式取得的长期股权投资的初始计量及取得的核算

长期股权投资可以通过不同的方式取得，除企业合并取得的长期股权投资外，通过其他方式取得的长期股权投资主要有以下几种情况。

1. 以支付现金取得的长期股权投资的初始计量及取得的核算。以支付现金取得的长期股权投资，应当按照实际支付的购买价款作为长期股权投资的初始投资成本，包括购买过程中支付的手续费等必要支出。其支付的价款中所包含的被投资单位已宣告发放但尚未领取的现金股利或利润，应作为应收项目单独核算，不构成长期股权投资的成本。

【例5-7】甲公司于2023年2月5日，自公开市场中买入乙公司20%的股份，实际支付价款5 000万元。另外，在购买过程中支付手续费等相关费用120万元。甲公司取得该部分股权后能够对乙公司实施重大影响。不考虑相关税费等其他因素影响。甲公司应作账务处理如下：

借：长期股权投资——投资成本　　　　　　　　　　　51 200 000
　　贷：银行存款　　　　　　　　　　　　　　　　　51 200 000

2. 以发行权益性证券方式取得的长期股权投资的初始计量及取得的核算。以发行权益性证券方式取得的长期股权投资，其成本为所发行权益性证券的公允价值，但不包括被投资单位已宣告发放但尚未领取的现金股利或利润。为发行权益性工具支付给有关证券承销机构等的手续费、佣金等费用，不构成取得的长期股权投资的成本，应从权益性证券的溢价发行收入中扣除，溢价收入不足的，应依次冲减盈余公积和未分配利润。

【例5-8】2023年4月，甲公司通过增发2 000万股（每股面值1元）自身股份从非关联方取得对乙公司25%的股权，按照增发前后的平均股价计算，该2 000万股股份的公允价值为4 500万元。为增发该部分股份，甲公司支付了150万元的佣金和手续费。

相关手续于增发当日完成。甲公司对乙公司能够实施重大影响。不考虑相关税费等其他因素影响，甲公司应作账务处理如下：

借：长期股权投资——投资成本　　　　　　　　　　　45 000 000
　　贷：股本　　　　　　　　　　　　　　　　　　　　20 000 000
　　　　资本公积——股本溢价　　　　　　　　　　　　25 000 000
借：资本公积——股本溢价　　　　　　　　　　　　　 1 500 000
　　贷：银行存款　　　　　　　　　　　　　　　　　　 1 500 000

3. 投资者投入的长期股权投资的初始计量及取得的核算。投资者投入的长期股权投资，是指投资者以其持有的对第三方的投资作为出资投入企业，接受投资的企业在确定所取得的长期股权投资的成本时，原则上应按照投资各方在投资合同或协议中约定的价值作为其初始成本。但是，如果投资各方在投资合同或协议中约定的价值明显高于或低于该项投资公允价值的，应以公允价值作为长期股权投资的初始投资成本，构成实收资本（或股本）的部分与确认的长期股权投资初始投资成本之间的差额，调整资本公积（资本溢价）。

值得注意的是，在确定长期股权投资的公允价值时，如果存在活跃市场的，其价值可以按照活跃市场中的信息直接取得，参照市价确定其公允价值；不存在活跃市场的，无法按照市场信息确定其公允价值的，应按照一定的估价技术等合理的方法确定的价值作为其公允价值。

【例 5-9】甲公司以其持有的对乙公司的长期股权投资作为出资，在丙股份公司增资配股的过程中投入丙公司，取得丙公司增发的 3 000 万股普通股，投资合同中约定该项长期股权投资作价 6 000 万元。甲公司对乙公司的投资本身不存在活跃的市场，无法取得其市价信息，但根据丙公司的股份在增资扩股后的股价判断，该项作为出资的长期股权投资的公允价值约为 3 500 万元。丙公司取得该部分股权后能够对乙公司实施重大影响。不考虑相关税费等其他因素影响，则丙公司应作账务处理如下：

借：长期股权投资——投资成本　　　　　　　　　　　35 000 000
　　贷：股本　　　　　　　　　　　　　　　　　　　　30 000 000
　　　　资本公积——股本溢价　　　　　　　　　　　　 5 000 000

（二）企业合并形成的长期股权投资的初始计量及取得的核算

企业合并形成的长期股权投资，其初始投资成本的确定应当遵循企业合并会计准则的相关规定，分同一控制下控股合并与非同一控制下控股合并确定长期股权投资的成本。其中，企业合并是指将两个或者两个以上单独的企业合并形成一个报告主体的交易或事项。

1. 同一控制下的企业合并形成的长期股权投资的初始计量及取得的核算。

（1）同一控制下企业合并形成的长期股权投资的初始计量。同一控制下的企业合并是指参与合并的企业在合并前后均受同一方或相同的多方最终控制且该控制并非暂时性的企业合并。同一控制下的企业合并，在合并日取得对其他参与合并企业控制权的一方为合并方，参与合并的其他企业为被合并方。合并日，是指合并方实际取得对被合并方控制权的日期。

对于同一控制下的企业合并，从能够对参与合并各方在合并前及合并后均实施最终控制的一方来看，该项合并并不构成一项实质性的交易，最终控制方在企业合并前及合并后能够控制的资产并没有发生变化。因此，同一控制下企业合并时，合并方以支付现金、转让非现金资产或承担债务方式作为合并对价的，应当在合并日按照取得的被合并方在最终控制方合并财务报表中的净资产的账面价值的份额作为长期股权投资的初始投资成本。长期股权投资的初始投资成本与支付的现金、转让的非现金资产及所承担债务账面价值之间的差额，应当调整资本公积（资本溢价或股本溢价）；资本公积（资本溢价或股本溢价）余额不足冲减的，依次调整盈余公积和未分配利润。

（2）同一控制下的企业合并形成的长期股权投资取得的核算。同一控制下企业合并形成的长期股权投资，应在合并日按取得被合并方合并财务报表中所有者权益账面价值的份额，借记"长期股权投资"科目；按享有被投资单位已宣告但尚未发放的现金股利或利润，借记"应收股利"科目；按支付的合并对价的账面价值，贷记有关资产或借记有关负债科目；按其差额，借记或贷记"资本公积——资本溢价或股本溢价"科目；如为借方差额，资本公积（资本溢价或股本溢价）不足冲减的，借记"盈余公积""利润分配——未分配利润"科目。

【例5-10】2023年6月30日，甲公司向同一集团内乙公司的原股东A公司发行2 000万股普通股（每股面值为1元，市价为3.1元），取得乙公司100%的股权，相关手续于增发当日完成，并于当日起能够对乙公司实施控制。合并后乙公司仍维持其独立法人地位继续经营。A公司合并财务报表中的乙公司净资产账面价值为5 112万元。假定甲公司与乙公司都受A公司同一控制。不考虑相关税费等其他因素影响，甲公司应作账务处理如下：

借：长期股权投资　　　　　　　　　　　　　　51 120 000
　　贷：股本　　　　　　　　　　　　　　　　　　20 000 000
　　　　资本公积——资本溢价　　　　　　　　　　31 120 000

2. 非同一控制下的企业合并形成的长期股权投资的初始计量及取得的核算。

（1）非同一控制下的企业合并形成的长期股权投资的初始计量。非同一控制下的企业合并是指参与合并的各方在合并前后不受同一方或相同的多方最终控制的企业合并。非同一控制下的企业合并，在购买日取得对其他参与合并企业控制权的一方为购买方，参与合并的其他企业为被购买方。购买日，是指购买方实际取得对被购买方控制权的日期。

非同一控制下的企业合并实质上是将合并行为看作是一方购买另一方的交易，购买方为了取得对被购买方的控制权而放弃的资产、发生或承担的负债、发行的权益性工具等均应按其在购买日的公允价值计量。

购买方应当按照确定的企业合并成本作为长期股权投资的初始投资成本。企业合并成本包括购买方付出的资产、发生或承担的负债、发行的权益性工具或债务性工具的公允价值之和。非同一控制下企业合并中，购买方为企业合并发生的审计、法律服务、评估咨询等中介费用以及其他相关管理费用，应当于发生时计入当期损益；购买方作为合并对价发行的权益性工具或债务性工具的交易费用，应当计入权益性工具或债务性工具的初始确认金额。

（2）非同一控制下的企业合并形成的长期股权投资取得的核算。非同一控制下的企业合并形成的长期股权投资，应在购买日按企业合并成本（不含被投资单位已宣告但尚未发放的现金股利或利润），借记"长期股权投资"科目；按享有被投资单位已宣告但尚未发放的现金股利或利润，借记"应收股利"科目；按支付合并对价的账面价值，贷记有关资产或借记有关负债科目；按其差额，贷记或借记"资产处置损益"等科目；按发生的审计、法律服务、评估咨询等相关管理费用，借记"管理费用"科目；按实际支付的款项，贷记"银行存款"等科目。非同一控制下企业合并涉及以库存商品等作为合并对价的，应按库存商品的公允价值，贷记"主营业务收入"等科目，并同时结转相关的成本。涉及增值税的，应进行相应的处理。

【例 5-11】甲公司于 2023 年 3 月 31 日取得了乙公司 60% 的股权。甲公司取得该部分股权后能够对乙公司实施控制。合并中，甲公司支付的有关资产，在购买日的账面价值与公允价值如表 5-3 所示。合并中，甲公司为核实乙公司的资产价值，聘请专业资产评估机构对乙公司的资产进行评估，支付评估费用 60 万元。本例中假定合并前甲公司与乙公司不存在任何关联方关系，不考虑相关税费等其他因素影响。

表 5-3　　　　甲公司支付的有关资产在购买日的账面价值与公允价值

2023 年 3 月 31 日　　　　　　　　　　　　　　　单位：元

项目	账面价值		公允价值
	账面余额	累计摊销	
土地使用权	12 000 000	4 000 000	11 000 000
专利技术	7 000 000	2 000 000	6 000 000
银行存款	4 000 000		4 000 000
合计	23 000 000	6 000 000	21 000 000

甲公司应作账务处理如下：

借：长期股权投资　　　　　　　　　　　　　　　　　21 000 000
　　管理费用　　　　　　　　　　　　　　　　　　　　　600 000
　　累计摊销　　　　　　　　　　　　　　　　　　　　6 000 000

贷：无形资产	19 000 000
银行存款	4 600 000
资产处置损益	4 000 000

三、长期股权投资的成本法核算

（一）长期股权投资成本法的概念及其适用范围

长期股权投资成本法，是指长期股权投资按成本计价的方法。根据长期股权投资准则，投资方持有的对子公司投资应当采用成本法核算，投资方为投资性主体且子公司不纳入其合并财务报表的除外。投资方在判断对被投资单位是否具有控制时，应综合考虑直接持有的股权和通过子公司间接持有的股权。在个别财务报表中，投资方进行成本法核算时，应仅考虑直接持有的股权份额。

长期股权投资准则要求投资方对子公司的长期股权投资采用成本法核算，主要是为了避免在子公司实际宣告发放现金股利或利润之前，母公司垫付资金发放现金股利或利润等情况，解决了原来权益法核算下投资收益不能足额收回导致超分配的问题。

（二）长期股权投资成本法下的核算

被投资单位宣告发放现金股利或利润的，投资方根据应享有的部分确认当期投资收益。

投资方在确认从被投资单位应分得的现金股利或利润后，应当考虑长期股权投资是否发生减值。在判断该类长期股权投资是否存在减值迹象时，应当关注长期股权投资的账面价值是否大于享有被投资单位净资产（包括相关商誉）账面价值的份额等情况。出现类似情况时，企业应当按照《企业会计准则第8号——资产减值》的规定对长期股权投资进行减值测试，可收回金额低于长期股权投资账面价值的，应当计提减值准备。

【例5-12】甲公司2022年9月3日自非关联方以1 000万元的价格购入乙公司60%的股份作为长期股权投资，相关手续于当日完成，甲公司取得该部分股权后能够对乙公司实施控制。购买过程中另支付相关税费5万元。甲公司在取得投资以后，乙公司于2023年3月10日宣告分派利润800万元，2023年3月17日实际分派利润800万元。甲公司应作账务处理如下：

（1）2022年9月3日取得投资时：

借：长期股权投资	10 000 000
管理费用	50 000
贷：银行存款	10 050 000

（2）2023年3月10日确认从乙公司取得利润时：

甲公司按持股比例取得利润480万元（800×60%），确认为当期投资收益。

借：应收股利　　　　　　　　　　　　　　　　　　　　4 800 000
　　　贷：投资收益　　　　　　　　　　　　　　　　　　　　4 800 000

（3）2023年3月17日实际从乙公司取得利润时：

借：银行存款　　　　　　　　　　　　　　　　　　　　4 800 000
　　　贷：应收股利　　　　　　　　　　　　　　　　　　　　4 800 000

进行上述处理后，如相关长期股权投资存在减值迹象的，应当进行减值测试。

四、长期股权投资的权益法核算

（一）长期股权投资权益法的概念及其适用范围

长期股权投资权益法，是指长期股权投资以初始投资成本计量后，在投资持有期间根据投资方享有被投资单位所有者权益份额的变动对投资的账面价值进行调整的方法。长期股权投资准则规定，对合营企业和联营企业投资，其长期股权投资应当采用权益法核算。投资方在判断对被投资单位是否具有共同控制、重大影响时，应综合考虑直接持有的股权和通过子公司间接持有的股权。在综合考虑直接持有的股权和通过子公司间接持有的股权后，如果认定投资方在被投资单位拥有共同控制、重大影响，在个别财务报表中，投资方进行权益法核算时，应仅考虑直接持有的股权份额。

（二）长期股权投资权益法下的核算

长期股权投资采用权益法核算时，"长期股权投资"科目应当分别"投资成本""损益调整""其他综合收益""其他权益变动"进行明细核算。

1. 初始投资成本的核算。初始投资或追加投资时，长期股权投资的初始投资成本大于投资时应享有被投资单位可辨认净资产公允价值份额的，无须进行调整，而是构成长期股权投资的成本。被投资单位可辨认净资产公允价值，应按有关企业合并准则的有关规定确定。长期股权投资的初始投资成本小于取得投资时应享有被投资单位可辨认净资产公允价值份额的，应确认为当期的营业外收入，同时调整增加长期股权投资的账面价值。

【例5－13】甲公司于2023年1月取得乙公司30%的股权，实际支付价款4 000万元。取得投资时被投资单位账面所有者权益的构成如下（假定该时点被投资单位各项可辨认资产、负债的公允价值与其账面价值相同，单位：万元）：

实收资本	3 500
资本公积	2 800
盈余公积	800
未分配利润	1 600
所有者权益总额	8 700

假定甲公司在取得对乙公司的股权后，派人参与了乙公司的生产经营决策，能够对乙公司的生产经营决策施加重大影响，不考虑相关税费等其他因素影响。甲公司对该投资按照权益法核算。在取得投资时点上，甲公司应作账务处理如下：

借：长期股权投资——投资成本　　　　　　　　　　　　　　40 000 000
　　贷：银行存款　　　　　　　　　　　　　　　　　　　　　40 000 000

长期股权投资的成本4 000万元大于取得投资时点上应享有被投资单位净资产公允价值的份额2 610万元（8 700×30%），不对其账面价值进行调整。

假定上例中取得投资时点上被投资单位净资产公允价值为15 000万元，甲公司按持股比例30%计算确定应享有4 500万元，则初始投资成本与应享有被投资单位净资产公允价值份额之间的差额500万元应计入取得投资当期的营业外收入。甲公司应作账务处理如下：

借：长期股权投资——投资成本　　　　　　　　　　　　　　45 000 000
　　贷：银行存款　　　　　　　　　　　　　　　　　　　　　40 000 000
　　　　营业外收入　　　　　　　　　　　　　　　　　　　　　5 000 000

2. 投资损益的核算。投资方取得长期股权投资后，应当按照应享有或应分担的被投资单位实现的净损益的份额，确认投资损益并调整长期股权投资的账面价值。投资企业按照被投资单位宣告分派的利润或现金股利计算应分得的部分，相应减少长期股权投资的账面价值。投资企业确认被投资单位发生的净亏损，应当以长期股权投资的账面价值以及其他实质上构成对被投资单位净投资的长期权益减记至零为限，投资企业负有承担额外损失义务的除外。其他实质上构成对被投资单位净投资的长期权益，通常是指长期性的应收项目，如企业对被投资单位的长期债权，该债权没有明确的清收计划且在可预见的未来期间不准备收回的，实质上构成对被投资单位的净投资。

被投资单位以后期间实现盈利的，扣除未确认的亏损分担额后，应按与上述顺序相反的顺序处理，减记已确认预计负债的账面余额、恢复长期股权投资的账面价值，同时确认投资收益。

【例5-14】甲公司持有乙公司40%的股权，2021年12月31日的账面价值为2 600万元，包括投资成本以及因乙公司以前期间实现净利润而确认的投资收益。乙公司2022年实现净利润1 000万元。假定甲公司在取得投资时点上，乙公司各项可辨认资产、负债的公允价值与其账面价值相等，双方所采用的会计政策及会计期间也相同，则甲公司当年度应确认的投资收益为400万元。甲公司应作账务处理如下：

借：长期股权投资——损益调整　　　　　　　　　　　　　　 4 000 000
　　贷：投资收益　　　　　　　　　　　　　　　　　　　　　 4 000 000

假定2023年由于一项主要经营业务市场条件发生变化，乙公司当年度发生亏损2 000万元，则甲公司当年度应确认的投资损失为800万元。甲公司应作账务处理如下：

借：投资收益　　　　　　　　　　　　　　　　　　　　　　　 8 000 000

贷：长期股权投资——损益调整　　　　　　　　　　　　　　　　　8 000 000

　　确认上述投资损失后，长期股权投资的账面价值变为 2 200 万元（2 600 + 400 - 800）。

　　假若乙公司 2023 年度的亏损额为 8 000 万元，则甲公司按其持股比例确认应分担的损失为 3 200 万元，但长期股权投资的账面价值仅为 3 000 万元，如果没有其他构成长期权益的项目，则甲公司应确认的投资损失仅为 3 000 万元，超额损失在账外进行备查登记；如果在确认了 3 000 万元的投资损失后，甲公司账上仍有应收乙公司的长期应收款 500 万元，则在长期应收款的账面价值大于 200 万元的情况下，应进一步确认投资损失 200 万元。甲公司应作账务处理如下：

　　借：投资收益　　　　　　　　　　　　　　　　　　　　　　　　　32 000 000
　　　　贷：长期股权投资——损益调整　　　　　　　　　　　　　　　30 000 000
　　　　　　长期应收款　　　　　　　　　　　　　　　　　　　　　　 2 000 000

　　3. 投资方在确认应享有被投资单位净损益的份额时，应当以取得投资时被投资单位各项可辨认资产等的公允价值为基础，对被投资单位的净利润进行调整后确认。比如，以取得投资时被投资单位固定资产、无形资产的公允价值为基础计提的折旧额或摊销额，相对于被投资单位已计提的折旧额、摊销额之间存在差额的，应按其差额对被投资单位净损益进行调整，并按调整后的净损益和持股比例计算确认投资损益。在进行有关调整时，应当考虑重要性项目。如果无法可靠确定投资时被投资单位各项可辨认资产等的公允价值，或者投资时被投资单位可辨认资产等的公允价值与其账面价值之间的差额较小，以及其他原因导致无法对被投资单位净损益进行调整，可以按照被投资单位的账面净损益与持股比例计算确认投资收益，但应在附注中说明这一事实及其原因。

　　被投资单位采用的会计政策及会计期间与投资方不一致的，应当按照投资方的会计政策及会计期间对被投资单位的财务报表进行调整，并据以确认投资损益和其他综合收益等。

　　【例 5 – 15】甲公司于 2023 年 1 月 8 日购入乙公司 30% 的股份，购买价款为 3 000 万元，并自取得股份之日起派人参与乙企业的生产经营决策，能够对乙公司的生产经营决策施加重大影响，不考虑相关税费等其他因素影响。取得投资日，乙公司净资产公允价值为 9 000 万元。除下列项目外，乙公司账面其他资产、负债的公允价值与账面价值相同（见表 5 – 4）。

表 5 – 4　　　　　　　　　　　　乙公司有关资产情况

项目	账面原价（万元）	已提折旧或摊销（万元）	公允价值（万元）	乙公司预计使用年限（年）	甲公司取得投资后剩余使用年限（年）
存货	750		1 050		
固定资产	1 500	300	1 800	20	16

续表

项目	账面原价（万元）	已提折旧或摊销（万元）	公允价值（万元）	乙公司预计使用年限（年）	甲公司取得投资后剩余使用年限（年）
无形资产	900	180	1 200	10	8
小计	3 150		4 050		

假定乙公司于2023年实现净利润900万元,其中在甲公司取得投资时的账面存货有80%对外出售。甲公司与乙公司的会计年度及采用的会计政策相同。甲公司在确定其应享有的投资收益时,应在乙公司实现净利润的基础上,根据取得投资时有关资产的账面价值与其公允价值差额的影响进行调整(不考虑所得税影响)。甲公司应作账务处理如下:

调整后的净利润 = 900 − (1 050 − 750) × 80% − [(1 800 ÷ 16) − (1 500 ÷ 20)]
− [(1 200 ÷ 8) − (900 ÷ 10)] = 562.5(万元)

甲公司应享有份额 = 562.5 × 30% = 168.75(万元)

借:长期股权投资——损益调整　　　　　　　　　　　　1 687 500
　　贷:投资收益　　　　　　　　　　　　　　　　　　　　　　1 687 500

4. 被投资单位其他综合收益变动的核算。在持股比例不变的情况下,被投资单位其他综合收益发生变动的,投资方按照持股比例计算应享有或承担的部分,调整长期股权投资的账面价值,同时增加或减少其他综合收益。

【例5-16】甲公司持有乙公司30%的股权,能够对乙公司施加重大影响。2023年乙公司因持有的其他权益工具投资公允价值的变动计入其他综合收益的金额为400万元,除该事项外,乙公司当年实现的净利润为2 000万元。假定甲公司与乙公司适用的会计政策、会计期间相同,投资时乙公司有关可辨认资产、负债的公允价值与其账面价值亦相同。双方在当期及以前年度未发生任何内部交易。不考虑所得税影响因素。甲公司在确认应享有被投资单位所有者权益的变动时,应作账务处理如下:

借:长期股权投资——损益调整　　　　　　　　　　　　6 000 000
　　　　　　　　——其他综合收益　　　　　　　　　　1 200 000
　　贷:投资收益　　　　　　　　　　　　　　　　　　　　　　6 000 000
　　　　其他综合收益　　　　　　　　　　　　　　　　　　　　1 200 000

5. 取得现金股利或利润的核算。按权益法核算的长期股权投资,投资方自被投资单位取得的现金股利或利润,应抵减长期股权投资的账面价值。在被投资单位宣告发放现金股利或利润时,借记"应收股利"科目,贷记"长期股权投资——损益调整"科目;实际收到现金股利或利润时,借记"银行存款"科目,贷记"应收股利"科目。

6. 被投资单位除净损益、其他综合收益以及利润分配以外的所有者权益的其他变动。被投资单位除净损益、其他综合收益以及利润分配以外的所有者权益的其他变动的因素,主要包括被投资单位接受其他股东的资本性投入、被投资单位发行可分离交易的可转债中包含的权益成分、以权益结算的股份支付、其他股东对被投资单位增资导致投资方持股比例变动等。投资方应按所持股权比例计算应享有的份额，调整长期股权投资的账面价值，同时计入资本公积（其他资本公积）等，并在备查簿中予以登记，投资方在后续处置股权投资但对剩余股权仍采取权益法核算时，应按处置比例将这部分资本公积转入当期投资收益；对剩余股权终止权益法核算时，将这部分资本公积全部转入当期投资收益。

五、长期股权投资的处置

处置长期股权投资时，所收到的处置收入与长期股权投资账面价值的差额，应在股权转让日确认为投资损益。

处置长期股权投资时，应按实际收到的金额，借记"银行存款"等科目；按其账面余额，贷记"长期股权投资"科目；按尚未领取的现金股利或利润，贷记"应收股利"科目；按其差额，贷记或借记"投资收益"科目。已计提减值准备的，还应同时结转减值准备。采用权益法核算长期股权投资的处置，除上述规定外，还应结转原计入其他综合收益的相关金额，借记或贷记"其他综合收益"科目，贷记或借记"投资收益"科目。

部分处置某项长期股权投资时，应按该项投资的总平均成本确定其处置部分的成本，并按相应比例结转已计提的减值准备。

六、长期股权投资的减值准备

为了核算企业长期股权投资发生减值时计提的减值准备，企业应设置"长期股权投资减值准备"科目，该科目应当按照被投资单位进行明细核算。

资产负债表日，企业应对长期股权投资进行减值测试，如果长期股权投资发生减值的，按应减记的金额，借记"资产减值损失"科目，贷记"长期股权投资减值准备"科目。处置长期股权投资时，应同时结转已计提的长期股权投资减值准备。

思考题与练习题

一、思考题

1. 什么是交易性金融资产？如何确认交易性金融资产的初始成本？
2. 什么是债权投资？其一般具有哪些特征？如何确认债权投资的初始成本？
3. 如何确定债权投资各期的投资收益？
4. 什么是其他权益工具投资？如何确认其他权益工具投资的初始成本？
5. 同一控制下企业合并与非同一控制下企业合并形成的长期股权投资取得成本的确

定有何区别?

6. 同一控制下企业合并取得的长期股权投资支付的价款中包括的已宣告发放但尚未领取的现金股利应如何进行处理?

7. 简述长期股权投资成本法核算和权益法核算的异同。

8. 分别说明长期股权投资成本法、权益法的适用范围。

二、练习题

习题一

【目的】通过练习,掌握交易性金融资产的账务处理。

【资料】2022年1月1日,甲企业从二级市场支付价款204万元(含已到付息期但尚未领取的利息4万元)购入某公司发行的债券,另发生交易费用4万元。该债券面值200万元,剩余期限为2年,票面年利率为4%,每半年付息一次,甲公司根据其管理该债券的业务模式和该债券的合同现金流量特征,将该债券分类为以公允价值计量且其变动计入当期损益的金融资产。其他资料如下:

(1) 2022年1月5日,收到该债券2021年下半年利息4万元;

(2) 2022年6月30日,该债券的公允价值为230万元(不含利息);

(3) 2022年7月5日,收到该债券半年利息;

(4) 2022年12月31日,该债券的公允价值为220万元(不含利息);

(5) 2023年1月5日,收到该债券2022年下半年利息;

(6) 2023年3月31日,甲企业将该债券出售,取得价款236万元(含1季度利息2万元)。

【要求】对上述交易性金融资产进行有关账务处理(假定不考虑其他因素)。

习题二

【目的】通过练习,掌握以摊余成本计量的金融资产的账务处理。

【资料】2023年1月1日,甲公司支付价款91.5796万元(含交易费用但不含利息)从活跃市场上购入某公司分期付息债券,面值100万元,票面利率4%,按年支付利息(即每年4万元),本金最后一次支付,债券期限还剩5年。合同约定,该债券的发行方在遇到特定情况时可以将债券赎回,且不需要为提前赎回支付额外款项。甲公司在购买该债券时,预计发行方不会提前赎回。甲公司根据其管理该债券的业务模式和该债券的合同现金流量特征,将该债券分类为以摊余成本计量的金融资产。

【要求】对甲公司该项金融资产进行有关账务处理(假定不考虑其他因素)。

习题三

【目的】通过练习,熟悉其他债权投资、其他权益工具投资的账务处理。

【资料】甲公司有关资料如下:

1. 甲公司于2022年7月12日从二级市场购入丁公司股票200万股,每股市价10元,手续费5万元;初始确认时,甲公司将其指定为以公允价值计量且其变动计入其他综合收益的其他权益工具投资。甲公司至2022年12月31日仍持有该股票,该股票当时的市价为12元。2023年2月1日,甲公司将该股票售出,售价为每股13元,另支付交易费用5.5万元。

2. 甲公司于2022年1月1日支付价款1 028.244万元购入丙公司发行的3年期公司债券,该公司债券的票面总金额为1 000万元,票面利率4%,实际利率3%,利息每年末支付,本金到期支付。甲公司根据其管理该债券的业务模式和该债券的合同现金流量特征,将该债券分类为以公允价值计量且其变动计入其他综合收益的金融资产。2022年12月31日,该债券的市场价格为1 000.094万元。

3. 甲公司于2022年3月8日,支付价款1 603万元(含交易费用3万元),购入乙公司发行的股票200万股,占乙公司有表决权股份的1%。甲公司将其指定为以公允价值计量且其变动计入其他综合收益的其他权益工具投资。

2022年5月12日,乙公司宣告发放现金股利3 000万元。

2022年5月20日,甲公司收到乙公司发放的现金股利。

2022年6月30日,该股票市价为每股8.2元。

2022年12月31日,甲公司仍持有该股票,当日该股票市价为每股7.8元。

2023年6月10日,甲公司以每股8.3元的价格将股票全部转让,支付交易费用3.2万元。

【要求】对上述甲公司其他债权投资、其他权益工具投资进行有关账务处理(假定不考虑其他因素)。

习题四

【目的】通过练习,掌握长期股权投资成本法下的账务处理。

【资料】甲公司2022年11月6日,自非关联方以2 000万元的价格购入乙公司60%的股份作为长期股权投资,相关手续于当日完成。甲公司取得该部分股权后能够对乙公司实施控制。购买过程中另支付相关税费8万元。甲公司在取得投资以后,乙公司于2023年3月10日宣告分派利润600万元,2023年3月17日实际分派利润600万元。

【要求】对上述甲公司长期股权投资按成本法进行有关账务处理(假定不考虑其他因素)。

习题五

【目的】通过练习,掌握长期股权投资权益法下的账务处理。

【资料】甲公司有关资料如下:

1. 甲公司于2022年1月取得B公司30%的股权,实际支付价款3 000万元。取得投资时B公司账面所有者权益的构成如下(假定该时点B公司各项可辨认资产、负债的公允价值与其账面价值相同,单位:万元):

实收资本　　　　　　　　　　3 000

资本公积　　　　　　　　　　2 400

盈余公积	600
未分配利润	1 500
所有者权益总额	7 500

假定甲公司在取得对 B 公司的股权后，派人参与了 B 公司的生产经营决策。因能够对 B 公司的生产经营决策施加重大影响，甲公司对该投资按照权益法核算。

2. 甲公司持有乙公司 30% 的股权，2021 年 12 月 31 日的账面价值为 3 000 万元，包括投资成本以及因乙公司以前期间实现净利润而确认的投资收益。乙公司 2022 年实现净利润 1 000 万元。乙公司于 2023 年 3 月 10 日宣告分派利润 200 万元，2023 年 3 月 17 日甲公司实际分得利润 60 万元。假定乙公司 2023 年由于一项主要经营业务市场条件发生变化，当年度发生亏损 2 000 万元。假定甲公司在取得投资时点上，乙公司各项可辨认资产、负债的公允价值与其账面价值相等，双方所采用的会计政策及会计期间也相同。则甲公司当年度应确认的投资损失为 600 万元。

【要求】对上述甲公司长期股权投资按权益法进行有关账务处理（假定不考虑其他因素）。

第六章

固定资产

【本章学习目的】

通过本章的学习，理解固定资产的概念和确认条件；掌握固定资产的初始计量；掌握固定资产取得以及处置的账务处理；掌握固定资产折旧的各种计提方法，以及固定资产的后续支出和减值准备的账务处理。

第一节 固定资产的概念和分类

一、固定资产的概念与特征

固定资产一般来说是耐用资产，它可供生产经营使用，使用期限较长。按照我国《企业会计准则第4号——固定资产》的规定，固定资产是指同时具有下列特征的有形资产：第一，为生产商品、提供劳务、出租或经营管理而持有的；第二，使用寿命超过一个会计年度。

根据上述定义，固定资产应具有以下主要特征：

1. 使用期限超过一年或长于一年的一个经营周期，且在使用过程中保持其原有的实物形态。这一特征可以区分有形资产和无形资产，同时表明企业为了获得资产并把它投入生产经营而发生的支出属于资本性支出而不是收益性支出。

2. 固定资产的使用寿命是有限的（土地除外）。这一特征说明有必要计提折旧，并进行固定资产报废、更新等业务的处理。

3. 企业拥有固定资产的目的是供生产经营活动使用而不是为了出售。这一特征是划分固定资产与商品等流动资产的重要依据。

4. 企业拥有的固定资产可以给企业带来可衡量的未来经济利益，否则，这项资产就不应列入固定资产中，比如报废的固定资产应予转销。

作为固定资产，需要同时满足下列条件，才能予以确认：首先需要符合固定资产的定义。然后还需要符合固定资产以下两个确认条件：一是与该固定资产有关的经济利益很可能流入企业；二是该固定资产的成本能够可靠地计量。未作为固定资产管理的工具、器具等，作为低值易耗品核算。

固定资产的各组成部分具有不同使用寿命或者以不同方式为企业提供经济利益，适用不同折旧率或折旧方法的，企业应当分别将各组成部分确认为单项固定资产。如楼房里的电梯，可以与房屋一起确认为固定资产，也可单独列作一项固定资产。

在实际工作中，为了便于管理，企业应当根据会计准则，结合本单位的实际情况，制定固定资产目录，包括每类或每项固定资产的使用寿命、预计净残值、折旧方法等并编制成册，经股东大会或董事会、经理（厂长）会议或类似机构批准，按照法律、行政法规等的规定报送有关各方备案，同时备案置于企业所在地，以供投资者等有关各方查阅。企业已经确定并对外报送或备案置于企业所在地的有关固定资产目录、分类方法等，一经确定不得随意变更，如需变更，仍然应当按照上述程序，并按《企业会计准则第28号——会计政策、会计估计变更和差错更正》处理，并在会计报表附注中予以说明。

二、固定资产的分类

根据不同的管理需要和核算要求以及不同的分类标准，可以对固定资产从不同的角度进行分类。

1. 按固定资产的经济用途分类，可以分为生产经营用固定资产和非生产经营用固定资产。

（1）生产经营用固定资产，是指参加生产经营过程或直接服务于企业生产经营过程的各种房屋、建筑物、机器、设备、器具、工具等。

（2）非生产经营用固定资产，是指不直接服务于生产经营过程的各种固定资产。如职工宿舍、食堂、浴室、理发室等使用的房屋、设备和其他固定资产等。

2. 按固定资产使用情况分类，可以分为使用中的固定资产、未使用的固定资产、不需用的固定资产和租出的固定资产。

（1）使用中的固定资产，是指正在使用中的经营性和非经营性固定资产。由于季节性经营或大修理等原因，暂时停止使用的固定资产仍属于企业使用中的固定资产，内部替换使用的固定资产也属于使用中的固定资产。

（2）未使用的固定资产，是指已完工或已购建的尚未交付使用的新增固定资产以及因进行改建、扩建等原因暂停使用的固定资产。

（3）不需用的固定资产，是指本企业多余或不适用需要调配处理的固定资产。

（4）租出的固定资产，这里是指经营性租赁租出的固定资产，企业将闲置的固定资产暂时出让其使用权，根据合同获得租金收入，照提折旧。

3. 按固定资产的经济用途和使用情况综合分类，分为六大类。

（1）生产经营用固定资产。

（2）非生产经营用固定资产。

（3）租出固定资产。指在经营性租赁方式下出租给外单位使用的固定资产。

（4）不需用固定资产。

（5）未使用固定资产。

（6）土地。在我国，作为固定资产的土地是指过去已经估价单独入账的土地。因征地而支付的补偿费，应计入与土地有关的房屋、建筑物的价值内，不单独作为土地价值入账。企业取得的土地使用权不能作为固定资产管理，而列为无形资产。在西方国家，作为固定资产的土地是指没有建筑物等附着设施的土地，如购入待用的平整土地，或地价可以单独分离的土地。它是私有财产，可以自由买卖，购买土地的支出需要资本化。

由于企业的经营性质不同，经营规模各异，对固定资产的分类不要求完全一致，企业可以根据本企业编制的固定资产目录，作为固定资产管理和核算的依据。

第二节 固定资产的初始计量

一、固定资产的初始计量原则

固定资产的初始计量，指确定固定资产的取得成本。固定资产应当按照成本进行初始计量。

固定资产的成本，是指企业购建某项固定资产达到预定可使用状态前所发生的一切合理必要的支出。这些支出包括直接发生的价款、运杂费、包装费和安装成本等，也包括间接发生的，如应承担的借款利息、外币借款折算差额以及应分摊的其他间接费用。

对于特殊行业的特定固定资产，确定其初始入账成本时还应考虑弃置费用。弃置费用通常是指根据国家法律和行政法规国际公约等规定，企业承担的环境保护和生态恢复等义务所确定的支出，如核电站核设施等的弃置和恢复环境等义务产生的支出。对于这些特殊行业的特定固定资产，企业应当按照弃置费用的现值计入相关固定资产成本。石油天然气开采企业应当按照油气资产的弃置费用现值计入相关油气资产成本。弃置费用形成的预计负债在确认后，按照实际利率法计算的利息费用应当确认为财务费用；由于技术进步、法律要求或市场环境变化等原因，特定固定资产的履行弃置义务可能发生支出金额、预计弃置时点、折现率等变动而引起的预计负债变动，企业应按照以下原则调整该固定资产的成本：

（1）对于预计负债的减少，以该固定资产账面价值为限扣减固定资产成本。如果预计负债的减少额超过该固定资产账面价值，超出部分确认为当期损益；

（2）对于预计负债的增加，增加该固定资产的成本。

按照上述原则调整的固定资产，在资产剩余使用年限内计提折旧。一旦该固定资产的使用寿命结束，预计负债的所有后续变动应在发生时确认为损益。

二、不同方式取得固定资产的初始计量

固定资产的取得方式不同，其初始计量的内容也不同，取得时的成本应根据具体情况分别确定。

（一）外购的固定资产

外购固定资产的成本，包括购买价款、相关税费、使固定资产达到预定可使用状态前所发生的可归属于该项资产的运输费、装卸费、安装费和专业人员服务费等。以一笔款项购入多项没有单独标价的固定资产，应当按照各项固定资产公允价值比例对总成本进行分配，分别确定各项固定资产的成本。购买固定资产的价款超过正常信用条件延期支付，实质上具有融资性质的固定资产的成本以购买价款的现值为基础确定。实际支付的价款与购买价款的现值之间的差额，应当在信用期间内采用实际利率法进行摊销，摊销金额除满足借款费用资本化条件应当计入固定资产成本外，均应当在信用期间内确认为财务费用，计入当期损益。

（二）自行建造的固定资产

自行建造的固定资产，按建造该项资产达到预定可使用状态前所发生的必要支出作为入账价值。其中，建造该项资产达到预定可使用状态前所发生的必要支出，包括工程用物资成本、人工成本、缴纳的相关税费、应予资本化的借款费用以及应分摊的间接费用等。企业为在建工程准备的各种物资，应按实际支付的购买价款、运输费、保险费等相关税费，作为实际成本，并按各种专项物资的种类进行明细核算。符合资本化原则的借款费用应计入固定资产成本。企业自行建造固定资产包括自营建造和出包建造两种方式。

1. 企业为在建工程准备的各种物资，应当按照实际支付的买价、运输费、保险费等相关税费作为实际成本，并按照各种专项物资的种类进行明细核算。

工程完工后剩余的工程物资，如转作本企业库存材料，按其实际成本或计划成本转作企业的库存材料。

盘盈、盘亏、报废、毁损的工程物资，减去保险公司、过失人赔偿部分后的差额，工程项目尚未完工的，计入或冲减所建工程项目的成本工程；已经完工的，计入当期营业外收支。

2. 在建工程应当按照实际发生的支出确定其工程成本并单独核算。

（1）企业的自营工程，应当按照直接材料、直接人工、直接机械施工费等计量；采用出包工程方式的企业按照应支付的工程价款等计量。设备安装工程按照所安装设备的

价值、工程安装费用、工程试运转等所发生的支出等确定工程成本。

（2）在建工程发生单项或单位工程报废或毁损，减去残料价值和过失人或保险公司等赔款后的净损失，工程项目尚未达到预定可使用状态的，计入继续施工的工程成本；工程项目已达到预定可使用状态的，属于筹建期间的，计入管理费用，不属于筹建期间的，计入营业外支出。如为非正常原因造成的报废或毁损，或在建工程项目全部报废或毁损，应将其净损失直接计入当期营业外支出。

（3）所建造的固定资产已达到预定可使用状态，但尚未办理竣工决算的，应当自达到预定可使用状态之日起，根据工程预算、造价或者工程实际成本等，按估计价值转入固定资产，并按有关计提固定资产折旧的规定，计提固定资产折旧。待办理了竣工决算手续后再作调整。

（三）投资者投入固定资产

投资者投入固定资产的成本，应当按照投资合同或协议约定的价值确定，但合同或协议约定价值不公允的除外。

（四）接受捐赠的固定资产

接受捐赠的固定资产，捐赠方提供了有关凭据（如发票、报关单、有关协议）的，按凭据上表明的金额加上应支付的相关税费，确认为实际成本。如果捐赠方没有提供有关凭据的，按以下顺序确定其实际成本：

（1）同类或类似固定资产存在活跃市场的，按同类或类似固定资产的市场价格估计的金额，加上应支付的相关税费，作为实际成本；

（2）同类或类似固定资产不存在活跃市场的，按该接受捐赠的固定资产的预计未来现金流量现值，作为实际成本。

第三节　固定资产的取得

为了反映固定资产的增减变动情况，应设置"固定资产"科目，该科目为资产类科目，用来核算企业持有固定资产的原始价值，总括反映企业固定资产的增减变动和结存情况，其借方发生额反映由于各种原因增加的固定资产的原始价值，贷方发生额反映由于各种原因减少的固定资产的原始价值，余额在借方，表示现有固定资产原始价值的总额。为了获得固定资产的详细资料，企业应设置"固定资产卡片"和"固定资产登记簿"，按其类别、使用部门等进行明细核算。

企业进行的固定资产基本建设工程，包括新建、改建和扩建工程以及购入需要安装的固定资产，应通过"在建工程"科目核算。该科目的借方反映其工程发生的实际支出，贷方反映经验收交付使用固定资产的实际成本，余额表示未完工程支出的或尚未交付使用的已完工程的实际成本。企业与固定资产有关的后续支出，包括固定资产发生的日常修理费、大修理费用、更新改造支出、房屋的装修费用等，满足固定资产准则规定的固定资产确认条件的，也在本科目核算；不满足固定资产确认条件的，应在"管理费用"科目核算，不在本科目核算。该科目应设置"建筑工程""安装工程""在安装设备""待摊支出"以及单项工程进行明细分类核算。在建工程发生减值的，应在本科目设置"减值准备"明细科目进行核算。

为了核算企业为工程准备的各种物资的实际成本，包括为工程准备的材料，尚未交付安装的需要安装设备的实际成本，以及预付大型设备款和基本建设期间根据项目概算购入的生产准备工具及器具等的实际成本，应设置"工程物资"科目，该科目应设置"专用材料""专用设备""工具器具"等明细科目，对其具体内容进行详细反映。

一、购置固定资产

（一）购入不需要安装的固定资产

这种情况是指企业购入的固定资产不需要安装就可以直接交付使用。购入的固定资产按实际支付的全部价款加上包装费、运杂费等支出，借记"固定资产"科目，贷记"银行存款"等科目。

【例6-1】某企业购入一台不需要安装的设备，取得的增值税专用发票上注明的设备买价为85 000元，增值税额为11 050元，支付的运输费为1 500元，增值税额为135元，以银行存款转账支付。有关会计处理如下：

借：固定资产　　　　　　　　　　　　　　　　　　　86 500
　　应交税费——应交增值税（进项税额）　　　　　　11 185
　　贷：银行存款　　　　　　　　　　　　　　　　　　　97 685

（二）购入需要安装的固定资产

这种情况是指购入的固定资产需要经过安装以后才能交付使用。会计核算上，企业购入的固定资产以及发生的安装费等均应通过"在建工程"科目核算，待安装完毕交付使用时，再由"在建工程"科目转入"固定资产"科目。

【例6-2】某企业购入一台需要安装的生产设备，取得的增值税专用发票上注明的设备买价为25 000元，增值税额为3 250元，支付的运输费为500元，增值税额为45元。安装设备时，领用生产用材料价值800元，应付安装人员薪酬2 000元。有关会计处理如下：

（1）支付设备价款、税金、运输费：

借:在建工程——在安装设备	25 500	
应交税费——应交增值税（进项税额）	3 295	
贷:银行存款		28 795

（2）领用安装材料，支付工资等费用：

借:在建工程——在安装设备	2 800	
贷:原材料		800
应付职工薪酬		2 000

（3）设备安装完毕交付使用，确定固定资产的价值：25 500 + 2 800 = 28 300（元）

借:固定资产	28 300	
贷:在建工程——在安装设备		28 300

有时，还会用一笔款项购置几项没有单独标价的固定资产，应采用适当的方法进行分摊。

【例6-3】 2023年3月1日，甲公司向乙公司一次购进了3台不同型号且具有不同生产能力的机器设备A、B和C。甲公司为该批机器共支付货款1 560 000元，增值税进项税额为202 800元，安装费8 400元，全部以银行存款支付；假定设备A、B和C分别满足固定资产的定义及其确认条件，公允价值分别为585 200元、718 960元、367 840元；甲公司实际支付的货款等于计税价格，不考虑其他相关税费。

（1）成本的金额，包括买价、安装费等，即：
1 560 000 + 8 400 = 1 568 400（元）

（2）确定机器A、B和C的价值分配比例：

A机器应分配的固定资产价值比例为585 200 ÷（585 200 + 718 960 + 367 840）= 35%
B机器应分配的固定资产价值比例为718 960 ÷（585 200 + 718 960 + 367 840）= 43%
C机器应分配的固定资产价值比例为367 840 ÷（585 200 + 718 960 + 367 840）= 22%

（3）确定A、B和C机器各自的入账价值：

A机器入账价值为1 568 400 × 35% = 548 940（元）
B机器入账价值为1 568 400 × 43% = 674 412（元）
C机器入账价值为1 568 400 × 22% = 345 048（元）

（4）编制会计分录：

借:固定资产——A	548 940	
——B	674 412	
——C	345 048	
应交税费——应交增值税（进项税额）	202 800	
贷:银行存款		1 762 800

二、自行建造固定资产

自行建造的固定资产按实施方式的不同可以分为自营工程和出包工程两种。

（一）自营工程的核算

企业自营的在建工程，在领用工程用材料物资时，应按实际成本，借记"在建工程"科目，贷记"工程物资"科目；在建工程领用本企业原材料的，应按原材料的实际成本，借记"在建工程"科目，按原材料的实际成本，贷记"原材料"科目。

在建工程领用本企业的商品产品时，按商品产品的实际成本（或进价），借记"在建工程"科目，按库存商品的实际成本（或进价），贷记"库存商品"科目。在建工程应负担的职工工资，借记"在建工程"科目，贷记"应付职工薪酬"科目。

企业的辅助生产部门为工程提供的水、电、设备安装、修理、运输等劳务，应按月根据实际成本，借记"在建工程"科目，贷记"生产成本——辅助生产成本"等科目。

【例 6 - 4】某企业自行建造一条生产线，购入为工程准备的各种物资 280 000 元，支付的增值税额为 36 400 元，实际领用工程物资 200 000 元，剩余物资转作企业存货。另外还领用了企业生产用的原材料一批，实际成本为 40 000 元，支付工程人员工资 60 000 元，企业辅助生产车间为工程提供有关劳务支出 12 000 元，工程完工交付使用。有关会计处理如下：

（1）购入为工程准备的物资：

借：工程物资	280 000
应交税费——应交增值税（进项税额）	36 400
贷：银行存款	316 400

（2）工程领用物资：

借：在建工程	200 000
贷：工程物资	200 000

（3）工程领用原材料：

借：在建工程	40 000
贷：原材料	40 000

（4）分配工程人员工资：

借：在建工程	60 000
贷：应付职工薪酬	60 000

（5）辅助生产车间为工程提供的劳务支出：

借：在建工程	12 000

　　　　贷：生产成本——辅助生产成本　　　　　　　　　　　　　　　　12 000
（6）工程完工交付使用：
借：固定资产　　　　　　　　　　　　　　　　　　　　　　　　312 000
　　　　贷：在建工程　　　　　　　　　　　　　　　　　　　　　　　312 000
（7）剩余工程物资转作企业存货：
借：原材料　　　　　　　　　　　　　　　　　　　　　　　　　80 000
　　　　贷：工程物资　　　　　　　　　　　　　　　　　　　　　　　80 000

（二）出包工程的核算

企业采用出包方式进行的自建固定资产工程，其工程的具体支出在承包单位核算，这种方式下，"在建工程"科目实际成为企业与承包单位的结算科目，企业将与承包单位结算的工程价款作为工程成本，通过"在建工程"科目核算。企业以出包方式建造固定资产，其成本由建造该项固定资产达到预定可使用状态前所发生的必要支出构成，包括发生的建筑工程支出、安装工程支出，以及需分摊计入各固定资产价值的待摊支出。

企业发包的基建工程，应于按合同规定向承包企业支付工程款、备料款时，按实际支付的价款，借记"在建工程"科目（建筑工程或安装工程——××工程），贷记"银行存款"科目；与承包企业办理工程价款结算时，补付的工程款，借记"在建工程"科目（建筑工程或安装工程——××工程），贷记"银行存款""应付账款"等科目。

【例6-5】某企业拟建造仓库一座，2023年1月10日出包给红星建筑工程公司承建，按规定向承包单位支付工程价款600 000元，以银行存款支付；2023年10月10日，工程达到预定可使用状态后，收到承包单位的有关工程结算单据，补付工程款1 260 000元，以银行存款支付。2023年10月30日验收后交付使用。有关会计处理如下：

（1）2023年1月10日支付工程价款：
借：在建工程　　　　　　　　　　　　　　　　　　　　　　　　600 000
　　　　贷：银行存款　　　　　　　　　　　　　　　　　　　　　　　600 000
（2）2023年10月10日补付工程款：
借：在建工程　　　　　　　　　　　　　　　　　　　　　　　1 260 000
　　　　贷：银行存款　　　　　　　　　　　　　　　　　　　　　　1 260 000
（3）2023年10月30日工程达到预定可使用状态经验收交付使用：
借：固定资产　　　　　　　　　　　　　　　　　　　　　　　1 860 000
　　　　贷：在建工程　　　　　　　　　　　　　　　　　　　　　　1 860 000

应当注意的是，无论是自营工程，还是出包工程，由于项目金额大，工期长，企业往往向银行借款筹措资金用于工程支出，这样还要考虑借款利息资本化和费用化的处理问题。

三、股东投入的固定资产

企业对投资者投资转入的机器设备等固定资产，一方面反映本企业固定资产的增加，另一方面要反映投资者投资额的增加。投资者投入固定资产的成本，应当按照投资合同或协议约定的价值借记"固定资产"科目；按确定的增值税进项税额借记"应交税费——应交增值税（进项税额）"科目，按投资各方确认的价值在其注册资本中所占的份额，贷记"实收资本"或"股本"科目。按投资各方确认的价值与确认为实收资本或股本的差额，确认为资本公积，贷记"资本公积——资本（股本）溢价"科目。

【例6－6】甲企业为股份有限公司，注册资本为3 000 000元。2023年3月5日，甲公司接受乙公司以一台机器设备进行投资。该台设备的原价为900 000元，已计提折旧250 000元，合同约定的价值为580 000元，占甲公司注册资本的15%。假定不考虑相关税费。甲公司的账务处理为：

借：固定资产　　　　　　　　　　　　　　　　　　　　　580 000
　　贷：股本——乙公司　　　　　　　　　　　　　　　　　　450 000
　　　　资本公积——股本溢价　　　　　　　　　　　　　　　130 000

四、接受捐赠固定资产

接受捐赠的固定资产，按会计规定确定的入账价值，借记"固定资产"科目，按取得的增值税进项税额，借记"应交税费——应交增值税（进项税额）"科目，贷记"营业外收入""银行存款"等科目。

【例6－7】甲企业接受一外商捐赠的全新设备一台，根据捐赠设备的发票、报关单等有关单据确定其原价为1 100 000元，增值税进项税额为143 000元，发生的安装调试费等190 000元，全部以银行存款支付。该企业作如下会计分录：

借：在建工程　　　　　　　　　　　　　　　　　　　　　1 100 000
　　应交税费——应交增值税（进项税额）　　　　　　　　　　143 000
　　贷：营业外收入　　　　　　　　　　　　　　　　　　　1 243 000
借：在建工程　　　　　　　　　　　　　　　　　　　　　　190 000
　　贷：银行存款　　　　　　　　　　　　　　　　　　　　　190 000
借：固定资产　　　　　　　　　　　　　　　　　　　　　1 290 000
　　贷：在建工程　　　　　　　　　　　　　　　　　　　　1 290 000

五、盘盈的固定资产

企业应当定期对固定资产盘点清查，在编制决算报表前至少要进行一次全面清查。

通过固定资产的盘点清查，一方面，可以掌握固定资产的实有数及其分布情况，检查账实是否相符，从而加强对固定资产的管理，保证企业财产的安全完整；另一方面，可以了解固定资产的使用和维护修理情况，检查固定资产有无使用不当或长期闲置等情况，以便充分挖掘企业固定资产的潜力。

盘盈的固定资产作为前期差错处理，通过"以前年度损益调整"科目核算。盘盈固定资产的入账价值按以下规定确认：如果同类或类似固定资产存在活跃市场的，按同类或类似固定资产的市场价格，减去按该项固定资产的新旧程度估计的价值损耗后的余额，作为入账价值；如果同类或类似固定资产不存在活跃市场的，按该项固定资产的预计未来现金流量现值，作为入账价值；借记"固定资产"科目，贷记"以前年度损益调整"科目。

【例 6-8】乙公司在财产的盘点清查中，发现账外设备 1 台，其类似设备的市场价格为 60 000 元，估计该项设备价值损耗为 20 000 元。假定乙公司适用的所得税税率为 25%，按净利润 10% 计提法定盈余公积。应作如下会计分录：

（1）盘盈固定资产时：

借：固定资产	40 000
贷：以前年度损益调整	40 000

（2）确定应缴纳的所得税时：

借：以前年度损益调整	10 000
贷：应交税费——应交所得税	10 000

（3）结转为留存收益时：

借：以前年度损益调整	30 000
贷：盈余公积——法定盈余公积	3 000
利润分配——未分配利润	27 000

六、固定资产弃置费用

企业将未来弃置费用形成的预计负债金额的现值与固定资产的取得成本合并计入固定资产原值。

企业取得具有弃置义务的固定资产时，确定未来弃置费用形成的预计负债的金额，并折算为当前现值，将现值与固定资产的取得成本一起合并计入固定资产原值。

【例 6-9】固定资产取得成本为 100 000 元，10 年后的弃置费用为 10 794.60 元，按 8% 的利率，计算现值 PV（I/Y = 10，8%，PMT = 0，FV = -10 794.60）= 5 000（元）。

借：固定资产	105 000
贷：银行存款	100 000
预计负债——弃置费用	5 000

第四节 固定资产折旧

一、折旧的概念

企业的固定资产，除土地外，都有一定的耐用年限。根据前述固定资产的特点，固定资产的价值随着磨损程度逐渐转移到产品成本中去，并从当期的销售收入中得到补偿。这部分转移到产品成本中的固定资产价值，就是固定资产折旧。根据会计准则，折旧是指在固定资产使用寿命内，按照确定的方法对应计折旧额进行系统分摊。应计折旧额，是指应当计提折旧的固定资产的原价扣除其预计净残值后的金额。已计提减值准备的固定资产，还应当扣除已计提的固定资产减值准备累计金额。预计净残值，是指假定固定资产预计使用寿命已满并处于使用寿命终了时的预期状态，企业目前从该项资产处置中获得的扣除预计处置费用后的金额。

二、折旧产生的原因

固定资产之所以要在每个会计期间计提折旧，其原因主要归纳为固定资产的有形损耗和无形损耗两个方面。有形损耗是指固定资产在使用过程中由于使用、自然气候条件的侵蚀及意外毁损事故引起的在使用价值和价值上的损失。无形损耗是指由于技术进步而引起的固定资产价值的损失。它主要是由于市场经济情况和生产经营情况的改变而引起的。计提固定资产折旧时，应综合考虑有形损耗和无形损耗这两个因素，以保证固定资产的及时更新换代。

为了保证企业将来有能力重置固定资产，同时把固定资产的成本分配到各个受益期，实现期间收入与费用的相互匹配，企业必须在固定资产的有效使用年限内计提一定数额的折旧费。正确地计提折旧，不仅是正确计算产品成本不可缺少的前提条件，也是保证固定资产再生产正常进行的重要措施。

三、固定资产折旧的范围

确定固定资产折旧的范围，就是要确定哪些固定资产应当提取折旧，哪些固定资产不应当提取折旧，什么时间提取折旧。

在我国，按照《企业会计准则第 4 号——固定资产》的规定，除以下情况外，企业应对所有固定资产计提折旧：(1) 已提足折旧仍继续使用的固定资产；(2) 按规定单独估价作为固定资产入账的土地。

已达到预定可使用状态的固定资产，如果尚未办理竣工决算的，应按估计值暂估入账，并计提折旧；待办理了竣工决算手续后，再按照实际成本调整原来的暂估价值，但不需要调整原已计提的折旧额。

四、影响固定资产折旧的因素

固定资产的应计折旧额应当在其使用年限内系统而合理地计提。要保证合理、正确地计提固定资产的折旧，首先需了解影响折旧的因素主要有哪些。影响固定资产折旧的因素主要包括：

1. 折旧的基数。计算固定资产折旧的基数一般为取得固定资产的原始成本，有时固定资产的重置成本或估计成本也可替代固定资产的原始成本成为计算折旧的基数。

2. 预计净残值。预计净残值，是指假定固定资产预计使用寿命已满并处于使用寿命终了时的预期状态，企业目前从该项资产处置中获得的扣除预计处置费用后的金额。

由于在计算折旧时，对固定资产的残余价值和清理费用应该合理估计，避免人为地通过调整净残值的数额而调整折旧额。固定资产的累计净残值与固定资产原值的比率称为净残值率。企业应在有关规定范围内采用净残值率。

3. 预计使用年限。根据企业会计准则规定，企业应当根据固定资产的性质和使用情况，合理确定固定资产的使用寿命和预计净残值。固定资产的使用寿命、预计净残值一经确定，不得随意变更。

企业确定固定资产使用寿命，应当考虑下列因素：
（1）预计生产能力或实物产量；
（2）预计有形损耗和无形损耗；
（3）法律或者类似规定对资产使用的限制。

五、固定资产折旧的方法

我国《企业会计准则第4号——固定资产》规定，企业应当根据与固定资产有关的经济利益的预期实现方式，合理选择固定资产折旧方法。可选用的折旧方法包括年限平均法、工作量法、双倍余额递减法和年数总和法等。企业至少应于每年年度终了，对固定资产的使用寿命、预计净残值和折旧方法进行复核。需要注意的是，企业不能以包括使用固定资产在内的经济活动所产生的收入为基础进行折旧。因为收入可能受到投入、生产过程、销售等因素影响，这些因素与固定资产有关经济利益的预期消耗方式无关。

固定资产应当按月计提折旧，并根据其用途计入相关资产的成本或者当期损益。当月增加的固定资产，当月不计提折旧，从下月起计提折旧；当月减少的固定资产，当月仍计提折旧，从下月起停止计提折旧。固定资产提足折旧后，不管能否继续使用，均不再提取折旧,提前报废的固定资产,也不再补提折旧。

企业至少应当于每年年度终了,对固定资产的使用寿命、预计净残值和折旧方法进行复核。使用寿命预计数与原先估计数有差异的,应当调整固定资产使用寿命。预计净残值预计数与原先估计数有差异的应当调整预计净残值。与固定资产有关的经济利益预期实现方式有重大改变的,应当改变固定资产折旧方法。固定资产使用寿命、预计净残值和折旧方法的改变应当作为会计估计变更。

(一) 平均年限法

平均年限法也称直线法,是将一项固定资产的应计成本在其预计年限内平均分摊的方法。它是折旧方法中最简单和最常用的一种。在平均年限法下,每年和每月摊提的固定资产的折旧金额是相等的。采用这种方法,固定资产在一定时期内应计提折旧额的大小,主要取决于固定资产原值和固定资产折旧年限这两个基本因素。除此之外,固定资产报废清理时的预计净残值对它也有一定的影响。在综合考虑以上因素的前提下,我们可以得出固定资产折旧额的计算公式:

$$固定资产年折旧额 = (固定资产原始价值 - 预计净残值) \div 固定资产预计折旧年限$$
$$固定资产月折旧额 = 固定资产年折旧额 \div 12$$

在实际工作中,每月计提的折旧额是根据固定资产的原始价值乘以折旧率来计算的。

固定资产折旧率是指固定资产在一定时期内的折旧额占其原始价值的比重,计算公式如下:

$$固定资产年折旧率 = (固定资产年折旧额 \div 固定资产原始价值) \times 100\%$$
$$固定资产月折旧率 = 固定资产年折旧率 \div 12$$

【例6-10】某企业购入设备1台,价值40 000元,预计折旧年限12年,预计残值收入800元,预计清理费用400元。计算该设备的年折旧额和年折旧率。

年折旧额 = [40 000 - (800 - 400)] ÷ 12 = 3 300(元)

年折旧率 = 3 300 ÷ 40 000 × 100% = 8.25%

计算固定资产折旧率,也可以利用以下计算公式:

$$固定资产年折旧率 = (1 - 预计净残值率) \div 预计使用年限$$
$$月折旧率 = 年折旧率 \div 12$$
$$月折旧额 = 固定资产原价 \times 月折旧率$$

上述计算的折旧率是按个别固定资产单独计算的,称为个别折旧率,即某项固定资产在一定期间的折旧额与该项固定资产原值的比率。此外,还有分类折旧率和综合折旧率。

用平均年限法计算折旧,最为简单方便,但是它只注重资产的使用时间,忽视了资产的各期使用情况。固定资产在各期的使用成本等于本期折旧和维护修理费用之和。用平均年限法计提折旧,各期的折旧金额是相等的。但固定资产在使用的早期年份,其维修保养费用一般较使用的后期年份低,这就是造成固定资产各期使用成本负担不均的问题。另外,直线法只着重于固定资产使用时间的长短,忽视了固定资产的使用强度以及使用效率,每期分摊的折旧的费用是相等的。例如,有的月份产量高,每1单位产品分摊的费用低;反之,如果产量低,每1单位产品分摊的费用就高,所以平均年限法并不平均。因此,对于有些固定资产,如企业专业车队的客货运汽车、大型设备等,使用工作量法更合理一些。

(二) 工作量法

工作量法是按固定资产所完成的工作量,计算应计提的折旧额的方法。这种方法,一般适用于一些专用设备。完成的工作量因设备不同可按里程、工作小时或工作台班等来计算。

用工作量法计提固定资产折旧的计算公式如下:

(1) 按里程计算折旧的公式:

$$单位行驶里程折旧额 = (原值 - 预计净残值) \div 规定的总行驶里程$$

或 $$单位行驶里程折旧额 = [原值 \times (1 - 预计净残值率)] \div 规定的总行驶里程$$

$$月折旧额 = 月内实际完成的行驶里程 \times 单位行驶里程折旧额$$

(2) 按照工作小时(工作台班)计算折旧的公式:

$$每工作小时折旧额 = (原值 - 预计净残值) \div 规定的总工作小时(工作台班)$$

或 $$每工作小时折旧额 = [原值 \times (1 - 预计净残值率)] \div 规定的总工作小时(工作台班)$$

$$月折旧额 = 月内实际完成的工作小时(工作台班)数 \times 每工作小时折旧额$$

【例6-11】企业车队有货车一辆,原值为60 000元,规定在使用期内行驶50万公里,预计残值为3 000元,预计清理费用为500元,本期行驶了4 000公里。计算结果如下:

单位里程折旧额 = [60 000 - (3 000 - 500)] ÷ 500 000 = 0.115 (元)

本期折旧额 = 4 000 × 0.115 = 460 (元)

采用工作量法计提折旧,其优点是易于计算,简单明了,同时这种方法使折旧的计提与固定资产的使用程度结合起来。其缺点在于这种方法只重视固定资产的使用,而未考虑无形损耗对固定资产价值的影响问题。

(三) 加速折旧法

加速折旧法又称递减折旧费用法,能够加速资本投资的回收,固定资产每期计提的折旧额,在使用初期要大于使用后期。加速折旧法是根据固定资产在早期能提供更多的服务,创造更多的收入,而早期所负担的维修保养费用要比后期少,计提的折旧额呈逐年递减的趋势。加速折旧法主要有以下两种:

1. 双倍余额递减法。双倍余额递减法,又称加倍递减余额法,这种方法的折旧率是按净残值为零时直线折旧率的两倍计算的,当每期计提折旧时,使用该折旧率乘以固定资产的折余价值(净值)。折旧率和折旧额的计算公式为:

年折旧率 =(固定资产原始价值 - 0)÷(折旧年限 × 固定资产原始价值)× 2 × 100%

$$= \frac{2}{折旧年限} \times 100\%$$

月年旧率 = 年折旧率 ÷ 12

月折旧额 = 固定资产账面净值 × 月折旧率

由于双倍余额递减法不考虑固定资产的净残值,因此,在应用这种方法时,必须注意这样一个问题,即不能使固定资产的账面折余价值降低到它的预计净残值以下。因此,当按双倍余额递减法计算的折旧金额,小于这时用固定资产的折余价值扣除预计净残值后在剩余使用年限内平均摊销算得的折旧金额时,就要将固定资产折余价值(净值)扣除预计净残值后的净额在剩余使用年限内平均摊销。

【例 6 - 12】四海公司某项固定资产的原值为 5 000 元,使用年限为 5 年,净残值率为 4%(净残值为 200 元)。

该项固定资产年折旧率 = $\frac{2}{5} \times 100\%$ = 40%

各年折旧如表 6 - 1 所示。

表 6 - 1　　　　　　　　折旧计算表(双倍余额递减法)　　　　　　　　单位:元

年度	固定资产年初净值 ①	年折旧率 ②	年折旧额 ③ = ① × ②	累计折旧额 ④	固定资产年末净值 ⑤ = ① - ③
1	5 000	40%	2 000	2 000	3 000
2	3 000	40%	1200	3 200	1 800
3	1 800	40%	720	3 920	1 080
4	1 080		440	4 360	640
5	640		440	4 800	200

从第四年度起,开始把固定资产的折余价值(净值)扣除预计净残值后的净额,在剩余使用年限内平均摊销。

2. 年数总和法。年数总和法又称折旧年限积数法或级数递减法,它是用一个递减的分数乘以某项固定资产的原始价值减去预计净残值后的净额计算折旧的一种方法。这一递减分数的分子代表尚可使用的年数（包括当年），分母代表预计折旧年数的逐年数字之总和。折旧的计算公式为：

年折旧率 =（折旧年限 - 已使用年数）÷ [折旧年限 ×（折旧年限 + 1）÷ 2] × 100%

月折旧率 = 年折旧率 ÷ 12

月折旧额 =（固定资产原值 - 预计净残值）× 月折旧率

【例 6 - 13】仍用〖例 6 - 12〗中的有关资料，采用年数总和法计算四海公司的各年折旧额，如表 6 - 2 所示。

表 6 - 2　　　　　　　　　折旧计算表（年数总和法）　　　　　　　　　单位：元

年度	原值减去净残值 ①	尚可使用年数 ②	年折旧率 ③	年折旧额 ④ = ① × ③	累计折旧额 ⑤	固定资产年末净值 ⑥
1	4 800	5	5/15	1 600	1 600	3 400
2	4 800	4	4/15	1 280	2 880	2 120
3	4 800	3	3/15	960	3 840	1 160
4	4 800	2	2/15	640	4 480	520
5	4 800	1	1/15	320	4 800	200

六、固定资产折旧的总分类核算

为了核算固定资产的折旧，应设置"累计折旧"科目，该科目为"固定资产"科目备抵科目，贷方反映计提的固定资产折旧额和增加固定资产时相应增加的折旧额；借方反映因出售、报废清理、盘亏等原因减少固定资产时所转销的已提折旧额，余额表示企业现有固定资产的累计折旧额。

企业需要查明某项固定资产的已提折旧时，可以根据固定资产卡片上所记载的该项固定资产原值、折旧率和实际使用年限进行计算。

企业每月计提的折旧额，应按固定资产使用部门和用途分别处理，其中基本生产车间和辅助生产车间使用的固定资产所提取的折旧额，应记入"制造费用"科目，企业管理部门使用的固定资产所提取的折旧额，应记入"管理费用"科目。企业销售部门的固定资产所提取的折旧额，应记入"销售费用"科目，出租固定资产的折旧额，应记入"其他业务成本"科目等。

在实际工作中，折旧的计算是通过编制折旧计算表进行的。在上月份应计提折旧额的基础上，考虑上月份固定资产增减变动的情况，进行调整。计算公式如下：

本月应提折旧额 = 上月计提折旧额 + 上月增加的固定资产应提折旧额
- 上月减少的固定资产应提折旧额

"固定资产折旧计算表"（见表6-3）按各车间编制，然后再由财会部门根据各车间、部门编制的"固定资产折旧计算表"汇编成"固定资产折旧计算汇总表"，如表6-4所示。

表6-3　　　　　　　　　　　　　固定资产折旧计算表　　　　　　　　　　　　单位：元

固定资产类别	固定资产原值	月折旧率（%）	上月折旧额	上月增加固定资产		上月减少固定资产		本月折旧额
				原值	折旧额	原值	折旧额	
房屋及建筑物	700 000	0.5	3 500					3 500
机器设备	300 000	0.75	2 250	5 000	37.5			2 287.5
运输工具	100 000	1.5	1 500	20 000	300	4 000	60	1 740
其他设备	100 000	0.7	700					700
合计	1 200 000		7 950	25 000	337.5	4 000	60	8 227.5

表6-4　　　　　　　　　　　　固定资产折旧计算汇总表

20××年×月×日　　　　　　　　　　　　　　　　　　　　　　　　　单位：元

使用部门	固定资产类别				合计
	房屋及建筑物	机器设备	运输设备	其他设备	
甲车间	3 500	2 287.5	1 740	700	8 227.5
乙车间	4 700	1 742.5		300	6 742.5
机修车间	1 330	470		1 200	3 000
销售部门	540		460		1 000
管理部门			800		800
合计	10 070	4 500	3 000	2 200	19 770

根据表6-4作计提折旧的分录：

借：制造费用　　　　　　　　　　　　　　　　　　　　　17 970
　　管理费用　　　　　　　　　　　　　　　　　　　　　　　800
　　销售费用　　　　　　　　　　　　　　　　　　　　　 1 000
　贷：累计折旧　　　　　　　　　　　　　　　　　　　　19 770

第五节　固定资产的处置

固定资产处置，包括固定资产的出售、转让、报废和毁损、对外投资、非货币性资产交换、债务重组、捐赠等。固定资产满足下列条件之一的，应当予以终止确认：一是该固定资产处于处置状态；二是该固定资产预期通过使用或处置不能产生经济利益。

出售、报废、毁损、对外投资、非货币性资产交换、债务重组、捐赠等原因转出的固定资产价值以及在清理过程中发生的费用等，均应通过设置"固定资产清理"科目进行核算。该科目核算企业因出售、报废和毁损等原因转入清理的固定资产净值及其在清理过程中所发生的清理费用和收入。本科目借方反映转入清理的固定资产的净值以及发生的清理费用等，贷方反映出售固定资产的价款、残料价值和变价收入以及由保险公司或过失人赔偿的损失等。出售、报废、毁损的固定资产转入清理时，按固定资产账面净值，借记"固定资产清理"科目，按已提折旧，借记"累计折旧"科目，按已提的减值准备，借记"固定资产减值准备"科目，按固定资产原价，贷记"固定资产"科目。

"固定资产清理"科目应按被清理的固定资产设置明细账，进行明细核算。

一、出售、报废、毁损转入清理的固定资产

固定资产经过长时间的使用后，会由于某些原因发生报废或毁损，如使用期满丧失生产能力、遭受意外或责任事故以及由于技术进步必须由先进设备代替等。对报废的固定资产，要经技术部门鉴定，并填制"固定资产报废单"，报经有关部门批准后进行清理。

固定资产出售、报废、毁损的账务处理一般要经过以下步骤：

1. 转入清理时，注销出售、报废、毁损固定资产的原值和已提折旧额，按固定资产净值借记"固定资产清理"科目，按已提折旧，借记"累计折旧"科目，按已提减值准备，借记"固定资产减值准备"科目，按固定资产原价，贷记"固定资产"科目。

2. 支付清理费用。按发生的清理费用和应交税金，借记"固定资产清理"科目，贷记"银行存款""应交税费"等科目。

3. 结转残料价值。按收回的残料价值，借记"原材料"等科目，贷记"固定资产清理"科目。

4. 结转变价收入。按收回出售固定资产收到的变价收入和确定的增值税销项税额，借记"银行存款"等科目，贷记"固定资产清理""应交税费——应交增值税（销项税额）"等科目。

5. 应由保险公司或过失人赔偿的损失，借记"其他应收款"或"银行存款"等科目，贷记"固定资产清理"科目。

6. 结转清理后的净收益或净损失。

如果为出售，其收益借记"固定资产清理"科目，贷记"资产处置损益"科目；其损失应借记"资产处置损益"科目，贷记"固定资产清理"科目。如果为报废、毁损，其收益借记"固定资产清理"科目，贷记"营业外收入——处理固定资产净收益"科

目；其损失借记"营业外支出——处理固定资产损失"科目，贷记"固定资产清理"科目。

【例 6-14】企业将一台不需用的旧机器出售，该机器原值为 60 000 元，已提折旧 20 000 元，已计提的减值准备为 3 500 元。双方议定的售价为 45 000 元，确定的增值税销项税额为 5 850 元，已通过银行收回价款。

(1) 注销固定资产原值和已提折旧额：

借：固定资产清理	36 500
累计折旧	20 000
固定资产减值准备	3 500
贷：固定资产	60 000

(2) 收回出售固定资产的价款：

借：银行存款	50 850
贷：固定资产清理	45 000
应交税费——应交增值税（销项税额）	5 850

(3) 结转固定资产清理后的收益 8 500 元（45 000 - 36 500）：

借：固定资产清理	8 500
贷：资产处置损益	8 500

【例 6-15】企业一台机器设备因责任事故不能继续使用，决定予以报废。该设备原值为 100 000 元，已提折旧 34 000 元，已提减值准备 12 000 元，保险公司应赔偿 45 000 元，款项尚未收到，在清理过程中，通过银行支付清理费用 3 000 元，残料变价收入 8 000 元已存入银行。作如下会计处理：

(1) 注销毁损固定资产的原值和已提折旧额：

借：固定资产清理	54 000
累计折旧	34 000
固定资产减值准备	12 000
贷：固定资产	100 000

(2) 支付清理费用：

借：固定资产清理	3 000
贷：银行存款	3 000

(3) 收回残料变价收入：

借：银行存款	8 000
贷：固定资产清理	8 000

(4) 应由保险公司赔偿的款项：

借：其他应收款——保险公司	45 000
贷：固定资产清理	45 000

(5) 结转清理后的净损失：

借：营业外支出——非常损失   4 000
    贷：固定资产清理   4 000

二、捐赠转出的固定资产

捐赠转出的固定资产，按固定资产净值，借记"固定资产清理"科目，按该项固定资产已提折旧，借记"累计折旧"科目，按该项固定资产已计提的减值准备，借记"固定资产减值准备"科目，按固定资产账面原值，贷记"固定资产"科目；按捐赠转出的固定资产应支付的相关税费，借记"固定资产清理"科目，贷记"银行存款""应交税费"等科目；按"固定资产清理"科目的余额，借记"营业外支出——捐赠支出"科目，贷记"固定资产清理"科目。

【例6-16】某企业将一台机器设备捐赠给甲福利工厂，该机器的账面原价45 000元，已提折旧12 000元，已提减值准备3 000元，以银行存款支付清理费1 000元。作如下会计分录：

借：固定资产清理   30 000
    累计折旧   12 000
    固定资产减值准备   3 000
    贷：固定资产   45 000
借：固定资产清理   1 000
    贷：银行存款   1 000
借：营业外支出——捐赠支出   31 000
    贷：固定资产清理   31 000

三、盘亏固定资产

按规定，企业应当定期对固定资产盘点清查，在编制决算报表前至少要进行一次全面清查。通过固定资产的盘点清查，一方面，可以掌握固定资产的实有数及其分布情况，检查账实是否相符，从而加强对固定资产的管理，保证企业财产的安全完整；另一方面，可以了解固定资产的使用和维护修理情况，检查固定资产有无使用不当或长期闲置等情况，以便充分挖掘企业固定资产的潜力。

对盘亏的固定资产，企业应按盘亏固定资产的账面价值，借记"待处理财产损溢"科目，按已提折旧额借记"累计折旧"科目，按该项固定资产已计提的减值准备，借记"固定资产减值准备"科目，按账面原值贷记"固定资产"科目。在按规定程序批准后，应按盘亏固定资产的原值扣除累计折旧、过失人及保险公司赔偿后的差额借记"营业外支出"科目,同时按过失人及保险公司应赔偿的金额借记"其他应收款"等科目,按盘亏固定资产的净值贷记"待处理财产损溢"科目。

【例 6-17】 企业在财产的盘点清查中,发现盘亏设备一台,账面原值为 9 200 元,已提折旧 5 000 元,已提减值准备为 1 200 元。有关的会计分录如下:

借:待处理财产损溢	3 000
累计折旧	5 000
固定资产减值准备	1 200
贷:固定资产	9 200

经批准,转销盘亏固定资产的净损失:

借:营业外支出——固定资产盘亏	3 000
贷:待处理财产损溢	3 000

第六节　固定资产的后续支出和减值

一、固定资产的后续支出

固定资产后续支出,是指固定资产在使用过程中发生的更新改造支出、修理费用等。

与固定资产有关的更新改造等后续支出,符合固定资产确认条件的,应当计入固定资产成本,同时将被替换部分的账面价值扣除。固定资产发生的可资本化的后续支出,通过"在建工程"科目核算。待固定资产发生的后续支出完工并达到预定可使用状态时,再从在建工程转为固定资产,并按重新确定的使用寿命、预计净残值和折旧方法计提折旧。

与固定资产有关的修理费用等后续支出,不符合固定资产确认条件的,应当根据不同情况分别在发生时计入当期管理费用或销售费用。

（一）技术改造工程

企业的固定资产技术改造工程是指对固定资产的技术改良、装饰、装修等工程。固定资产更新改造支出一般数额较大,受益期较长,而且通常会使固定资产的性能、质量等都有较大的改进。

企业为固定资产产生的支出符合下列条件之一者,应确认为固定资产技术改造支出:(1)使固定资产的使用年限延长;(2)使固定资产的生产能力提高;(3)使产品质量提高;(4)使生产成本降低;(5)使产品品种、性能、规格等发生良好的变化;(6)使企业经营管理环境或条件改善。在会计实务中,技改后的固定资产成本,应按原有固定资产的账面价值减去技改过程中发生的变价收入，加上技改过程中发生的支出，计入技术改造后的固定资产原价。因改良而延长了使用年限的固定资产，应对其原使用年限和折旧率进行调整。

企业进行的技术改造工程所发生的实际成本通过设置"在建工程——技术改造工程"核算。该科目借方反映需要更新改造的固定资产净值以及发生的各项支出，贷方反映工程完工后交付使用的固定资产成本，期末余额表示企业尚未完工的更新改造工程中发生的各项实际支出。该科目按单项工程进行明细核算。

企业交付需进行技术改造的固定资产时，应按其净值借记"在建工程——技术改造工程""累计折旧"等科目，贷记"固定资产"科目；企业进行技术改造工程所领用的工程物资、发生的工程人员的工资、出包工程所支付的工程价款、应由工程负担的借款费用、税金以及其他有关费用，借记"在建工程——技术改造工程"科目，贷记"工程物资""应付职工薪酬""银行存款""长期借款"等科目；工程完工交付使用时，借记"固定资产"等科目，贷记"在建工程——技术改造工程"科目。

【例6-18】某企业对一台未使用设备进行技术改造，准备生产新产品，该设备原价为52 000元，已提折旧12 000元，拆除部分部件变价收入5 000元款项存入银行，支付的拆除费用800元，领用工程物资10 000元，支付安装人员工资23 000元。技改完工交付生产使用。不考虑相关税费，作如下会计分录：

（1）将设备移交改造工程：

借：在建工程——技术改造工程　　　　　　　　　　　40 000
　　累计折旧　　　　　　　　　　　　　　　　　　　12 000
　　　贷：固定资产——未使用固定资产　　　　　　　　　　52000

（2）收到变价收入：

借：银行存款　　　　　　　　　　　　　　　　　　　5 000
　　　贷：在建工程——技术改造工程　　　　　　　　　　　5 000

（3）领用工程物资，支付工资和清理费用：

借：在建工程——技术改造工程　　　　　　　　　　　33 800
　　　贷：工程物资　　　　　　　　　　　　　　　　　　　10 000
　　　　　应付职工薪酬　　　　　　　　　　　　　　　　　23 000
　　　　　银行存款　　　　　　　　　　　　　　　　　　　800

（4）技改工程完工后，经验收合格交付使用：

借：固定资产——生产经营用固定资产　　　　　　　68 800
　　　贷：在建工程——技术改造工程　　　　　　　　　　　68 800

（二）维护和修理

企业的固定资产，由于长期使用、自然侵蚀和意外事故等原因会发生故障或部分损坏，从而影响它的有效使用期限和使用效率。为了保证固定资产的正常生产能力，发挥它应有的工作效能，企业必须加强对固定资产的维护和修理。发生的这些支出只是确保固定资产的正常工作状况，它并不导致固定资产性能的改变或固定资产未来经济效益的增加。

【例 6-19】某企业某月对基本生产车间使用的一台机器设备进行修理，修理过程中领用本企业原材料一批，价值为 35 000 元，应支付修理人员的工资为 12 000 元。不考虑其他相关税费，作如下会计分录：

借：制造费用　　　　　　　　　　　　　　　　　　　　　　47 000
　　贷：原材料　　　　　　　　　　　　　　　　　　　　　　35 000
　　　　应付职工薪酬　　　　　　　　　　　　　　　　　　　12 000

二、固定资产的减值

固定资产减值是指固定资产的可收回金额低于其账面价值。反过来说，如果某项固定资产的可收回金额高于其账面价值，该资产就没有发生减值，不需要确认固定资产减值损失和计提减值准备。可收回金额是指资产的公允价值减去处置费用后的净额与资产预计未来现金流量的现值两者之间较高者。其中，处置费用包括与资产处置有关的法律费用、相关税费、搬运费以及使资产达到可销售状态所发生的直接费用等。

根据我国《企业会计准则第 8 号——资产减值》的有关规定，资产减值是指资产的可收回金额低于其账面价值，包括单项资产和资产组。企业的固定资产应当在期末时按照其账面价值与可收回金额孰低计量，对可收回金额低于账面价值的差额，应当计提固定资产减值准备。如果对于已经发生的固定资产减值损失不加以确认，必将导致固定资产价值的虚夸，也不符合会计核算中的谨慎原则。因此，企业应当在资产负债表日判断资产是否存在可能发生减值的迹象，对于存在减值迹象的资产，应当进行减值测试，计算可收回金额，可收回金额低于账面价值的，应当按照可收回金额低于账面价值的金额，计提减值准备。资产可能发生减值的迹象主要包括以下方面：

（1）固定资产市价在当期大幅下跌，其跌幅大大高于因时间推移或正常使用而预计的下跌，并且预计在近期内不可能恢复；

（2）企业所处经营环境，如技术、市场、经济或法律环境，或者产品的营销市场在当期发生或在近期发生重大变化，并对企业产生负面影响；

（3）同期市场利率或市场的其他投资回报率等大幅提高，从而很可能影响企业计算固定资产可收回金额的折现率，并导致固定资产的可收回金额大幅度降低；

（4）有证据表明，固定资产已经陈旧过时或发生实体损坏；

（5）固定资产已经或者将被闲置终止使用或者计划提前处置；

（6）企业内部报告的证据表明资产的经济绩效已经低于或者将低于预期，如资产所创造的净现金流量或者实现的营业利润（或者亏损）远远低于（或者高于）预计金额等；

(7) 其他有可能表明固定资产已发生减值的迹象。

如果存有下列情况之一的，应当按照该项固定资产的账面净值全额计提固定资产减值准备：

(1) 长期闲置不用，在可预见的未来不会再使用，且已无转让价值的固定资产；

(2) 由于技术进步等原因，已不可使用的固定资产；

(3) 虽然固定资产尚可使用，但使用后产生大量不合格品的固定资产；

(4) 已遭毁损，以至于不再具有使用价值和转让价值的固定资产；

(5) 其他实质上已经不能再给企业带来经济利益的固定资产。

已全额计提减值准备的固定资产，不再计提折旧。企业发生固定资产减值时，借记"资产减值损失"科目，贷记"固定资产减值准备"科目。

【例6-20】假设A公司2023年3月31日，某项设备的账面价值为600 000元，经过测试，该项设备由于技术进步等原因，预计可收回金额为380 000元。以此应确认减值损失220 000元（600 000 - 380 000）。应作会计分录如下：

借：资产减值损失　　　　　　　　　　　　　　　220 000
　　贷：固定资产减值准备　　　　　　　　　　　　220 000

固定资产减值损失一经确认，在以后会计期间不得转回。但是，遇到资产处置、出售、对外投资、以非货币性资产交换方式换出、在债务重组中抵偿债务等情况，同时符合资产终止确认条件的，企业应当将相关资产减值准备予以转销。

思考题与练习题

一、思考题

1. 固定资产具有哪些特点？
2. 固定资产的确认条件有哪些？它是怎样进行分类的？
3. 固定资产的初始计量方法有哪些？
4. 固定资产取得和处置如何进行账务处理？
5. 固定资产出售、报废的账务处理一般要经过几个步骤？
6. 什么是固定资产的折旧？它的实质是什么？
7. 影响固定资产折旧的因素通常有哪些？企业应对哪些固定资产计提折旧？
8. 折旧的计算方法有哪些，各自是怎样计算的？不同折旧方法对企业纳税及现金流动有什么影响？
9. 固定资产后续支出和减值如何核算？

二、练习题

习题一

【目的】通过练习，掌握固定资产增减的账务处理方法。

【资料】中华公司 2023 年 12 月发生如下经济业务：

（1）购入不需要安装的设备一台，价款 28 000 元，增值税额 3 640 元；运输费 5 300 元，增值税额 477 元。款项以银行存款支付。

（2）购入需要安装的机器一台，价款 22 000 元，增值税额 2 860 元，安装费 700 元，款项已用银行存款付讫。在安装过程中，领用材料 1 000 元，发生工资费用 650 元，该设备已投入使用。

（3）从外单位购入已使用过的机床一台，双方协商价格为 45 000 元，交纳增值税 5 850 元，支付安装费 900 元，其中材料费 500 元，工资费用 400 元。

（4）接受外单位投资转入的设备一台，该设备账面原价为 46 000 元，经双方重新评估确认价值为 42 000 元。

（5）接受某公司捐赠汽车一辆，无附带单据，按重置价值估价为 88 000 元，在捐赠中发生费用支出 1 200 元，以银行存款支付。

（6）出售已使用 5 年的机器一台，原值 68 000 元，取得变价收入 16 000 元，账面已提折旧 62 000 元。

（7）企业基本生产车间报废设备一台，经批准后进行清理，该设备原值 54 000 元，使用期限 7 年，已使用 5 年零 8 个月，累计折旧为 48 000 元，支付清理费用 350 元，取得残料作价 700 元。

（8）在财产清查中发现没有入账的设备一台，其重置完全价值为 20 000 元，估计折旧数为 6 000 元。

（9）本月发生固定资产日常维修费 10 000 元。

【要求】根据上述经济业务编制有关会计分录。

习题二

【目的】通过练习，掌握固定资产折旧的计提方法。

【资料】东风公司 2023 年 11 月有关固定资产的资料如表 6-5 所示。

表 6-5　　　　东风公司 2023 年 11 月有关固定资产的资料

使用单位和固定资产的类别	原始价值（元）	预计使用年限（年）	预计残余价值（元）	预计清理费用（元）
基本生产车间：				
厂房	50 000	20	2 400	400
生产设备	300 000	25	32 000	2 000
辅助生产车间：				
厂房	4 000	15	380	130
动力设备	60 000	10	15 000	3 000
企业管理部门：				
房屋	2 000	20	400	160

2023 年 11 月固定资产增减情况：

（1）基本生产车间购入新机床一台，原价为 8 000 元；

（2）由基本生产车间报废旧机床一台，原价为 3 000 元。（以上购入、报废的机床均属于生产设备）

【要求】

（1）根据上述有关资料计算该厂各类固定资产的月折旧额和月折旧率。

（2）根据上述有关资料编制 2023 年 12 月的固定资产折旧计算表。

（3）编制 12 月份计提折旧的会计分录。

习题三

【目的】通过练习，掌握固定资产折旧的计提方法。

【资料】企业有一项固定资产，该固定资产原值为 100 000 元，预计使用年限为 5 年，预计净残值为 2 000 元。

【要求】

（1）计算在采用双倍余额递减法计提折旧时各年的折旧率和折旧额。

（2）计算在采用年数总和法计提折旧时各年的折旧率和折旧额。

第七章

无形资产及其他资产

【本章学习目的】

本章重点理解无形资产的概念。通过本章的学习,掌握无形资产入账价值的确定;掌握无形资产的取得、摊销及转让的账务处理;掌握无形资产减值的账务处理;熟悉长期待摊费用的内容及账务处理;了解无形资产的分类。

第一节 无形资产概述

一、无形资产的基本概念和特征

无形资产是指企业拥有或者控制的没有实物形态的可辨认非货币性资产。与其他资产相比,无形资产一般具有如下主要特征。

(一) 无形资产没有实物形态

无形资产是没有实物形态的非货币性资产。无形资产通常所体现的是一种权力或一种技术。人们通过感觉器官是不能直接触摸或感受到无形资产的存在的。在某些高新科技领域,无形资产往往显得很重要。它没有实物形态,一般却有较高的价值,能提高企业的经济效益,或使企业获取超额收益。某些无形资产的存在要有赖于实物载体。例如,计算机软件需要存储在磁盘中。但这并没有改变无形资产本身不具有实物形态的特性。不具有实物形态是无形资产区别于其他资产的特征之一。这一特征使无形资产的价值确认较为困难,而且其价值损耗只具有无形损耗的形式。

(二) 无形资产属于非货币性长期资产

无形资产没有实物形态,货币性资产如应收款项、银行存款等也没有实物形态。因此,仅仅以无实物形态将无形资产与其他资产加以区分是不够的。无形资产属于非货币性长期资产,主要是因为其能在超过企业的一个经营周期内为企业创造经济利益。那些虽然具有无形资产的其他特性却不能在超过一个经营周期内为企业服务的资产,不能作为企业的无形资产核算。

(三) 无形资产是为企业使用而非出售的资产

企业持有无形资产的目的是用于生产商品或提供劳务、出租给他人，或为了行政管理。这一特征表明无形资产是为企业使用而非为销售所持有的资产。如软件公司开发的、用于对外销售的计算机软件，对于购买方而言属于无形资产，而对于开发商而言却是存货。

(四) 无形资产具有可辨认性

资产满足下列条件之一的，符合无形资产定义中的可辨认性标准：

(1) 能够从企业中分离或者划分出来，并能单独或者与相关合同、资产或负债一起，用于出售、转移、授予许可、租赁或者交换。

(2) 源自合同性权利或其他法定权利，无论这些权利是否可以从企业或其他权利和义务中转移或者分离。

二、无形资产的分类

无形资产可按以下标准进行分类：

(一) 按其取得方式分类

无形资产按其取得方式划分，可分为外部取得的无形资产和内部自创的无形资产。外部取得的无形资产是指企业从外单位或个人购得、通过非货币交易换入、接受投资者投入、通过债务重组取得及接受捐赠取得的无形资产等，如专利权、商标权、土地使用权等。内部自创的无形资产是指企业自行研制开发而取得的无形资产，如企业自行研制开发的专利权、商标权等。

(二) 按其有无限期分类

无形资产按其有无限期划分，可分为使用寿命有限的无形资产和使用寿命不确定的无形资产。使用寿命有限的无形资产是指有法律或合同规定的有效期限的无形资产，如专利权、特许权、商标权等。使用寿命有限的无形资产应进行摊销。使用寿命不确定的无形资产是指法律或合同等没有规定也不能确定其有效期限的无形资产，使用寿命不确定的无形资产不应摊销。

三、无形资产的确认

一般，某项资产被确认为无形资产应同时满足以下条件：

（一）与该无形资产有关的经济利益很可能流入企业

产生的经济利益预期很可能流入企业是资产确认的基本条件。如果某一无形资产产生的经济利益很可能流入企业，并同时满足无形资产确认的其他条件，则企业应将其确认为无形资产。例如，企业外购一项专利权，拥有其法定所有权，则企业的相关权利受到法律的保护，表明企业能够控制该项无形资产所产生的经济利益。如果某一无形资产产生的经济利益预期不能流入企业，就不能确认为企业的无形资产。

在实务工作中，要确定无形资产产生的经济利益是否很可能流入企业，应当对无形资产在预计使用寿命内可能存在的各种经济因素作出合理估计，并且应当有明确证据支持。在进行这种判断时，需要考虑相关的因素。例如，企业是否有足够的人力资源、高素质的管理队伍、相关硬件设备等来配合无形资产为企业创造经济利益。最重要的是应关注外界因素的影响，如是否存在相关的新技术、新产品冲击，与无形资产相关的技术或利用其生产的产品的市场情况等。

（二）该无形资产的成本能够可靠地计量

成本能够可靠地计量是资产确认的另一项基本条件。就无形资产而言，这个条件显得更为重要。例如，一些高科技领域的高科技人才，假定其与企业签订了服务合同，且合同规定其在一定期限内不能为其他企业提供服务。在这种情况下，虽然这些高科技人才的知识在规定的期限内预期能够为企业创造经济利益，但由于这些高科技人才的知识难以准确或合理辨认，加之为形成这些知识所发生的支出难以计量，从而不能作为企业的无形资产加以确认。

第二节 无形资产的内容

无形资产主要包括专利权、非专利技术、商标权、土地使用权、著作权、特许权等。

一、专利权

专利权是指专利注册机构授予发明者或持有者在法定期限内对某一发明创造所拥有的独占权和专有权。专利权的主体是依据专利法被授予专利权的个人或单位，专利权的客体是受专利法保护的专利范围。我国专利法规定的专利权有两种：一种是发明专利权，其有效期限为 20 年；另一种是实用新型和外观设计专利权，其有效期限为 10 年。

期限届满，专利权就自行失效，发明成果可以由社会上任何人自由使用。但在其有效期限内，发明者或持有者将享有专利的独占权，并受法律的保护，任何单位或个人未经允许都不得制造、使用或出售其专利产品。并不是所有的专利权都能给持有者带来经济利益。有的专利可能没有经济价值或具有很小的经济价值，有的专利会被另外更有经济价值的专利所淘汰等。因此，企业不是将其所拥有的一切专利权都予以资本化，作为无形资产核算，只有那些能够给企业带来较大经济价值，并且企业为此花费了支出的专利才能作为无形资产核算。

专利权既可以通过向外界购入取得，也可以通过企业自行研究开发并向专利注册机构申请注册获得。如果专利权是向外界购入取得的，且根据合同规定，一次性支付整笔款项，就应将包括买价、过户费、公证费等计入专利权的成本，予以资本化；如果专利权是通过企业自行研究开发获得的，从理论上讲，与专利权有关的一切支出，包括在研究开发过程中发生的一切支出和申请专利时所发生的费用都应计入专利权的成本。但在会计实务上，自创专利权的成本只包括符合资本化条件的开发阶段的支出和申请专利时发生的登记注册费用、聘请律师费以及其他相关支出。其研究阶段的支出应于发生时计入当期损益。

二、非专利技术

非专利技术即专有技术，或技术秘密、技术诀窍，是指发明人垄断的、不公开的、未申请专利的、能带来经济效益的先进技术诀窍和经验等。非专利技术具有经济性、机密性、动态性等特点。非专利技术主要包括：（1）工业专有技术，指在生产上已经采用，不享有专利权或发明权的生产、装配、修理、工艺或加工方法的技术知识。商业（贸易）专有技术，指具有保密性质的市场情报、原材料价格情报以及用户、竞争对象的情况的有关知识。（2）管理专有技术，指生产组织的经营方式、管理方法、培训职工方法等保密知识。由于非专利技术未经公开也未申请专利权，所以不受法律保护，不是专利法的保护对象，非专利技术持有人通过自我保密的方式维持其独占权。

非专利技术可以是自己开发研究的，也可以是根据合同规定，从外部购入、接受其他单位投资取得的。企业外购取得非专利技术的情况一般较少，因为非专利技术不受法律保护，非专利技术持有者不愿冒泄密的风险。企业接受其他单位投入专有技术的情况一般发生在合资企业，其非专利技术的保密一般由提供非专利技术的一方控制。企业外购或接受其他单位投入非专利技术的会计处理与外购或接受其他单位投入专利权的会计处理相同。如果是企业自己开发研究的，应将符合无形资产准则规定的开发支出资本化条件的，确认为无形资产。对于从外部购入的，应按实际发生的一切支出，予以资本化，作为无形资产处理。非专利技术可以作为资产对外投资，也可以转让。

三、商标权

商标是用来辨认特定的商品或劳务的标记。商标权是指企业专门在某种指定的商品上使用特定的名称、图案、标记的权利。《中华人民共和国商标法》规定，经商标局核准注册的商标为注册商标，商标注册人享有商标专用权，受国家法律保护。商标权的内容包括独占使用权和禁止使用权。商标权的价值在于商标代表了企业的形象，取得信誉的商标能使享有人获得较高的盈利。因为在日益激烈的市场竞争中，商标已成为重要的购物向导，名牌商标产品往往能使企业赢得大量顾客，而且，名牌商标产品一般比没有商标的产品或商标不著名的产品更高的价格出售。

商标可以通过外购、接受投资取得，也可以通过自创取得。企业自创商标权的成本，从理论上讲，应包括从设计到申请取得商标权过程中所发生的一切费用。实际上，商标权的价值要靠企业的有效管理及多年的广告宣传等逐步得到广大消费者的信赖形成。而日常的广告费、宣传费、展览费等已在发生时列作销售费用，计入当期损益，因此，尽管广告的大力宣传树立了有价值的商标权，并可获得一定的未来经济效益，但要确定广告支出中有多少属于形成商标权的价值部分很难。其他单位或个人投入的商标权，应按投资各方确认的价值作为入账价值。

我国《商标法》规定，注册商标的有效期限为 10 年，但同时又规定，期满前企业可依法申请延长注册期。商标延期注册费用也应列入商标权的成本。由于商标权的价值不是靠注册获得的，而要受多种因素的影响，企业的商标权可能在激烈的竞争中被淘汰，变得没有价值，因此商标权的取得成本，应在其经济寿命期内予以摊销。

我国《商标法》规定，商标使用权也可以转让，但受让人必须保证使用该注册商标的产品质量。若购入的商标使用权一次性支付的数额较大，可以予以资本化，作为无形资产处理。外购商标权的成本应包括购入时支付的价款、支付的手续费及其他因受让所发生的费用。

四、土地使用权

在西方国家，土地可以自由买卖，一般作为固定资产处理。而且，由于土地价值一般不会因使用而下降，因此通常不计算折旧。根据我国土地管理法的规定，我国土地实行公有制，任何单位和个人不得侵占、买卖或者以其他形式非法转让土地。国有企业、集体企业等单位可依法取得土地使用权，或将已取得的土地使用权转让。企业取得土地使用权的情况有所不同，有的取得土地使用权时可能不花费任何代价，如企业拥有的并未入账的土地使用权，企业对于这样的土地使用权是不能作为无形资产入账核算的。有的是企业花费了一定的代价取得的，在这种情况下，应将取得时发生的支出资本化，作为土地使用权的成本，记入"无形资产"科目。

企业根据《中华人民共和国城镇国有土地使用权出让和转让暂行条例》，从政府土地管理部门申请取得土地使用权，企业应一次性支付一笔出让金，并予以资本化，作为无形资产核算，开发时再将该土地使用权的账面价值一次计入房地产开发成本。

五、著作权

著作权又称版权，是指著作权人对文学、音乐、戏剧、电影、音像工程设计、自然科学、社会科学等作品依法享有的出版、发行等方面的专有权利。著作权包括人身权利和财产权利。前者包括发表权、署名权、修改权和保护作品完整权；后者指以出版、表演、广播、展览、录制唱片、摄制影片等方式使用作品以及因授权他人使用作品而获得经济利益的权利。我国《著作权法》规定，公民作品的发表权、使用权和获得报酬权的保护期限为作者终生及死亡后50年。著作权的成本，包括支付的稿费或购入作品使用权的支出。著作权可以转让、出售或者赠与。由于著作权的法律有效年限一般都较长，但其经济有效年限一般不延续那么多年，且取得著作权的支出一般都不大，在会计上不需资本化。若从外部购入著作权时，所支付的价款数额较大，应予以资本化，记入"无形资产——著作权"科目，并在其有商业价值的经济有效年限内分期摊销其成本。

六、特许权

特许权，又称经营特许权、专营权，包括政府批准企业在某一地区经营或销售某种商品的权利或企业接受其他企业出让的经营或销售某种商品的权利。前者如由政府机构授权的水、电、邮电通信等专营权、烟草专卖权，等等；后者是指企业间依照签订的合同，使用其他企业的某些权利，如连锁店的分店等。会计上的经营特许权主要是指后一种情况。企业若为取得某种特许经营权支付了款项或耗费了其他经济资源，可予以资本化，按实际成本登记入账，并分期摊销。

第三节 无形资产的核算

为了核算无形资产的取得、摊销和处置等情况，企业应当设置"无形资产""累计摊销""无形资产减值准备"等科目。

"无形资产"科目核算企业持有的无形资产成本的变动情况，借方登记取得无形资产的成本，贷方登记出售无形资产转出的无形资产账面余额，期末借方余额，反映企业无形资产的成本。本科目应按无形资产项目设置明细账，进行明细核算。

"累计摊销"科目核算企业对使用寿命有限的无形资产计提的累计摊销，属于"无形资产"的调整科目，其贷方登记企业计提的无形资产摊销，借方登记处置无形资产转出的累计摊销，期末贷方余额，反映企业无形资产的累计摊销额。

"无形资产减值准备"科目核算企业计提的无形资产的减值准备，属于"无形资产"的调整科目，其贷方登记企业计提的无形资产减值准备，借方登记处置无形资产转销的减值准备，期末贷方余额，反映企业已计提但尚未转销的无形资产减值准备。

一、无形资产的取得

无形资产应当按照成本进行初始计量。企业取得无形资产的主要方式有外购、自行研究开发等。取得的方式不同，其会计处理也有所差别。

（一）外购的无形资产

外购的无形资产，其成本包括购买价款、相关税费以及直接归属于使该项资产达到预定用途所发生的其他支出。企业购入的无形资产，应按实际支付的成本，借记"无形资产"科目，贷记"银行存款"等科目。

【例7-1】志远公司2023年1月1日向宏源公司购入一项专利权，买价为300 000元，支付的注册登记费等费用为10 000元，不考虑相关税费。志远公司应作账务处理如下：

  借：无形资产——专利权   310 000
    贷：银行存款   310 000

【例7-2】宏源公司购入一项非专利技术，支付的买价和有关费用合计600 000元，以银行存款支付，不考虑相关税费。宏源公司应作账务处理如下：

  借：无形资产——非专利技术   600 000
    贷：银行存款   600 000

（二）自行研究开发的无形资产

企业内部研究开发项目所发生的支出应区分研究阶段支出和开发阶段支出，研究阶段的支出，应当于发生时计入当期损益，开发阶段的支出，同时满足下列条件的，才能确认为无形资产：

1.完成该无形资产以使其能够使用或出售在技术上具有可行性。判断无形资产的开发在技术上是否具有可行性，应当以目前阶段的成果为基础，并提供相关证据和材料，证明企业进行开发所需的技术条件等已经具备，不存在技术上的障碍或其他不确定性。比如，企业已经完成了全部计划、设计和测试活动，这些活动是使资产能够达到设计规划书中的功能、特征和技术所必需的活动，或经过专家鉴定等。

2. 具有完成该无形资产并使用或出售的意图。企业能够说明其开发无形资产的目的。

3. 无形资产产生经济利益的方式，包括能够证明运用该无形资产生产的产品存在市场或无形资产自身存在市场，无形资产将在内部使用的，应当证明其有用性。

4. 有足够的技术、财务资源和其他资源支持，以完成该无形资产的开发，并有能力使用或出售该无形资产。企业能够证明无形资产开发所需的技术、财务和其他资源，以及获得这些资源的相关计划。例如，企业自有资金不足以提供支持的，是否存在外部其他方面的资金支持，如银行等金融机构愿意为该无形资产的开发提供所需资金的声明等。

5. 归属于该无形资产开发阶段的支出能够可靠地计量。企业对研究开发的支出应当能够单独核算，例如，直接发生的研发人员工资、材料费，以及相关设备折旧费等能够对象化；同时从事多项研究开发活动的，所发生的支出能够按照合理的标准在各项研究开发活动之间进行分配。研发支出无法明确分配的，应当计入当期损益，不计入开发活动的成本。

企业自行开发无形资产发生的研发支出，不满足资本化条件的，借记"研发支出——费用化支出"科目，满足资本化条件的，借记"研发支出——资本化支出"科目，贷记"原材料""银行存款""应付职工薪酬"等科目。研究开发项目达到预定用途形成无形资产的，应按"研发支出——资本化支出"科目的余额，借记"无形资产"科目，贷记"研发支出——资本化支出"科目。期（月）末，应将"研发支出——费用化支出"科目归集的金额转入"管理费用"科目，借记"管理费用"科目，贷记"研发支出——费用化支出"科目。

【例7-3】宏源公司自行研究、开发一项技术，截至2022年12月31日，发生研发支出合计1 500 000元，经测试该项研发活动完成了研究阶段，从2023年1月1日开始进入开发阶段。2023年发生研发支出200 000元，假定符合无形资产准则规定的开发支出资本化的条件。2023年5月31日，该项研发活动结束，最终开发出一项非专利技术，不考虑相关税费。宏源公司应作账务处理如下：

（1）2022年发生的研发支出：

借：研发支出——费用化支出　　　　　　　　　　　　　1 500 000
　　贷：银行存款等　　　　　　　　　　　　　　　　　　　　1 500 000

（2）2022年12月31日，发生的研发支出全部属于研究阶段的支出：

借：管理费用　　　　　　　　　　　　　　　　　　　　1 500 000
　　贷：研发支出——费用化支出　　　　　　　　　　　　　　1 500 000

（3）2023年，发生开发支出并满足资本化确认条件：

借：研发支出——资本化支出　　　　　　　　　　　　　　200 000

　　　　贷：银行存款　　　　　　　　　　　　　　　　　　　　　　　200 000
（4）2023年5月31日，该技术研发完成并形成无形资产：
　　借：无形资产　　　　　　　　　　　　　　　　　　　　　　　　200 000
　　　　贷：研发支出——资本化支出　　　　　　　　　　　　　　　　200 000

（三）投资者投入的无形资产

其他单位作为资本或者合作条件投入的无形资产，其入账价值一般应以投资各方确认的价值作为入账价值。

【例7-4】甲公司由A公司和B公司两股东共同出资建立，经营一年后，投资者C要求加入甲公司。经协商，A公司和B公司同意投资者C以一项专利权作为投资，三方确认该专利权的价值为50万元。根据投资协议，投资者C出资额45万元，占注册资本的10%，不考虑相关税费。甲公司收到投资者C的出资额时应作账务处理如下：

　　借：无形资产　　　　　　　　　　　　　　　　　　　　　　　　500 000
　　　　贷：实收资本　　　　　　　　　　　　　　　　　　　　　　　450 000
　　　　　　资本公积　　　　　　　　　　　　　　　　　　　　　　　 50 000

二、无形资产的摊销

企业应当于取得无形资产时分析判断其使用寿命。使用寿命有限的无形资产应进行摊销。使用寿命不确定的无形资产不应摊销。

（一）估计无形资产使用寿命应当考虑的相关因素

企业持有的无形资产，通常来源于合同性权利或是其他法定权利，且合同规定或法律规定有明确的使用年限。

（1）来源于合同性权利或其他法定权利的无形资产，其使用寿命不应超过合同性权利或其他法定权利的期限。

（2）如果合同性权利或其他法定权利能够在到期时因续约等延续，且有证据表明企业续约不需要付出大额成本，续约期应当计入使用寿命。

（3）合同或法律没有规定使用寿命的，企业应当综合各方面情况判断，以确定无形资产能为企业带来未来经济利益的期限。例如，与同行业的情况进行比较、参考历史经验，或聘请相关专家进行论证等。

按照上述方法仍无法合理确定无形资产为企业带来经济利益期限的，该项无形资产应作为使用寿命不确定的无形资产。

使用寿命有限的无形资产，其残值应当视为零。但下列情况除外：

（1）有第三方承诺在无形资产使用寿命结束时购买该无形资产；

（2）可以根据活跃市场得到预计残值信息，并且该市场在无形资产使用寿命结束时很可能存在。对于使用寿命有限的无形资产应当自可供使用（即其达到预定用途）当月起开始摊销，处置当月不再摊销。

（二）无形资产摊销方法

无形资产摊销方法包括直线法、生产总量法等。企业选择的无形资产的摊销方法，应当反映与该项无形资产有关的经济利益的预期实现方式。无法可靠确定预期实现方式的，应当采用直线法摊销。

企业应当按月对无形资产进行摊销。无形资产的摊销额一般应当计入当期损益，企业自用的无形资产，其摊销金额计入管理费用；出租的无形资产，其摊销金额计入其他业务成本；某项无形资产包含的经济利益通过所生产的产品或其他资产实现的，其摊销金额应当计入相关资产成本。

【例7-5】接〖例7-1〗假定志远公司该专利权的法定使用年限还剩4年。每月应摊销6 458.33元（310 000÷4÷12），志远公司应作账务处理如下：

借：管理费用——无形资产摊销　　　　　　　　　　　　6 458.33
　　贷：累计摊销　　　　　　　　　　　　　　　　　　　6 458.33

【例7-6】志远公司购买了一项特许权，成本为3 600 000元，合同规定受益年限为10年，志远公司每月应摊销30 000元（3 600 000÷10÷12）。志远公司应作账务处理如下：

（1）购入时：

借：无形资产——特许权　　　　　　　　　　　　　　3 600 000
　　贷：银行存款　　　　　　　　　　　　　　　　　　3 600 000

（2）每月摊销时：

借：管理费用　　　　　　　　　　　　　　　　　　　　30 000
　　贷：累计摊销　　　　　　　　　　　　　　　　　　　30 000

【例7-7】2023年1月1日甲公司将一项专利权出租给乙公司使用，期限5年。2023年12月31日，甲公司收到当年租金收入3万元，增值税销项税额为1 800元。该专利权年摊销额为2.2万元。甲公司应作账务处理如下：

（1）收到租金时：

借：银行存款　　　　　　　　　　　　　　　　　　　　31 800
　　贷：其他业务收入　　　　　　　　　　　　　　　　　30 000
　　　　应交税费——应交增值税（销项税额）　　　　　　1 800

（2）专利权摊销时：

借：其他业务成本　　　　　　　　　　　　　　　　　　22 000
　　贷：累计摊销　　　　　　　　　　　　　　　　　　　22 000

这里需要说明的是企业应当至少于每年年度终了,对使用寿命有限的无形资产的使用寿命及未来经济利益消耗方式进行复核。无形资产的预计使用寿命及未来经济利益的预期消耗方式与以前估计不同的,应当改变摊销期限和摊销方法。企业应当在每个会计期末对使用寿命不确定的无形资产的使用寿命进行复核。如果有证据表明无形资产的使用寿命是有限的,应当估计其使用寿命,并按本准则规定处理。

三、处置无形资产的核算

企业处置无形资产,应当将取得的价款扣除该无形资产账面价值以及出售相关税费后的差额计入资产处置损益。无形资产的账面价值是无形资产账面余额扣减累计摊销和累计减值准备后的金额。

企业处置无形资产时,应按实际收到的金额等,借记"银行存款"等科目,按已计提的累计摊销,借记"累计摊销"科目,按已计提的减值准备,借记"无形资产减值准备"科目,按应支付的相关税费及其他费用,贷记"银行存款""应交税费"等科目,按无形资产账面余额,贷记"无形资产"科目,按其差额,借记或贷记"资产处置损益"科目。

【例7-8】甲公司将其购买的一项专利权转让给乙公司,该专利权的成本为900 000元,已摊销300 000元,确认的增值税为38 400元;实际取得的不含税转让价款为640 000元,款项已存入银行。甲公司应作账务处理如下:

借:银行存款 678 400
　　累计摊销 300 000
　贷:无形资产 900 000
　　　应交税费——应交增值税(销项税额) 38 400
　　　资产处置损益 40 000

四、无形资产的减值

无形资产在资产负债表日存在可能发生减值的迹象时,其可收回金额低于账面价值的,企业应当将该无形资产的账面价值减记至可收回金额,减记的金额确认为减值损失,计入当期损益,同时计提相应的资产减值准备,按应减记的金额,借记"资产减值损失——计提的无形资产减值准备"科目,贷记"无形资产减值准备"科目。无形资产减值损失一经确认,在以后会计期间不得转回。

【例7-9】2022年12月31日,市场上某项技术生产的产品销售势头较好,已对甲公司产品的销售产生重大不利影响。甲公司外购的类似专利技术的账面价值为500 000元,剩余摊销年限为5年,经减值测试,该专利技术的可收回金额为450 000元。

由于该专利权在资产负债表日的账面价值为 500 000 元，可收回金额为 450 000 元，可收回金额低于其账面价值，应按其差额 50 000 元（500 000 - 450 000）计提减值准备。2022 年 12 月 31 日，甲公司应作账务处理如下：

借：资产减值损失——计提的无形资产减值准备　　　　　　50 000
　　贷：无形资产减值准备　　　　　　　　　　　　　　　　50 000

2023 年开始每月应摊销 7 500 元（450 000 ÷ 5 ÷ 12）：

借：管理费用　　　　　　　　　　　　　　　　　　　　　　7 500
　　贷：累计摊销　　　　　　　　　　　　　　　　　　　　 7 500

第四节　其他资产

其他资产是指除货币资金、交易性金融资产、应收及预付款项、存货、长期股权投资、固定资产、无形资产等以外的资产，主要包括长期性质的待摊费用和其他长期资产。

一、长期待摊费用

长期待摊费用是指企业已经发生但应由本期和以后各期负担的分摊期限在 1 年以上的各项费用，包括以租赁方式租入固定资产的改良支出等。

企业以租赁方式租入固定资产的改良支出是指能增加租入固定资产的效用或延长其使用寿命的改装、翻修、改建等支出。应在租赁期限与预计可使用年限两者孰短的期限内平均摊销。

企业应设置"长期待摊费用"科目，核算长期待摊费用的发生、摊销和摊余等情况。其借方登记企业发生的各项长期待摊费用，贷方登记各期摊销转出的各项长期待摊费用，期末借方余额反映企业尚未摊销的各项长期待摊费用的摊余价值。本科目应按费用的种类设置明细科目，进行明细核算。企业发生的长期待摊费用，应借记"长期待摊费用"科目，贷记"银行存款""原材料"等有关科目。摊销长期待摊费用时，借记"管理费用""销售费用"等科目，贷记"长期待摊费用"科目。

【例 7-10】乙公司 2023 年年初向房产开发公司租入一栋办公用房，租期为 5 年。按租赁协议规定，在租期内所有的装修等支出均由该企业负担。从起租日开始，该企业委托某装修公司对办公用房进行装修，共支付各种装修费用 60 万元。乙公司编制会计分录如下：

（1）支付装修费用时：

借：长期待摊费用　　　　　　　　　　　　　　　　　　　600 000

贷：银行存款		600 000

（2）每月摊销时：

借：管理费用		10 000
贷：长期待摊费用		10 000

二、其他长期资产

其他长期资产一般主要包括特种储备物资、银行冻结存款、冻结物资和诉讼中的财产等。特种储备物资是指经国家批准的在正常范围以外储备的、具有专门用途、不参加生产经营周转的物资。银行冻结存款是指被银行冻结，不能支取的存款。冻结物资是指由于某种原因，被冻结不能正常处置的资产。诉讼中的财产是指由于发生产权纠纷，进入司法程序后被法院认定为涉及诉讼、尚未判定所有权归属的资产。

思考题与练习题

一、思考题

1. 什么是无形资产？无形资产一般具有哪些特征？
2. 无形资产的入账价值如何确定？
3. 为什么企业内部研究开发项目研究阶段的支出，应当于发生时计入当期损益？
4. 企业内部研究开发项目开发阶段的支出，应当具备哪些条件可确认为无形资产的成本？
5. 确定无形资产的摊销期限时应考虑哪些因素？无形资产的成本如何摊销？
6. 长期待摊费用主要核算哪些内容？

二、练习题

习题一

【目的】通过练习，掌握无形资产的账务处理。

【资料】

1. 甲公司决定，从 A 公司引进 M 项非专利技术，作价 960 000 元，增值税额为 57 600 元。

2. B 研究所以 N 项专利权向甲公司投资，双方作价 240 000 元，增值税额为 14 400 元，作为该研究所的投入资本。

3. 经研究决定，上述 M 项非专利技术摊销期限为 10 年，N 项专利权摊销期限为 10 年，从使用月份开始按月摊销。

4. 假设甲公司将取得的 N 项专利权使用 2 年后又转让给其他单位，取得价款 200 000 元存入银行，增值税额为 12 000 元。

【要求】

(1) 根据资料 1 和 2，编制甲公司取得非专利技术和专利权的会计分录；

(2) 根据资料 3，计算非专利技术和专利权的每月摊销额，并编制本月摊销的会计分录；

(3) 根据资料 4，作出取得转让专利权价款的会计分录，并计算和结转转让成本。

习题二

【目的】通过练习，掌握自行研发无形资产的账务处理。

【资料】甲公司自行研究、开发一项技术，截至 2022 年 12 月 31 日，发生研发支出合计 4 500 000 元，经测试该项研发活动完成了研究阶段，从 2023 年 1 月 1 日开始进入开发阶段。2023 年发生研发支出 500 000 元，假定符合无形资产准则规定的开发支出资本化的条件。2023 年 7 月 31 日，该项研发活动结束，最终开发出一项非专利技术。预计使用寿命 8 年。

【要求】作出甲公司的有关账务处理。

习题三

【目的】通过练习，掌握无形资产的取得、摊销、处置的账务处理。

【资料】甲公司将其购买的一项专利权转让给乙公司，该专利权的成本为 1 200 000 元，预计使用寿命 10 年，已摊销 360 000 元，适用的增值税税率为 6%，实际取得的转让价款为 900 000 元，款项已存入银行。

【要求】作出甲公司的有关账务处理。

习题四

【目的】通过练习，掌握无形资产减值的账务处理。

【资料】2020 年 1 月 1 日，甲企业外购 A 无形资产，实际支付的价款为 2 400 000 元。根据相关法律，A 无形资产的有效年限为 10 年，购入时已使用 2 年。2022 年 12 月 31 日，由于与 A 无形资产相关的经济因素发生不利变化，致使 A 无形资产发生减值。甲企业估计其可收回金额为 1 200 000 元。

【要求】

(1) 编制甲公司取得 A 无形资产的会计分录；

(2) 计算甲公司 2021 年、2022 年 A 无形资产每月应摊销的数额，并编制会计分录；

(3) 编制甲公司 2022 年年末计提无形资产减值准备的会计分录；

(4) 计算甲公司 2023 年 A 无形资产每月应摊销的数额，并编制会计分录。

第八章

非货币性资产交换

【本章学习目的】

通过本章的学习，理解非货币性资产交换的概念和确认条件；分别掌握具有商业实质且公允价值能够可靠计量的非货币性资产交换的会计处理和不具有商业实质或公允价值不能够可靠计量的非货币性资产交换的会计处理。

第一节 非货币性资产交换概述

一、非货币性资产交换的概念及特征

非货币性资产交换是指交易双方主要以存货、固定资产、无形资产和长期股权投资等非货币性资产进行的交换。非货币性资产交换不涉及或只涉及少量的货币性资产（即补价）。其中，货币性资产，是指企业持有的货币资金和将以固定或可确定的金额收取的资产，包括现金、银行存款、应收账款和应收票据以及准备持有至到期的债券投资等。非货币性资产是指货币性资产以外的资产，包括存货、固定资产、无形资产、长期股权投资、不准备持有至到期的债券投资等。

非货币性资产有别于货币性资产的最基本特征是，其在将来为企业带来的经济利益，即货币金额是不固定的或不可确定的。例如，企业持有固定资产的主要目的是用于生产经营，通过折旧方式将其磨损价值转移到成本费用中去，然后通过产品销售获利，固定资产在将来为企业带来的经济利益即货币金额，是不固定的或不可确定的，因此固定资产属于非货币性资产。

《企业会计准则第7号——非货币性资产交换》规定，认定涉及少量货币性资产的交换为非货币性资产交换，通常以补价占整个资产交换金额的比例低于25%作为参考，即支付的货币性资产占换入资产公允价值（或占换出资产公允价值与支付的货币性资产之和）的比例，或者收到的货币性资产占换出资产公允价值（或占换入资产公允价值和收到的货币性资产之和）的比例低于25%的，视为非货币性资产交换；高于25%（含25%）的，视为货币性资产交换。

实际工作中，交易双方通过非货币性资产交换，一方面可以满足各自生产经营的需要，另一方面可以在一定程度上减少货币性资产的流出。如甲企业需要一项乙企业拥有

的设备，乙企业需要甲企业生产的产品作为原材料，甲企业和乙企业双方就可能会出现非货币性资产交换的交易行为，同时也在一定程度上减少货币性资产的流出。

在企业合并、债务重组中取得的非货币性资产，其成本确定分别在《企业会计准则第20号——企业合并》和《企业会计准则第12号——债务重组》中规范；企业以发行股票形式取得的非货币性资产，其成本确定在《企业会计准则第37号——金融工具列报》中规范。

二、非货币性资产交换的确认和计量

在进行非货币性资产交换的情况下，《企业会计准则第7号——非货币性资产交换》规定有以下两种确定换入资产成本的计量基础和交换所产生损益的确认原则。

（一）公允价值

非货币性资产交换同时满足下列两个条件的，应当以公允价值和应支付的相关税费作为换入资产的成本，公允价值与换出资产账面价值的差额计入当期损益。

1. 该项交换具有商业实质；
2. 换入资产或换出资产的公允价值能够可靠地计量。

资产存在活跃市场，是资产公允价值能够可靠计量的明显证据，但不是唯一要求。属于以下三种情形之一的，公允价值视为能够可靠计量：

（1）换入资产或换出资产存在活跃市场。

（2）换入资产或换出资产不存在活跃市场，但同类或类似资产存在活跃市场。

（3）换入资产或换出资产不存在同类或类似资产的可比市场交易，应当采用估值技术确定其公允价值。采用估值技术确定的公允价值必须符合以下条件之一，视为能够可靠计量：第一，采用估值技术确定的公允价值估计数的变动区间很小；第二，在公允价值估计数变动区间内，各种用于确定公允价值估计数的概率能够合理确定。

换入资产和换出资产公允价值均能够可靠计量的，应当以换出资产公允价值作为确定换入资产成本的基础。一般来说，取得资产的成本应当按照所放弃资产的对价来确定，在非货币性资产交换中，换出资产就是放弃的对价。如果其公允价值能够可靠计量并确定，应当优先考虑按照换出资产的公允价值作为确定换入资产成本的基础；如果有确凿证据证明换入资产的公允价值更加可靠的，应当以换入资产公允价值为基础确定换入资产的成本。

（二）账面价值

不具有商业实质或者虽然具有商业实质但交换所涉及的换入资产和换出资产的公允价值均不能可靠计量的非货币性资产交换，应当按照换出资产的账面价值和应支付的相关税费,作为换入资产的成本,无论是否支付补价,均不确认损益;收到或支付的补价作为确定换入资产成本的调整因素。

三、商业实质的判断

企业发生的非货币性资产交换,符合下列条件之一的,视为具有商业实质。

（一）换入资产的未来现金流量在风险、时间和金额方面与换出资产显著不同

换入资产的未来现金流量在风险、时间和金额方面与换出资产显著不同,通常包括以下几种情况：

1. 未来现金流量的风险、金额相同,时间不同。此种情形是指换入资产和换出资产产生的未来现金流量总额相同,获得这些现金流量的风险相同,但现金流量流入企业的时间不同。比如,甲公司以一批存货换入一项设备,因存货流动性强,能够在较短的时间内产生现金流量,设备作为固定资产要在较长的时间内为企业带来现金流量,两者产生现金流量的时间相差较大,则可以判断上述存货与固定资产的未来现金流量显著不同,因而该两项资产的交换具有商业实质。

2. 未来现金流量的时间、金额相同,风险不同。此种情形是指换入资产和换出资产产生的未来现金流量时间和金额相同,但企业获得这些现金流量的不确定性程度存在显著不同。比如,某企业以其不准备持有至到期的国库券换入一幢房屋以备出租,该企业预计未来每年收到的国库券利息与房屋租金在金额和流入时间上相同,但是国库券利息通常风险很小,租金的取得需要依赖于承租人的财务及信用情况等,两者现金流量的风险或不确定性程度存在明显差异。上述国库券与房屋的未来现金流量在风险方面显著不同。

3. 未来现金流量的风险、时间相同,金额不同。此种情形是指换入资产和换出资产产生的现金流量总额相同,预计为企业带来现金流量的时间跨度相同,风险也相同,但各年产生的现金流量金额存在明显差异。比如,某企业以一项商标权换入另一企业的一项专利技术,预计两项无形资产的使用寿命相同,在使用寿命内预计为企业带来的现金流量总额相同,但是换入的专利技术是新开发的,预计开始阶段产生的未来现金流量明显少于后期,而该企业拥有的商标每年产生的现金流量比较均衡,两者产生的现金流量金额差异明显,则上述商标权与专利技术的未来现金流量显著不同,因而该两项资产的交换具有商业实质。

（二）换入资产与换出资产的预计未来现金流量现值不同,且其差额与换入资产和换出资产的公允价值相比是重大的

企业如按照上述第1项条件难以判断某项非货币性资产交换是否具有商业实质,可

根据第 2 项条件，通过计算换入资产和换出资产的预计未来现金流量现值，进行比较后判断。其中，资产预计未来现金流量的现值，应当按照资产在持续使用过程和最终处置时预计产生的税后未来现金流量，根据企业自身而不是市场参与者对资产特定风险的评价，选择恰当的折现率对预计未来现金流量折现后的金额加以确定。

例如，甲企业以一项专利权换入乙企业拥有的长期股权投资，假定从市场参与者来看，该项专利权与该项长期股权投资的公允价值相同，两项资产未来现金流量的风险、时间和金额也相同，但是对甲企业来讲，换入该项长期股权投资使该企业对被投资方由重大影响变为控制关系，从而对甲企业产生的预计未来现金流量现值与换出的专利权有较大差异；乙企业换入的专利权能够解决生产中的技术难题，从而对乙企业产生的预计未来现金流量现值与换出的长期股权投资有明显差异，因而该两项资产的交换具有商业实质。

不满足上述任何一项条件的非货币性资产交换，通常则认为不具有商业实质。

第二节　非货币性资产交换以公允价值计量的会计处理

非货币性资产交换具有商业实质且公允价值能够可靠计量的，应以换出资产的公允价值和应支付的相关税费作为换入资产的成本，公允价值与换出资产账面价值的差额计入当期损益，除非有确凿证据证明换入资产的公允价值更加可靠的，应当以换入资产公允价值为基础确定换入资产的成本。

一、不涉及补价的会计处理

在以公允价值计量的情况下，不论是否涉及补价，只要换出资产的公允价值与其账面价值不相同，就一定会涉及损益的确认，因为非货币性资产交换损益实质是处置换出资产的损益，即换出资产的公允价值与换出资产的账面价值之间的差额，通过非货币性资产交换予以实现。

非货币性资产交换的会计处理，根据换出资产的类别不同而有所区别：换出资产为存货的，应按收入准则规定处理；换出资产为固定资产、无形资产的，换出资产公允价值和换出资产账面价值的差额，计入资产处置损益；换出资产为长期股权投资的，换出资产公允价值和换出资产账面价值的差额，计入投资收益。

换入资产与换出资产涉及相关税费的，按照相关税收规定计算确定。

【例 8-1】2023 年 10 月，甲公司以生产经营过程中使用的一台设备交换乙公司生产的一批商品，换入的商品作为原材料核算。甲公司设备的账面原价为 380 万元，在交换日的累计折旧为 130 万元，已为该项设备计提资产减值准备 10 万元，公允价值为 200

万元（不含增值税）。乙公司商品的账面价值为 170 万元，在交换日的公允价值为 200 万元（不含增值税），计税价格等于公允价值。乙公司换入甲公司的设备用于生产经营。甲、乙公司均为一般纳税人，适用的增值税税率为 13%。甲公司整个交易过程中，除支付清理费 10 000 元外，没有发生其他相关税费。乙公司此前没有为库存商品计提存货跌价准备，其在整个交易过程中没有发生除增值税以外的其他税费。甲、乙公司不存在关联方关系，交易价格公允。

甲公司的账务处理如下：

借：原材料 2 000 000
　　应交税费——应交增值税（进项税额） 260 000
　贷：固定资产清理 2 000 000
　　　应交税费——应交增值税（销项税额） 260 000

借：固定资产清理 2 400 000
　　累计折旧 1 300 000
　　固定资产减值准备 100 000
　贷：固定资产 3 800 000

借：固定资产清理 10 000
　贷：银行存款 10 000

借：资产处置损益 410 000
　贷：固定资产清理 410 000

乙公司的账务处理如下：

换出商品的增值税销项税额为 2 000 000×13%＝260 000（元）

借：固定资产 2 000 000
　　应交税费——应交增值税（进项税额） 260 000
　贷：主营业务收入 2 000 000
　　　应交税费——应交增值税（销项税额） 260 000

借：主营业务成本 1 700 000
　贷：库存商品 1 700 000

【例 8-2】甲公司决定以一台非生产经营用设备交换乙公司一项专利权，甲公司的设备账面原值为 468 000 元，已提折旧 240 000 元，未提减值准备，公允价值为 200 000 元，适用的增值税税率为 13%。乙公司专利权的账面原价为 260 000 元，已累计摊销 30 000 元，已提减值准备 4 000 元，公允价值为 200 000 元，适用的增值税税率为 6%。甲、乙公司不存在关联方关系，交易价格公允。

分析：该项资产交换没有涉及收付货币性资产，因此属于非货币性资产交换。

甲公司的账务处理如下：

借：累计折旧 240 000

固定资产清理		228 000
贷：固定资产		468 000
借：无形资产		214 000
应交税费——应交增值税（进项税额）		12 000
贷：固定资产清理		200 000
应交税费——应交增值税（销项税额）		26 000
借：资产处置损益		28 000
贷：固定资产清理		28 000

乙公司的账务处理如下：

借：固定资产		186 000
应交税费——应交增值税（进项税额）		26 000
累计摊销		30 000
无形资产减值准备		4 000
资产处置损益		26 000
贷：无形资产		260 000
应交税费——应交增值税（销项税额）		12 000

【例 8-3】为了提高产品质量，甲公司以其持有的对丙公司的长期股权投资交换乙公司拥有的一项专利技术。在交换日，甲公司持有的长期股权投资账面余额为850万元，已计提长期股权投资减值准备为80万元，在交换日的公允价值为700万元；乙公司专利技术的账面原价为900万元，已累计摊销182万元，已计提减值准备为40万元，在交换日的公允价值为700万元。乙公司原已持有对丙公司的长期股权投资，从甲公司换入对丙公司的长期股权投资后，使丙公司成为乙公司的联营企业。税务机关核定乙公司转让专利技术适用的增值税税率为6%。假设整个交易过程中没有发生其他相关税费，甲、乙公司不存在关联方关系，交易价格公允。

分析：该项资产交换没有涉及收付货币性资产，因此属于非货币性资产交换。

甲公司的账务处理如下：

借：无形资产——专利权		6 580 000
应交税费——应交增值税（进项税额）		420 000
长期股权投资减值准备		800 000
投资收益		700 000
贷：长期股权投资		8 500 000

乙公司的账务处理如下：

借：长期股权投资		7 420 000
累计摊销		1 820 000
无形资产减值准备		400 000

贷：无形资产——专利权	9 000 000
应交税费——应交增值税（销项税额）	420 000
资产处理损益	220 000

二、涉及补价的会计处理

在以公允价值计量的情况下，发生补价的，支付补价方和收到补价方应当分别情况处理：

1. 支付补价方应当以换出资产的公允价值加上支付的补价和应支付的相关税费，作为换入资产的成本；换出资产的公允价值与其账面价值之间的差额计入当期损益。

2. 收到补价方应当以换出资产的公允价值减去补价加上应支付的相关税费，作为换入资产的成本；换出资产的公允价值与其账面价值之间的差额计入当期损益。

【例 8-4】甲公司以其使用中的账面价值为 140 万元（原价为 160 万元，累计折旧为 20 万元，未计提减值准备）的一台非生产设备换入乙公司生产的一批钢材，钢材的账面价值为 100 万元。甲公司换入钢材作为原材料用于生产产品，乙公司换入设备作为固定资产管理。设备的公允价值为 150 万元，钢材的公允价值为 120 万元（不含增值税）。乙公司另支付 33.9 万元给甲公司，其中包含由于换入换出资产公允价值不同而支付的补价 30 万元，以及换入换出资产进项税额的差异 3.9 万元。甲公司和乙公司均为增值税一般纳税人，适用的增值税税率均为 13%，计税价格等于公允价值。假设甲、乙公司不存在关联方关系，交易价格公允，交易过程除增值税以外无其他税费。

分析：该项交换交易涉及补价，且补价所占比例分别如下：

甲公司：收到的补价 33.9 万元 ÷ 换出资产公允价值 169.5 万元 = 20% < 25%

乙公司：支付补价 33.9 万元 ÷ 换入资产公允价值 169.5 万元 = 20% < 25%

由于该项交易所涉及的补价占交换的资产价值的比例低于 25%，甲、乙公司不存在关联方关系，该项交易属于具有商业实质且公允价值能够可靠计量、涉及补价的非货币性资产交换。

甲公司的账务处理如下：

换入钢材的成本 = 150 - 30 = 120（万元）

借：固定资产清理	1 400 000
累计折旧	200 000
贷：固定资产	1 600 000
借：原材料	1 200 000
应交税费——应交增值税（进项税额）	156 000
银行存款	339 000
贷：固定资产清理	1 500 000

应交税费——应交增值税（销项税额）	195 000
借：固定资产清理	100 000
贷：资产处置损益	100 000

乙公司的账务处理如下：

借：固定资产	1 500 000
应交税费——应交增值税（进项税额）	195 000
贷：主营业务收入	1 200 000
应交税费——应交增值税（销项税额）	156 000
银行存款	339 000
借：主营业务成本	1 000 000
贷：库存商品	1 000 000

第三节　非货币性资产交换以换出资产账面价值计量的会计处理

一、不涉及补价的会计处理

非货币性资产交换不具有商业实质，或者虽然具有商业实质但换入资产和换出资产的公允价值均不能可靠计量的，应当以换出资产账面价值为基础确定换入资产成本，无论是否支付补价，均不确认损益。在不涉及补价情况下，企业换入的资产一般按换出资产的账面价值加上应支付的相关税费，作为换入资产的实际成本。

【例8-5】甲公司将拥有的账面原价300万元，已计提折旧120万元的一台专有设备与乙公司拥有的一项账面价值160万元的长期股权投资进行交换，两项资产均未计提减值准备。专有设备的公允价值不能可靠计量；乙公司拥有的长期股权投资在活跃市场中没有报价，其公允价值也不能可靠计量。双方商定，根据两项资产账面价值的情况成交，不支付补价。假定交易中没有涉及相关税费。

甲公司的账务处理如下：

借：固定资产清理	1 800 000
累计折旧	1 200 000
贷：固定资产——专有设备	3 000 000
借：长期股权投资	1 800 000
贷：固定资产清理	1 800 000

乙公司的账务处理如下：

借：固定资产——专有设备	1 600 000
贷：长期股权投资	1 600 000

二、涉及补价的会计处理

非货币性资产交换不具有商业实质，或者虽然具有商业实质但换入资产和换出资产的公允价值均不能可靠计量的，在涉及补价的情况下，换入资产的入账价值应分别确定：

支付补价的企业，按换出资产账面价值加上支付的补价和应支付的相关税费，作为换入资产的入账价值。其计算公式为：

换入资产入账价值 = 换出资产账面价值 + 支付的补价 + 应支付的相关税费

收到补价的企业，按换出资产账面价值，减去收到的补价加上应支付的相关税费，作为换入资产的入账价值。其计算公式为：

换入资产入账价值 = 换出资产账面价值 − 补价 + 应支付的相关税费

【例8-6】 甲公司为乙公司的母公司。甲公司以其离主要生产基地较远的仓库与离甲公司主要生产基地较近的乙公司的办公楼交换。甲公司换入的办公楼作为办公用房，甲公司换出仓库的账面原价为590万元，已提折旧为100万元；乙公司换出办公楼的账面原价为650万元，已提折旧为150万元。甲公司另支付补价10万元给乙公司。假定交易不考虑相关税费。假设甲公司换入和换出资产的公允价值不能可靠计量，甲公司未对换出固定资产计提减值准备。问甲公司应如何进行账务处理？

分析：甲公司为乙公司的母公司，甲公司以其仓库与乙公司的办公楼交换，换入、换出资产的公允价值均不能可靠计量，只能按照账面价值计量；同时，在此交易中涉及少量的货币性资产，即支付补价10万元。甲公司换入办公楼的入账价值应为换出仓库的账面价值加上支付的补价和相关税费的金额。则甲公司的账务处理如下：

(1) 将固定资产净值转入固定资产清理：

借：固定资产清理		4 900 000
累计折旧		1 000 000
贷：固定资产		5 900 000

(2) 换入办公楼的入账价值 = 490 + 10 = 500（万元）：

借：固定资产——办公楼		5 000 000
贷：固定资产清理		4 900 000
银行存款		100 000

思考题与练习题

一、思考题

1. 哪些资产属于非货币性资产？

2. 什么是商业实质？判断是否具有商业实质的主要依据有哪些？

3. 具有商业实质且公允价值能够可靠计量的非货币性资产交换，应当如何确定换入资产的入账价值？

二、练习题

习题一

【目的】通过练习，掌握以公允价值计量不涉及补价的非货币性资产交换的会计处理。

【资料】2023年3月，甲公司以生产经营过程中使用的一台设备交换乙公司生产的一批商品，换入的商品作为原材料核算。甲公司设备的账面原价为190万元，在交换日的累计折旧为70万元，已为该项设备计提资产减值准备10万元，公允价值为100万元（不含增值税）。乙公司商品的账面价值为90万元，在交换日的公允价值为100万元（不含增值税），计税价格等于公允价值。乙公司换入甲公司的设备用于生产经营。甲、乙公司均为一般纳税人，适用的增值税税率为13%。甲公司整个交易过程中，没有发生其他相关税费。乙公司此前没有为库存商品计提存货跌价准备。甲、乙公司不存在关联方关系，交易价格公允。

【要求】根据上述资料分别为甲、乙公司作出账务处理。

习题二

【目的】通过练习，掌握以公允价值计量涉及补价的非货币性资产交换的会计处理。

【资料】为了提高产品质量，甲公司以其持有的对丙公司的长期股权投资交换乙公司拥有的一项生产设备。在交换日，甲公司持有的长期股权投资账面余额为640万元，已计提长期股权投资减值准备为30万元，在交换日的公允价值为630万元；乙公司设备的账面原价为840万元，已提折旧210万元，已计提减值准备为20万元，在交换日的公允价值为600万元、增值税额为78万元。甲公司支付给乙公司48万元，假设甲、乙公司不存在关联方关系，交易价格公允。

【要求】根据上述资料分别为甲、乙公司作出账务处理。

习题三

【目的】通过练习，掌握以换出资产账面价值计量的非货币性资产交换的会计处理。

【资料】甲公司决定以一台设备交换乙公司一项专利权，甲公司的设备账面原值为520 000元，已提折旧180 000元，未提减值准备。乙公司专利权的账面原价为430 000元，已累计摊销55 000元，未提减值准备。假定该机器设备和专利权的公允价值均不能可靠计量，假定双方商定，甲公司支付给乙公司30 000元成交。不考虑相关税费。

【要求】根据上述资料分别为甲、乙公司作出账务处理。

第九章

流动负债

【本章学习目的】

通过本章的学习，了解流动负债的概念及其内容；掌握应付账款和应付票据的确认、计量和账务处理；熟悉职工薪酬的概念及其内容；掌握职工薪酬的确认、计量和账务处理；熟悉企业应交税费的主要内容；掌握应交增值税、消费税等各税的账务处理；掌握短期借款、预收款项等其他流动项目的确认、计量和账务处理；熟悉债务重组的概念和方式，不同债务重组方式下债务人和债权人的会计处理。

第一节 应付账款和应付票据的核算

一、应付账款的核算

（一）应付账款的确认与计量

应付账款是指因购买材料、商品或接受劳务供应等而发生的债务。这种负债通常是由于交易双方在商品购销和提供劳务等活动中由于取得物资或接受劳务与支付价款在时间上不一致而产生的。

应付账款入账时间的确定，应以所购买物资的所有权转移或接受劳务已发生为标志。但在实际商品购销活动中，可以区别以下两种情况分别进行处理：

（1）在物资和发票账单同时到达的情况下，要区分两种情况处理：如果物资验收入库的同时支付货款，则不通过"应付账款"科目核算；如果物资验收入库后仍未付款，则按发票账单登记入账。按发票账单登记入账主要是为了确认所购入的物资是否在质量、数量和品种上都与合同上订明的条件相符。

（2）在物资和发票账单不是同时到达的情况下，也要区分两种情况处理：在发票账单已到、物资未到的情况下，应当直接根据发票账单支付物资价款和运杂费，计入有关物资的成本和"应付账款"（未能及时支付货款时），不需要按照应付债务估计入账；在物资已到、发票账单未到也无法确定实际成本的情况下，在月度终了，需要按照所购物资和应付债务估计入账，待下月初再用红字予以冲回。

应付账款一般按应付金额入账，而不按到期应付金额的现值入账。应付账款一般在较短期限内支付,但有时应付账款由于债权单位撤销或其他原因而无法支付,无法支付的应付款项直接转入营业外收入。

(二) 应付账款的核算

为了总括反映和监督企业因购买材料、商品和接受劳务供应等产生的债务及其偿还情况,企业应设置"应付账款"科目。该科目贷方登记企业购买材料、商品、接受劳务供应的应付而未付的款项;借方登记偿还的应付账款以及用商业汇票抵付的应付账款;期末贷方余额反映尚未偿还或抵付的应付账款。该科目应按债权人设置明细账。

企业购入材料、商品等时,若货款尚未支付,根据有关凭证(发票账单、随货同行发票上记载的实际价款或暂估价值),借记"材料采购""在途物资"等科目,按可抵扣的增值税额,借记"应交税费——应交增值税(进项税额)"等科目,按应付的价款,贷记"应付账款"科目。

企业接受供应单位提供劳务而发生的应付未付款项,根据供应单位的发票账单,借记"生产成本""管理费用"等科目,贷记"应付账款"科目。

企业开出承兑商业汇票抵付应付账款,借记"应付账款"科目,贷记"应付票据"科目。

企业偿付应付款时,借记"应付账款"科目,贷记"银行存款"科目。

企业将应付账款划转出去或者确实无法支付的应付账款,应按其账面余额,借记"应付账款"科目,贷记"营业外收入——其他"科目。

【例9-1】阳光公司向A公司购入材料一批,价款50 000元,增值税税率13%。材料已验收入库,货款暂欠。阳光公司应作如下会计处理:

(1) 购入材料时:

借:原材料　　　　　　　　　　　　　　　　　　　　　50 000
　　应交税费——应交增值税(进项税额)　　　　　　　　6 500
　　　贷:应付账款——A公司　　　　　　　　　　　　　　56 500

(2) 付款时:

借:应付账款——A公司　　　　　　　　　　　　　　　56 500
　　贷:银行存款　　　　　　　　　　　　　　　　　　　56 500

二、应付票据的核算

(一) 应付票据的概念

应付票据是由出票人出票,委托付款人在指定日期无条件支付确定的金额给收款人或者持票人的票据。应付票据也是委托付款人允诺在一定时期内支付一定款额的书面证明。应付票据与应付账款不同,虽然都是由于交易而引起的流动负债,但应付账款是尚未结清的债务,而应付票据是一种期票,是延期付款的证明,有承诺付款的票据作为凭据。

(二) 应付票据的核算

为了反映企业购买材料、商品和接受劳务供应等而开出承兑商业汇票的情况,企业应设置"应付票据"科目。该科目贷方登记开出的商业汇票面值和应计利息,借方登记支付票据的款项,期末贷方余额反映企业开出的尚未到期的应付票据本息。

1. 企业开出承兑商业汇票或以承兑商业汇票抵付货款、应付账款时,借记"材料采购""在途物资""库存商品""应付账款""应交税费——应交增值税(进项税额)"等科目,贷记"应付票据"科目。

2. 支付银行承兑汇票的手续费,借记"财务费用"科目,贷记"银行存款"科目。收到银行支付到期票据的付款通知,借记"应付票据"科目,贷记"银行存款"科目。

3. 企业开出的商业汇票到期时,按票据账面金额,借记"应付票据"科目,贷记"银行存款"科目。

4. 应付票据到期,如企业无力支付票款,如为商业承兑汇票,按应付票据的账面金额,借记"应付票据"科目,贷记"应付账款"科目;如为银行承兑汇票,则借记"应付票据"科目,贷记"短期借款"科目。

企业应当设置"应付票据备查簿",详细登记每一笔应付票据的种类、号数、签发日期、到期日、票面金额、票面利率、合同交易号、收款人姓名或单位名称,以及付款日期和金额等资料。应付票据到期结清时,应当在备查簿内逐笔注销。

【例 9-2】某公司 2023 年 2 月 1 日购入一批价格为 300 000 元的商品(尚未验收入库),收到增值税专用发票一张,注明增值税额 39 000 元;同时出具了一张期限为 3 个月的商业汇票。根据上述资料,该公司应作如下会计处理:

(1) 2023 年 2 月 1 日购入商品时:

借:在途物资 300 000
    应交税费——应交增值税(进项税额) 39 000
    贷:应付票据 339 000

(2) 假定 2023 年 5 月 1 日到期付款时:

借:应付票据 339 000
    贷:银行存款 339 000

(3) 假定 2023 年 5 月 1 日到期无力付款时:

① 如为商业承兑汇票时:

借:应付票据 339 000
    贷:应付账款 339 000

② 如为银行承兑汇票时:

借:应付票据 339 000

　　　　贷：短期借款　　　　　　　　　　　　　　　　　　　　339 000

第二节　应付职工薪酬的核算

一、职工薪酬及其内容

　　职工薪酬是指企业为获得职工提供的服务或解除劳动关系而给予的各种形式的报酬或补偿。也就是说，职工薪酬是指企业在职工在职期间和离职后提供的全部货币性薪酬和非货币性福利，包括提供给职工本人的薪酬，以及提供给职工配偶、子女或其他被赡养人的福利等。

　　我国《企业会计准则第9号——职工薪酬》规定，职工薪酬包括以下内容：（1）短期薪酬，是指企业在职工提供相关服务的年度报告期间结束后12个月内需要全部予以支付的职工薪酬，因解除与职工的劳动关系给予的补偿除外。短期薪酬具体包括：职工工资、奖金、津贴和补贴，职工福利费，医疗保险费和工伤保险费等社会保险费，住房公积金，工会经费和职工教育经费，短期带薪缺勤，短期利润分享计划，非货币性福利以及其他短期薪酬。（2）离职后福利，是指企业为获得职工提供的服务而在职工退休或与企业解除劳动关系后，提供的各种形式的报酬和福利，短期薪酬和辞退福利除外。企业应当将离职后福利计划分类为设定提存计划和设定受益计划。其中，设定提存计划，是指向独立的基金缴存固定费用后，企业不再承担进一步支付义务的离职后福利计划；设定受益计划，是指除设定提存计划以外的离职后福利计划。我国企业为职工交纳的基本养老保险、补充养老保险、失业保险，企业承担的义务仅限于按照相关规定标准提取的金额，属于设定提存计划。（3）辞退福利，是指企业在职工劳动合同到期之前解除与职工的劳动关系，或者为鼓励职工自愿接受裁减而给予职工的补偿。（4）其他长期职工福利，是指除短期薪酬、离职后福利、辞退福利之外所有的职工薪酬，包括长期带薪缺勤、长期残疾福利、长期利润分享计划等。

　　需要注意的是：

　　1. 职工薪酬中的"职工"是指与企业订立劳动合同的所有人员，含全职、兼职和临时职工；也包括虽未与企业订立劳动合同但由企业正式任命的人员，如董事会成员、监事会成员等；还包括在企业的计划和控制下，虽与企业未订立劳动合同或企业未正式任命，但为企业提供与职工类似服务的人员，包括通过企业与劳务中介公司签订用工合同而向企业提供服务的人员。

　　2. 职工薪酬中的"离职后福利"包括基本养老保险费和补充养老保险费等。其中，基本养老保险费的提取比例一般不超过企业工资总额的20%（包括划入个人账户的部分）；补充养老保险每年缴费不超过本企业上年度职工工资总额的1/12，企业和职工个人合计一般不超过本企业上年度职工工资总额的 1/6。企业按规定缴费后形成的企业年金基金的核算，应执行《企业会计准则第 10 号——企业年金基金》。

3. 职工薪酬中的"非货币性福利"包括企业以自产产品或外购商品发放给职工作为福利、将企业拥有的资产无偿提供给职工使用、为职工无偿提供医疗保健服务等。

4. 职工薪酬中的"辞退福利"包括两个方面的内容：（1）在职工劳动合同尚未到期前，不论职工本人是否愿意，企业决定解除与职工的劳动关系而给予的补偿；（2）在职工劳动合同尚未到期前，为鼓励职工自愿接受裁减而给予的补偿，职工有权选择继续在职或接受补偿离职。

辞退福利通常采取在解除劳动关系时一次性支付补偿的方式，也有通过提高退休后养老金或其他离职后福利标准的方式，或者将职工薪酬的工资部分支付到辞退后未来某一期间。

5. 企业以购买商业保险形式提供给职工的各种保险待遇亦属于职工薪酬。

6. 企业对职工的股份支付也属于职工薪酬，但由于其以权益工具的公允价值为基础进行计量，因此应执行《企业会计准则第 11 号——股份支付》。

二、应付职工薪酬的确认和计量

（一）短期薪酬

企业应当在职工为其提供服务的会计期间，将实际发生的短期薪酬确认为负债，并计入相关资产成本或当期费用。其中：（1）应由生产产品、提供劳务负担的职工薪酬，计入产品成本或劳务成本。（2）应由在建工程、无形资产负担的职工薪酬，计入建造固定资产或无形资产成本。（3）上述（1）和（2）之外的其他职工薪酬，计入当期损益。

企业发生的职工福利费，应当在实际发生时根据实际发生额计入当期损益或相关资产成本。职工福利费为非货币性福利的，应当按照公允价值计量。（1）企业以其自产产品或外购商品作为非货币性福利发放给职工的，应当根据受益对象，按照该产品或商品的公允价值，计入相关资产成本或当期损益，同时确认应付职工薪酬。（2）将企业拥有的住房等资产无偿提供给职工使用的，应当根据受益对象，将该住房每期应计提的折旧计入相关资产成本或费用，同时确认应付职工薪酬。租赁住房等资产供职工无偿使用的，应当根据受益对象，将每期应付的租金计入相关资产成本或费用，并确认应付职工薪酬。难以认定受益对象的非货币性福利，直接计入管理费用和应付职工薪酬。

企业为职工交纳的医疗保险费、工伤保险费等社会保险费和住房公积金，以及按规定提取的工会经费和职工教育经费，应当在职工为其提供服务的会计期间，根据规定的计提基础和计提比例计算确定相应的职工薪酬金额，并确认相应负债，计入当期损益或相关资产成本。

带薪缺勤分为累积带薪缺勤和非累积带薪缺勤。企业应当在职工提供服务从而增加了其未来享有的带薪缺勤权利时，确认与累积带薪缺勤相关的职工薪酬，并以累积未行使权利而增加的预期支付金额计量。企业应当在职工实际发生缺勤的会计期间确认与非累积带薪缺勤相关的职工薪酬。累积带薪缺勤，是指带薪缺勤权利可以结转下期的带薪缺勤，本期尚未用完的带薪缺勤权利可以在未来期间使用。非累积带薪缺勤，是指带薪缺勤权利不能结转下期的带薪缺勤，本期尚未用完的带薪缺勤权利将予以取消，并且职工离开企业时也无权获得现金支付。

（二）离职后福利

1. 设定提存计划。企业应当在职工为其提供服务的会计期间，将根据设定提存计划计算的应缴存金额确认为负债，并计入当期损益或相关资产成本。

根据设定提存计划，预期不会在职工提供相关服务的年度报告期结束后 12 个月内支付全部应缴存金额的，企业应当将全部应缴存金额以折现后的金额计入应付职工薪酬。

2. 设定受益计划。企业应当将福利归属于提供设定受益计划的义务发生的期间。这一期间是指从职工提供服务以获取企业在未来报告期间预计支付的设定受益计划福利开始，至职工的继续服务不会导致这一福利金额显著增加之日止。

所有设定受益计划义务应予以折现，包括预期在职工提供服务的年度报告期间结束后的 12 个月内支付的义务。折现时所采用的折现率应当根据资产负债表日与设定受益计划义务期限和币种相匹配的国债或活跃市场上的高质量公司债券的市场收益率确定。

（三）辞退福利

企业向职工提供辞退福利包括两方面内容：一是在职工劳动合同尚未到期前，不论职工本人是否愿意，企业决定解除与职工的劳动关系而给予的补偿。二是在职工劳动合同尚未到期前，为鼓励员工自愿接受裁减而给予的补偿。职工有权利选择继续在职或接受补偿离职。企业应当在下列两者孰早日确认辞退福利产生的职工薪酬负债，并计入当期损益：（1）企业不能单方面撤回因解除劳动关系计划或裁减建议所提供的辞退福利时。（2）企业确认与涉及支付辞退福利的重组相关的成本或费用时。

职工虽然没有与企业解除劳动合同，但未来不再为企业带来经济利益，企业承诺提供实质上具有辞退福利性质的经济补偿，比照解除劳动关系补偿处理。

企业应当按照辞退计划条款的规定，合理预计并确认辞退福利产生的应付职工薪酬。辞退福利预期在其确认的年度报告期结束后 12 个月内完全支付的，应当适用短期薪酬的相关规定；辞退福利预期在年度报告期结束后 12 个月内不能完全支付的，应当适用其他长期职工福利的有关规定。

（四）其他长期职工福利

其他长期职工福利，是指除短期薪酬、离职后福利、辞退福利之外所有的职工薪酬，包括长期带薪缺勤、长期残疾福利、长期利润分享计划等。企业应按照与其他长期职工福利期限或币种相匹配的国债或活跃市场上的高质量公司债券的市场收益率将其他长期职工福利负债进行折现，但为了简化会计处理，将相关金额一并计入当期损益或相关资产成本。

三、应付职工薪酬的账务处理

企业应设置"应付职工薪酬"科目核算企业根据有关规定应付给职工的各种薪酬，贷方登记本月实际发生的应付职工薪酬总额，即应付职工薪酬的分配数，借方登记本月实际支付的各种应付职工薪酬，期末贷方余额反映企业尚未支付的应付职工薪酬。该科目应当按照"工资""职工福利""社会保险费""住房公积金""工会经费""职工教育经费""非货币性福利""辞退福利""股份支付"等应付职工薪酬项目进行明细核算。

（一）企业根据职工提供服务的受益对象对发生的职工薪酬的账务处理

生产部门人员的职工薪酬，借记"生产成本""制造费用"科目，贷记"应付职工薪酬"科目。

管理部门人员的职工薪酬，借记"管理费用"科目，贷记"应付职工薪酬"科目。

销售人员的职工薪酬，借记"销售费用"科目，贷记"应付职工薪酬"科目。

应由在建工程、研发支出负担的职工薪酬，借记"在建工程""研发支出"科目，贷记"应付职工薪酬"科目。

因解除与职工的劳动关系给予的补偿，借记"管理费用"科目，贷记"应付职工薪酬"科目。

在等待期内每个资产负债表日，根据股份支付准则确定的金额，借记"管理费用"等科目，贷记"应付职工薪酬"科目。

在可行权日之后，根据股份支付准则确定的金额，借记或贷记"公允价值变动损益"科目，贷记或借记"应付职工薪酬"科目。

（二）企业支付应付职工薪酬时的账务处理

企业按照有关规定向职工支付工资、奖金、津贴等，借记"应付职工薪酬"科目，贷记"银行存款""现金"等科目。

企业从应付职工薪酬中扣还的各种款项（代垫的家属药费、个人所得税等），借记

"应付职工薪酬"科目,贷记"其他应收款""应交税费——应交个人所得税"等科目。

企业向职工支付职工福利费,借记"应付职工薪酬"科目,贷记"银行存款""库存现金"等科目。

企业支付工会经费和职工教育经费用于工会运作和职工培训,借记"应付职工薪酬"科目,贷记"银行存款"等科目。

企业按照国家有关规定缴纳社会保险费和住房公积金,借记"应付职工薪酬"科目,贷记"银行存款"科目。

企业因解除与职工的劳动关系向职工给予的补偿,借记"应付职工薪酬"科目,贷记"银行存款""库存现金"等科目。

在行权日,企业以现金与职工结算股份支付,借记"应付职工薪酬"科目,贷记"银行存款""库存现金"等科目。

【例9-3】某公司本月应付职工薪酬总额为205 000元,其中,车间生产工人工资155 000元,车间管理人员工资20 000元,厂部行政管理人员工资20 000元,从事专项工程人员工资10 000元。该公司月末应进行如下的会计处理:

借:生产成本	155 000
制造费用	20 000
管理费用	20 000
在建工程	10 000
贷:应付职工薪酬——工资	205 000

该公司以银行存款实际发放时,应编制如下会计分录:

借:应付职工薪酬——工资	205 000
贷:银行存款	205 000

【例9-4】接〖例9-3〗,假定该公司按照职工工资总额的12%计提基本养老保险费,缴存当地社会保险经办机构。经计算,本月缴存的基本养老保险费应计入生产成本的金额为18 600元,应计入制造费用的金额为2 400元,应计入管理费用的金额为2 400元,应计入在建工程的金额为1 200元。该公司应作如下会计处理:

借:生产成本	18 600
制造费用	2 400
管理费用	2 400
在建工程	1 200
贷:应付职工薪酬——设定提存计划	24 600

【例9-5】ABC公司为一家家用电器制造企业,2023年9月,为了能够在下一年度顺利实施转产,公司管理层制订了一项辞退计划,拟从2024年1月1日起,以职工自愿方式辞退其甲生产车间职工。辞退计划的详细内容均已与职工沟通,并达成一致意见。辞退计划已于当年12月10日经董事会正式批准,并将于下一个年度内实施完毕。计划

的详细内容如表 9-1 所示。

表 9-1　　　　　　　　　ABC 公司 2023 年辞退计划一览

所属部门	职位	辞退数量（人）	工龄（年）	每人补偿（万元）
甲车间	车间主任、副主任	10	1～10	15
			10～20	20
			20～30	25
	高级技工	50	1～10	10
			10～20	15
			20～30	20
	一般技工	100	1～10	5
			10～20	10
			20～30	15
合　计		160		

2023 年 12 月 31 日，企业预计各级别职工中，拟接受辞退职工数量的最佳估计数（最可能发生数）及其应支付的补偿如表 9-2 所示。

表 9-2　　　　　　　　ABC 公司 2023 年辞退职工数及应支付补偿

所属部门	职位	辞退数量（人）	工龄（年）	接受数量（人）	每人补偿额	补偿金额
甲车间	车间主任、副主任	10	1～10	5	15	75
			10～20	2	20	40
			20～30	1	25	25
	高级技工	50	1～10	20	10	200
			10～20	10	15	150
			20～30	5	20	100
	一般技工	100	1～10	50	5	250
			10～20	20	10	200
			20～30	10	15	150
合　计		160		123		1 190

根据表 9-2 数据，愿意接受辞退职工的最可能数量为 123 名，预计补偿总额为 1 190 万元，则企业在 2023 年（辞退计划是 2023 年 12 月 10 日由董事会批准）应作如下会计处理：

　　借：管理费用　　　　　　　　　　　　　　　　　　　　　　　11 900 000
　　　　贷：应付职工薪酬——辞退福利　　　　　　　　　　　　　　　　11 900 000

【例 9-6】丁公司共有 1 000 名职工，该公司实行累积带薪缺勤制度。该制度规定，每个职工每年可享受 5 个工作日带薪病假,未使用的病假只能向后结转一个日历年度,超过 1 年未使用的权利作废,不能在职工离开公司时获得现金支付;职工休病假是以后进先出为基础,即首先从当年可享受的权利中扣除,再从上年结转的带薪病假余额中扣除;职工离开公司时,公司对职工未使用的累积带薪病假不支付现金。

2022 年 12 月 31 日,每个职工当年平均未使用带薪病假为 2 天。根据过去的经验并预期该经验将继续适用,丁公司预计 2023 年有 950 名职工将享受不超过 5 天的带薪病假,剩余 50 名职工每人将平均享受 6 天半病假,假定这 50 名职工全部为总部各部门经理,该公司平均每名职工每个工作日工资为 300 元。

丁公司在 2022 年 12 月 31 日应当预计由于职工累积未使用的带薪病假权利而导致的预期支付的追加金额,即相当于 75 天(50×1.5 天)的病假工资 22 500 元(75×300),并作如下会计处理:

借:管理费用 22 500
  贷:应付职工薪酬——累积带薪缺勤 22 500

假定 2023 年 12 月 31 日,上述 50 名部门经理中有 40 名享受了 6 天半病假,并随同正常工资以银行存款支付。另有 10 名只享受了 5 天病假,由于该公司的带薪缺勤制度规定,未使用的权利只能结转一年,超过 1 年未使用的权利将作废。2023 年,丁公司应作如下会计处理:

借:应付职工薪酬——累积带薪缺勤 18 000
  贷:银行存款 18 000
借:应付职工薪酬——累积带薪缺勤 4 500
  贷:管理费用 4 500

【例 9-7】某公司于 2023 年初制订一项短期利润分享计划,规定公司全年的净利润指标为 2 000 万元,如果公司管理层实际完成净利润超过 2 000 万元,可以分享超过部分 10% 的部分作为额外报酬。假定 2023 年公司实际完成净利润 2 500 万元,则管理层可以分享的利润为 50 万元 [(2 500-2 000)×10%]。该公司 2023 年末应作如下会计处理:

借:管理费用 500 000
  贷:应付职工薪酬——利润分享计划 500 000

四、非货币性福利的账务处理

企业以其自产产品作为非货币性福利发放给职工的,应当根据受益对象,按照该产品的公允价值,借记"管理费用""生产成本""制造费用"等科目,贷记"应付职工薪酬"科目。发放非货币性福利时,借记"应付职工薪酬"科目,贷记"主营业务收入"科目,同时,还应结转产成品的成本。涉及增值税销项税额的,还应进行相应的处理。

无偿向职工提供住房等资产使用的，按应计提的折旧额，借记"管理费用"等科目，贷记"应付职工薪酬"科目；同时，借记"应付职工薪酬"科目，贷记"累计折旧"科目。

租赁住房等资产供职工无偿使用的，按每期应支付的租金，借记"管理费用"等科目，贷记"应付职工薪酬"科目。企业支付租赁住房等资产供职工无偿使用所发生的租金，借记"应付职工薪酬"科目，贷记"银行存款"等科目。

【例9-8】 甲公司为一家彩电生产企业，共有职工200名，2023年2月，公司以其生产的每台成本为1 000元的电视机作为福利发放给公司每名职工。该型号电视机的售价为每台1 400元，适用的增值税税率为13%。假定公司职工中170名为直接参加生产的人员，30名为总部管理人员。该公司此项职工福利应作如下会计处理：

电视机的增值税销项税额 = 170 × 1 400 × 13% + 30 × 1 400 × 13%

$\qquad$ = 30 940 + 5 460 = 36 400（元）

借：生产成本	268 940
管理费用	47 460
贷：应付职工薪酬——非货币性福利	316 400
借：应付职工薪酬——非货币性福利	316 400
贷：主营业务收入	280 000
应交税费——应交增值税（销项税额）	36 400
借：主营业务成本	200 000
贷：库存商品	200 000

五、应付职工薪酬的信息披露

在资产负债表中，应当根据应支付的职工薪酬负债的流动性分类列示。短期薪酬、离职后福利中的设定提存计划负债、其他长期职工福利中的符合设定提存计划条件的负债、辞退福利中将于资产负债表日后12个月内支付的部分应当在资产负债表的流动负债项下"应付职工薪酬"项目中列示。辞退福利中将于资产负债表日起12个月之后支付的部分，离职后福利中的设定受益计划负债、其他长期职工福利中的符合设定受益计划条件的净负债应当在资产负债表中的非流动负债项下单独列示。

第三节　应交税费的核算

企业作为商品生产和经营者，必须按照国家税法规定履行纳税义务，对其经营所得依法交纳各种税费。这些应交的税费应按权责发生制原则进行确认和计量，在尚未交纳之前暂时留在企业，形成一项流动负债。

为了总括地反映和监督企业应交税费的计算和交纳情况，应设置"应交税费"科目，并按具体税费项目设置明细科目进行明细核算。该科目的贷方登记应交纳的各种税费，借方登记已交纳的各种税费，期末贷方余额反映尚未交纳的税费；期末如为借方余额反映多交或尚未抵扣的税费。"应交税费"科目核算的税费项目包括增值税、消费税、资源税、土地增值税、城市维护建设税、房产税、城镇土地使用税、车船税、教育费附加、矿产资源补偿费、保险保障基金、企业所得税、个人所得税等。不需要预计应交数所交纳的税金，如印花税、耕地占用税、车辆购置税无须通过该科目核算。

一、增值税

（一）一般纳税企业账务处理

1. 税额计算。增值税纳税人分为一般纳税人和小规模纳税人，增值税的计税方法包括一般计税方法和简易计税方法。应税行为的年应征增值税销售额超过财政部和国家税务总局规定标准的纳税人为一般纳税人，未超过规定标准的纳税人为小规模纳税人；一般纳税人发生应税行为适用一般计税方法计税，小规模纳税人发生应税行为适用简易计税方法计税。一般纳税人发生财政部和国家税务总局规定的特定应税行为，可以选择适用简易计税方法计税，但一经选择，36个月内不得变更。

一般计税方法的应纳税额，是指当期销项税额抵扣当期进项税额后的余额。当期销项税额小于当期进项税额不足抵扣时，其不足部分可以结转下期继续抵扣。

$$应纳税额 = 当期销项税额 - 当期进项税额$$

公式中的"当期销项税额"，是指纳税人发生应税行为按照销售额和增值税税率计算并收取的增值税额。其中，销售额是指纳税人销售货物、加工修理修配劳务、服务、无形资产和不动产向购买方收取的全部价款和价外费用，但是不包括销项税额。当期销项税额计算公式：

$$销项税额 = 销售额 \times 税率$$

公式中的"当期进项税额"，是指纳税人购进货物、加工修理修配劳务、服务、无形资产或者不动产，支付或者负担的增值税额。下列进项税额准予从销项税额中抵扣：（1）从销售方取得的增值税专用发票上注明的增值税额（含税控机动车）；（2）从海关取得的海关进口增值税专用缴款书上注明的增值税额；（3）购进农产品，除取得增值税专用发票或者海关进口增值税专用缴款书外，按照农产品收购发票或者销售发票上注明的农产品买价和10%的扣除率计算的进项税额，如用于生产销售或委托加工13%税率的农产品、按照农产品收购发票或者销售发票上注明的农产品买价和10%的扣除率计算的进项税额;(4)自境外单位或者个人购进服务、无形资产或者不动产,从税务机关或者扣缴义务人取得的代扣代缴税款的完税凭证上注明的增值税额;(5)一般纳税人支付的道路、桥、闸通行费,凭取得的通行费发票上注明的收费金额和规定的方法计算的可抵扣的增值税进项税额。

纳税人取得的增值税扣税凭证不符合法律、行政法规或者国家税务总局有关规定的,其进项税额不得从销项税额中抵扣。增值税扣税凭证,是指增值税专用发票、海关进口增值税专用缴款书、农产品收购发票、农产品销售发票和完税凭证。纳税人凭完税凭证抵扣进项税额的,应当具备书面合同、付款证明和境外单位的对账单或者发票。资料不全的,其进项税额不得从销项税额中抵扣。

简易计税方法的应纳税额,是指按照销售额和增值税征收率计算的增值税额,不得抵扣进项税额。应纳税额计算公式:

$$应纳税额 = 销售额 \times 征收率$$

简易计税方法的销售额不包括其应纳税额,纳税人采用销售额和应纳税额合并定价方法的,按照下列公式计算销售额:销售额 = 含税销售额 ÷ (1 + 征收率)

一般纳税人采用的税率分别为13%、9%、6%和零税率,采用简易计税方式的增值税征收率为3%,国家另有规定的除外。

2. 科目设置。增值税一般纳税人应当在"应交税费"科目下设置"应交增值税""未交增值税""预交增值税""待抵扣进项税额""待认证进项税额""待转销项税额""增值税留抵税额""简易计税""转让金融商品应交增值税""代扣代缴增值税"等明细科目。

(1)"应交增值税"明细科目,核算一般纳税人进项税额、销项税额抵减、已交税金、转出未交增值税、减免税款、出口抵减内销产品应纳税额、销项税额、出口退税、进项税额转出、转出多交增值税等情况。该明细账设置以下专栏:

①"进项税额"专栏,记录一般纳税人购进货物、加工修理修配劳务、服务、无形资产或不动产而支付或负担的、准予从当期销项税额中抵扣的增值税额;②"销项税额抵减"专栏,记录一般纳税人按照现行增值税制度规定因扣减销售额而减少的销项税额;③"已交税金"专栏,记录一般纳税人当月已交纳的应交增值税额;④"转出未交增值税"和"转出多交增值税"专栏,分别记录一般纳税人月度终了转出当月应交未交或多交的增值税额;⑤"减免税款"专栏,记录一般纳税人按现行增值税制度规定准予减免的增值税额;⑥"出口抵减内销产品应纳税额"专栏,记录实行"免、抵、退"办法的一般纳税人按规定计算的出口货物的进项税抵减内销产品的应纳税额;⑦"销项税额"专栏,记录一般纳税人销售货物、加工修理修配劳务、服务、无形资产或不动产应收取的增值税额;⑧"出口退税"专栏,记录一般纳税人出口货物、加工修理修配劳务、服务、无形资产按规定退回的增值税额;⑨"进项税额转出"专栏,记录一般纳税人购进货物、加工修理修配劳务、服务、无形资产或不动产等发生非正常损失以及其他

原因而不应从销项税额中抵扣、按规定转出的进项税额。

（2）"未交增值税"明细科目，核算一般纳税人月度终了从"应交增值税"或"预交增值税"明细科目转入当月应交未交、多交或预交的增值税额，以及当月交纳以前期间未交的增值税额。

（3）"预交增值税"明细科目，核算一般纳税人转让不动产、提供不动产经营租赁服务、提供建筑服务、采用预收款方式销售自行开发的房地产项目等，以及其他按现行增值税制度规定应预交的增值税额。

（4）"待抵扣进项税额"明细科目，核算一般纳税人已取得增值税扣税凭证并经税务机关认证，按照现行增值税制度规定准予以后期间从销项税额中抵扣的进项税额。

（5）"待认证进项税额"明细科目，核算一般纳税人由于未经税务机关认证而不得从当期销项税额中抵扣的进项税额。包括：一般纳税人已取得增值税扣税凭证、按照现行增值税制度规定准予从销项税额中抵扣，但尚未经税务机关认证的进项税额；一般纳税人已申请稽核但尚未取得稽核相符结果的海关缴款书进项税额。

（6）"待转销项税额"明细科目，核算一般纳税人销售货物、加工修理修配劳务、服务、无形资产或不动产，已确认相关收入（或利得）但尚未发生增值税纳税义务而需于以后期间确认为销项税额的增值税额。

（7）"简易计税"明细科目，核算一般纳税人采用简易计税方法发生的增值税计提、扣减、预缴、缴纳等业务。

（8）"转让金融商品应交增值税"明细科目，核算增值税纳税人转让金融商品发生的增值税额。

（9）"代扣代缴增值税"明细科目，核算纳税人购进在境内未设经营机构的境外单位或个人在境内的应税行为代扣代缴的增值税。

3. 账务处理。

（1）一般购销业务的账务处理。

① 企业采购货物、接受应税劳务等要进行增值税进项税额的核算。一般纳税人购进货物、加工修理修配劳务、服务、无形资产或不动产，按应计入相关成本费用或资产的金额，借记"在途物资""原材料""库存商品""生产成本""无形资产""固定资产""管理费用"等科目；按当月已认证的可抵扣增值税额，借记"应交税费——应交增值税（进项税额）"科目；按当月未认证的可抵扣增值税额，借记"应交税费——待认证进项税额"科目；按应付或实际支付的金额，贷记"应付账款""应付票据""银行存款"等科目。发生退货的，如原增值税专用发票已做认证，应根据税务机关开具的红字增值税专用发票作相反的会计分录；如原增值税专用发票未作认证，应将发票退回并作相反的会计分录。

② 企业销售货物或提供应税劳务等要进行增值税销项税额的核算。企业销售货物、加工修理修配劳务、服务、无形资产或不动产，应当按应收或已收的金额，借记"应收

账款""应收票据""银行存款"等科目;按取得的收入金额,贷记"主营业务收入""其他业务收入""固定资产清理""工程结算"等科目;按现行增值税制度规定计算的销项税额(或采用简易计税方法计算的应纳增值税额),贷记"应交税费——应交增值税(销项税额)"或"应交税费——简易计税"科目(小规模纳税人应贷记"应交税费——应交增值税"科目)。发生销售退回的,应根据按规定开具的红字增值税专用发票作相反的会计分录。

按照国家统一的会计制度确认收入或利得的时点早于按照增值税制度确认增值税纳税义务发生时点的,应将相关销项税额记入"应交税费——待转销项税额"科目,待实际发生纳税义务时再转入"应交税费——应交增值税(销项税额)"或"应交税费——简易计税"科目。

按照增值税制度确认增值税纳税义务发生时点早于按照国家统一的会计制度确认收入或利得的时点的,应将应纳增值税额,借记"应收账款"科目,贷记"应交税费——应交增值税(销项税额)"或"应交税费——简易计税"科目;按照国家统一的会计制度确认收入或利得时,应按扣除增值税销项税额后的金额确认收入。

【例9-9】某一般纳税企业购入原材料一批,增值税专用发票上注明的原材料价款60万元,增值税额为7.8万元。货款已经支付,材料已到达并验收入库。该企业当期销售产品不含税收入为120万元,货款尚未收到。假如该产品适用的增值税税率为13%,不缴纳消费税。

根据上述经济业务,企业应作如下会计处理:

购入原材料时:

借:原材料	600 000
应交税费——应交增值税(进项税额)	78 000
贷:银行存款	678 000

销售产品时:

销项税额=120×13%=15.6(万元)

借:应收账款	1 356 000
贷:主营业务收入	1 200 000
应交税费——应交增值税(销项税额)	156 000

(2)购入免税农产品的账务处理。购入免税农产品可以按买价和规定的扣除率计算进项税额,并准予从销项税额中扣除。这里的买价是指企业购进免税农产品支付给农业生产者的价款。按购进免税农产品使用的经主管税务机关批准的收购凭证上注明的金额(买价),扣除依规定的扣除率计算的进项税额,作为购进农产品的成本,借记"材料采购""库存商品"等科目;按计算的进项税额,借记"应交税费——应交增值税(进项税额)"科目;按应付或实际支付的价款,贷记"银行存款""应付账款""应付票据"等科目。

【例9-10】某一般纳税企业收购农产品一批,适用扣除率为10%,实际支付的价款为200万元,收购的农产品已入库。企业应作如下会计处理:

进项税额 = 200 × 10% = 20(万元)

借:原材料　　　　　　　　　　　　　　　　　　　　　　1 800 000
　　应交税费——应交增值税(进项税额)　　　　　　　　　　 200 000
　　贷:银行存款　　　　　　　　　　　　　　　　　　　　　2 000 000

(3)进项税额抵扣情况发生改变的账务处理。因发生非正常损失或改变用途等,原已计入进项税额、待抵扣进项税额或待认证进项税额,但按现行增值税制度规定不得从销项税额中抵扣的,借记"待处理财产损溢""应付职工薪酬""固定资产""无形资产"等科目,贷记"应交税费——应交增值税(进项税额转出)""应交税费——待抵扣进项税额"或"应交税费——待认证进项税额"科目;原不得抵扣且未抵扣进项税额的固定资产、无形资产等,因改变用途等用于允许抵扣进项税额的应税项目的,应按允许抵扣的进项税额,借记"应交税费——应交增值税(进项税额)"科目,贷记"固定资产""无形资产"等科目。固定资产、无形资产等经上述调整后,应按调整后的账面价值在剩余尚可使用寿命内计提折旧或摊销。

(4)采购等业务进项税额不得抵扣的账务处理。一般纳税人购进货物、加工修理修配劳务、服务、无形资产或不动产,用于简易计税方法计税项目、免征增值税项目、集体福利或个人消费等,其进项税额按照现行增值税制度规定不得从销项税额中抵扣的,取得增值税专用发票时,应借记相关成本费用或资产科目,借记"应交税费——待认证进项税额"科目,贷记"银行存款""应付账款"等科目,经税务机关认证后,应借记相关成本费用或资产科目,贷记"应交税费——应交增值税(进项税额转出)"科目。

(5)视同销售的账务处理。企业发生税法上视同销售的行为,应当按照企业会计准则制度相关规定进行相应的会计处理,并按照现行增值税制度规定计算的销项税额(或采用简易计税方法计算的应纳增值税额),借记"应付职工薪酬""利润分配"等科目,贷记"应交税费——应交增值税(销项税额)"或"应交税费——简易计税"科目(小规模纳税人应记入"应交税费——应交增值税"科目)。

(6)月末转出多交增值税和未交增值税的账务处理。月度终了,企业应当将当月应交未交或多交的增值税自"应交增值税"明细科目转入"未交增值税"明细科目。对于当月应交未交的增值税,借记"应交税费——应交增值税(转出未交增值税)"科目,贷记"应交税费——未交增值税"科目;对于当月多交的增值税,借记"应交税费——未交增值税"科目,贷记"应交税费——应交增值税(转出多交增值税)"科目。

(7)交纳增值税的账务处理。

①交纳当月应交增值税的账务处理。企业交纳当月应交的增值税,借记"应交税费——应交增值税(已交税金)"科目(小规模纳税人应借记"应交税费——应交增值

税"科目),贷记"银行存款"科目。

②交纳以前期间未交增值税的账务处理。企业交纳以前期间未交的增值税,借记"应交税费——未交增值税"科目,贷记"银行存款"科目。

(二)小规模纳税企业的账务处理

小规模纳税人购买物资、服务、无形资产或不动产,取得增值税专用发票上注明的增值税应计入相关成本费用或资产,不通过"应交税费——应交增值税"科目核算。小规模纳税人只需在"应交税费"科目下设置"应交增值税"明细科目,不需要设置上述专栏及除"转让金融商品应交增值税""代扣代缴增值税"外的明细科目。

【例9-11】某工业企业核定为小规模纳税企业,本期购入原材料,按照增值税专用发票上记载的原材料成本为100万元,支付的增值税额为13万元,企业开出商业承兑汇票,材料尚未到达;该企业本期销售产品,含税价格为90万元,货款尚未收到。本月交纳增值税8万元。根据上述经济业务,企业应作如下会计处理:

(1)购进货物时:

借:原材料 1 130 000
　　贷:应付票据 1 130 000

(2)销售货物时:

不含税价格 = 90 ÷ (1 + 3%) = 87.38(万元)

应交增值税 = 87.38 × 3% = 2.62(万元)

借:应收账款 900 000
　　贷:主营业务收入 873 800
　　　　应交税费——应交增值税 26 200

(3)交纳本月应交增值税80 000元时:

借:应交税费——应交增值税 80 000
　　贷:银行存款 80 000

二、消费税

(一)科目设置

消费税实行价内征收,企业(包括有金银首饰批发、销售业务的企业)按规定应交的消费税,在"应交税费"科目下设置"应交消费税"明细科目核算。"应交消费税"明细科目的借方发生额反映企业实际交纳的消费税和待抵扣的消费税;贷方发生额反映企业按规定应交的消费税;期末贷方余额反映尚未交纳的消费税;期末借方余额反映多交或待抵扣的消费税。

(二) 账务处理

下面选择一些主要的应交消费税业务，说明其账务处理如下：

1. 企业销售产品按规定计算出应交纳的消费税，借记"税金及附加"等科目，贷记"应交税费——应交消费税"科目。退税时作相反的会计分录。

【例9-12】某公司（一般纳税企业）当月销售摩托车10辆，每辆售价1.5万元（不含增值税），货款尚未收到，摩托车每辆成本0.5万元。假设销售摩托车适用消费税税率为10%。根据这项经济业务，公司应作如下会计处理：

应向购买方收取的增值税额 = 15 000 × 10 × 13% = 19 500（元）
应交纳的消费税 = 15 000 × 10 × 10% = 15 000（元）

借：应收账款	169 500
贷：主营业务收入	150 000
应交税费——应交增值税（销项税额）	19 500
借：税金及附加	15 000
贷：应交税费——应交消费税	15 000
借：主营业务成本	50 000
贷：库存商品	50 000

2. 将自产应税消费品用于在建工程、非应税项目、非生产机构、管理部门、提供劳务，以及用于馈赠、赞助、集资、广告、样品、职工福利、奖励等方面时，企业对按规定计算的应交消费税，借记"固定资产""在建工程""营业外支出""管理费用""应付职工薪酬""生产成本""销售费用"等科目，贷记"应交税费——应交消费税"科目。

【例9-13】某汽车制造企业（一般纳税企业）将自产的一辆汽车用于在建工程，同类汽车销售价格为20万元，该汽车成本为14万元，适用的消费税税率为5%。企业应作如下会计处理：

应交纳的消费税 = 200 000 × 5% = 10 000（元）

借：固定资产	150 000
贷：库存商品	140 000
应交税费——应交消费税	10 000

3. 委托加工应税消费品和外购应税消费品的账务处理。企业委托加工应税消费品时，受托方应将按规定计算的应扣税款金额，借记"应收账款""银行存款"等科目，贷记"应交税费——应交消费税"科目（受托加工或翻新改制金银首饰的企业除外）。委托方将委托加工应税消费品收回后，直接用于对外销售或用于其他方面的，委托方应将代收代缴的消费税计入委托加工的应税消费品成本，借记"委托加工物资""生产成本"等科目，贷记"应付账款""银行存款"等科目；用于连续生产应税消费品的，按

规定准予抵扣的，委托方应按代收代缴的消费税款，借记"应交税费——应交消费税"科目，贷记"应付账款""银行存款"等科目。

委托加工收回的应税消费品在连续生产应税消费品的过程中，如改变用途，应将改变用途的部分所负担的消费税从"应交税费——应交消费税"科目的借方转出。

【例 9-14】华远公司委托外单位加工材料（非金银首饰）一批，原材料价款为 40 000 元，加工费用 20 000 元，增值税额为 2 600 元，由受托方代收代缴的消费税为 3 000 元，材料已经加工完毕入库，加工费用已经支付。假如华远公司原材料按实际成本核算。根据上述资料，华远公司应作如下会计处理：

（1）如果委托方华远公司收回加工后的材料用于继续生产应税消费品：

借：委托加工物资 40 000
  贷：原材料 40 000
借：委托加工物资 20 000
  应交税费——应交消费税 3 000
    ——应交增值税（进项税额） 2 600
  贷：银行存款 25 600
借：原材料 60 000
  贷：委托加工物资 60 000

（2）如果委托方华远公司收回加工后的材料直接对外销售：

借：委托加工物资 40 000
  贷：原材料 40 000
借：委托加工物资 23 000
  应交税费——应交增值税（进项税额） 2 600
  贷：银行存款 25 600
借：原材料 63 000
  贷：委托加工物资 63 000

4. 企业外购（含进口）应税消费品用于生产应税消费品时，按所含税额，借记"应交税费——应交消费税"科目，贷记"银行存款"等科目；用于其他方面或直接对外销售的，不得抵扣，计入其成本。外购（含进口）应税消费品在生产应税消费品的过程中，改变用途的，如用于非货币性资产交换、债务重组等，应将改变用途的部分所负担的消费税从"应交税费——应交消费税"科目的借方转出。

（三）上交消费税的账务处理

企业按期交纳消费税时，借记"应交税费——应交消费税"科目，贷记"银行存款"科目。

三、资源税

企业按规定应交的资源税,在"应交税费"科目下设置"应交资源税"明细科目核算。"应交资源税"明细科目的借方发生额,反映企业已交的或按规定允许抵扣的资源税;贷方发生额,反映应交的资源税;期末借方余额反映多交或尚未抵扣的资源税,期末贷方余额反映尚未交纳的资源税。

企业销售应税产品按规定应交纳的资源税,借记"税金及附加"科目,贷记"应交税费——应交资源税"科目;企业自产自用或非货币性资产交换、抵偿债务、对外捐赠等转出应税产品应交纳的资源税,借记"生产成本""制造费用"等科目,贷记"应交税费——应交资源税"科目;企业收购未税矿产品,按实际支付的收购款,借记"材料采购"等科目,贷记"银行存款"等科目,按代扣代缴的资源税,借记"材料采购"等科目,贷记"应交税费——应交资源税"科目。

企业外购液体盐加工固体盐的,在购入液体盐时,按所允许抵扣的资源税,借记"应交税费——应交资源税"科目,按外购价款扣除允许抵扣资源税后的数额,借记"材料采购"等科目,按应支付的全部价款,贷记"银行存款""应付账款"等科目;企业加工成固体盐后,在销售时,按计算出的销售固体盐应交的资源税,借记"税金及附加"科目,贷记"应交税费——应交资源税"科目;将销售固体盐应纳资源税扣抵液体盐已纳资源税后的差额上缴时,借记"应交税费——应交资源税"科目,贷记"银行存款"科目。

企业按规定上交资源税时,借记"应交税费——应交资源税"科目,贷记"银行存款"科目。

【例9-15】某企业将自己开采的煤炭5 000吨用于产品加工,每吨应交资源税6元,企业应作如下会计处理:

借:生产成本 30 000
　　贷:应交税费——应交资源税 30 000

四、土地增值税

企业交纳的土地增值税通过"应交税费——应交土地增值税"科目核算。

主营房地产业务的企业,应由当期营业收入负担的土地增值税,借记"税金及附加"科目,贷记"应交税费——应交土地增值税"科目。

兼营房地产业务的工业企业,应由当期营业收入负担的土地增值税,借记"税金及附加"科目,贷记"应交税费——应交土地增值税"科目。

转让的国有土地使用权连同地上建筑物及其他附着物一并在"固定资产"或"在建

工程"等科目核算的,转让时应交纳的土地增值税,借记"固定资产清理""在建工程"等科目,贷记"应交税费——应交土地增值税"科目。

企业在项目交付使用前转让房地产取得的收入,按税法规定预交的土地增值税,借记"应交税费——应交土地增值税"科目,贷记"银行存款"科目;待该房地产营业收入实现时,再按上述营业业务的会计处理方法进行处理。该项目全部交付使用后进行清算,收到退回多交的土地增值税,借记"银行存款"科目,贷记"应交税费——应交土地增值税"科目;补交的土地增值税作相反的会计分录。

企业交纳土地增值税时,借记"应交税费——应交土地增值税"科目,贷记"银行存款"科目。

五、其他税费

1. 企业按规定应交的城市维护建设税,借记"税金及附加"科目,贷记"应交税费——应交城建税"科目;上交时,借记"应交税费——应交城建税"科目,贷记"银行存款"科目。

2. 企业按规定应交的房产税、城镇土地使用税、车船税,借记"税金及附加"科目,贷记"应交税费——应交房产税、城镇土地使用税、车船税"科目;上交时,借记"应交税费——应交房产税、城镇土地使用税、车船税"科目,贷记"银行存款"科目。

3. 企业按规定计算应代扣代缴的职工个人所得税,借记"应付职工薪酬"科目,贷记"应交税费——应交个人所得税"科目;上交时,借记"应交税费——应交个人所得税"科目,贷记"银行存款"科目。

4. 企业按规定计算应交的教育费附加、矿产资源补偿费,借记"税金及附加""管理费用"等科目,贷记"应交税费——应交教育费附加、应交矿产资源补偿费"科目。上交时,借记"应交教育费附加、应交矿产资源补偿费"科目,贷记"银行存款"等科目。

5. 企业交纳的印花税,借记"税金及附加"或"待摊费用"科目,贷记"银行存款"科目。企业按规定交纳的耕地占用税,借记"在建工程"科目,贷记"银行存款"科目。企业购置应税车辆,按规定交纳的车辆购置税;以及购置的减税、免税车辆改制后用途发生变化的,按规定应补交的车辆购置税,借记"固定资产"科目,贷记"银行存款"科目。

6. 企业预交的税费,借记"应交税费(应交增值税、应交所得税等明细科目)"科目,贷记"银行存款"科目。

7. 应交企业所得税的账务处理,参见第十四章第二节所得税会计。

第四节 其他流动负债的核算

一、短期借款的核算

短期借款是指企业向银行或其他金融机构等借入的期限在 1 年以下（含 1 年）的各种款项。短期借款应当按照借款本金和确定的利率按期计提利息，计入当期损益。

企业应设置"短期借款"科目核算借入的各种短期借款，贷方登记取得的各种短期借款，借方登记归还的各种借款，期末贷方余额反映企业尚未偿还的借款本金。该科目应按债权人设置明细账，并按借款种类进行明细核算。

企业按规定借入的各种短期借款，借记"银行存款"科目，贷记"短期借款"科目。资产负债表日，应按用实际利率计算确定的短期借款利息的金额，借记"财务费用"等科目，贷记"银行存款"等科目。实际利率与合同约定的名义利率差异很小的，也可以采用合同约定的名义利率计算确定利息费用。企业归还借款本金时，借记"短期借款"科目，贷记"银行存款"科目。

在以应收债权取得质押借款的情况下，与应收债权有关的风险和报酬并未转移，企业自行承担应收债权可能产生的风险，企业应按照实际收到的款项，借记"银行存款"科目，按实际支付的手续费，借记"财务费用"科目，按银行贷款本金并考虑借款期限，贷记"短期借款"等科目。企业应设置备查簿，详细记录质押的应收债权的账面金额、质押期限及回款情况等。

企业在出售应收债权的过程中如附有追索权，即在有关应收债权到期无法从债务人处收回时，银行有权利向出售应收债权的企业追偿，或按照协议约定，企业有义务按照约定金额自银行等金融机构回购部分应收债权，应收债权的坏账风险由售出应收债权的企业负担。在这种情况下，企业应按以应收债权为质押取得借款的会计处理原则进行处理。

二、交易性金融负债的核算

企业为核算其承担的交易性金融负债的公允价值和持有的指定为以公允价值计量且其变动计入当期损益的金融负债，应设置"交易性金融负债"科目，并按照交易性金融负债类别，分别"本金""公允价值变动"进行明细核算。该科目的期末贷方余额反映企业承担的交易性金融负债的公允价值。

企业承担交易性金融负债时，应按实际收到的金额，借记"银行存款"等科目，按发生的交易费用，借记"投资收益"科目，按交易性金融负债的公允价值，贷记"交易性金融负债（本金）"科目。

资产负债表日，按交易性金融负债票面利率计算的利息，借记"投资收益"科目，贷记"应付利息"科目。

资产负债表日，交易性金融负债的公允价值高于其账面余额的差额，借记"公允价值变动损益"科目，贷记"交易性金融负债（公允价值变动）"科目；公允价值低于其账面余额的差额，作相反的会计分录。交易性金融负债由企业自身信用风险变动引起的公允价值变动而计入其他综合收益。

企业出售交易性金融负债时，应按其账面余额，借记"交易性金融负债（本金、公允价值变动）"科目；按实际支付的金额，贷记"银行存款"等科目；按其差额，贷记或借记"投资收益"科目。

三、合同负债的核算

企业在向客户转让商品之前，客户已经支付了合同对价或企业已经取得了无条件收取合同对价权利的，企业应当在客户实际支付款项与到期应支付款项孰早时点，按照该已收或应收的金额，借记"银行存款""应收账款""应收票据"等科目，贷记"合同负债"科目；企业向客户转让商品时，借记"合同负债"科目，贷记"主营业务收入""其他业务收入"等科目。涉及增值税的，还应进行相应的处理。

四、应付利息的核算

企业为核算其按照合同约定应支付的各类利息，如分期付息到期还本的长期借款、企业债券等应支付的利息，应设置"应付利息"科目，并按债权人进行明细核算。该科目期末贷方余额反映企业按照合同约定应支付但尚未支付的利息。

企业采用合同约定的名义利率计算确定利息费用时，应按合同约定的名义利率计算确定的应付利息的金额，借记"在建工程""制造费用""财务费用""研发支出"等科目，贷记"应付利息"科目。

采用实际利率计算确定利息费用时，应按摊余成本和实际利率计算确定的利息费用，借记"在建工程""制造费用""财务费用""研发支出"等科目，按合同约定的名义利率计算确定的应付利息的金额，贷记"应付利息"科目；按其差额，借记或贷记"长期借款——利息调整"等科目。

实际支付利息时，借记"应付利息"科目，贷记"银行存款"等科目。

五、应付股利的核算

企业为核算根据股东大会或类似机构通过的利润分配方案向投资者应支付的现金股

利或利润,应设置"应付股利"科目,并按投资者进行明细核算,该科目期末贷方余额反映企业尚未支付的现金股利或利润。

企业应根据股东大会或类似机构通过的利润分配方案,按应支付的现金股利或利润,借记"利润分配——应付现金股利或利润"科目,贷记"应付股利"科目。

实际支付现金股利或利润时,借记"应付股利"科目,贷记"银行存款""现金"等科目。

企业董事会或类似机构通过的利润分配方案中拟分配的现金股利或利润,不作账务处理,但应在附注中披露。

六、其他应付款的核算

企业除了应付票据、应付账款、应交税费、短期借款、合同负债、应付职工薪酬、交易性金融负债、应付利息等以外,还会发生一些经营活动以外的其他各项应付、暂收其他单位或个人的款项,包括应付经营租入固定资产和包装物租金(含预付的租金);存入保证金(如收取的包装物押金等);应付、暂收所属单位、个人的款项。

企业应设置"其他应付款"科目核算应付、暂收其他单位或个人的款项,贷方登记应付或暂收其他单位或个人的款项,借方登记已经偿还给其他单位或个人的款项,期末贷方余额反映企业尚未支付的其他应付款项;期末余额如为借方余额,反映企业尚未收回的其他应收款项。本科目应按其他应付款的项目和单位或个人设置明细账,进行明细核算。

企业发生其他各种应付、暂收款项时,借记"银行存款""管理费用"等科目,贷记"其他应付款"科目;支付的其他各种应付、暂收款项,借记"其他应付款"科目,贷记"银行存款"等科目。

【例 9-16】某公司出租包装物,收到押金 8 000 元,存入银行。出租期满,对方单位退回包装物,该公司退回押金。该公司应作如下会计处理:

(1) 收到押金时:

借:银行存款 8 000
  贷:其他应付款——存入保证金 8 000

(2) 退回押金时:

借:其他应付款——存入保证金 8 000
  贷:银行存款 8 000

第五节 债务重组的核算

一、债务重组的概念和方式

债务重组,是指在不改变交易对手方的情况下,经债权人和债务人协定或法院裁定,就清偿债务的时间、金额或方式等重新达成协议的交易。债务重组涉及的债权和债务是指《企业会计准则第22号——金融工具确认和计量》规范的金额工具。

债务重组的方式主要包括以下四种:(1) 以资产清偿债务;(2) 将债务转为资本;(3) 修改其他债务条件,如减少债务本金、减少债务利息等,不包括上述(1) 和(2) 两种方式;(4) 以上三种方式的组合等。

债务重组日的确定。债务重组可能发生在债务到期前、到期日或到期后。债务重组日为债务重组完成日,即债务人履行协议或法院裁定,将相关资产转让给债权人、将债务转为资本或修改后的偿债条件开始执行的日期。

例如,甲企业欠乙企业货款1 200万元,到期日为2023年3月1日。甲企业发生财务困难,经协商,乙企业同意甲企业以价值800万元的产品抵债。甲企业于2023年3月20日将产品运抵乙企业并办理有关债务解除手续。在此项债务重组交易中,2023年3月20日为债务重组日。如果甲企业分批将产品运往乙企业,最后一批运抵的日期为2023年3月30日,且在这一天办理有关债务解除手续,则债务重组日为2018年3月30日。

债务重组中公允价值的确定。公允价值,是指市场参与者在计量日发生的有序交易中,出售一项资产所能收到或者转移一项负债所需支付的价格。在债务重组交易中,非现金资产的公允价值应当按照下列规定进行计量:(1) 非现金资产属于企业持有的股票、债券、基金等金融资产的,应当按照《企业会计准则第22号——金融工具确认和计量》的规定确定其公允价值。(2) 非现金资产属于存货、固定资产、无形资产等其他资产且存在活跃市场的,应当以其市场价格为基础确定其公允价值;不存在活跃市场但与其类似资产存在活跃市场的,应当以类似资产的市场价格为基础作适当调整后,确定其公允价值;采用上述两种方法仍不能确定非现金资产公允价值的,应当根据交易双方自愿进行的、公允的资产交易金额为基础,采用估值技术等合理的方法确定其公允价值。

二、债务重组的账务处理

(一) 以金融资产清偿债务

以单项或多项金融资产清偿债务的,债务人应将重组债务的账面价值与偿债金融资产账面价值之间的差额，确认为投资收益；债权人应将重组债权的账面余额与收到的金融资产公允价值之间的差额，确认为投资收益。

我国相关制度规定，企业接受股东（或股东的子公司）直接或间接代为偿债、债务豁免或捐赠，经济实质表明属于股东对企业的资本性投入，应当将相关利得计入所有者权益（资本公积）。

债务人按应付债务的账面余额，借记"应付账款"等科目，按实际支付的金额，贷记"银行存款"等科目，按其差额，贷记"投资收益"科目；债权人应按实际收到的金额，借记"银行存款"等科目，按应收债权已计提的坏账准备，借记"坏账准备"科目，按应收债权的账面余额，贷记"应收账款"等科目，按其差额，借记"投资收益"科目。

【例 9-17】 2023 年 2 月 10 日，光明公司销售一批材料给长江公司，不含税价格为 200 000 元，增值税税率为 13%。当年 3 月 20 日，长江公司财务发生困难，无法按合同规定偿还债务，经双方协议，光明公司同意减免长江公司 40 000 元债务，余额用银行存款立即偿清。光明公司已对该债权计提了 1 000 元坏账准备金。

长江公司：

借：应付账款　　　　　　　　　　　　　　　　　　　　　226 000
　　贷：银行存款　　　　　　　　　　　　　　　　　　　　186 000
　　　　投资收益　　　　　　　　　　　　　　　　　　　　 40 000

光明公司：

借：银行存款　　　　　　　　　　　　　　　　　　　　　186 000
　　坏账准备　　　　　　　　　　　　　　　　　　　　　　 1 000
　　投资收益　　　　　　　　　　　　　　　　　　　　　　39 000
　　贷：应收账款　　　　　　　　　　　　　　　　　　　　226 000

（二）以非金融资产清偿债务

以非现金资产清偿债务的，债务人应将重组债务的账面价值与转让的非金融资产账面价值之间的差额，确认为其他收益。

以非金融资产清偿债务的，债权人应当对受让的非金融资产按放弃债权的公允价值和归属于该资产的税金等其他成本入账，放弃债权的公允价值与账面价值之间的差额计入投资收益。

【例 9-18】 华强公司欠三星公司购货款 800 000 元。经协商，华强公司以其产品偿还债务，该产品的计税价格为 600 000 元，实际成本为 400 000 元，未计提存货跌价准备。两公司均为一般纳税企业，增值税税率为 13%。三星公司对应收华强公司货款未计提坏账准备，该应收账款的公允价值仍为 800 000 元，接受华强公司以产品偿还债务时，将该产品作为商品入库。不考虑其他相关税费，根据上述资料，华强公司应作如下账务处理：

借：应付账款——三星公司 800 000
　　贷：库存商品 400 000
　　　　应交税费——应交增值税（销项税额） 78 000
　　　　其他收益——债务重组收益 322 000

三星公司应作如下账务处理：

借：库存商品 722 000
　　应交税费——应交增值税（进项税额） 78 000
　　贷：应收账款——华强公司 800 000

【例 9-19】华诚公司于 2023 年 1 月 1 日从长青公司购入一批材料，货款 400 000 元，至 2023 年 4 月 30 日尚未支付货款。经与长青公司协商，长青公司同意华诚公司以一台设备偿还债务。该项设备的账面原价为 400 000 元，已提折旧 80 000 元，计提的减值准备为 5 000 元，公允价值为 325 000 元。长青公司对该项应收华诚公司账款提取坏账准备 20 000 元，该项应收账款公允价值为 370 000 元。不考虑其他相关税费，根据上述资料，华诚公司应作如下账务处理：

借：应付账款——长青公司 400 000
　　贷：固定资产清理 315 000
　　　　其他收益——债务重组收益 85 000
借：固定资产清理 315 000
　　累计折旧 80 000
　　固定资产减值准备 5 000
　　贷：固定资产 400 000

长青公司应作如下账务处理：

借：固定资产 370 000
　　坏账准备 20 000
　　投资收益 10 000
　　贷：应收账款 400 000

（三）债务转为资本

以债务转为资本清偿债务的，债务人应将重组债务的账面价值与债权人放弃债权而享有股份的公允价值总额之间的差额，确认为投资收益，将股份的面值总额确认为股本（或者实收资本），股份的公允价值总额与股本（或者实收资本）之间的差额确认为资本公积。

债务人应按应付债务的账面余额，借记"应付账款"等科目，按债务的账面余额与债权人因放弃债权而享有股份的公允价值之间的差额，贷记"投资收益"科目，按债权人因放弃债权而享有的股份的面值,贷记"实收资本"或"股本"科目,按其差额,贷记"资本公积——资本溢价(或股本溢价)"等科目;债权人按应放弃债权的公允价值等,借记"长期股权投资"科目,按该项重组债权已计提的坏账准备,借记"坏账准备"科目,按重组债权的账面余额,贷记"应收账款"等科目,放弃债权的公允价值在账面价值之间的差额,计入投资收益。

【例9-20】2023年3月15日,光明公司销售一批材料给长江公司(股份有限公司,且与光明公司属非关联方),同时收到长江公司签发并承兑的一张面值200 000元、6个月期、到期还本付息的商业承兑汇票。9月15日,长江公司与光明公司协商,以其普通股抵偿票据。长江公司用于抵债的普通股为20 000股,股票市价为每股8元。假定光明公司持有的该项应收票据公允价值仍为200 000元,获得长江公司的股份对其具有重大影响,不考虑其他相关税费。

长江公司应作如下会计分录:

借:应付票据　　　　　　　　　　　　　　　　　　　　　　200 000
　　贷:投资收益　　　　　　　　　　　　　　　　　　　　　40 000
　　　　股本　　　　　　　　　　　　　　　　　　　　　　　20 000
　　　　资本公积——股本溢价　　　　　　　　　　　　　　140 000

光明公司应作如下会计分录:

借:长期股权投资　　　　　　　　　　　　　　　　　　　　200 000
　　贷:应收票据　　　　　　　　　　　　　　　　　　　　　200 000

思考题与练习题

一、思考题

1. 简述流动负债的主要项目。
2. 应付账款和应付票据应如何确认和计量?
3. 职工薪酬的内容有哪些?应付职工薪酬如何确认、计量和信息披露?
4. 非货币性福利和辞退福利应如何确认和计量?
5. 应交税费的主要内容有哪些?简述各项应交税费的会计处理。
6. 简述债务重组的概念及其方式。
7. 试述不同债务重组方式下债务人和债权人的会计处理。

二、练习题

习题一

【目的】通过练习掌握短期借款借入、计息和偿还的核算。

【资料】某企业4月1日从银行借入短期借款500万元,年利率9%,借款期为3个月,借款利息随本金在到期日一次性偿还。

【要求】编制该企业4月、5月、6月借款借入、计息和还本付息的会计分录。

习题二

【目的】通过练习，掌握应付职工薪酬的核算。

【资料】某工业企业提取48 000元，备发工资。当月工资发放的情况如下：生产工人工资30 000元；生产车间管理人员工资8 000元；厂部管理人员工资6 000元；在建工程人员工资4 000元。

【要求】根据上述资料编制提取现金备发工资、工资发放、工资费用分配的会计分录。

习题三

【目的】通过练习，掌握一般纳税企业应交增值税的会计处理。

【资料】某企业为一般纳税人，原材料按实际成本计价核算，本月购销货物等业务如下：

(1) 购进原材料一批，取得符合规定的增值税专用发票上注明的货款为300万元，增值税额为39万元，材料已验收入库，货款及税款由企业开出为期3个月的商业承兑汇票支付。

(2) 收购免税农产品一批作为原材料，实际通过支付价款50万元，该批材料已验收入库。

(3) 本期销售产品共计500万元，开出的增值税发票上注明的销项税额为65万元，货款及税款均已通过银行收讫。

(4) 购入甲材料一批，增值税专用发票上注明的增值税额为0.65万元，材料价款5万元。材料已验收入库，款项已通过银行支付。

(5) 发出上述购入的甲材料，全部用于企业的在建工程项目。

(6) 期末盘点发生库存材料盘亏实际成本为25 000元。

【要求】

(1) 计算该企业本月应交增值税。

(2) 根据上述业务编制会计分录。

习题四

【目的】通过练习，进一步掌握流动负债有关项目的会计核算。

【资料】某企业3月发生如下经济业务：

(1) 3月1日按合同开出为期3个月、面值为80 000元的不带息票据一张，并向银行办理了承兑手续，用以购买原材料，同时，按票面额的1‰向银行交纳了承兑手续费。

(2) 3月2日购入原材料一批，买价3 000元，增值税额为390元，供货单位代垫运输费500元，增值税额为45元，款项尚未支付。

(3) 3月5日从银行取得短期借款500 000元，存入银行。

(4) 3月10日，偿付1月10日签发的应付商业承兑汇票一张，该票据面值30 000

元，60 天到期。款项已通过银行转账付讫。

（5）3 月 12 日，以支票 5 300 元和一张面值 6 000 元、期限 120 天的商业承兑汇票购买一台值为 10 000 元的设备，增值税额为 1 300 元，设备已投入使用。

（6）3 月 16 日，预收购货单位货款 100 000 元，款项已存入银行。

（7）3 月 26 日，计算应付职工工资 180 000 元，其中生产工人工资 120 000 元，车间管理人员 40 000 元，厂部管理人员 20 000 元。

（8）3 月 30 日，接银行通知，支付第一季度短期借款利息 3 400 元，其中前两个月已分别预提 1 100 元。

（9）3 月 31 日，本月销售产品一批，销售收入为 500 000 元，增值税额为 65 000 元，款项尚未收到。

（10）3 月 31 日，根据"应交税费——应交增值税"明细账，计算本月应交增值税。

（11）3 月 31 日，本月应交企业所得税 30 000 元。

（12）4 月 5 日，用银行存款交纳 3 月应交增值税和应交所得税。

【要求】根据上述经济业务编制有关会计分录。

习题五

【目的】通过练习，掌握委托加工应税消费品业务的会计处理。

【资料】甲企业委托乙企业加工用于连续生产的应税消费品。甲企业发出原材料实际成本 28 000 元。乙企业加工完成时计算应交的增值税、代扣应缴的消费税和应收取的加工费（不含增值税的加工费为 10 000 元）。甲企业收回委托加工材料。甲、乙企业均为增值税一般纳税人，适用的增值税税率为 13%。该消费品的消费税税率为 5%。甲企业尚未支付有关的税金和加工费。

【要求】根据上述资料编制甲企业的有关会计分录。

习题六

【目的】通过练习，掌握债务重组的会计处理。

【资料】甲企业欠乙企业货款 500 000 元，到期日为 2023 年 12 月 1 日。甲企业发生财务困难，经与乙企业协商，乙企业同意甲企业以公允价值为 460 000 元的设备抵偿债务，该设备在甲企业的账面原价为 500 000 元，已提折旧为 30 000 元，并计提有减值准备 10 000 元。假设甲企业用设备抵偿债务免交增值税。乙企业对甲企业所欠货款已经提取坏账准备 15 000 元。甲企业于 2023 年 12 月 20 日将设备运抵乙企业并办理有关债务解除手续。

【要求】为甲企业和乙企业编制上述债务重组的会计分录。

第十章

非流动负债

【本章学习目的】

通过本章的学习，了解非流动负债的概念及其内容；掌握长期借款和长期应付款的确认、计量和账务处理；掌握应付债券和可转换公司债券的确认、计量和账务处理；熟悉或有事项及其特征，掌握预计负债的确认和计量；熟悉借款费用的概念及其内容，掌握借款费用的确认、计量和信息披露。

第一节 长期借款和长期应付款的核算

一、非流动负债及其内容

非流动负债，也称长期负债，是指偿还期在1年或者在超过1年的一个营业周期以上的债务。

企业在生产经营过程中，由于扩建厂房、增加设备等原因往往需要大量长期资金。企业需要的长期资金，其来源主要有两种：一是由企业所有者投入新的资金，股份公司可以增发股票由股东投入资金；二是举借长期债务。长期负债是企业向债权人筹集，可供长期使用的一种资金来源。非流动负债除了具有负债的一般特性外，还具有债务偿还期限长、债务金额大等特点。

目前，我国企业的非流动负债主要包括向银行或其他金融机构借入的长期借款、发行的企业债券（或称公司债券）即应付债券、分期付款方式购入固定资产和无形资产发生的长期应付款、租赁负债、专项应付款以及递延所得税负债等。企业应对各种非流动负债分别加以核算，在资产负债表上分项列示。因或有事项确认的预计负债也作为非流动负债项目，在资产负债表的非流动负债项中列示。

二、长期借款的核算

长期借款是企业向银行或其他金融机构借入期限在1年以上（不含1年）的各项借款。为了总括地核算和监督企业长期借款的借入、应计利息以及还本付息情况，应设置"长期借款"总账科目，该科目应当按照贷款单位和贷款种类，分别"本金""利息调整"等进行明细核算。本科目期末贷方余额,反映企业尚未偿还的长期借款的摊余成本。

长期借款的主要账务处理包括:

1. 企业借入长期借款,应按实际收到的现金净额,借记"银行存款"科目,贷记"长期借款——本金"科目,按其差额,借记"长期借款——利息调整"科目。

2. 资产负债表日,应按摊余成本和实际利率计算确定的长期借款的利息费用,借记"在建工程""制造费用""财务费用""研发支出"等科目,按合同约定的名义利率计算确定的应付利息金额,贷记"应付利息"科目,按其差额,贷记"长期借款——利息调整"科目。

实际利率与合同约定的名义利率差异很小的,也可以采用合同约定的名义利率计算确定利息费用。

3. 归还长期借款本金时,借记"长期借款——本金"科目,贷记"银行存款"科目。同时,按应转销的利息调整金额,借记或贷记"在建工程""制造费用""财务费用""研发支出"等科目,贷记或借记"长期借款——利息调整"科目。

三、长期应付款的核算

长期应付款是指除长期借款和企业债券以外的其他各种长期应付款项,例如以分期付款方式购入固定资产和无形资产发生的应付账款等。为了核算企业各种长期应付款,应设置"长期应付款"科目,该科目应按其种类和债权人进行明细核算。该科目期末贷方余额,反映企业尚未支付的各种长期应付款。

企业购入有关资产超过正常信用条件延期支付价款、实质上具有融资性质的,应按购买价款的现值,借记"固定资产""在建工程""无形资产""研发支出"等科目,按应支付的金额,贷记"长期应付款"科目,按其差额,借记"未确认融资费用"科目。

按期支付价款时,借记"长期应付款"科目,贷记"银行存款"科目。同时,企业应当采用实际利率法计算确定当期的利息费用,借记"财务费用""在建工程""研发支出"科目,贷记"未确认融资费用"科目。

【例 10 – 1】某公司 2021 年 1 月 1 日以分期付款方式购入一台设备,总价款为 150 万元,购货合同约定购买之日首付 60 万元,以后每年年末支付 30 万元,分 3 年于 2023 年 12 月 31 日付清,假设银行同期贷款利率为 10%。根据上述经济业务,公司应作会计处理如下:

(1) 2021 年 1 月 1 日购入时:

分期应付款的应付本金 = 每期分期付款 300 000 元的年金现值
$$= 30\,000 \times PA\,(3,\,10\%)$$

$$= 300\,000 \times 2.4869\,[查表得知,PA(3,10\%)=2.4869]$$
$$= 746\,070（元）$$

总价款的现值 = 600 000 + 746 070 = 1 346 070（元）

未确认融资费用 = 1 500 000 - 1 346 070 = 153 930（元）

借：固定资产   1 346 070
  未确认融资费用   153 930
  贷：长期应付款   900 000
    银行存款   600 000

（2）按期支付价款、分摊未确认融资费用。

合同付款期内采用实际利率法分摊融资费用（见表 10 - 1）。

表 10 - 1   分摊融资费用   单位：元

日期 ①	每期付款金额 ②	确认的融资费用 ③ = 期初⑤×10%	应付本金减少额 ④ = ②-③	应付本金余额期末 ⑤ = ⑤-④
				746 070
(1) 2021.12.31	300 000	74 607	225 393	520 677
(2) 2022.12.31	300 000	52 067.70	247 932.30	272 744.70
(3) 2023.12.31	300 000	27 255.30	272 744.70	0
合计	900 000	153 930	746 070	

2021 年 12 月 31 日，支付第一期应付款：

借：长期应付款   300 000
  贷：银行存款   300 000
借：财务费用   74 607
  贷：未确认融资费用   74 607

2022 年 12 月 31 日，支付第二期应付款：

借：长期应付款   300 000
  贷：银行存款   300 000
借：财务费用   52 067.70
  贷：未确认融资费用   52 067.70

2023 年 12 月 31 日，支付第三期应付款：

借：长期应付款   300 000
  贷：银行存款   300 000
借：财务费用   27 255.30
  贷：未确认融资费用   27 255.30

四、专项应付款

专项应付款是指企业取得的国家指定为资本性投入的具有专项或特定用途的款项,如属于工程项目的资本性拨款等。企业应设置"专项应付款"总账科目进行总分类核算,并按照拨入资本性投资项目的种类进行明细核算,该科目期末贷方余额,反映企业尚未转销的专项应付款。

企业收到资本性拨款时,借记"银行存款"科目,贷记"专项应付款"科目。

将专项或特定用途的拨款用于工程项目,借记"在建工程"等科目,贷记"银行存款""应付职工薪酬"等科目。

工程项目完工,形成固定资产等长期资产的部分,借记"专项应付款"科目,贷记"资本公积——资本溢价"科目;对未形成固定资产需要核销的部分,借记"专项应付款"科目,贷记"在建工程"等科目;拨款结余需要返还的,借记"专项应付款"科目,贷记"银行存款"科目。

第二节 应付债券的核算

一、应付债券的种类

应付债券是企业举借长期债务而发行的一种书面凭证,是企业依照法定程序对外发行、约定在一定期限内还本付息的有价证券。发行债券是企业筹集长期资金的重要方式。

应付债券有很多种类,可按不同的标准加以分类。按发行方式可分为记名应付债券、无记名应付债券和可转换应付债券;按有无担保可分为有抵押应付债券和信用应付债券;按偿还方式的不同可分为定期偿还的应付债券和分期偿还的应付债券。企业发行的偿还期超过1年的债券,构成一项非流动负债。

二、债券发行的账务处理

企业发行的长期债券,应设置"应付债券"总账科目,核算企业为筹集(长期)资金而发行的债券本金和利息,该科目属于负债类。本科目应当按照"面值""利息调整""应计利息"进行明细核算。企业发行的可转换公司债券,应按金融工具确认和计量准则规定将负债和权益成分进行分拆。分拆后形成的负债成分,在本科目核算。本科目期末贷方余额,反映企业尚未偿还的长期债券的摊余成本。企业应当设置"企业债券备查簿",详细登记每一企业债券的票面金额、债券票面利率、还本付息期限与方式、发行总额、发行日期和编号、委托代售单位、转换股份等资料。企业债券到期结清时,应当在备查簿内逐笔注销。

企业发行债券,应按实际收到的现金净额,借记"银行存款""库存现金"等科目,按债券票面金额,贷记"应付债券——面值"科目;按其差额,借记或贷记"应付债券——利息调整"科目。

三、应付债券利息费用的账务处理

对于分期付息、一次还本的债券,应于资产负债表日按摊余成本和实际利率计算确定的债券利息,借记"在建工程""制造费用""财务费用""研发支出"等科目,按票面利率计算确定的应付未付利息,贷记"应付利息"科目,按其差额,借记或贷记"应付债券——利息调整"科目。

对于一次还本付息的债券,应于资产负债表日按摊余成本和实际利率计算确定的债券利息,借记"在建工程""制造费用""财务费用""研发支出"等科目,按票面利率计算确定的应付未付利息,贷记"应付债券——应计利息"科目,按其差额,借记或贷记"应付债券——利息调整"科目。

实际利率与票面利率差异很小的,也可以采用合同约定的名义利率计算确定利息费用。

四、应付债券偿还的账务处理

长期债券到期,支付债券本息,借记"应付债券——面值""应付利息"等科目,贷记"银行存款"等科目,按应转销的利息调整、应计利息金额,借记或贷记"应付债券——利息调整"科目,按其差额,贷记或借记"在建工程""制造费用""财务费用""研发支出"等科目。

【例 10-2】某公司于 2019 年 1 月 1 日折价发行了 5 年期面值为 1 250 万元公司债券,发行价格为 1 000 万元,票面利率为 4.72%,按年付息、到期一次还本、不考虑交易费用。假定公司发行债券募集的资金专门用于建造一条生产线,生产线从 2019 年 1 月 1 日开始建设,于 2021 年年底完工,达到预定可使用状态。根据上述经济业务,公司应作如下会计处理:

(1) 2019 年 1 月 1 日发行债券时:

借:银行存款　　　　　　　　　　　　　　　　　　10 000 000
　　应付债券——利息调整　　　　　　　　　　　　 2 500 000
　　贷:应付债券——面值　　　　　　　　　　　　　　　　　　12 500 000

(2) 计算利息费用。

公司每年应支付的利息为 1 250×4.72% = 59（万元），则该公司债券实际利率 R 为：由于 1 000 = 59×(1 + R)$^{-1}$ + 59×(1 + R)$^{-2}$ + 59×(1 + R)$^{-3}$ + 59×(1 + R)$^{-4}$ + (59 + 1 250)×(1 + R)$^{-5}$，由此计算得出 R = 10%。

每年折价摊销如表 10 - 2 所示。

表 10 - 2　　　　　　　　2019～2023 年折价摊销　　　　　　　　单位：万元

年份	期初公司债券余额（A）	实际利息费用（B）（按10%计算）	每年支付现金（C）	期末公司债券摊余成本（D = A + B - C）
2019	1 000	100	59	1 041
2020	1 041	104	59	1 086
2021	1 086	109	59	1 136
2022	1 136	113	59	1 190
2023	1 190	119	1 250 + 59	0

2019 年 12 月 31 日：

借：在建工程　　　　　　　　　　　　　　　　　　　　1 000 000
　　贷：应付利息　　　　　　　　　　　　　　　　　　　　590 000
　　　　应付债券——利息调整　　　　　　　　　　　　　　410 000

2020 年 12 月 31 日：

借：在建工程　　　　　　　　　　　　　　　　　　　　1 040 000
　　贷：应付利息　　　　　　　　　　　　　　　　　　　　590 000
　　　　应付债券——利息调整　　　　　　　　　　　　　　450 000

2021 年 12 月 31 日：

借：在建工程　　　　　　　　　　　　　　　　　　　　1 090 000
　　贷：应付利息　　　　　　　　　　　　　　　　　　　　590 000
　　　　应付债券——利息调整　　　　　　　　　　　　　　500 000

2022 年 12 月 31 日：

借：财务费用　　　　　　　　　　　　　　　　　　　　1 130 000
　　贷：应付利息　　　　　　　　　　　　　　　　　　　　590 000
　　　　应付债券——利息调整　　　　　　　　　　　　　　540 000

2023 年 12 月 31 日：

借：财务费用　　　　　　　　　　　　　　　　　　　　1 190 000
　　贷：应付利息　　　　　　　　　　　　　　　　　　　　590 000
　　　　应付债券——利息调整　　　　　　　　　　　　　　600 000

(3) 2023 年 12 月 31 日到期偿还本金：

借：应付债券——面值　　　　　　　　　　　　　　　　12 500 000
　　贷：银行存款　　　　　　　　　　　　　　　　　　　　　12 500 000

五、应付可转换公司债券的账务处理

可转换公司债券，属于混合金融工具，对于发行方而言，既有负债性质，又有股权性质，应当在初始确认该金融工具时将负债和权益成分分拆。在进行分拆时，应当采用未来现金流量折现法确定负债成分的初始入账价值，再按该金融工具的发行对价扣除负债成分初始入账价值后的金额确定权益成分的初始入账价值。

发行可转换公司债券时，应按实际收到的金额，借记"银行存款"等科目，按该项可转换公司债券包含的负债成分的面值，贷记"应付债券——可转换公司债券（面值）"科目，按权益成分的公允价值，贷记"其他权益工具"科目，按其差额，借记或贷记"应付债券——可转换公司债券（利息调整）"科目。

【例 10 – 3】某公司按面值发行可转换公司债券 20 000 000 元，债券年利率为 6%，期限 3 年，每年年末支付利息，结算方式是持有方可以选择付现或转换成发行方的股份。另不附选择权的类似债券的市场利率为 9%。

负债成分的公允价值为未来现金流量贴现值。采用债券发行时以不附选择权的类似债券的市场利率为贴现率，则该项债券负债成分的初始入账价值为 18 481 560 元（[20 000 000 × PV（3 期，9%）+ 1 200 000 × PA（3 期，9%）]。式中，20 000 000 为债券到期值、1 200 000 为债券各期的票面利息、查表得知 PV（3 期，9%）= 0.7722、PA（3 期，9%）= 2.5313。权益成分的初始入账价值为 1 518 440 元（20 000 000 – 18 481 560），则发行时会计分录如下：

借：银行存款　　　　　　　　　　　　　　　　　　　　　20 000 000
　　应付债券——可转换公司债券（利息调整）　　　　　　　1 518 440
　　贷：应付债券——可转换公司债券（面值）　　　　　　　　20 000 000
　　　　其他权益工具　　　　　　　　　　　　　　　　　　　1 518 440

可转换公司债券在转换为股票之前，其所包含的负债成分，应当比照上述规定进行处理。

当可转换公司债券持有人行使转换权利，将其持有的债券转换为股票时，按"应付债券——可转换公司债券"科目的余额，借记"应付债券——可转换公司债券（面值、利息调整）"科目，按"其他权益工具"科目中属于该项可转换公司债券的权益成分的金额，借记"其他权益工具"科目，按股票面值和转换的股数计算的股票面值总额，贷记"股本"科目，按实际用现金支付的不可转换股票的部分，贷记"现金"等科目，按其差额，贷记"资本公积——股本溢价"科目。可转换债券持有人到期没有行权的，应当在到期时将原计入其他权益工具的部分转入资本公积（股本溢价）。

第三节　预计负债的核算

一、或有事项及其特征

或有事项是指过去的交易或者事项形成的，其结果需由某些未来事项的发生或不发生才能决定的不确定事项。常见的或有事项主要包括：未决诉讼或仲裁、债务担保、产品质量保证（含产品安全保证）、承诺、亏损合同、重组义务、环境污染整治、修改其他债务条件方式的债务重组等。

或有事项与不确定性联系在一起，但在会计处理过程中存在的不确定性并不都形成或有事项，如固定资产折旧，虽然存在固定资产使用年限和残值等不确定性，但由于固定资产的原价本身是确定的，其价值最终转移到产品中去也是确定的，因而固定资产折旧不是或有事项。其他的如固定资产大修理、正常维护等，还有如计提存货跌价准备、短期投资跌价准备、长期投资减值准备、坏账准备等，均不属于或有事项。或有事项具有以下基本特征：

（1）由过去交易或事项形成，是指或有事项的现存状况是过去交易或事项引起的客观存在。例如，未决诉讼虽然是正在进行中的诉讼，但该诉讼是企业因过去的经济行为导致起诉其他单位或被其他单位起诉。这是现存的一种状况而不是未来将要发生的事项。未来可能发生的自然灾害、交通事故、经营亏损等，不属于或有事项。

（2）结果具有不确定性，是指或有事项的结果是否发生具有不确定性，或者或有事项的结果预计将会发生，但发生的具体时间或金额具有不确定性。例如，债务担保事项的担保方到期是否承担和履行连带责任，需要根据被担保方债务到期时能否按时还款加以确定。这一事项的结果在担保协议达成时具有不确定性。

（3）由未来事项决定，是指或有事项的结果只能由未来不确定事项的发生或不发生才能决定。例如，债务担保事项只有在被担保方到期无力还款时，企业（担保方）才履行连带责任。

二、预计负债的核算

（一）预计负债的确认

根据或有事项准则的规定，与或有事项相关的义务同时满足下列三个条件的，应当确认为预计负债：（1）该义务是企业承担的现时义务；（2）履行该义务很可能导致经济利益流出企业；（3）该义务的金额能够可靠地计量。

该义务是企业承担的现时义务是指与或有事项相关的义务是在企业当前条件下已承担的义务，而非潜在义务。企业没有其他现实的选择，只能履行该义务，如法律要求企业履行、有关各方合理预期企业应当履行等。

履行该义务很可能导致经济利益流出企业，是指履行与或有事项相关的现时义务时，导致经济利益流出企业的可能性超过50%。

履行或有事项相关义务导致经济利益流出企业的可能性，通常应当结合下列情况加以判断：

结果的可能性	对应的概率区间
基本确定	大于95%但小于100%
很可能	大于50%但小于或等于95%
可能	大于5%但小于或等于50%
极小可能	大于0但小于或等于5%

该义务的金额能够可靠地计量，是指与或有事项相关的现时义务的金额能够合理地估计。企业通常应当考虑下列情况，计量预计负债的金额：（1）充分考虑与或有事项有关的风险和不确定性，在此基础上按照最佳估计数确定预计负债的金额。（2）预计负债的金额通常等于未来应支付的金额，但未来应支付金额与其现值相差较大的，如油井或核电站的弃置费用等，应当按照未来应支付金额的现值确定。（3）有确凿证据表明相关未来事项将会发生的，如未来技术进步、相关法规出台等，确定预计负债金额时应考虑相关未来事项的影响。（4）确定预计负债的金额不应考虑预期处置相关资产形成的利得。

在实务中，企业应当注意以下两点：（1）不应当就未来经营亏损确认预计负债。（2）不应当确认或有负债和或有资产。或有负债，是指过去的交易或者事项形成的潜在义务，其存在须通过未来不确定事项的发生或不发生予以证实；或过去的交易或者事项形成的现时义务，履行该义务不是很可能导致经济利益流出企业或该义务的金额不能可靠计量。或有资产，是指过去的交易或者事项形成的潜在资产，其存在需通过未来不确定事项的发生或不发生予以证实。

（二）预计负债的计量

预计负债的计量包括初始计量和后续计量。

1. 预计负债的初始计量。预计负债应当按照履行相关现时义务所需支出的最佳估计数进行初始计量。

最佳估计数的确定分两种情况考虑：第一，如果所需支出存在一个连续范围，且该范围内各种结果发生的可能性相同，最佳估计数应当按照该范围内的中间值确定，即最佳估计数应按该范围的上、下限金额的平均数确定。例如某公司售出产品发生的保修费用为销售额的1%~1.5%,则最佳估计数的比例应为销售额的1.25%。第二,在其他情况下,最佳估计数应按涉及的项目多少分别确定:(1)或有事项涉及单个项目的,按照最可能发生金额确定。例如某公司涉及一起诉讼,根据类似案件的经验以及公司所聘律师的意见判断,该公司在该起诉讼中胜诉的可能性有30%,败诉的可能性有70%,如果败诉将要赔偿50万元,在这种情况下,该公司应确认的负债金额(最佳估计数)应为最可能发生金额50万元。(2)或有事项涉及多个项目的,按照各种可能结果及相关概率计算确定。例如某公司本年销售甲产品5 000万元,根据产品质量保证条款的规定,产品售出一年内,如发生正常质量问题,企业将负责免费修理。根据公司以往经验,如果出现小的质量问题则发生的修理费为销售额的2%,而出现较大的质量问题则发生的修理费为销售额的5%。据预测,本年度售出的产品中有85%不会发生质量问题,有10%将发生较小的质量问题,有5%将发生较大的质量问题。据此,本年度末该公司应确认的负债金额(最佳估计数)为:(5 000×2%)×10%+(5 000×5%)×5%=22.5(万元)。

当企业清偿预计负债所需支出全部或部分预期由第三方补偿的,补偿金额只有在基本确定能够收到时才能作为资产单独确认,而且确认的补偿金额不应当超过预计负债的账面价值。例如,发生交通事故等情况时,可以从保险公司获得合理的补偿;在某些索赔诉讼中,企业可以通过反诉的方式对索赔人或第三方另行提出赔偿要求;在债务担保业务中,企业履行担保义务的同时,通常可以向被担保企业提出额外追偿要求。

2. 预计负债的后续计量。企业应当在资产负债表日对预计负债的账面价值进行复核。有确凿证据表明,该账面价值不能真实反映当前最佳估计数的,应当按照当前最佳估计数对该账面价值进行调整。但属于会计差错的,应当根据会计政策、会计估计变更和会计差错更正准则进行处理。

(三)预计负债的会计处理

为了正确核算和披露预计负债,并区别于其他负债项目,企业应设置"预计负债"科目,该科目借方反映实际发生的费用以及预计负债的冲销额,如支付产品维修费用、因败诉而支付的赔偿款等;贷方反映确认的预计负债金额;期末贷方余额反映企业已预计尚未清偿的债务金额。同时企业应在"预计负债"科目下分别不同性质设置"预计产品质量保证损失""预计未决诉讼损失""预计担保损失""预计重组损失"等明细科目,进行明细核算。

1. 产品质量保证。产品质量保证是企业为了树立信誉、扩大销售、提高市场竞争能力所采取的对于出售的产品附有的各种各样的质量保证,如对售出产品实行"三包",即包退、包换和包修等措施。由于产品的质量问题通常在所难免,所以伴随企业对售出产品的质量保证而发生的费用,如修理费用等,其发生的可能性是相当肯定的,其发生的金额往往也可以根据以往经验合理预计,所以产品质量保证通常可以确认为一项预计负债。通常可以在产品售出后，根据产品质量保证条款的规定、产品的销售额以及预计质量保证费用的最佳估计数确认产品质量保证负债金额，在确认时，应借记"销售费用——预计产品质量保证损失"科目，贷记"预计负债——预计产品质量保证损失"科目；平时，实际发生产品质量保证费用时，应借记"预计负债——预计产品质量保证损失"科目，贷记"银行存款"等科目。

【例 10-4】 华宝公司是生产和销售空调器的企业。本年第一季度销售 A 型空调器 5 000 台，每台售价 8 000 元。华宝公司 A 型空调器的质量保证条款规定：产品在售出两年内如出现非意外事件造成的故障和质量问题，公司免费负责保修。根据以往经验，发生保修费一般为销售额的 1%~3%。根据上述业务，华宝公司在第一季度应确认的产品质量保证负债金额为 800 000 元[(5 000×8 000)×(1%+3%)÷2]，应编制会计分录如下：

借：销售费用——预计产品质量保证损失　　　　　　　　800 000
　　贷：预计负债——预计产品质量保证损失　　　　　　　　　　800 000

若华宝公司在第一季度实际以银行存款支出的 A 型空调器维修费为 50 000 元，则应编制如下会计分录：

借：预计负债——预计产品质量保证损失　　　　　　　　50 000
　　贷：银行存款　　　　　　　　　　　　　　　　　　　　　　50 000

产品质量保证负债核算时还应注意：如果发现保证费用的实际发生额与预计数相差较大，应及时对预计比例进行调整；企业针对特定批次产品确认预计负债，在保修期结束时，应将"预计负债——预计产品质量保证损失"余额冲销，不留余额；已对其确认预计负债的产品，如企业不再生产，则应在相应的产品质量保证期满后，将"预计负债——预计产品质量保证损失"余额冲销，不留余额。

2. 未决诉讼。企业在经营活动中经常会涉及经济诉讼、仲裁等案件，但这些审理中的诉讼、仲裁事项将对企业的财务状况和经营成果产生多大影响，企业因此要承担多大风险，具有不确定性。如果这些未决诉讼引起的相关义务符合预计负债确认条件、预计败诉的可能性属于"很可能"、要发生的诉讼等费用也能可靠预计，则企业应将预计要发生的支出确认为预计负债，借记"营业外支出""管理费用"等科目，贷记"预计负债——预计未决诉讼损失"科目；因败诉实际支付诉讼等费用时，应借记"预计负债——预计未决诉讼损失"科目，贷记"银行存款"等科目。

【例 10-5】 2022 年 11 月 20 日，华通公司从 A 银行取得一笔信用贷款 5 000 万元，期限为 1 年，年利率为 7.2%。2023 年 11 月 20 日，华通公司的借款（本金和利息）到期。华通公司具有还款能力，但因与 A 银行之间存在其他经济纠纷，而未按时归还 A 银行的贷款。A 银行遂与华通公司协商，但未达成协议，于 2023 年 12 月 20 日向法院提起诉讼。截至 2023 年 12 月 31 日，法院尚未对 A 银行提起的诉讼进行审理。2023 年 12 月 31 日，华通公司对此诉讼案件进行分析，认为如无特殊情况，本公司很可能败诉，为此不仅要偿还贷款本息，还需要支付罚息和承担诉讼费等费用。假设华通公司预计将要支付的罚息、诉讼费等费用估计为 50 万～60 万元，其中包括对方支付的诉讼费 5 万元，则华通公司在 2023 年 12 月 31 日应确认的负债为 55 万元［(50＋60)÷2］，编制会计分录如下：

  借：管理费用——诉讼费   50 000
    营业外支出——罚息支出   500 000
    贷：预计负债——预计未决诉讼损失   550 000

  3. 重组事项。重组是指企业制定和控制的，将显著改变企业组织形式、经营范围或经营方式的计划实施行为。属于重组的事项主要包括：(1) 出售或终止企业的部分经营业务；(2) 对企业的组织结构进行较大调整；(3) 关闭企业的部分营业场所，或将营业活动由一个国家或地区迁移到其他国家或地区。

  重组不同于企业合并和债务重组。重组通常是企业内部资源的调整和组合，谋求现有资产效能的最大化；企业合并是在不同企业之间的资本重组和规模扩张；债务重组是债权人对债务人作出让步，债务人减轻债务负担，债权人尽可能减少损失。

  根据或有事项准则的规定，同时存在下列情况时，表明企业承担了重组义务：(1) 有详细、正式的重组计划，包括重组涉及的业务、主要地点、需要补偿的职工人数及其岗位性质、预计重组支出、计划实施时间等；(2) 该重组计划已对外公告。

  根据或有事项准则的规定，企业承担的重组义务满足规定条件的，应当确认为预计负债。

  例如，某公司董事会决定关闭一个事业部。如果有关决定尚未传达到受影响的各方，也未采取任何措施实施该项决定，表明该公司没有承担重组义务，不应确认预计负债；如果有关决定已经传达到受影响的各方，各方预期公司将关闭该事业部，通常表明公司开始承担重组义务，同时满足预计负债确认条件的，应当确认预计负债。

  企业应当按照与重组有关的直接支出确定预计负债金额。直接支出不包括留用职工岗前培训、市场推广、新系统和营销网络投入等支出。

第四节 借款费用的核算

一、借款费用的定义和内容

  借款费用，是指企业因借款而发生的利息及其他相关成本。借款费用包括借款利息、折价或者溢价的摊销、辅助费用以及因外币借款而发生的汇兑差额等。

（一）借款利息

借款利息是指企业向银行或其他金融机构等借入资金发生的利息、发行债券发生的利息，以及承担带息债务应计的利息。

（二）因借款而发生的折价或溢价的摊销

主要是指发行债券发生的折价或溢价。由于折价或溢价的摊销实质上是对每期借款利息的调整，因而构成了借款费用的组成部分。

（三）因借款而发生的辅助费用

因借款而发生的辅助费用是指企业在借款过程中发生的诸如手续费、佣金、印刷费、承诺费等费用。由于这些费用是因安排借款而发生的，也是借入资金的一部分代价，从而构成了借款费用的组成部分。

（四）因外币借款而发生的汇兑差额

因外币借款而发生的汇兑差额是指由于汇率变动而对外币借款本金及其利息的记账本位币金额产生的影响金额。由于这部分汇兑差额是与外币借款直接相联系的，因而也构成了借款费用的组成部分。

对于借款费用的处理方法，存在着费用化和资本化两种不同的观点。在我国，对借款费用处理的原则是，借款费用在符合条件的情况下，计入资产的成本，其他借款费用则计入当期损益。下面说明我国企业会计准则对借款费用的处理方法。

二、借款费用的确认和计量

（一）借款费用资本化的范围

借款费用应予资本化的资产范围是指符合资本化条件的有关资产。符合资本化条件的资产是指需要经过相当长时间的购建或者生产活动才能达到预定可使用或者可销售状态的固定资产、投资性房地产和存货等资产。可见，应予资本化的资产不仅包括固定资产，而且包括存货等其他资产。其中，符合借款费用资本化条件的存货包括：房地产开发企业开发的用于出售的房地产开发产品、机械制造企业制造的用于对外出售的大型机械设备等。这些存货需要经过相当长时间的建造或者生产活动，才能达到预定可使用或者可销售状态。这里的"相当长时间"，是指为资产的购建或者生产所必要的时间，通常为1年以上。如果由于人为或者故意等非正常因素导致资产的购建或者生产时间较长的，不属于符合资本化条件的存货。

应予资本化的借款不仅包括专门借款，也包括为购建或者生产符合资本化条件的资产而占用的一般借款所产生的利息。这里的"专门借款",是指为购建或者生产符合资本化条件的资产而专门借入的款项。

(二) 借款费用开始资本化时点的确定

因借款而发生的借款费用在同时满足下列条件的,才能开始资本化:

1. 资产支出已经发生。资产支出包括为购建或者生产符合资本化条件的资产而以支付现金、转移非现金资产或者承担带息债务形式发生的支出。支付现金是指用货币资金支付固定资产的购置或建造支出;转移非现金资产是指将非现金资产用于固定资产的建造与安装,如将自产产品用于固定资产建造;承担带息债务是指因购买工程用材料等而承担带息应付款项(如带息应付票据)。即企业以带息票据购入工程物资,在赊购日即认为资产支出已经发生;如为不带息票据,则应在实际支付票款时作为资产支出的发生日。

如果企业委托其他单位建造固定资产,则企业向受托单位支付第一笔预付款或第一笔进度款时,即认为资产支出已经发生。

2. 借款费用已经发生。即已经发生了为购建或者生产符合资本化条件的资产而专门借入款项的利息、折价或溢价的摊销、辅助费用或汇兑差额。

3. 为使资产达到预定可使用或者可销售状态所必要的购建或者生产活动已经开始。主要是指资产的实体建造活动,例如主体设备的安装、厂房的实际建造等。不包括仅仅持有资产但没有发生为改变资产形态而进行建造活动的情况,如只购置了建筑用地但未发生有关房屋建造活动就不包括在内。

(三) 借款费用资本化金额的确定

企业每期应予资本化的借款费用金额,包括当期应予资本化的利息、借款折价或溢价的摊销、辅助费用和汇兑差额。

1. 利息资本化金额的确定。在资本化期间内,每一会计期间的利息(包括折价或溢价的摊销)资本化金额,应当按照专门借款利息和一般借款利息分别确定。

(1) 专门借款利息费用的资本化金额。企业在借款费用资本化期间内,为购建或者生产符合资本化条件的资产而借入专门借款的,应当以专门借款当期实际发生的利息费用,减去将尚未动用的借款金额存入银行取得的利息收入或者进行暂时性投资取得的投资收益后的金额确定。

专门借款发生的利息费用,在资本化期间内,应当全部计入符合资本化条件的资产成本,不计算借款资本化率。

专门借款应当有明确的专门用途,即为购建或者生产某项符合资本化条件的资产而专门借入的款项。通常签订有标明该用途的借款合同。

资本化期间,是指从借款费用开始资本化时点到停止资本化时点的期间,借款费用暂停资本化的期间不包括在内。

(2) 一般借款利息费用的资本化金额。一般借款是指除专门借款以外的其他借款。企业在借款费用资本化期间内,为购建或者生产符合资本化条件的资产占用了一般借款的,应当根据累计资产支出超过专门借款部分的资产支出加权平均数乘以所占用一般借款的资本化率,计算确定一般借款应予资本化的利息金额。一般借款应予资本化的利息金额应当按照下列公式计算:

$$\text{一般借款利息费用资本化金额} = \text{累计资产支出超过专门借款部分的资产支出加权平均数} \times \text{所占用一般借款的资本化率}$$

$$\text{一般借款累计支出加权平均数} = \sum\left[\text{一般借款每笔资产支出金额} \times \left(\text{每笔一般借款资产支出实际占用的天数} \div \text{会计期间涵盖的天数}\right)\right]$$

$$\text{所占用一般借款的资本化率} = \text{所占用一般借款加权平均利率} = \text{所占用一般借款当期实际发生的利息之和} \div \text{所占用一般借款本金加权平均数}$$

$$\text{所占用一般借款本金加权平均数} = \sum\left[\text{所占用每笔一般借款本金} \times \left(\text{每笔一般借款在当期所占用的天数} \div \text{当期天数}\right)\right]$$

【例 10-6】某公司于 2023 年 1 月 1 日动工兴建一幢办公楼,工期为 1 年,工程采用出包方式,分别于 2023 年 1 月 1 日、7 月 1 日和 10 月 1 日支付工程进度款 1 500 万元、3 000 万元和 1 000 万元。办公楼于 2023 年 12 月 31 日完工,达到预定可使用状态。

公司为建造办公楼发生了两笔专门借款,分别为:(1) 2023 年 1 月 1 日专门借款 2 000 万元,借款期限为 3 年,年利率为 8%,利息按年支付;(2) 2023 年 7 月 1 日专门借款 2 000 万元,借款期限为 5 年,年利率为 10%,利息按年支付。闲置专门借款资金均用于固定收益债券短期投资,假定该短期投资月收益率为 0.5%。

公司为建造办公楼的支出总额 5 500 万元(1 500 + 3 000 + 1 000)超过了专门借款总额 4 000 万元(2 000 + 2 000),占用了一般借款 1 500 万元。假定所占用一般借款有两笔,分别为:(1)向 A 银行长期借款 2 000 万元,期限为 2022 年 12 月 1 日至 2025 年 12 月 1 日,年利率为 6%,按年支付利息;(2)发行公司债券 10 000 万元,于 2022 年 1 月 1 日发行,期限为 5 年,年利率为 8%,按年支付利息。

根据上述资料,计算公司建造办公楼应予资本化的利息费用金额如下:

(1) 计算专门借款利息费用资本化金额。

专门借款利息资本化金额 = 专门借款当期实际发生的利息费用 - 将闲置借款金额短期投资取得的投资收益。为简化计算,假定全年按 360 天计算。据此,专门借款利息费用的资本化金额为:

2 000 × 8% + 2 000 × 10% × 180 ÷ 360 - 500 × 0.5% × 6 = 245(万元)

(2) 计算一般借款利息费用资本化金额。

一般借款利息费用资本化金额 = 累计资产支出超过专门借款部分的资产支出加权平均数 × 所占用一般借款的资本化率。其中:

累计资产支出超过专门借款部分的资产支出加权平均数 =(4 500 - 4 000)× 180 ÷

360 + 1 000 × 90 ÷ 360 = 500（万元）

一般借款资本化率 =（2 000 × 6% + 10 000 × 8%）÷（2 000 + 10 000）= 7.67%

一般借款利息费用资本化金额为：500 × 7.67% = 38.35（万元）

（3）计算建造办公楼应予资本化的利息费用金额。

该公司建造办公楼应予资本化的利息费用金额283.35万元，即：专门借款利息费用资本化金额245万元和一般借款利息费用资本化金额38.35万元之和。

应当注意，在资本化期间内，每一会计期间的利息资本化金额，不应当超过当期相关借款实际发生的利息金额。

2. 借款溢价或者折价的摊销。借款存在折价或者溢价的，应当按照实际利率法确定每一会计期间应摊销的折价或者溢价金额，调整每期利息金额。

在实际利率法下，企业应当按照期初借款余额乘以实际利率计算确定每期借款利息费用。实际利率是企业在借款期限内未来应支付的利息和本金折现为借款当前账面价值的利率。

【例10-7】A公司于2020年1月1日折价发行了期限为5年，面值为1 250万元的公司债券，发行价格为1 000万元，票面利率为4.72%，每年年末支付利息59万元（1 250 × 4.72%），到期一次还本。据此，计算该公司债券实际利率r为：

由于 $1\,000 = 59 \times (1+r)^{-1} + 59 \times (1+r)^{-2} + 59 \times (1+r)^{-3} + 59 \times (1+r)^{-4} + (59 + 1\,250) \times (1+r)^{-5}$，由此计算得出 $r = 10\%$。

假定A公司发行公司债券募集的资金专门用于建造一条生产线，生产线从2020年1月1日开始建设，于2022年年底完工，达到预定可使用状态。公司在2020～2022年每年应予资本化的利息费用为100万元、104万元和109万元，2023年和2024年发生的113万元和119万元利息费用应当计入当期损益，不应再予资本化。

除公司债券外，其他借款也应当按照上述实际利率法确定每期利息费用。如果按照名义（合同）利率和实际利率计算的每期利息费用相差不大的，可以按照名义利率计算确定每期借款利息（见表10-3）。

表10-3　　　　　　　　按名义利率计算每期借款利息　　　　　　　　单位：万元

年份	期初公司债券余额（a）	实际利息费用（按10%计算）（b）	每年支付现金（c）	期末公司债券摊余成本（d = a + b - c）
2020	1 000	100	59	1 041
2021	1 041	104	59	1 086
2022	1 086	109	59	1 136
2023	1 136	113	59	1 190
2024	1 190	119	1 250 + 59	

3. 辅助费用资本化金额的确定。专门借款发生的辅助费用，在所购建或者生产的符

合资本化条件的资产达到预定可使用或者可销售状态之前发生的,应当在发生时根据其发生额予以资本化,计入符合资本化条件的资产的成本;在所购建或者生产的符合资本化条件的资产达到预定可使用或者可销售状态之后发生的,应当在发生时根据其发生额确认为费用,计入当期损益。上述资本化或计入当期损益的辅助费用的发生额,是指根据《企业会计准则第 22 号——金融工具确认和计量》,按照实际利率法所确定的金融负债交易费用对每期利息费用的调整额。借款实际利率与合同利率差异较小的,也可以采用合同利率计算确定利息费用。一般借款发生的辅助费用,也应当按照上述原则确定其发生额并进行处理。

为购建或者生产符合资本化条件的资产的专门借款或者一般借款,所发生的辅助费用需要计入借款的初始确认金额,即抵减相关借款的初始确认金额,从而影响以后各期实际利息的计算。即由于辅助费用的发生将导致相关借款实际利率的上升,从而需要对各期利息费用进行调整,在确定借款辅助费用资本化金额时可以结合借款利息资本化金额一并计算。

4. 外币专门借款汇兑差额资本化金额的确定。在资本化期间内,外币专门借款本金及利息的汇兑差额,应当予以资本化,计入符合资本化条件的资产的成本。

(四) 借款费用资本化的暂停

符合资本化条件的资产在购建或者生产过程中发生了非正常中断,且中断时间连续超过 3 个月的,应当暂停借款费用的资本化。

非正常中断通常是由于企业管理决策上的原因或者其他不可预见方面的原因等所导致的中断。例如,企业因与施工方发生了质量纠纷,或者工程或生产用料没有及时供应,或者资金周转发生了困难,或者施工或生产发生了安全事故,或者发生了与资产购建或者生产有关的劳动纠纷等原因,导致资产购建或者生产活动发生中断,均属于非正常中断。

非正常中断与正常中断有显著不同。正常中断仅限于因购建或者生产符合资本化条件的资产达到预定可使用或者可销售状态所必要的程序,或者事先可预见的不可抗力因素导致的中断。例如,某些工程建造到一定阶段必须暂停下来进行质量或者安全检查,检查通过后方可继续下一步的建造工作,这类中断是在施工前可以预见的,而且是工程建造必须经过的程序,即属于正常中断。

某些地区的工程在建造过程中,由于可预见的不可抗力因素(本地普遍存在的雨季或冰冻季节等原因)导致施工出现停顿,也属于正常中断。例如,某企业在北方某地建造某工程期间,正遇冰冻季节,工程施工不得不中断,待冰冻季节过后才能继续施工。由于该地区在施工期间出现较长时间的冰冻是正常情况,由此而导致的施工中断属于因可预见的不可抗力因素导致的中断,是正常中断,借款费用的资本化可继续进行,不必暂停。

在中断期间发生的借款费用应当确认为费用,计入当期损益,直至资产的购建或者生产活动重新开始。如果中断是所购建或者生产的符合资本化条件的资产达到预定可使用或者可销售状态必要的程序，借款费用的资本化应当继续进行。

（五）借款费用资本化的停止

购建或者生产符合资本化条件的资产达到预定可使用或者可销售状态时，借款费用应当停止资本化。在符合资本化条件的资产达到预定可使用或者可销售状态之后所发生的借款费用，应当在发生时根据其发生额确认为费用，计入当期损益。购建或者生产符合资本化条件的资产达到预定可使用或者可销售状态，可从下列几个方面进行判断：

（1）符合资本化条件的资产的实体建造（包括安装）或者生产工作已经全部完成或者实质上已经完成。

（2）所购建或者生产的符合资本化条件的资产与设计要求、合同规定或者生产要求相符或者基本相符，即使有极个别与设计、合同或者生产要求不相符的地方，也不影响其正常使用或者销售。

（3）继续发生在所购建或生产的符合资本化条件的资产上的支出金额很少或者几乎不再发生。

对于所购建或者生产符合资本化条件的资产需要试生产或者试运行的，在试生产结果表明资产能够正常生产出合格产品或者试运行结果表明资产能够正常运转或者营业时，应当认为该资产已经达到预定可使用或者可销售状态。

如果购建或者生产的符合资本化条件的资产的各部分分别完工，且每部分在其他部分继续建造过程中可供使用或者可对外销售，且为使该部分资产达到预定可使用或可销售状态所必要的购建或者生产活动实质上已经完成的，则应当停止与该部分资产相关的借款费用的资本化。

如果购建或者生产的资产的各部分分别完工，但必须等到整体完工后才可使用或者可对外销售的，则应当在该资产整体完工时停止借款费用的资本化。

三、借款费用的账务处理

企业发生的借款费用（包括利息、债券折溢价摊销、汇兑损失等），应按照规定，分别记入有关科目。资本化的借款费用，应根据借款用途分别借记"在建工程""投资性房地产""制造费用""研发支出"等科目；费用化的借款费用，应在发生时借记"财务费用"科目。

企业发生的借款费用（包括利息、折溢价摊销、辅助费用、汇兑差额等），应按照规定，分别记入有关科目：

（1）属于筹建期间不应计入相关资产价值的借款费用，计入管理费用。

（2）属于经营期间不应计入相关资产价值的借款费用，计入财务费用。

(3) 属于发生的与购建或者生产符合资本化条件的资产有关的借款费用，按规定在购建或者生产的资产达到预定可使用或者可销售状态前应予以资本化的，计入相关资产的成本，视资产的不同，分别记入"在建工程""制造费用""研发支出"等科目。

(4) 购建或者生产符合资本化条件的资产达到预定可使用或者可销售状态后所发生的借款费用以及规定不能予以资本化的借款费用，计入财务费用。

思考题与练习题

一、思考题

1. 简述非流动负债的概念及其内容。
2. 长期应付款的主要内容包括哪些？其确认、计量和账务处理如何进行？
3. 一般应付债券应如何加以确认、计量和账务处理？
4. 什么是可转换公司债券？应付可转换公司债券应如何确认、计量和账务处理？
5. 什么是或有事项？或有事项的特征是什么？
6. 什么是预计负债？预计负债应如何加以确认和计量？
7. 什么是借款费用？借款费用的主要内容有哪些？
8. 借款费用各具体项目应如何加以确认和计量？

二、练习题

习题一

【目的】通过练习，掌握应付债券的会计处理。

【资料】某公司经批准于2023年1月1日发行3年期公司债券600 000元，票面利率为12%，每半年付息一次，若债券发行时市场利率为10%，发行价格为630 453.9元。

【要求】作出该公司发行该批债券在2023年度应编制的会计分录。

习题二

【目的】通过练习，掌握预计负债的核算。

【资料】某公司为A种机床生产和销售企业。2023年第一季度、第二季度、第三季度和第四季度分别销售机床200台、300台、400台和350台，每台售价10万元。对购买其产品的客户，该公司作出如下承诺：机床售出后三年内如出现非意外事件造成的机床故障和质量问题，公司免费负责保修（含零部件更换）。根据以往经验，发生的保修费一般为销售额的1%~1.5%。假设该公司2023年四个季度实际发生的维修费分别为40 000元、300 000元、250 000元和400 000元，维修费用均以银行存款支付；同时，假设2023年"预计负债——产品质量保证"科目年初余额为200 000元。该公司因销售机床而承担了现时义务，符合因或有事项而确认负债的条件，并按规定在每一季度末确认一项负债。

【要求】

(1) 按季度编制发生产品质量保证费用的会计分录；

(2) 按季度计算确认产品质量保证负债金额并编制会计分录；

(3) 分别确定各季度末，"预计负债——产品质量保证"科目的余额。

习题三

【目的】通过练习，掌握借款费用的会计处理。

【资料】某公司采用出包方式于2023年开始建造一生产车间厂房，建造过程中发生的有关支出数如表10-4所示。

表10-4　　　　　　　　　资产支出累计金额计算表　　　　　　　　单位：万元

日期	每期资产支出金额	资产支出累计
1月1日	480	480
4月1日	390	870
7月1日	370	1 240
10月1日	280	1 520
11月1日	160	1 680
12月1日	140	1 820

公司为建造该厂房，2023年1月1日发行3年期债券，票面价值为1 000万元，票面利率为5%，每年年末支付利息，到期还本。债券发行价格为1 000万元，不考虑发行费用。另外在2023年4月1日又专门借款500万元，借款期为4年，年利率为8%。该公司还有流动资金借款500万元，借款年利率为4%。不考虑未动用借款金额的利息收入或投资收益。

【要求】

(1) 该公司2023年12月31日应计的专门借款利息的资本化金额为多少？

(2) 该公司2023年12月31日应计的一般借款应予资本化的利息金额为多少？

习题四

【目的】通过练习，掌握可转换公司债券的会计处理方法。

【资料】甲公司经批准于2022年1月1日按面值发行5年期一次还本付息的可转换公司债券200 000 000元，款项已收存银行，债券票面年利率为6%，利息按年支付。债券发行一年后可转换为普通股股票，初始转股价为每股10元，股票面值为每股1元。假定2023年1月1日债券持有人将持有的可转换公司债券全部转换为普通股股票，甲公司发行可转换公司债券时二级市场上与之类似的没有附带转换权的债券市场利率为9%。

【要求】

(1) 计算可转换公司债券负债成分的公允价值和权益成分的公允价值。

(2) 编制2022年1月1日发行可转换公司债券时的会计分录。

(3) 编制2022年12月31日确认利息费用的会计分录。

(4) 编制2023年1月1日债券持有人行使转换权时的会计分录。

第十一章

所有者权益

【本章学习目的】

通过本章的学习，理解所有者权益的概念和特征；掌握一般企业实收资本和股份有限公司股本的核算；掌握资本公积、其他综合收益、盈余公积、利润分配的内容和会计处理。

第一节 所有者权益概述

一、所有者权益的概念和特征

与资产和负债的"定性"表述不同，所有者权益通常被"定量"化地加以描述。如美国财务会计准则委员会认为，"所有者权益或净资产是某个主体的资产减去负债后的剩余权益"。国际会计准则委员会在其发布的《财务报表编报框架》中指出"所有者权益是指企业的资产扣除企业全部负债后的余额"。我国的《企业会计准则》(2006) 规定，"所有者权益是指企业资产扣除负债后由所有者享有的剩余权益"。所有者权益的内容包括所有者投入的资本、直接计入所有者权益的利得和损失、留存收益。

所有者权益和负债同属权益。权益是指对企业资产的求偿权，它包括投资人的求偿权和债权人的求偿权两种，但两者又有区别，主要表现在以下几个方面：

第一，性质不同。负债是债权人对企业资产的求偿权，债权人与企业是债权债务关系，到期可以收回本息；而所有者权益则是企业所有者对企业净资产的求偿权，这种求偿权没有明确的偿还期限，除非企业破产清算，否则一般不会返还投资人的投资。

第二，偿还责任不同。负债要求企业按规定的时间和利率支付利息，到期偿还本金；而所有者权益则与企业共存亡，在企业经营期内无须偿还。

第三，享受的权利不同。债权人通常只有享受收回本金和按事先约定的利息率收回利息的权利，既没有参与企业经营管理的权利，也没有参与企业收益分配的权利；而企业的所有者通常既具有参与企业管理的权利，也具有参与收益分配的权利。企业的所有者不仅享有法定的自己管理企业的权利，而且还享有委托他人管理企业的权利。

第四，计量特征不同。负债通常可以单独直接地进行计量，而所有者权益除了投资者的原始投资以外，一般不能直接计量，而是通过资产和负债的计量来进行间接的计量。

第五，风险和收益的大小不同。负债由于具有明确的偿还期限，约定的收益率，而且一旦到期就可以收回本金与相应的利息，其获得的收益是相对固定的，因而风险较小；而所有者一旦将资本投入被投资企业，一般情况下，无论企业未来经营的状况如何，都不能抽回投资，因而承担的风险较大，相应地，也就有可能获得较高的收益，当然，也有可能要承担更大的损失。

二、所有者权益的分类

企业的所有者权益主要包括实收资本（或股本）、资本公积、其他综合收益、盈余公积和未分配利润等部分。其中，盈余公积和未分配利润也被称为企业的留存收益。在股份公司，实收资本又称为股本。

（一）实收资本

实收资本是指企业按照公司章程规定或合同、协议规定，接受投资者投入企业的资本。实收资本可以在一定程度上体现企业的资金实力和对外承担民事责任的能力，也是企业进行利润分配或股利分配的重要依据。在股份有限公司，实收资本表现为公司实际发行的股票数额，因此也被称为"股本"；在有限责任公司，一般称为实收资本。

《公司法》规定，依法设立的公司，由公司登记机关发给公司营业执照。公司营业执照应当载明公司的名称、住所、注册资本、经营范围、法定代表人姓名等事项。股东可以用货币出资，也可以用实物、知识产权、土地使用权等可以用货币估价并可以依法转让的非货币财产作价出资；但是，法律、行政法规规定不得作为出资的财产除外。对作为出资的非货币财产应当评估作价，核实财产，不得高估或者低估作价。

股东应当按期足额缴纳公司章程中规定的各自所认缴的出资额。股东以货币出资的，应当将货币出资足额存入有限责任公司在银行开设的账户；以非货币财产出资的，应当依法办理其财产权的转移手续。股东不按照前款规定缴纳出资的，除应当向公司足额缴纳外，还应当向已按期足额缴纳出资的股东承担违约责任。

（二）其他权益工具

企业发行的金融工具划分为权益工具但又不属于发行企业普通股的，会计上归类为其他权益工具。例如企业发行了年利率8%、无固定还款期限、可自主决定是否支付利息的永续债，尽管形式上叫作公司债券，但由于该债券的发行条款中包含了无条件避免交付现金或其他金融资产的合同义务，因此需要按照会计实质将其划分为权益工具。企业应单独设置"其他权益工具"科目，期末在资产负债表中作为其他权益工具项目单独列示；在未来如果发行合同条款中约定转换为普通股的，需将其他权益工具转入实收资本，借记"其他权益工具"科目、贷记"实收资本（或股本）"科目。

(三) 资本公积

资本公积是企业收到投资者出资额超过其在注册资本（或股本）中所占份额的部分，以及直接计入所有者权益中的利得或损失等。资本公积包括"资本（股本）溢价"和"其他资本公积"两类明细项目。

资本公积是所有者共有而非某类投资者专有的权益。例如，股东投入企业的资本大于其享有的所有权份额部分形成的股本溢价，归属于全体股东所有。同理，资本公积在转增了资本后，也应该在所有投资者之间按照持股比例分配。与盈余公积和未分配利润等留存收益相比，资本公积的性质并非来源于日常的经营活动，也就是说与利润表项目无关，多是非正常经营活动产生的权益增加。

(四) 其他综合收益

2007年9月，国际会计准则委员会（IASC）在《财务报表的列报》中提出，其他综合收益（Other Comprehensive Income，OCI）是指按照其他国际财务报告准则不要求或不允许在损益中确认的收益和费用项目（包括重分类调整）。2011年6月，国际会计准则理事会（IASB）发布了《对〈国际会计准则第1号——财务报表列报〉的修订》，将其他综合收益项目划分为"满足特定条件时后续将重分类计入损益的项目"和"不能重分类计入损益的项目"两类区别列报。

为了实现与国际财务报告准则的趋同，我国于2009年《企业会计准则解释第3号》中首次引入了"其他综合收益"，要求企业应当在利润表"每股收益"项下增列"其他综合收益"项目和"综合收益总额"项目；2014年1月，财政部修订发布了《企业会计准则第30号——财务报表列报》，进一步采纳国际会计准则理事会的修改内容，将其他综合收益在利润表的列报方式分为以后会计期间不能重分类进损益的其他综合收益、以后会计期间在满足规定条件时将重分类进损益的其他综合收益。

其他综合收益的概念尚待进一步明确，目前可以概括出的其他综合收益特点：一是不计入当期的净利润；二是属于偶发的利得或损失。实务中，其他综合收益项目均是通过既有会计准则直接指定形成。

2017年，我国修订发布了《企业会计准则第22号——金融工具确认和计量》《企业会计准则第23号——金融资产转移》《企业会计准则第24号——套期会计》《企业会计准则第37号——金融工具列报》。结合这些准则中的新内容，财政部发布了《关于修订印发2018年度一般企业财务报表格式的通知》，明确了新的企业利润表中其他综合收益的列报内容（详见本章第五节）。

(五) 留存收益

公司在生产经营活动中形成的税后利润，不能全部分配给股东。按照我国《公司法》规定，取得的税后利润，首先应弥补以前年度亏损，在提取法定公积金之后，才能向股东分配。留存收益不是单独的报表项目，也不是独立的会计科目，它仅仅是会计术语上的一个称呼，包括"盈余公积"和"未分配利润"两项。"盈余公积"和"未分配利润"既是独立的会计科目，也是资产负债表上的单独列示的项目。

第二节　实收资本

一、实收资本的初始确认

实收资本是指投资者作为资本投入到企业中的各种资产的价值，可以是货币资金，也可以是非货币的实物、知识产权、土地使用权等。所有者投入到企业的资本，除《公司法》允许的情况下，一般不允许抽回。

公司的注册资本制度源于对股东以外的企业利益相关人保护机制。注册资本制度历经了法定资本制和授权资本制。法定资本制，要求公司设立时必须在章程中明确规定公司资本总额，并一次性发行、全部认足，否则公司不得成立；授权资本制，是指公司设立时只需在章程中载明资本总额，但不必发行资本的全部，只要认足一部分，公司即可成立，其余部分，授权董事会在认为必要时，一次或分次发行。

法定资本制度，强调股东以其资本金承担债务风险。但实践中发现这类资本制度不仅不能实现债权人保护的目标，反而阻碍了公司的设立和发展。由此，现代国家的公司法多采用授权资本制度，弱化注册资本的作用，强调对债权人的保障应该是企业的总资产而非仅仅是注册资金。

公司制企业包括有限责任公司和股份有限公司。在中国，有限责任公司的股东投入到企业的资本，会计上采用"实收资本"的科目，股份公司的股东投入到企业的资本，会计上采用"股本"科目核算。这样的区分，是由于股份公司的注册资本通常被划分为等额的股份，每股的票面价值乘以股份数量，就等于公司的股本总额，或称为股票面值。但发行股票的实际收入可能大于股票面值，称为"溢价"，也可能小于股票面值，称"折价"，中国目前不允许折价发行。因此，为了直观反映最原始的股票面值，人们还是习惯于设立"股本"科目，以体现这个重要的决策参考指标，发行收入与股票面值之间的差额，记入"资本公积"科目。而对于有限责任公司来说，股东认缴的出资额与注册资本是一致的。

股东以货币出资的，应当将货币出资足额存入公司在银行开设的账户；以非货币财产出资的，应当依法办理其财产权的转移手续。借记"库存现金""银行存款""其他应收款""固定资产""无形资产"等科目，贷记"实收资本"科目，存在差额的，贷记"资本公积——资本溢价或股本溢价"科目。

二、实收资本的增加

《企业法人登记管理条例》规定,企业法人实有资金比原注册资金数额增加或减少超过 20% 时,应持资金证明或者验资证明,向原登记机关申请变更登记。

实收资本的增加有如下途径:投资者投入、资本公积转增资本、盈余公积转增资本、债务重组中债务转为股权、可转换债券转为股本等。

(一)新增、转增资本

所有者新投入的资本,借记"库存现金""银行存款""固定资产"等科目,贷记"实收资本"等科目。

资本公积和盈余公积转增资本,不改变所有者权益总额,只是内部项目之间结转。账务处理为:借记"资本公积""盈余公积"科目,贷记"实收资本"科目。增加后的实收资本,按照股东的持股比例增加各股东的股权。

资本公积转增资本,应该借记"资本公积——资本溢价或股本溢价",贷记"实收资本"科目。《公司法》规定:法定公积金转为增加注册资本时,所留存的该项公积金不得少于转增前公司注册资本的 25%。

【例 11-1】A 公司经公司高层管理机构批准,决定用 5 000 万元资本公积转增资本,已经办理了登记变更手续。

借:资本公积——资本溢价　　　　　　　　　　　　50 000 000
　　贷:实收资本　　　　　　　　　　　　　　　　　　　　50 000 000

(二)股票股利

股份公司增发股票、发放股票股利,都会实现增加实收资本的结果。新增资本时,股东有权优先按照实缴的出资比例认缴出资。但是,全体股东约定不按照出资比例分取红利或者不按照出资比例优先认缴出资的除外。分配的股票股利,分配方案经股东大会批准后,应在办理增资手续后,借记"利润分配"科目,贷记"股本"科目。实际工作中,如果股东大会决议按照股东原来持有股数进行股利分配,比如每 10 股分配 1 股,而股东所持股份不足 10 股的整数倍时,可以采用将不足 1 股的股票股利改为现金股利,或者由股东相互转让,凑为整股。

【例 11-2】B 公司经股东大会决议,拟于当年分配股票股利,每 10 股派发 1 股股票股利,本年发行在外股份共 8 000 万股。

借:利润分配——转作股本的股利　　　　　　　　　8 000 000
　　贷:股本　　　　　　　　　　　　　　　　　　　　　　　8 000 000

(三) 可转换债券到期转为资本

公司发行的可转换公司债券按规定转为股本时，应按"应付债券——可转换公司债券"科目余额，借记"应付债券——可转换公司债券"科目，按"其他权益工具"科目中属于该项可转换公司债券的权益成分的金额，借记"其他权益工具"科目，按股票面值和转换的股数计算股票面值总额，贷记"股本"科目，按实际用现金支付的不可转换为股票的部分，贷记"银行存款"等科目，按其差额，贷记"资本公积——股本溢价"科目。

企业发行的可转换公司债券，属于同时具有负债和权益双重成分的非衍生金融工具，应将其分拆为负债和权益工具。一般以该项金融工具的账面价值扣除负债的公允价值后，作为权益成分的初始确认金额；如果负债的公允价值难以确认的，可以不进行分拆，均作为负债进行核算。

(四) 债务转为资本

企业将重组债务转为资本的，应按重组债务的账面价值，借记"应付账款"等科目，按债权人放弃债权而享有本企业股份的面值总额，贷记"实收资本"科目，按股份的公允价值总额与相应的实收资本或股本之间的差额，贷记或借记"资本公积——资本溢价或股本溢价"科目，按重组债务的账面价值与股份的公允价值总额之间的差额，贷记"投资收益"科目。

(五) 股份期权行权转为资本

企业给予职工的报酬，除了工资、奖金等基本方式外，还包括企业年金和一定的股份。近年来，随着《公司法》和《证券法》的修改，以及中国证监会《上市公司股权激励管理办法（施行）》(2005) 的发布，职工股权激励越来越普遍。

以股份为基础的股权激励包括股票期权、认股权证等多种形式。其实质和运作原理都是相仿的，都是将职工可以获得的报酬与企业未来股票价格联系起来，未来的股价越高，职工获得的回报越多。这样，职工为获得更多的个人利益而努力推高股价的同时，其他股东也同时获得好处。

股份支付按照结算方式可以分为以现金结算和以权益结算两类。以权益结算是指企业为获取服务、以股份或其他权益工具为对价进行结算的交易；以现金结算是企业为获取服务、承担以股份或其他权益工具为基础计算确定交付现金或其他资产义务的交易。

股份支付的会计核算，要把握以下三个时点：

1. 授予日。授予日是指股份支付获得批准的日期。其中，获得批准是指企业与职工或其他方就股份支付的协议条款和条件已达成一致，该协议获得股东大会或类似机构的批准。除了可以立刻行权的股份支付外，无论权益结算或是现金结算的股份支付，都不进行会计处理。

2. 等待期内的每个资产负债表日。给予职工的股份通常不能立即行权，而是要等到职工在企业工作满一定期限或完成特定业绩后才能行权，这一段期间被称为等待期。

在等待期内，应将取得的职工服务计入成本费用。如果是以现金结算的股份支付，应当按照每个资产负债表日的公允价值重新计量，确定成本费用和应付职工薪酬；如果是以权益结算的股份支付，按照授予日权益工具的公允价值计入成本费用和资本公积（其他资本公积），不确认后续公允价值的变动。

【例11-3】2019年1月1日，B公司为其200名中层以上管理人员每人授予100份现金股票增值权，这些人员从2019年1月1日起必须在该公司连续服务3年，即可自2021年12月31日起根据股价的增长幅度获得现金，该增值权应在2023年12月31日之前行使完毕。B公司估计，该增值权在负债结算之前的每一资产负债表日以及结算日的公允价值和可行权后的每份增值权现金支出额见表11-1。

表11-1　　　　　　　　　B公司公允价值和支付现金　　　　　　　　单位：元

年份	公允价值	支付现金
2019	14	
2020	15	
2021	18	16
2022	21	20
2023		25

第1年有20名管理人员离开B公司，B公司估计3年中还将有15名管理人员离开；第2年又有10名管理人员离开公司，公司估计还将有10名管理人员离开；第3年又有15名管理人员离开。第3年年末，假定有70人行使股票增值权取得了现金。B公司费用和应付职工薪酬计算过程见表11-2。

表11-2　　　　　　　　费用和应付职工薪酬计算过程　　　　　　　　单位：元

年份	负债计算（1）	支付现金（2）	当期费用（3）
2019	(200-35)×100×14×1/3=77 000		77 000
2020	(200-40)×100×15×2/3=160 000		83 000
2021	(200-45-70)×100×18=153 000	70×100×16=112 000	105 000
2022	(200-45-70-50)×100×21=73 500	50×100×20=100 000	20 500
2023	73 500-73 500=0	35×100×25=87 500	14 000
总额		299 500	299 500

会计处理：

（1）2019年1月1日：授予日不做处理。

(2) 2019 年 12 月 31 日：

借：管理费用等　　　　　　　　　　　　　　　　77 000
　　贷：应付职工薪酬——股份支付　　　　　　　　　　77 000

(3) 2020 年 12 月 31 日：

借：管理费用等　　　　　　　　　　　　　　　　83 000
　　贷：应付职工薪酬——股份支付　　　　　　　　　　83 000

(4) 2021 年 12 月 31 日：

借：管理费用等　　　　　　　　　　　　　　　　105 000
　　贷：应付职工薪酬——股份支付　　　　　　　　　　105 000

借：应付职工薪酬——股份支付　　　　　　　　　112 000
　　贷：银行存款　　　　　　　　　　　　　　　　　　112 000

【例 11-4】A 公司为上市公司。2019 年 1 月 1 日，公司向其 200 名管理人员每人授予 100 份股份期权，这些人员从 2019 年 1 月 1 日起必须在该公司连续服务 3 年，服务期满时才能以每股 4 元购买 100 股 A 公司股票。公司估计该期权在授予日的公允价值为 15 元。

第一年有 20 名管理人员离开 A 公司，A 公司估计三年中离开的管理人员比例将达到 20%；第二年又有 10 名管理人员离开公司，公司将管理人员离开比例修正为 15%；第三年又有 15 名管理人员离开。

费用和资本公积计算过程见表 11-3。

表 11-3　　　　　　　　　费用和资本公积计算过程　　　　　　　　单位：元

年份	计算	当期费用	累计费用
2019	200×100×(1−20%)×15×1/3	80 000	80 000
2020	200×100×(1−15%)×15×2/3−80 000	90 000	170 000
2021	155×100×15−170 000	62 500	232 500

(1) 2019 年 1 月 1 日：

授予日不做处理。

(2) 2019 年 12 月 31 日：

借：管理费用等　　　　　　　　　　　　　　　　80 000
　　贷：资本公积——其他资本公积　　　　　　　　　　80 000

(3) 2020 年 12 月 31 日：

借：管理费用等　　　　　　　　　　　　　　　　90 000
　　贷：资本公积——其他资本公积　　　　　　　　　　90 000

(4) 2021 年 12 月 31 日：

借：管理费用等　　　　　　　　　　　　　　　　62 500

　　　　贷：资本公积——其他资本公积　　　　　　　　　　　　　　　62 500

3. 可行权日之后。以现金结算的股份支付，企业在可行权日之后不再确认成本费用，负债（应付职工薪酬）公允价值的变动应计入当期损益（公允价值变动损益）。

【例11-5】沿用〖例11-3〗资料，2022年12月31日（第4年年末），有50人行使了股票增值权。2023年12月31日（第5年年末），剩余35人全部行使了股票增值权。

（1）2022年12月31日：

　　借：公允价值变动损益　　　　　　　　　　　　　　　20 500
　　　　贷：应付职工薪酬——股份支付　　　　　　　　　　　　　20 500
　　借：应付职工薪酬——股份支付　　　　　　　　　　　100 000
　　　　贷：银行存款　　　　　　　　　　　　　　　　　　　　　100 000

（2）2023年12月31日：

　　借：公允价值变动损益　　　　　　　　　　　　　　　14 000
　　　　贷：应付职工薪酬——股份支付　　　　　　　　　　　　　14 000
　　借：应付职工薪酬——股份支付　　　　　　　　　　　87 500
　　　　贷：银行存款　　　　　　　　　　　　　　　　　　　　　87 500

以权益结算的股份支付换取职工或其他方提供服务的，在可行权日之后不再对已确认的成本费用和所有者权益进行调整。企业应在行权日，按实际行权的权益工具数量计算确定的金额，借记"资本公积——其他资本公积"科目，按应计入实收资本或股本的金额，贷记"实收资本"科目，按其差额，贷记"资本公积——资本溢价或股本溢价"科目。

【例11-6】沿用〖例11-4〗资料，2023年12月31日（第5年年末），155名管理人员全部行权，A公司股票面值为每股1元，管理人员以每股4元购买。

会计处理：

2023年12月31日：

　　借：银行存款　　　　　　　　　　　　　　　　　　62 000
　　　　资本公积——其他资本公积　　　　　　　　　　232 500
　　　　贷：股本　　　　　　　　　　　　　　　　　　　　　　　15 500
　　　　　　资本公积——资本溢价　　　　　　　　　　　　　　　279 000

三、实收资本的减少

《公司法》规定：公司成立后，股东不得抽逃出资。但符合《公司法》规定的，可以减少注册资本，比如企业发生重大亏损、资本过剩、回购股份用于奖励职工、中外合作企业按照协议归还股东投资等。公司减少（或增资）注册资本，需由董事会制订减资（或增资）方案，经过股东大会决议通过。公司减资后的注册资本不得低于法定的最低限额。

公司减少注册资本，需编制资产负债表及财产清单。公司应当自股东会作出减少注册资本决议之日起 10 日内通知债权人，并于 30 日内在报纸上或国家企业信用信息公示系统公告。债权人自接到通知书之日起 30 日内，未接到通知书的自公告之日起 45 日内，有权要求公司清偿债务或者提供相应的担保。在减少（或增加）注册资本后，依法向公司登记机关办理变更登记。

有限责任公司减资的会计处理相对简单，借记"实收资本"、贷记"银行存款"。股份有限公司发行的是股票，在减资时需要回购股票。公司发行股票时有溢价、折价和平价之分，那么，从理论上说，回购股票也就存在溢价、折价和平价三种情况。

企业应设置"库存股"科目核算回购自身权益工具时支付的对价和交易费用。库存股可由企业自身购回和持有，也可由集团合并范围内的其他成员购回和持有。股份有限公司采用收购本企业股票方式减资的，应按实际支付的金额，借记"库存股"，贷记"银行存款"科目。注销的库存股，应按股票面值和注销股数计算的股票面值总额，借记"股本"科目，按注销库存股的账面余额，贷记"库存股"科目，按库存股账面余额与股本的差额，借记"资本公积——股本溢价"科目，"资本公积"不足冲减的，依次减少"盈余公积""利润分配——未分配利润"科目。

库存股票是指公司收回发行在外，但尚未注销的本公司股票。公司所持有的其他公司的股票或者本公司尚未发行的股票，以及由本公司收回并加以注销的本公司股票均不属于库存股票。

库存股票不能作为公司的资产，因为公司自己不能投资自己，成为自己的股东。公司应为投资者所有，公司不能通过购买自己的股票像购买资产一样确认利得或损失。因此，公司取得库存股票实际上减少股东权益。

【例 11-7】G 公司以 2 600 万元，回购发行在外的 1 800 万股股票，经公司管理层和相关主管部门批准注销减资。假定公司已有股本溢价为 1 000 万元，应进行的账务处理为：

借：库存股　　　　　　　　　　　　　　　　　　　26 000 000
　　贷：银行存款　　　　　　　　　　　　　　　　　　26 000 000
借：股本　　　　　　　　　　　　　　　　　　　　18 000 000
　　资本公积——股本溢价　　　　　　　　　　　　　8 000 000
　　贷：库存股　　　　　　　　　　　　　　　　　　26 000 000

第三节　其他权益工具

一、其他权益工具的确认

其他权益工具核算企业发行在外的除普通股以外分类为权益工具的金融工具。对于企业发行的优先股、永续债等金融工具,企业应当根据所发行金融工具的合同条款及其所反映的经济实质而非仅以法律形式,在初始确认时将金融工具或其组成部分分类为金融负债或权益工具。

企业发行的金融工具同时满足下列条件的分类为权益工具:

(1) 该金融工具应当不包括交付现金或其他金融资产给其他方,或在潜在不利条件下与其他方交换金融资产或金融负债的合同义务。

(2) 将来须用或可用企业自身权益工具结算该金融工具。如为非衍生工具,该金融工具应当不包括交付可变数量的自身权益工具进行结算的合同义务。

对于归类为权益工具的金融工具,无论其名称中是否包含"债",其利息支出或股利分配都应当作为发行企业的利润分配;对于归类为金融负债的金融工具,无论其名称中是否包含"股",其利息支出或股利分配原则上按照借款费用处理。

二、其他权益工具的核算

企业应当设置"其他权益工具"科目,并根据需要设置"优先股""永续债"明细科目。企业发行其他权益工具时,借记"银行存款"等科目,贷记"其他权益工具——优先股、永续债"等科目;支付利息时,借记"利润分配——应付优先股股利、应付永续债利息"科目,贷记"应付股利——优先股股利、永续债利息"科目。

公司发行的可转换公司债券按规定转为股本时,应按"应付债券——可转换公司债券"科目余额,借记"应付债券——可转换公司债券",按"其他权益工具"科目中属于该项可转换公司债券的权益成分的金额,借记"其他权益工具"科目,按股票面值和转换的股数计算的股票面值总额,贷记"股本"科目,按实际用现金支付的不可转换为股票的部分,贷记"现金"等科目,按其差额,贷记"资本公积——股本溢价"科目。

【例 11-8】K 公司 2019 年 1 月 1 日发行 5 年期面值为 100 元的可转换公司债券 10 000 张,每张按照 102 元的价格发行,发行总收入 1 020 000 元。债券票面利率为 5%,每年付息一次,债券发行时同类不附转换条件的普通债券的市场利率为 8%。

该债券发行时的公允价值 = 1 000 000 × 0.681 + 1 000 000 × 5% × 3.993
$$= 880\ 650\ (元)$$

权益价值 = 1 020 000 - 880 650 = 139 350(元)

借:银行存款   1 020 000
    应付债券——可转换公司债券(利息调整)   119 350
  贷:应付债券——可转换公司债券(面值)   1 000 000
        其他权益工具   139 350

该债券发行折价 = 面值 - 公允价值 = 1 000 000 - 880 650 = 119 350(元)

按照实际利率法每期摊销折价,调整各期利息费用如表 11-4 所示。

表 11-4 各期利息费用 单位:万元

年份	年初摊余成本 a	利息费用 b=a×r	应付利息 c	年末摊余成本 d=a+b-c
2019	88.06	7.05	5	90.11
2020	90.11	7.21	5	92.32
2021	92.32	7.39	5	94.71
2022	94.71	7.58	5	97.29
2023	97.29	7.71	5	100

假定 2022 年底,债券持有人将该债券全部转为股本,约定条件为每 100 元票面价值的债券可以换面值 1 元的 10 股股票。

持有人可换得股份 = 10 000 × 10 = 100 000(股)

借:应付债券——可转换公司债券　　　　　　　　　　972 900
　　其他权益工具　　　　　　　　　　　　　　　　　139 350
　　贷:股本　　　　　　　　　　　　　　　　　　　100 000
　　　　资本公积——股本溢价　　　　　　　　　　 1 012 250

第四节　资本公积

一、资本公积的含义

资本公积是企业收到投资者出资超出其在注册资本或股本中所占的份额,以及按照相关规定计入资本公积的项目,例如以权益结算的股份支付在等待期内按照授予日权益工具的公允价值计入资本公积。

二、资本公积的核算

为核算资本公积的有关事项,企业需要设置"资本公积"科目,并按照核算内容分别"资本溢价"或"股本溢价""其他资本公积"进行明细核算。

(一)资本(股本)溢价

企业收到投资者投入的资本,借记"银行存款""其他应收款""固定资产""无形资产"等科目,按其在注册资本或股本中所占份额,贷记"实收资本"或"股本"科目，按其差额，贷记"资本公积——资本溢价（或股本溢价）"科目。与发行权益性证券直接相关的手续费、佣金等交易费用，借记"资本公积——股本溢价"科目，贷记"银行存款"等科目。

【例 11 – 9】 H 公司委托 S 证券公司代理发行普通股 1 000 000 股，每股面值 1 元，按照 1.1 元发行。支付给证券公司的手续费按照发行收入总额的 3% 计算，从发行费用中扣除。假设发行收入已经存入银行。

公司收到证券公司的发行款 = 1 000 000 × 1.1 × (1 – 3%) = 1 067 000（元）
记入资本公积的金额 = 实际收入 – 面值 = 1 067 000 – 1 000 000 = 67 000（元）

借：银行存款　　　　　　　　　　　　　　　　　　1 067 000
　　贷：股本　　　　　　　　　　　　　　　　　　　1 000 000
　　　　资本公积——股本溢价　　　　　　　　　　　　67 000

（二）其他资本公积

被投资企业净损益以外的所有者权益变动。企业的长期股权投资采用权益法核算的，在持股比例不变的情况下，被投资单位资本公积的变动，企业按持股比例计算按应享有的份额，借记"长期股权投资——其他权益变动"科目，贷记"资本公积——其他资本公积"科目。

企业以权益结算的股份支付换取职工或其他方提供服务的，应按权益工具授予日的公允价值，借记"管理费用"等相关成本费用科目，贷记"资本公积——其他资本公积"科目。

在行权日，应按实际行权的权益工具数量计算确定的金额，借记"资本公积——其他资本公积"科目，按计入实收资本或股本的金额，贷记"实收资本"或"股本"科目，按其差额，贷记"资本公积——资本溢价（或股本溢价）"科目。

第五节　其他综合收益

一、其他综合收益概述

其他综合收益是指企业根据会计准则规定未在当期损益中确认的各项利得和损失。企业应当以扣除相关所得税影响后的净额在利润表中单独列示各项其他综合收益项目，并且其他综合收益项目应当根据其他相关会计准则的规定划分为下列两类列报：

1. 不能重分类进损益的其他综合收益。（1）重新计量设定受益计划变动额；（2）权益法下不能转损益的其他综合收益；（3）其他权益工具投资公允价值变动；（4）企业自身信用风险公允价值变动；（5）其他。

2. 将重分类进损益的其他综合收益。(1) 权益法下可转损益的其他综合收益；(2) 其他债权投资公允价值变动；(3) 金融资产重分类计入其他综合收益的金额；(4) 其他债权投资信用减值准备；(5) 现金流量套期储备；(6) 外币财务报表折算差额；(7) 其他。

二、其他综合收益的核算

企业应当单独设置"其他综合收益"科目核算其他综合收益项目。

1. 企业的长期股权投资采用权益法核算的，在持股比例不变的情况下，被投资单位其他综合收益，企业按持股比例计算应享有的份额，借记"长期股权投资——其他综合收益"科目，贷记"其他综合收益"科目。如为减少额，作相反的账务处理。

2. 其他债权投资公允价值变动。资产负债表日，其他债权投资的公允价值高于其账面价值的差额，借记"其他债权投资——公允价值变动"科目，贷记"其他综合收益"科目；其他债权投资的公允价值低于其账面价值的差额，作相反的账务处理。处置该项其他债权投资时，应转销与其相关的其他综合收益，借记或贷记"其他综合收益"科目，贷记或借记"投资收益"科目。

【例11-10】T公司购买的债券投资价值为330万元，其中，买价300万元，已到付息期但尚未领取的利息20万元，交易费用10万元。假定本期末，该债券投资的摊余成本为320万元，公允价值为325万元。T公司将其划分为其他债权投资。

借：其他债权投资 3 100 000
　　应收利息 200 000
　　贷：银行存款 3 300 000

期末调整公允价值：
借：其他债权投资 50 000
　　贷：其他综合收益 50 000

其他债权投资发生减值的，按应减记的金额，借记"信用减值损失"科目，贷记"其他综合收益"科目。已确认减值损失的其他债权投资在随后的会计期间公允价值上升的，应在原已计提的减值准备金额内，按恢复增加的金额，借记"其他综合收益"科目，贷记"信用减值损失"科目。

3. 企业将一项以摊余成本计量的金融资产重分类为公允价值计量且其变动计入其他综合收益的金融资产，应当按照该金融资产在重分类日的公允价值进行计量，原账面价值与公允价值之间的差额计入其他综合收益。

【例11-11】S公司将其持有的债权投资重分类为公允价值计量且变动计入其他综合收益的其他债权投资，转换日该债权投资的面值为380万元，"利息调整"借方余额60万元，已提减值准备金30万元，转换日该投资的公允价值为450万元。

借：其他债权投资 4 500 000

　　　　债权投资减值准备　　　　　　　　　　　　　　300 000
　　贷：债权投资——成本　　　　　　　　　　　　3 800 000
　　　　　　——利息调整　　　　　　　　　　　　　600 000
　　　　其他综合收益　　　　　　　　　　　　　　　400 000

第六节　留存收益

　　留存收益包括盈余公积与未分配利润，反映企业所有者权益中由经营收益产生的累积利益。

一、盈余公积的核算

　　按照《公司法》的规定，企业当年分配当年税后利润时，一般按照以下顺序进行：

　　1. 提取法定公积金。按照利润的10%提取公司法定公积金，法定公积金累计额为公司注册资本的50%以上的，可以不再提取。公司的法定公积金不足以弥补以前年度亏损的，在提取法定公积金之前，应当先用当年利润弥补亏损。

　　2. 提取任意公积金。公司从税后利润中提取法定公积金后，经股东会或者股东大会决议，还可以从税后利润中提取任意公积金。

　　3. 向投资者分配利润。公司弥补亏损和提取公积金后所余税后利润，有限责任公司按照股东实缴的出资比例分配；股份有限公司按照股东持有的股份比例分配，但公司章程规定不按持股比例分配的除外。

　　股东会、股东大会或者董事会违反前款规定，在公司弥补亏损和提取法定公积金之前向股东分配利润的，股东必须将违反规定分配的利润退还公司。公司持有的本公司股份不得分配利润。

　　这里所说的法定公积金，会计上以"盈余公积"科目进行反映，其中，法定盈余公积是《公司法》规定按照税后利润的10%提取的，任意盈余公积则由企业自行提取。

（一）弥补亏损

　　按照《中华人民共和国企业所得税暂行条例》的规定："纳税人发生年度亏损的，可以用下一纳税年度的所得弥补；下一纳税年度的所得不足弥补的，可以逐年延续弥补，但是延续弥补期最长不得超过5年。"这里的弥补亏损期限，是指纳税人某一纳税年度发生亏损，准予用以后年度的应纳税所得弥补；一年弥补不足的，可以逐年延续弥补；弥补期最长不得超过5年，5年内不论是盈利或亏损，都作为实际弥补年限计算。

在税前利润不足以弥补亏损的情况下，可以用以前年度的盈余公积补亏。《公司法》（2023年修订）规定："公积金弥补公司亏损，应当先使用任意公积金和法定公积金；仍不能弥补的，可以按照规定使用资本公积金。"

企业按规定从税后利润中提取盈余公积时，借记"利润分配——提取法定盈余公积""利润分配——提取任意盈余公积"科目，贷记"盈余公积——法定盈余公积"或"盈余公积——任意盈余公积"科目。弥补亏损时，需要借记"盈余公积——法定盈余公积"或"盈余公积——任意盈余公积"科目，贷记"利润分配——盈余公积补亏"科目。

【例11-12】U公司本年发生经营亏损30万元，经股东大会表决通过，决定以累积的法定盈余公积20万元、任意盈余公积10万元弥补亏损，应进行的账务处理为：

借：盈余公积——法定盈余公积　　　　　　　　　　　　200 000
　　　　　　——任意盈余公积　　　　　　　　　　　　100 000
　　贷：利润分配——盈余公积补亏　　　　　　　　　　300 000

年度终了，将"利润分配——盈余公积补亏"科目余额转入"利润分配——未分配利润"科目。

借：利润分配——盈余公积补亏　　　　　　　　　　　　300 000
　　贷：利润分配——未分配利润　　　　　　　　　　　300 000

（二）转增资本

盈余公积可以用来转增资本，但法定公积金转为资本后，所留存的该项公积金不得少于转增前公司注册资本的25%。

企业经股东大会或类似机构决议，用盈余公积转增资本，借记"盈余公积"科目，贷记"实收资本"或"股本"科目。如果派送新股，按派送新股计算的金额，借记"盈余公积"科目，按股票面值和派送新股总数计算的股票面值总额，贷记"股本"科目，按其差额，贷记"资本公积——股本溢价"科目。

【例11-13】V公司经股东大会决议，在本期用50万元法定盈余公积转增资本。

借：盈余公积——法定盈余公积　　　　　　　　　　　　500 000
　　贷：实收资本　　　　　　　　　　　　　　　　　　500 000

二、未分配利润

未分配利润反映企业利润的分配（或亏损的弥补）和历年分配（或弥补）后的积存余额。资产负债表上的未分配利润，在性质上属于截止到本会计年度的累计额，不是当期的发生额。

从未分配利润的定义可以看出，其形成来源包括本年经营利润的分配剩余（或亏损）和以前年度积存利润（或亏损）。为反映企业的未分配利润过程及其结果，需要单独设置"利润分配"科目，该科目应当分别"提取法定盈余公积""提取任意盈余公积""应付现金股利或利润""转作股本的股利""盈余公积补亏"和"未分配利润"等进行明细核算。

年度终了，企业应将全年实现的净利润，自"本年利润"科目转入"利润分配"科目，借记"本年利润"科目，贷记"利润分配——未分配利润"科目，为净亏损的，作相反的会计分录；同时，将"利润分配"科目所属其他明细科目的余额转入"利润分配——未分配利润"明细科目。结转后，本科目除"未分配利润"明细科目外，其他明细科目应无余额。

（一）提取盈余公积

企业按规定提取的盈余公积，借记"利润分配"科目（提取法定盈余公积、提取任意盈余公积），贷记"盈余公积——法定盈余公积、任意盈余公积"科目。

【例11-14】W公司本期计提的法定盈余公积和任意盈余公积分别为30 000元和20 000元。

借：利润分配——提取法定盈余公积　　　　　　　　　　　　30 000
　　　　　　——提取任意盈余公积　　　　　　　　　　　　20 000
　　贷：盈余公积——法定盈余公积　　　　　　　　　　　　　30 000
　　　　　　　　——任意盈余公积　　　　　　　　　　　　　20 000

期末将提取的公积金转入"未分配利润"科目中：

借：利润分配——未分配利润　　　　　　　　　　　　　　　50 000
　　贷：利润分配——提取法定盈余公积　　　　　　　　　　　30 000
　　　　　　　　——提取任意盈余公积　　　　　　　　　　　20 000

（二）应付股利

股份公司的税后利润向股东进行分配，称为应付股利。股利的会计处理还与几个特定的日期有关。它们是：

1. 宣告日，即董事会根据股东大会通过的股利分配方案宣告分派股利之日，它是公司在会计上确定有关股利负债的日期。

2. 股权登记日，是指公司宣告股利后所确定的截止过户登记的日期，也称为停止过户日。只有在股权登记日的股东名册上记载的股东，才有权享有股利。而在股权登记日以后取得的股票，无权享有股利。

3. 付息日，即实际支付股利的日期。股利往往是在股权登记日以后的若干天开始支付。

公司应在宣告日确定准备发放的股利为一项流动负债，在股权登记日无须特别处理，在付息日实际支付股利，作偿债和付现处理。

企业经股东大会或类似机构决议，分配给股东或投资者的现金股利或利润，借记"利润分配"科目（应付现金股利或利润），贷记"应付股利"科目。经股东大会或类似机构决议，分配给股东的股票股利，应在办理增资手续后，借记"利润分配——转作股本的股利"科目，贷记"股本"科目。如有差额，贷记"资本公积——股本溢价"科目。

【例11-15】Y公司本期经股东大会决定，拟分配股利268万元。

借：利润分配——应付现金股利　　　　　　　　　　　　2 680 000
　　贷：应付股利　　　　　　　　　　　　　　　　　　2 680 000

期末将应付股利转入"未分配利润"科目中：

借：利润分配——未分配利润　　　　　　　　　　　　　2 680 000
　　贷：利润分配——应付现金股利　　　　　　　　　　2 680 000

企业用盈余公积弥补亏损，借记"盈余公积——法定盈余公积"科目，贷记"利润分配——盈余公积补亏"科目。

思考题与练习题

一、思考题

1. 所有者权益一般包括哪些内容？
2. 所有者权益与负债的区别在哪里？
3. 实收资本、资本公积和留存收益的差别是什么？
4. 其他权益工具主要包括哪些内容？
5. 其他综合收益包括哪些内容？
6. 企业利润分配的步骤一般包括哪些内容？

二、练习题

习题一

【目的】通过练习，掌握实收资本的核算。

【资料】某公司新设成立，收到甲股东投入资本800 000元，款项已存入银行；乙股东投入材料一批，经双方认定价值为550 000元；丙股东投入固定资产若干，账面原值22 000 000元，已提折旧10 000 000元，经评估认定该固定资产的价值为9 000 000元；丁股东投入某著名品牌的商标权，认定价值为400 000元。

【要求】编制有关的会计分录。

习题二

【目的】通过练习，掌握股票发行的会计处理。

【资料】某公司委托证券公司代理发行普通股1 500 000股，每股面值1元，按照

1.5 元发行。支付给证券公司的手续费按照发行收入总额的 3% 计算，从发行费用中扣除。假设发行收入已经存入银行。

【要求】编制有关的会计分录。

习题三

【目的】通过练习，掌握可转换公司债券转化为股票的会计处理。

【资料】某公司 2023 年 1 月 1 日发行 5 年期面值为 100 元的可转换公司债券 10 000 张，每张按照 105 元的价格发行，发行总收入 1 050 000 元。债券票面利率为 5%，每年付息一次，债券发行时同类不附转换条件的普通债券的市场利率为 8%。协议约定，债券到期前 3 年年末可以转换为普通股，条件为每 100 元账面价值的债券可以换面值 1 元的 10 股股票。

【要求】

（1）编制发行债券时的会计处理。

（2）编制在第 4 年年末转化为普通股时的会计处理。

习题四

【目的】通过练习，掌握利润分配的会计处理。

【资料】某公司当年实现净利润 300 万元，经股东大会批准的利润分配方案为：提取法定盈余公积 30 万元，分配现金股利 100 万元，分配股票股利 120 万元（共 120 万股，每股面值 1 元）。上述所有分配方案均已实施。

【要求】编制有关的会计分录。

习题五

【目的】通过练习，掌握盈余公积的会计处理。

【资料】某公司本年发生经营亏损 50 万元，经股东大会表决通过，决定以累积的法定盈余公积 20 万元、任意盈余公积 30 万元弥补亏损；另外，将 70 万元法定盈余公积转增资本。

【要求】编制有关的会计分录。

习题六

【目的】通过练习，掌握弥补亏损的会计处理。

【资料】某公司 2015 年年末的未分配利润为 20 万元，2016 年发生亏损 80 万元，2017～2022 年平均每年实现的税前利润总额 10 万元，2023 年实现净利润 40 万元。为简化起见，不考虑所得税和盈余公积问题。

【要求】

（1）编制 2017～2022 年的会计分录。

（2）编制 2015 年和 2023 年的会计分录。

第十二章

收　入

【本章学习目的】

本章主要介绍收入的概念与分类，收入的确认步骤和计量原则，收入的核算方法，包括特殊业务的会计处理。通过本章的学习，理解收入的概念、特征及分类；熟悉收入确认和计量的五步法模式及收入的列报要求；掌握收入的核算方法，包括附有销售退回条款的销售、附有客户额外购买选择权的销售、包含重大融资成分的销售等特定业务的会计处理方法。

第一节　收入概述

一、收入的定义

收入是企业利润的主要来源，是利润表中第一个报表项目，通常也是金额最大的报表项目。收入核算的准确与否，直接影响到会计信息的质量，进而影响报表使用者的决策。

根据我国《企业会计准则第14号——收入》（2017年修订）的规定，收入是指企业在日常活动中形成的、会导致所有者权益增加的、与所有者投入资本无关的经济利益的总流入。其中，日常活动是指企业为完成其经营目标所从事的经常性活动以及与之相关的其他活动。如工业企业制造并销售产品、商品流通企业购销商品、咨询公司提供咨询服务、软件公司开发软件、安装公司提供安装服务、建筑施工企业提供建造施工服务等，均属于企业的日常活动。

本章主要阐述由《企业会计准则第14号——收入》所规范的客户合同收入。企业要取得收入，通常要与客户签订合同。客户是指与企业订立合同以购买企业日常活动产出的商品或服务（以下简称商品）并支付对价的一方；合同是指双方或多方之间订立的、有法律约束力的权利义务的协议。合同有书面形式、口头形式以及其他形式。如果合同对方与企业订立合同的目的不是获取企业日常活动产出的商品，则该合同对方不是企业的客户，企业与其签订的合同不属于收入准则规范的范围。比如企业对外签订的合资经营合同、合作经营合同、发行金融工具合同、租赁合同等均不属于收入准则规范的范围，该类合同应由相关的合营安排准则、金融工具列报准则及租赁准则等进行规范，不属于收入准则规范的范围。

二、收入的特征

1. 收入是企业在日常活动中形成的，而不是在偶发的交易或事项中形成的。其中日常活动，是指企业为完成其经营目标所从事的经常性活动以及与之相关的活动，也就是说，日常活动包括"经常性活动"和"与之相关的活动"两部分。其中，"经常性活动"是指企业为完成经营目标所从事的主要经营业务活动，如工业企业进行产品生产销售活动、施工企业进行工程施工活动、服务类企业提供服务活动等；"与之相关的活动"是指与企业的主要经营业务活动相关，但不属企业主要经营业务的其他活动，如工业企业转让无形资产使用权、出售原材料、出租包装物等活动。

企业处置固定资产或无形资产、以固定资产或无形资产进行债务重组或非货币交换等活动，不是企业为完成其目标所从事的经常性活动，也不属于与经常性活动相关的活动，由此产生的经济利益的流入不构成企业的收入，而应作为偶发的利得，计入资产处置损益。

2. 收入可能表现为企业资产的增加，如增加银行存款、应收款项、合同资产等；也可能表现为企业负债的减少，如合同负债等；或者两者兼而有之，如以部分销售货款抵偿债务、部分收取现金时，会增加货币资金同时减少应付账款等。

3. 收入的结果导致所有者权益的增加。收入的表现形式是资产的增加、负债的减少或两者兼而有之。根据"资产－负债＝所有者权益"这一会计等式，无论等号左边资产增加或负债减少，均会导致等号右边所有者权益增加。

4. 收入只包括本企业经济利益的流入，不包括为第三方或客户代收的款项。如企业销售商品时代收的增值税，旅行社代客户购买门票、机票时收取的票款等，均属代收的款项。代收的款项虽也流入企业，一方面增加企业的资产，另一方面增加企业的负债，但不增加企业的所有者权益，不是企业的收入。

三、收入的分类

收入按照不同的标准可以分为不同的种类。一般可按收入确认的时间、性质及经营业务的主次对其进行分类。

（一）按收入确认的时间分类

按照收入确认的时间不同，可将其分为在某一时段内确认的收入和在某一时点确认的收入两类。

1. 在某一时段内确认的收入。在某一时段内确认的收入，是指按规定对合同中包含的在某一时段内履行的履约义务所确认的收入。履约义务,是指合同中企业向客户转让可明确区分商品的承诺。履约义务满足下列条件之一的,属于在某一时段内履行的履约义务:

(1) 客户在企业履约的同时即取得并消耗企业履约所带来的经济利益;

(2) 客户能够控制企业履约过程中在建的商品;

(3) 企业履约过程中所产出的商品具有不可替代用途,且企业在整个合同期间内有权就累计至今已完成的履约部分收取款项。

对于在某一时段内履行的履约义务,企业应当在该段时间内按照履约进度确认收入;履约进度不能合理确定的,应当按照已经发生的成本中预计能够得到补偿的金额确认收入,直到履约进度能够合理确定为止。

2. 在某一时点确认的收入。在某一时点确认的收入,是指按规定对合同中包含的在某一时点履行的履约义务所确认的收入。在某一时点履行的履约义务,是指不符合在某一时段内履行的履约义务确定条件的履约义务。对于在某一时点履行的履约义务,企业应当在客户取得相关商品控制权时点确认收入。

在判断客户是否已取得商品控制权时,企业应当考虑下列迹象:

(1) 企业就该商品享有现时收款权利,即客户就该商品负有现时付款义务;

(2) 企业已将该商品的法定所有权转移给客户,即客户已拥有该商品的法定所有权;

(3) 企业已将该商品实物转移给客户,即客户已实物占有该商品;

(4) 企业已将该商品所有权上的主要风险和报酬转移给客户,即客户已取得该商品所有权上的主要风险和报酬;

(5) 客户已接受该商品;

(6) 其他表明客户已取得商品控制权的迹象。

(二) 按收入的性质分类

按照收入的性质不同,可将其分为销售商品收入、提供劳务收入及让渡资产使用权收入三类。

1. 销售商品收入。销售商品,是指企业与客户签订的、以向客户转让企业日常活动产出的"有形商品"为履约义务的合同行为。这里的"有形商品"主要是指工、商类企业为销售而生产或购进的有形商品;企业在生产过程中销售的原材料、包装物等其他存货的合同行为,也属于销售商品行为。销售商品收入是工、商类企业的主要收入来源。

2. 提供劳务收入。提供劳务,是指企业与客户签订的、以向客户提供劳务(或服务)为履约义务的合同行为。如施工企业为客户提供工程施工劳务、电信企业为客户提供电信服务等。提供劳务收入是施工企业及服务业的主要收入来源。

3. 让渡资产使用权收入。让渡资产使用权,是指企业对外签订的、以向对方转让其资源使用权为履约义务的合同行为。企业所控制的资源,既包括固定资产、包装物、低值易耗品等具有实物形态的资产,也包括专利权、商标权、版权、特许权等没有实物形态的资产。

需要注意的是,让渡资产使用权收入,有些属于收入准则规范的范围,如出租包装物、授予知识产权许可等,应按收入准则规定进行处理;有些不属于收入准则规范的范围,如出租固定资产等,应当按照租赁准则等的规定进行处理。

(三)按企业经营业务的主次分类

按照企业经营业务的主次不同,可将收入分为主营业务收入与其他业务收入两类。

1. 主营业务收入。主营业务收入是指企业从主要经营业务活动中取得的收入。主要经营业务(以下简称主营业务)是指企业为完成其经营目标所从事的经常性活动,可根据企业营业执照上规定的业务范围确定,例如工业企业的主营业务是生产和销售商品、商品流通企业的主营业务是购进和销售商品、施工企业的主营业务是从事工程施工活动等。主营业务是企业的核心业务,是企业收入的主要来源。主营业务收入一般占企业收入的比重较大,对企业的经济效益产生重要的影响。

2. 其他业务收入。其他业务收入是指企业从与经常性活动相关的其他业务活动中取得的收入,如工业企业在销售材料、出租包装物、转让无形资产使用权、提供非工业性劳务等活动中取得的收入。其他业务属于企业日常活动中非主要的业务,其收入一般占企业收入的比重较小。

四、收入核算的主要会计科目

由于企业的性质各不相同,经营业务有主次之分,各类销售业务千差万别,收入核算使用的会计科目也各有不同。

一般而言,收入核算涉及的会计科目主要包括"主营业务收入""其他业务收入""主营业务成本""其他业务成本""合同履约成本""合同履约成本减值准备""合同取得成本""合同取得成本减值准备""合同资产""合同资产减值准备""合同负债""应收退货成本""合同结算""发出商品""应交税费——应交增值税(销项税额)"等。企业应当根据收入的性质及类别,选择相应的会计科目进行核算。

第二节 收入的确认和计量

确认,是指企业将相关交易或事项作为会计要素正式记入账簿并列入会计报表的过程;计量,是指企业对某项经济业务涉及的会计要素进行确认时的金额表示。收入的确认和计量,是指将客户合同包含的特定履约义务的交易价格记入账簿并在利润表中列报的过程。

由于收入的实现通常需要一个过程,因此要将一项履约义务的交易价格作为收入在利润表中予以确认,除符合收入的定义外,还应根据履约义务的性质,按照不同的程序和方法对各类收入进行确认和计量。根据《企业会计准则第 14 号——收入》准则规定,收入的确认和计量可以按照以下五步模式进行:

第一步:识别与客户订立的合同;

第二步:识别合同中包含的单项履约义务;

第三步:确定交易价格;

第四步:将交易价格分摊至各单项履约义务;

第五步:履行各单项履约义务时确认收入。

其中,第一步、第二步和第五步主要与收入确认有关,第三步和第四步主要与收入计量有关。

一、识别客户合同

(一)客户合同的认定

1. 客户合同的认定条件。企业要取得收入,首先要与客户签订合同。适用收入准则的客户合同,应同时满足下列条件:

(1)合同各方已批准该合同并承诺将履行各自义务;

(2)该合同明确了各方的权利和义务;

(3)该合同有明确的与所转让商品相关的支付条款;

(4)该合同具有商业实质,即履行该合同将改变企业未来现金流量的风险、时间分布或金额;

(5)企业因向客户转让商品而有权取得的对价很可能收回。

2. 合同条件的持续评估。在合同开始日即满足上述条件的合同,企业在后续期间无须对其进行重新评估,除非有迹象表明相关事实和情况发生重大变化。合同开始日,通常是指合同生效日,即合同各方具有法律约束力的权利和义务开始生效的日期。

3. 合同存续期间的确定。合同存续期间,是合同各方拥有现时可执行的具有法律约束力的权利和义务的期间。实务中,有些合同可能有固定的期间,有些合同可能没有固定的期间(如无固定期间且合同各方可随时要求终止或变更的合同、定期自动续约的合同等)。无论企业与客户签订的合同是否有明确约定的期间,企业都应当确定合同存续期间,并在该期间内按照收入准则的规定进行会计处理。

(二) 客户合同的合并

1. 合同合并的条件。企业与同一客户（或该客户的关联方）同时订立或在相近时间内先后订立的两份或多份合同，在满足下列条件之一时，应当合并为一份合同进行会计处理：

（1）该两份或多份合同基于同一商业目的而订立并构成"一揽子"交易，如一份合同在不考虑另一份合同对价的情况下将会发生亏损；

（2）该两份或多份合同中的一份合同的对价金额取决于其他合同的定价或履行情况。如一份合同发生违约，将会影响另一份合同的对价金额；

（3）该两份或多份合同中所承诺的商品（或每份合同中所承诺的部分商品）构成单项履约义务。

2. 合同合并的处理。企业将两份或多份合同合并为一份合同的，应按一份合同的处理模式进行相应的账务处理，包括：识别合同中的单项履约义务→确定合同的交易价格→将交易价格分摊至各单项履约义务→履行各项履约义务时确认收入。

(三) 客户合同的变更

合同变更，是指经合同各方批准对原合同范围或价格作出的变更。合同各方可能以书面形式、口头形式或其他形式批准合同变更。

企业应当区分下列三种情形，对合同变更进行会计处理：

1. 变更部分作为单独合同处理。如果合同变更同时增加了可明确区分的商品及合同价款，且新增合同价款反映了新增商品的单独售价，企业应当将该合同变更部分作为一份单独的合同进行会计处理。此类合同变更不影响原合同的会计处理。

判断新增合同价款是否反映了新增商品的单独售价时，应当考虑合同变更的具体情况及对新增商品价格的影响。例如，在合同变更时，由于企业无须发生为发展新客户等所需发生的相关销售费用，可能会向客户提供一定的折扣，从而在新增商品单独售价的基础上予以适当调整。

2. 合同变更作为原合同终止及新合同订立。当合同变更不属于上述第 1 种情形，且在合同变更日已转让的商品或已提供的服务（以下简称已转让的商品）与未转让的商品或未提供的服务（以下简称未转让的商品）之间可明确区分的，应当视为原合同终止，同时将原合同未履约部分与合同变更部分合并为新合同进行会计处理。

未转让的商品既包括原合同中尚未转让的商品，也包括合同变更新增的商品。新合同的交易价格应按原合同交易价格中尚未确认的收入与合同变更中新增对价之和计算确定。

【例 12-1】 A 公司与客户签订合同，每周为客户的办公楼提供保洁服务，合同期限为 3 年，客户每年向 A 公司支付服务费 10 万元（假定该价格反映了合同开始日该项服务的单独售价)。在第 2 年年末,合同双方对合同进行了变更,将第 3 年的服务费调整为 8 万元(假定该价格反映了合同变更日该项服务的单独售价),同时以 20 万元的价格将合同期限延长 3 年(假定该价格不反映合同变更日该 3 年服务的单独售价),服务费于每年年初支付。上述价格均不包含增值税。

本例中,在合同开始日,A 公司认为每周为客户提供的保洁服务构成单项履约业务。在合同开始的前 2 年,A 公司每年确认收入 10 万元。在合同变更日,由于新增的 3 年保洁服务的价格不能反映该项服务在合同变更时的单独售价,因此该合同变更不能作为单独的合同进行会计处理。由于在剩余合同期间需提供的服务与已提供的服务是可明确区分的,A 公司应当将该合同变更作为原合同终止,同时将原合同中未履约的部分与合同变更合并为一项新合同进行会计处理。该新合同的期限为 4 年,对价为 28 万元,新合同中 A 公司每年确认的收入为 7 万元($28\div4$)。

3. 变更部分作为原合同的组成部分处理。当合同变更不属于前述第 1 种情形,且在合同变更日已转让的商品与未转让的商品之间不可明确区分的,应当将该合同变更部分作为原合同的组成部分进行会计处理,在合同变更日重新计算履约进度,并调整变更当期收入和相应的成本等。

【例 12-2】2022 年 1 月 15 日,乙公司与客户签订了一项总金额为 1 000 万元的固定造价合同,在客户自有土地上建造一幢办公楼,预计合同总成本为 700 万元。假定该建造服务属于在某一时段内履行的履约义务,并根据累计发生的成本占合同预计总成本的比例确定履约进度。

截至 2022 年末,乙公司累计发生成本 420 万元,履约进度为 60%($420\div700\times100\%$)。因此,乙公司在 2022 年确认收入 600 万元($1\,000\times60\%$)。

2023 年初,双方同意更改办公楼的屋顶设计,为此合同价格和预计总成本分别增加 200 万元和 100 万元。

在本例中,由于合同变更后拟提供的剩余服务与在合同变更日或之前已提供的服务不可明确区分(即该合同仍为单项履约义务),因此乙公司应当将合同变更作为原合同的组成部分进行会计处理。合同变更后的交易价格为 1 200 万元(1 000+200),乙公司重新确定的履约进度为 52.5%[$420\div(700+100)\times100\%$],乙公司在合同变更日应额外确认收入 30 万元($52.5\%\times1\,200-600$)。

如果合同变更不属于前述第 1 种情形,且在合同变更日未转让商品为上述第 2 种和第 3 种情形的组合,即未转让商品与已转让的商品之间部分可明确区分,企业应当分别按照上述第 2 种或第 3 种情形的方式对合同变更后尚未转让(或部分未转让)的商品进行会计处理。

合同各方已批准合同范围变更,但尚未确定相应价格变动的,应当按照有关可变对价的规定进行处理。

二、识别合同中的单项履约义务

合同开始日,企业应当对合同进行评估,识别合同中所包含的各单项履约义务。并确定各单项履约义务是在某一时段内履行,还是在某一时点履行,并在履行了各单项履约义务时确认收入。

履约义务,是指合同中企业向客户转让可明确区分商品的承诺。履约义务既包括合同中明确的承诺,也包括由于企业已公开宣布的政策、特定声明或以往的习惯做法等导致合同订立时客户合理预期企业将履行的承诺。企业应当根据合同条款安排,将下列向客户转让商品的承诺作为单项履约义务:一是企业向客户转让可明确区分商品(或者商品或服务的组合)的承诺;二是企业向客户转让一系列实质相同且转让模式相同的、可明确区分商品的承诺。

(一)可明确区分商品

实务中,企业向客户承诺的商品可能包括企业生产的产品、为转售而购进的商品、使用某商品的权利(如机票等)、向客户提供的各种服务、安排他人向客户提供商品、授权使用许可、可购买额外商品的选择权、随时准备向客户提供商品或服务等。

其中,随时准备向客户提供商品,是指企业向客户作出的在其需要时能够随时取得相关商品的承诺,而不一定是所提供的每一件具体商品或每一次具体服务本身。例如,健身俱乐部随时可供会员健身,其提供的是准备在会员需要时向其提供健身服务的承诺,而并非每一次具体的健身服务。

企业向客户承诺的商品同时满足下列条件的,应当作为可明确区分商品:

1. 客户能够从该商品本身或从该商品与其他易于获得的资源一起使用中受益,即该商品能够明确区分。当客户能够使用、消耗或以高于残值的价格出售商品,或者以能够产生经济利益的其他方式持有商品时,表明客户能够从该商品本身获益。对于某些商品而言,客户可以从该商品本身获益,而对于另一些商品而言,客户可能需要将其与其他易于获得的资源一起使用才能从中获益。

2. 企业向客户转让该商品的承诺与合同中其他承诺可单独区分。企业确定了商品本身能够明确区分后,还应当在合同层面继续评估转让该商品(或提供该服务,以下简称"转让该商品")的承诺是否与合同中其他承诺彼此之间可明确区分。该评估的目的在于确定承诺的性质,即根据合同约定,企业承诺转让的究竟是每一单项商品,还是由这些商品组成的一个或多个组合产出。

需要说明的是,企业向客户销售商品时,按约定需要将商品运送至客户指定地点的,企业应根据相关商品控制权转移时点判断该运输服务是否构成单项履约义务。通常情况下,控制权转移给客户之前发生的运输活动不构成单项履约义务;相反,商品控制权转移给客户之后发生的运输活动可能表明企业向客户提供了一项运输服务,企业应当考虑该项服务是否构成单项履约义务。

(二)一系列实质相同且转让模式相同、可明确区分的商品

企业向客户转让一系列实质相同、转让模式相同、可明确区分商品的承诺,应当作为单项履约义务。其中,转让模式相同,是指每一项可明确区分的商品均满足在某一时段内履约的判断条件,且采用相同方法确定其履约进度。例如,每天为客户提供保洁服务的长期劳务合同等。

在识别合同的单项履约义务时,如果合同承诺的某项商品不可明确区分,企业应当将该商品与合同中承诺的其他商品进行组合,直到该组合满足可明确区分的条件。某些情况下,合同中承诺的所有商品组合在一起构成单项履约义务。

三、确定合同的交易价格

交易价格,是指企业因向客户转让商品而预期有权收取的对价金额。企业代第三方收取的款项(例如增值税)以及企业预期将退还给客户的款项,应当作为负债进行会计处理,不计入交易价格。

企业应当根据现有合同条款约定,综合考虑可变对价、合同中存在的重大融资成分、非现金对价以及应付客户对价等因素的影响,并结合其以往的习惯做法等确定交易价格。

(一)可变对价

1. 可变对价的含义。企业与客户约定的合同金额可能是固定的,也可能会因折扣、折让、返利、退款、奖励积分、激励措施、业绩奖金、索赔等因素的影响而发生变化。例如,企业售出商品但允许客户退货时,由于企业有权收取的对价金额将取决于客户是否退货,因此该合同的交易价格是可变的。

2. 可变对价的计量。合同中存在可变对价的,企业应当按照期望值或最可能发生金额确定可变对价的最佳估计数。

期望值是按照各种可能发生的对价金额及相关概率计算确定的金额。如果企业拥有大量具有类似特征的合同,并据此估计合同可能产生多个结果时,按照期望值估计可变对价金额通常是恰当的。

最可能发生金额是一系列可能发生的对价金额中最可能发生的单一金额,即合同最可能产生的单一结果。当合同仅有两种可能结果(例如,企业能够达到或不能达到某业绩目标)时,按照最可能发生金额估计可变对价金额可能是恰当的。

3. 可变对价计入交易价格的限制。企业按合理方法确定可变对价最佳估计数后,还

应进一步判断该可变对价是否满足计入交易价格的限制条件。根据交易价格的定义,包含可变对价的交易价格,应当不超过在相关不确定性消除时,累计已确认收入极可能不会发生重大转回的金额。

4. 可变对价的重估。每一资产负债表日,企业应当重新估计应计入交易价格的可变对价金额。包括重新评估将估计的可变对价计入交易价格是否受到限制,以如实反映报告期末存在的情况以及报告期内发生的情况变化。可变对价金额发生变动的,应当按照可变对价后续变动的分摊方法进行分摊。

(二) 合同中存在的重大融资成分

1. 重大融资成分概述。当企业将商品的控制权转移给客户的时间与客户实际付款时间不一致,且合同中明确（或隐含）约定的付款时间为客户或企业就转让商品的交易提供了重大融资利益时,则合同中包含了重大融资成分。

2. 交易价格的确定。合同中存在重大融资成分的,企业应当按照假定客户在取得商品控制权时即以现金支付的应付金额确定交易价格,并区分企业向客户提供重大融资利益及客户向企业提供重大融资利益两种不同情况,对合同约定的对价金额作出调整,以剔除货币时间价值的影响。

3. 重大融资成分的摊销。合同中存在重大融资成分的,企业应使用将合同对价的名义金额折算为商品现销价格的折算率对其进行摊销。该折算率即为该重大融资成分的实际利率,该实际利率一经确定,不得因后续市场利率或客户信用风险等情况的变化而变更。

4. 重大融资成分的简化处理。为简化实务操作,如果在合同开始日,企业预计客户取得商品控制权与客户支付价款间隔不超过1年的,可以不考虑合同中存在的重大融资成分。企业应当对类似情形下的类似合同一致地应用这一简化处理方法。

(三) 非现金对价

当企业因转让商品而有权向客户收取的对价为非现金形式时,企业应当按照非现金对价在合同开始日的公允价值确定交易价格。非现金对价的公允价值不能合理估计的,企业应当参照其承诺向客户转让商品的单独售价间接确定交易价格。单独售价,是指企业向客户单独销售商品的价格。

(四) 应付客户对价

企业在向客户转让商品的同时,需要向客户或第三方支付对价的,应当将该应付对价冲减交易价格,并在确认相关收入与支付（或承诺支付）客户对价二者孰晚的时点冲减当期收入,但应付客户对价是为了自客户取得其他可明确区分商品的除外。

四、将交易价格分摊至各单项履约义务

当合同中包含两项或两项以上的履约义务时,企业需要将确定的交易价格分摊至各单项履约义务,企业分摊至各单项履约义务(或可明确区分的商品)的交易价格应当能够反映其向客户转让已承诺的相关商品而预期有权收取的对价金额。

(一) 分摊的一般原则

1. 分摊基准日及分摊基础。合同中包含两项或两项以上履约义务的,企业应当在合同开始日,按照各单项履约义务所承诺商品的单独售价的相对比例,将交易价格分摊至各单项履约义务。

单独售价,是指企业向客户单独销售商品的价格。企业不得因合同开始日之后单独售价的变动而重新分摊交易价格。

【例12-3】甲公司与客户签订合同,向其销售A、B、C三种产品,合同价款为10 000元。A、B、C三种产品的单独售价分别为4 500元、3 000元和7 500元,合计15 000元。上述价格均不包含增值税。

本例中,根据交易价格在不同履约义务之间的分摊原则,A、B、C产品之间的分摊比例为4 500∶3 000∶7 500,A、B、C产品应分摊的交易价格分别为:

A产品应分摊:3 000元(4 500÷15 000×10 000)

B产品应分摊:2 000元(3 000÷15 000×10 000)

C产品应分摊:5 000元(7 500÷15 000×10 000)

2. 单独售价的确定。

(1) 直接观察法。企业在类似环境下向类似客户单独销售某商品的价格,是确定该商品单独售价的最佳证据。合同或价目表上的标价可能是商品的单独售价,但不能默认其一定是该商品的单独售价。例如,企业为其销售的产品制定了标准价格,但是在实务中经常以低于该标准价格的折扣价格对外销售,此时企业在估计该商品的单独售价时,应当考虑这一因素。

(2) 其他方法。单独售价无法直接观察的,企业应当综合考虑包括市场情况、企业特定因素以及与客户有关的情况等其能够合理取得的全部相关信息,采用市场调整法、成本加成法、余值法等方法合理估计单独售价。企业在估计单独售价时,应当最大限度地采用可观察的输入值,并对类似的情况采用一致的估计方法。市场调整法,是指企业根据某商品或类似商品的市场售价,考虑本企业的成本和毛利等进行适当调整后的金额,确定其单独售价的方法。成本加成法,是指企业根据某商品的预计成本加上其合理毛利后的价格,确定其单独售价的方法。余值法,是指企业根据合同交易价格减去合同中其他商品可观察的单独售价后的余值,确定某商品单独售价的方法。企业在商品近期

售价波动幅度巨大，或者因未定价且未曾单独销售而使售价无法可靠确定时，可采用余值法估计其单独售价。

（3）组合法。如果合同中存在两项或两项以上商品的销售价格变动幅度较大或尚未确定时，企业可能需要采用多种方法相结合的方式，对合同所承诺商品的单独售价进行估计。这种情况下，企业通常应先采用余值法估计销售价格变动幅度较大或尚未确定的多项可明确区分商品的售价总和，然后再采用其他方法估计其中包含的每一项可明确区分商品的单独售价。

（二）分摊合同折扣

1. 合同折扣的含义。合同折扣，是指合同中各单项履约义务的单独售价之和高于合同交易价格的金额。当客户购买的一组商品中包含的各单项商品的单独售价之和高于合同交易价格时，表明客户因购买该组商品而取得了合同折扣。

2. 合同折扣的分摊。
（1）对于合同折扣，企业应当按照各单项履约义务单独售价的相对比例进行分摊。
（2）有确凿证据表明合同折扣仅与合同中的部分（一项或多项，但非全部，下同）履约义务相关的，企业应当将该合同折扣分摊至与之相关的部分履约义务。
（3）有确凿证据表明，合同折扣仅与合同中的部分履约义务相关，且需采用余值法估计单独售价的，企业应当首先将合同折扣在该部分履约义务之间进行分摊，然后再采用余值法估计单独售价。

五、收入的确认

对于合同中包含的各项履约义务，企业应当在履行了各该履约义务，即客户取得相关商品控制权时确认收入。客户取得相关商品的控制权，可能在某一时段内（即履行履约义务的过程中）发生，也可能在某一时点（即履约义务完成时）发生。

企业应当根据合同条款的具体情况，判断合同中包含的各项履约义务是否满足在某一时段内履行的条件，不满足在某一时段内履行履约义务条件的，应当作为在某一时点履行的履约义务处理。对于在某一时段内履行的履约义务，企业应当选取恰当的方法确定履约进度；对于在某一时点履行的履约义务，企业应当综合分析控制权转移的迹象，判断相关商品控制权转移的时点。

（一）在某一时段内履行的履约义务

1. 判断条件。企业与客户订立的合同，满足下列条件之一的，属于在某一时段内履行的履约义务，相关收入应当在该履约义务履行的期间内确认：
（1）客户在企业履约的同时即取得并消耗企业履约所带来的经济利益。企业与客户订立的某些合同，特别是一些服务类合同，可以通过直接判断便可获知，企业在履约的同时便持续地向客户转移了履约所带来的经济利益，该履约义务属于在某一时段内履行的履约义务，企业应当在履行履约义务的期间确认收入；对于难以通过直观判断得出结论的履约义务，可以假定在企业履约过程中若更换为其他企业继续履约，当该继续履约的企业无须重新执行企业累计至今已经完成的工作时，表明客户在企业履约的同时即取得并消耗了企业履约所带来的经济利益，该履约义务属于在某一时段内履行的履约义务。

（2）客户能够控制企业履约过程中在建的商品。企业在履约过程中在建的商品包括在产品、在建工程、尚未完成的研发项目、正在进行的服务等。客户能够控制企业履约过程中在建的商品，表明客户在企业提供商品过程中即获得了相关的经济利益，因此该履约义务属于在某一时段内履行的履约义务，应当在该履约义务履行的期间内确认收入。

（3）企业在履约过程中所产出的商品具有不可替代用途，且在整个合同期间内有权就累计至今已完成的履约部分收取款项。

① "商品具有不可替代用途"，是指因合同限制或实际可行性限制，企业不能轻易地将商品用于其他用途。当企业产出的商品只能提供给某特定客户，而不能轻易地用于其他用途（例如销售给其他客户）时，该商品就具有不可替代的用途。

企业应当在合同开始日，综合考虑合同条款限制、实际可行性限制以及最终转移给客户的商品特征等因素，对商品是否具有不可替代用途进行判断。

② "有权就累计至今已完成的履约部分收取款项"，是指在由于客户或其他方原因终止合同的情况下，企业有权就累计至今已完成的履约部分收取能够补偿其已发生成本和合理利润的款项，并且该权利具有法律约束力。

2. 确认收入时间。对于在某一时段内履行的履约义务，企业应当在该段时间内按照履约进度确认收入。

当履约进度不能合理确定时，企业已经发生的成本预计能够得到补偿的，应当按照已经发生的成本金额确认收入，直到履约进度能够合理确定为止。

3. 确定履约进度。对于在某一时段内履行的履约义务，企业应当考虑商品的性质，采用产出法或投入法确定履约进度。在确定履约进度时，应当扣除那些控制权尚未转移给客户的商品和服务。

（1）产出法。产出法是根据已转移给客户的商品对于客户的价值确定履约进度的方法，通常可采用实际测量的完工进度、评估已实现的结果、已达到的里程碑、时间进度、已完工或交付的产品等产出指标确定履约进度。企业在评估产出法所运用的产出指标时，应当考虑具体的事实和情况，并选择能够如实反映企业履约进度和向客户转移商品控制权的产出指标。

（2）投入法。投入法是根据企业为履行履约义务的投入确定履约进度的方法，通常可采用投入的材料数量、花费的人工工时或机器工时、发生的成本和时间进度等投入指标确定履约进度。当企业履约过程中的投入在整个履约期间内均衡发生时，企业也可以采用直线法确认收入。

实务中，企业通常采用按照累计实际发生的成本占预计总成本的比例（即成本法）确定履约进度，累计实际发生的成本包括企业履约过程中发生的直接成本和间接成本，如直接人工、直接材料、分包成本以及其他与合同相关的成本。企业采用成本法确定履约进度时，如果已经发生的成本并未反映企业履约进度，或者与企业履约进度不成比例的，应对其进行调整。

（3）履约进度的重估。每一资产负债表日，企业应当对履约进度进行重估，履约进度发生变化的，应当作为会计估计变更进行会计处理。

对于每一单项履约义务，企业只能采用一种方法确定其履约进度，并加以一贯运用。对于类似情况下的类似履约义务，企业应当采用相同的方法（例如，成本法）确定履约进度。

（二）在某一时点履行的履约义务

1. 判断条件。凡是不属于在某一时段内履行的履约义务，应当属于在某一时点履行的履约义务。

2. 确认收入时间。对于在某一时点履行的履约义务，企业应当在客户取得相关商品控制权时点确认收入。

3. 控制权转移迹象。企业在判断其是否将商品控制权转移给客户时，应当综合考虑其是否就该商品享有现时收款权利，是否已将该商品的法定所有权转移给客户，是否已将该商品实物转移给客户，是否已将该商品所有权上的主要风险和报酬转移给客户，以及客户是否已接受该商品等迹象，并根据合同条款和交易实质进行分析，正确判断其将商品控制权转移给客户的时点，以正确确认收入。

六、收入的会计处理

对符合收入确认条件的履约义务，企业应当根据各履约义务的性质，区分其是在某一时段内履行的履约义务还是在某一时点履行的履约义务，分别进行相应的账务处理。

（一）在某一时段内履行的履约义务

对于在某一时段内履行的履约义务，企业应当在资产负债表日，根据确定的履约进度，按照合同的交易价格与履约进度的乘积扣除以前期间累计已确认的收入后的金额，确认为当期收入，同时结转销售成本。

企业根据确定的履约进度确认收入时，应按其中已取得无条件收款权利的金额（即已与客户办理结算的金额）及相应的增值税额之和，借记"应收账款"等科目；按尚未取得无条件收款权利的收入金额（即尚未与客户办理结算的金额），借记"合同资产"科目；按应确认的收入金额，贷记"主营业务收入"等科目；按相应的增值税额，贷记"应交税费——应交增值税（销项税额）"科目；按已收款金额或已与客户办理结算的价款金额超过应确认的收入之间的差额，贷记"合同负债"科目。同时，按合同的履约进度，结转销售成本，借记"主营业务成本"科目，贷记"合同履约成本"或"合同取得成本"等科目。实际收到合同价款时，按实际收到的金额，借记"银行存款"科目，贷记"应收账款"等科目。

【例12-4】甲公司为增值税一般纳税人，适用的增值税税率为9%。2023年7月1日，甲公司分别与丙公司和丁公司签订合同（以下简称丙合同与丁合同），为丙公司和丁公司各建造厂房一栋，合同价格均为6 000万元，预计总成本均为5 000万元，工期均为1年，每半年结算一次。

截至2023年12月31日，丙合同与丁合同累计发生的成本均为2 600万元。当日，丙合同结算价款2 500万元，实际收到价款2 000万元；丁合同结算价款3 000万元，实际收到价款3 200万元。上述价款均不含增值税额。假定丙合同与丁合同分别构成单项履约义务，并属于在某一时段履行的履约义务，甲公司采用成本法确定履约进度，纳税义务均于结算时发生，并在实际支付工程价款时支付相应的增值税款。

本例中，丙合同、丁合同均属于在某一时段内履行的履约义务。2023年12月31日，甲公司应根据各合同履约进度及其结算、付款情况，分别进行账务处理：

（1）对丙合同的账务处理：

2023年7月1日~12月31日发生工程成本时：

借：合同履约成本　　　　　　　　　　　　　　　26 000 000
　　贷：工程物资、应付职工薪酬等　　　　　　　　　　　26 000 000

2023年12月31日：

确定丙合同履约进度为：2 600÷5 000×100%=52%

确认丙合同收入3 120万元（6 000×52%），相应账务处理为：

借：应收账款　　　　　　　　　　　　　　　　　27 250 000
　　合同资产　　　　　　　　　　　　　　　　　　6 200 000
　　贷：主营业务收入　　　　　　　　　　　　　　　　31 200 000
　　　　应交税费——应交增值税（销项税额）　　　　　2 250 000

结转合同成本2 600万元（5 000×52%）时：

借：主营业务成本　　　　　　　　　　　　　　　26 000 000
　　贷：合同履约成本　　　　　　　　　　　　　　　　26 000 000

收取合同价款时：

借：银行存款　　　　　　　　　　　　　　　　　　2 180 000

贷：应收账款	2 180 000

（2）对丁合同的账务处理：

2023 年 7 月 1 日至 12 月 31 日实际发生工程成本时：

借：合同履约成本	26 000 000
贷：工程物资、应付职工薪酬等	26 000 000

丁合同履约进度为：2 600÷5 000×100% =52%

确认丁合同收入 3 120 万元（6 000×52%），相应账务处理为：

借：应收账款	32 700 000
合同资产	1 200 000
贷：主营业务收入	31 200 000
应交税费——应交增值税（销项税额）	2 700 000

结转合同成本 2 600 万元（5 000×52%）时：

借：主营业务成本	26 000 000
贷：合同履约成本	26 000 000

收取合同价款时：

借：银行存款	34 880 000
贷：应收账款	32 700 000
合同资产	1 200 000
合同负债	891 800
应交税费——待转销项税额	88 200

企业与同一客户签订的可按净额结算的合同形成的合同资产及合同负债，可以通过"合同结算"科目进行核算，并在此科目下设置"收入结转"及"价款结算"明细科目，分别反映企业按履约进度结转的收入金额及按合同约定与客户定期结算的金额。资产负债表日，"合同结算"科目余额在借方的，应按其流动性分别在"合同资产"或"其他非流动资产"项目中列报；期末余额在贷方的，应按其流动性分别在"合同负债"或"其他非流动负债"项目中列报。

（二）在某一时点履行的履约义务

对于在某一时点履行的履约义务，企业应当在将商品控制权转移给客户时，按照已取得无条件收款权利的金额（即已与客户办理结算的金额）及相应的增值税额之和，借记"应收账款"等科目；按尚未取得无条件收款权利的交易金额（即尚未与客户办理结算的金额），借记"合同资产"科目；按应确认的收入金额，贷记"主营业务收入"等科目；按相应的增值税额，贷记"应交税费——应交增值税（销项税额）"科目。按已收款金额或已与客户办理结算的价款金额超过应确认的收入金额之间的差额，贷记"合同负债"科目。同时按照已销产品的生产成本，借记"主营业务成本"等科目，贷记

"合同履约成本"或"合同取得成本"等科目。实际收到合同价款时,按实际收到的金额,借记"银行存款"科目,贷记"应收账款"等科目。

【例12-5】2023年3月1日,甲公司与客户签订合同,向其销售A、B两项商品,合同价款为2 000元。合同约定,A商品于合同开始日交付,B商品在1个月之后交付,只有当A、B两项商品全部交付之后,甲公司才有权收取2 000元的合同对价。假定A商品和B商品构成两项履约义务,其控制权在交付时即转移给客户,分摊至A商品和B商品的交易价格分别是400元和1 600元。上述价格均不包含增值税,甲公司为增值税一般纳税人,适用的增值税税率为13%,纳税义务于取得收款权时产生。

本例中,甲公司将A商品交付给客户时,A商品控制权即转移给了客户,即甲公司的该项履约义务已经完成,但按合同约定其无条件收取相应对价则要等到B商品交付之后,因此甲公司应将交付A商品有权收取的对价作为合同资产,而不是应收账款。相应的账务处理如下:

(1) 2023年3月1日交付A商品时:

借:合同资产　　　　　　　　　　　　　　　　　　　　　　　400
　　贷:主营业务收入　　　　　　　　　　　　　　　　　　　　400

(2) 2023年4月1日交付B商品时:

借:应收账款　　　　　　　　　　　　　　　　　　　　　　2 260
　　贷:合同资产　　　　　　　　　　　　　　　　　　　　　　400
　　　　主营业务收入　　　　　　　　　　　　　　　　　　　1 600
　　　　应交税费——应交增值税(销项税额)　　　　　　　　　260

实际收到合同价款时:

借:银行存款　　　　　　　　　　　　　　　　　　　　　　2 260
　　贷:应收账款　　　　　　　　　　　　　　　　　　　　　2 260

第三节　合同成本的核算

一、合同履约成本

(一) 确认为资产的合同履约成本

企业应当对为履行合同发生的成本进行分析,对属于其他企业会计准则(例如存货准则、固定资产准则、无形资产准则)规范范围的,应当按照相关准则规定进行会计处理。对不属于其他准则规范范围且同时满足下列条件的,应当作为合同履约成本确认为一项资产:

1. 该成本与一份当前或预期取得的合同直接相关。预期取得的合同是指企业能够明确识别的合同，例如现有合同续约后的合同、尚未获得批准的特定合同等。与合同直接相关的成本包括直接人工、直接材料、制造费用（或类似费用）、明确由客户承担的成本以及仅因该合同而发生的其他成本。

2. 该成本增加了企业未来用于履行（包括持续履行）履约义务的资源。

3. 该成本预期能够收回。

（二）计入当期损益的支出

企业发生的下列支出，不应计入合同履约成本而应计入当期损益：

1. 管理费用，除非这些费用明确由客户承担；

2. 非正常消耗的直接材料、直接人工和制造费用（或类似费用），这些支出为履行合同发生，但未反映在合同价格中；

3. 与履约义务中已履行（包括已全部履行或部分履行）部分相关的支出；

4. 无法在尚未履行与已履行（或部分履行）的履约义务之间区分的相关支出。

【例12-6】甲公司与乙公司签订合同，为乙公司信息中心提供管理服务，合同期限为5年。在向乙公司提供服务之前，甲公司设计并搭建了一个信息技术平台供其内部使用，该信息技术平台由相关的硬件和软件组成。甲公司需要提供设计方案，将该信息技术平台与乙公司现有的信息系统对接，并进行相关测试。该平台并不会转让给乙公司，但是将用于向乙公司提供服务。甲公司为平台的设计、购买硬件和软件以及信息中心的测试发生了成本。除此之外，甲公司专门指派两名员工，负责向乙公司提供服务。

本例中，甲公司为履行合同发生的上述成本中，购买硬件和软件的成本应当分别按照固定资产和无形资产准则进行会计处理；设计服务成本和信息中心的测试成本不属于其他企业会计准则的规范范围，且这些成本与履行该合同直接相关，并且增加了甲公司未来用于履行履约义务（即提供管理服务）的资源，如果甲公司预期该成本可通过未来提供服务收取的对价收回，则甲公司应当将这些成本确定为一项资产。甲公司向两名负责该项目的员工支付工资费用，虽然与向乙公司提供服务有关，但是由于其并未增加企业未来用于履行履约义务的资源，因此应当于发生时计入当期损益。

二、合同取得成本

（一）确认为资产的合同取得成本

1. 确认条件。企业为取得合同发生的增量成本预期能够收回的，应当作为合同取得成本确认为一项资产。增量成本，是指企业不取得合同就不会发生的成本（如销售佣金等）。

2. 简化处理。实务工作中为简化操作，合同取得成本摊销期限不超过1年的，可以在发生时计入当期损益。企业采用该简化处理方法的，应当对所有类似合同一致采用。

（二）计入当期损益的合同取得成本

企业为取得合同发生的、除预期能够收回的增量成本之外的其他支出，例如无论是否取得合同均会发生的差旅费、投标费、为准备投标资料发生的相关费用等，应当在发生时计入当期损益，但是明确由客户承担的除外。

【例12-7】甲公司是一家咨询公司，其通过竞标赢得一个新客户，为取得与该客户的合同，甲公司聘请外部律师进行尽职调查支付相关费用为15 000元，为投标而发生的差旅费为10 000元，因取得合同支付销售人员佣金5 000元。甲公司预期这些支出未来均能够收回。此外，甲公司根据年度销售目标、整体盈利情况及个人业绩等，向销售部门经理支付年度奖金10 000元。

本例中，甲公司因签订该客户合同而向销售人员支付的佣金，属于为取得合同发生的增量成本，应当将其作为合同取得成本确认为一项资产。甲公司聘请外部律师进行尽职调查发生的支出、为投标发生的差旅费，无论是否取得合同都会发生，不属于增量成本，因此应当于发生时直接计入当期损益。甲公司向销售部门经理支付的年度奖金，不是为取得该合同发生的增量成本，该奖金发放与否及发放金额大小，主要取决于公司的年度销售目标、整体盈利情况和个人业绩等其他因素，并不能直接归属于本客户合同。

企业因现有合同续约或发生合同变更需要支付的额外佣金，也属于为取得合同发生的增量成本。实务中，当涉及合同取得成本的安排比较复杂时，企业需要运用判断，对发生的合同取得成本进行恰当的会计处理。

三、合同成本的摊销

（一）摊销基础

企业按前述规定作为资产确认的合同履约成本及合同取得成本（以下简称与合同成本有关的资产），应当采用与该资产相关的商品（或服务）收入确认相同的基础（即按照履行履约义务的时点或按照履行履约义务的进度）进行摊销，计入当期损益。

（二）摊销期限和方式

1. 与预期将要取得的合同相关的资产。在确定与合同有关的资产的摊销期限和方式时，如果该资产与一份预期将要取得的合同（如续约后的合同）相关，则在确定相关摊销期限和方式时，应当考虑该将要取得的合同的影响。但是，对于合同取得成本而言，如果合同续约时，企业仍需要支付与取得原合同相当的佣金，这表明取得原合同时支付的佣金与未来预期取得的合同无关，该佣金只能在原合同的期限内进行摊销。企业为合同续约仍需支付的佣金是否与原合同相当，需要根据具体情况进行判断。

2. 与多项履约义务相关的资产。某些情况下，企业将为取得某份合同发生的增量成本确认为一项资产,但是该合同中包含多项履约义务,且这些履约义务在不同的时点或时段内履行。

在确定该项资产的摊销方式时,企业可以基于各项履约义务分摊的交易价格的相对比例,将该项资产分摊至各项履约义务,再以与该履约义务(可明确区分的商品)的收入确认相同的基础进行摊销;或者,企业可以考虑合同中包含的所有履约义务,采用恰当的方法确定合同的完成情况,即应当最能反映该资产随相关商品的转移而被"耗用"的情况,并以此为基础对该资产进行摊销。通常情况下,上述两种方法的结果可能是近似的,但是后者无须将合同取得成本特别分摊至合同中的各项履约义务。

(三)摊销情况的复核

企业应当根据向客户转让与上述资产相关商品的预期时间变化,对合同成本相关资产的摊销情况进行复核并更新,以反映该预期时间的重大变化,此类变化应当作为会计估计变更进行相应的处理。

四、合同成本的减值

(一)减值确认与转回

与合同成本有关的资产,其账面价值高于下列两项之差(第一项减去第二项之差)的,超出部分应当计提减值准备,并确认为资产减值损失:

(1) 企业因转让与该资产相关的商品预期能够取得的剩余对价;
(2) 为转让该相关商品估计将要发生的成本。

企业应当按照确定交易价格的原则(关于可变对价估计的限制要求除外),预计其能够取得的剩余对价。估计将要发生的成本主要包括直接人工、直接材料、制造费用(或类似费用)、明确由客户承担的成本以及仅因该合同而发生的其他成本等。

以前期间减值的因素之后发生变化的,使得企业上述 2 项之差高于该资产账面价值的,应当转回原已计提的资产减值准备,并计入当期损益,但转回后的资产账面价值不应超过假定不计提减值准备情况下的该资产在转回日的账面价值。

(二)确定减值顺序

企业在确定与合同成本有关的资产的减值损失时,应当首先对按照其他相关准则确认的、与合同有关的其他资产确定减值损失;然后,按照上述规定确定与合同成本有关资产的减值损失。

企业按照《企业会计准则第 8 号——资产减值》测试相关资产组的减值情况时,应当将按照要求确定与合同成本有关的资产减值后的新账面价值计入相关资产组的账面价值。

第四节　特定交易的会计处理

一、附有销售退回条款的销售

附有销售退回条款的销售，是指客户依照合同规定有权退货的销售方式。合同中有关退货的条款可能在合同中明确约定，也可能是隐含的。隐含的退货权可能来自企业销售过程中向客户作出的声明或承诺，也可能是来自法律法规的要求或企业以往的习惯做法等。客户选择退货时，可能有权要求返还其已经支付的全部或部分对价、抵减其对企业已经产生的或将会产生的欠款或者要求换取其他商品；客户在取得商品控制权之前退回商品的，不属于销售退回。

对于附有销售退回条款的销售而言，企业在允许客户退货的期间内随时准备接受退货的承诺，并不构成单项履约义务，但可能会影响收入确认的金额。企业应当按照将可变对价计入交易价格的限制要求，确定其预期有权收取的对价金额，并根据客户取得相关商品控制权时点、会计期末及实际退货情况的不同，分别进行处理。

（一）控制权转移时的处理

1. 对于附有销售退回条款的销售，企业应当在客户取得相关商品控制权时按照因向客户转让商品而预期有权收取的对价金额确认收入，按照预期因销售退回将退还给客户的金额确认负债；同时，按照预期将退回商品转让时的账面价值确认为一项资产，按照所转让商品转让时的账面价值，扣除上述资产成本的净额结转成本。

2. 企业在对附有销售退回条款的销售进行核算时，还应考虑退货过程中有权向客户收取的退货费及可能发生的退货成本的影响。如果企业在客户退货时有权向其收取一定金额的退货费用，则应当相应调增收入并调减负债；如果企业在客户退货过程中可能会发生退货成本，应当对退货成本进行估计，并相应调增销售成本并调减应收退货成本。

（二）期末对退货率的重估

每一资产负债表日，企业应当重新估计未来销售退回情况，如有变化，应当作为会计估计变更进行会计处理。如果重新估计的退货率低于原估计退货率，则企业一方面应调增确认的收入（并相应调减预计负债），另一方面调增结转的销售成本（并相应调减应收退货成本）；如果重新估计的退货率高于原估计退货率，则企业一方面应调减确认的收入（并相应调增预计负债），另一方面调减结转的销售成本（并相应调增应收退货成本）。

(三) 销售退回时的处理

对附有销售退回条款的销售,应在合同允许的退货期间内,按照销售退回时间的不同,将销售退回分为一般销售退回及属于资产负债表日后事项的销售退回。

1. 对于一般的销售退回,企业应当根据实际退货数量与预计退货数量之间的关系,分别下面3种情况进行相应的处理:

(1) 如果实际退货数量等于预计退货数量,企业应在收到客户退回的商品时,按实际退回商品的成本,借记"库存商品"科目,贷记"应收退货成本"科目;同时按预计的退货金额,借记"预计负债"科目,按实际退回给客户的增值税额,借记"应交税费——应交增值税(销项税额)"科目,按实际支付的退货款,贷记"银行存款"科目。

(2) 如果实际退货数量大于预计退货数量,企业应在收到客户退回的商品时,按实际退回商品的成本,借记"库存商品"科目;按预计退货成本,贷记"应收退货成本"科目;按实际退货成本高于预计退货成本的差额,贷记"主营业务成本"科目。同时按预计的退货金额,借记"预计负债"科目;按实际应退回给客户的增值税额,借记"应交税费——应交增值税(销项税额)"科目;按实际退货金额高于预计退货金额的差额,借记"主营业务收入"科目;按实际支付的退货款贷记"银行存款"科目。

(3) 如果实际退货数量小于预计退货数量,企业应在收到客户退回的商品时,按实际退回商品的成本,借记"库存商品"科目;按实际退货成本低于预计退货成本的差额,借记"主营业务成本"科目;按预计退货成本,贷记"应收退货成本"科目。同时按预计的退货金额,借记"预计负债"科目;按实际退回给客户的增值税额,借记"应交税费——应交增值税(销项税额)"科目;按实际支付的退货款,贷记"银行存款"科目;按实际退货金额低于预计退货金额的差额,贷记"主营业务收入"科目。

如果退货过程中实际发生的退货成本与估计数不同,差额应相应调整销售成本。

2. 对属于资产负债表日后事项的退货,应按资产负债表日后事项准则的规定进行处理。有关资产负债表日后事项的处理,详见本书第十九章。

【例12-8】甲公司是一家健身器材销售公司。2022年10月1日,甲公司向客户销售5 000件健身器材,单位售价为500元,单位成本为400元,开出的增值税专用发票上注明的销售价格为250万元,增值税额为32.5万元。健身器材已经发出,其控制权在发出时转移给客户。根据协议约定,客户应于2022年12月1日之前支付货款,在2023年3月31日之前有权退还健身器材。发出健身器材时,甲公司根据过去的经验,估计该批健身器材的退货率约为20%。在2022年12月31日,甲公司对退货率进行重新评估,认为只有10%的健身器材会被退回;2023年3月31日,乙公司退回健身器材400件,甲公司按约定退款。甲公司为增值税一般纳税人,纳税义务于健身器材发出时发生,实际发生退回时取得税务机关开具的红字增值税专用发票。

甲公司对该业务的账务处理如下:

(1) 2022年10月1日发出健身器材时：

借：应收账款　　　　　　　　　　　　　　　　　　　　　2 825 000
　　贷：主营业务收入　　　　　　　　　　　　　　　　　　2 000 000
　　　　预计负债——应付退货款　　　　　　　　　　　　　　500 000
　　　　应交税费——应交增值税（销项税额）　　　　　　　　325 000
借：主营业务成本　　　　　　　　　　　　　　　　　　　　1 600 000
　　应收退货成本　　　　　　　　　　　　　　　　　　　　　400 000
　　贷：库存商品　　　　　　　　　　　　　　　　　　　　2 000 000

(2) 2022年12月1日前收到货款时：

借：银行存款　　　　　　　　　　　　　　　　　　　　　　2 825 000
　　贷：应收账款　　　　　　　　　　　　　　　　　　　　2 825 000

(3) 2022年12月31日，甲公司对退货率重新评估时：

借：预计负债——应付退货款　　　　　　　　　　　　　　　　250 000
　　贷：主营业务收入　　　　　　　　　　　　　　　　　　　250 000

同时：

借：主营业务成本　　　　　　　　　　　　　　　　　　　　　200 000
　　贷：应收退货成本　　　　　　　　　　　　　　　　　　　200 000

(4) 2023年3月31日收到退回健身器材并支付退款时：

收到退回商品时：

借：库存商品　　　　　　　　　　　　　　　　　　　　　　　160 000
　　主营业务成本　　　　　　　　　　　　　　　　　　　　　　40 000
　　贷：应收退货成本　　　　　　　　　　　　　　　　　　　200 000

支付退货款时：

借：预计负债——应付退货款　　　　　　　　　　　　　　　　250 000
　　应交税费——应交增值税（销项税额）　　　　　　　　　　　26 000
　　贷：银行存款　　　　　　　　　　　　　　　　　　　　　226 000
　　　　主营业务收入　　　　　　　　　　　　　　　　　　　　50 000

二、附有客户额外购买选择权的销售

某些情况下，企业在销售商品的同时，会向客户授予购买选择权，允许客户据此免费或以折扣价购买额外的商品。企业向客户授予的额外购买选择权通常包括折扣券、奖励积分、销售激励以及合同续约选择权等形式。

（一）一般处理原则

对于附有客户额外购买选择权的销售，企业应当首先评估其是否构成一项重大权利。构成重大权利的,应当作为单项履约义务,并在客户未来行使购买选择权取得相关商品控制权时或者购买选择权失效时,确认相应的收入。

如果企业向客户提供的额外购买选择权,能够使客户享受到超过该地区或该市场中其他同类客户所能够享有的折扣,通常表明其向客户提供了一项重大权利;如果企业向客户提供的额外购买选择权,并没有使客户享受到超过该地区或该市场中其他同类客户所能够享有的折扣,通常表明企业没有向客户提供重大权利。

(二)确定单独售价

对于构成单项履约义务的额外购买选择权,企业应当综合考虑客户行使和不行使该选择权所能获得的折扣差异、客户行使该选择权的可能性等相关信息,合理估计其单独售价。

【例12-9】甲公司以100元的价格向客户销售A商品,购买该商品的客户可得到一张40%的折扣券,客户可凭券在未来30天内购买甲公司原价不超过100元的任一商品。同时,甲公司计划推出季节性促销活动,在未来30天内针对所有商品均提供10%的折扣。上述两项优惠不能叠加使用。根据历史经验,甲公司预计有80%的客户会使用该折扣券,额外购买的商品的金额平均为50元。假定不考虑相关税费影响。

本例中,购买A商品的客户能够取得40%的折扣券,远高于所有客户均能享有的10%的折扣,表明该折扣券向客户提供了重大权利,应当作为单项履约义务。根据客户使用该折扣券的可能性及额外购买的金额,可以估计该折扣券的单独售价为12元[50×80%×(40%-10%)]。甲公司应按照A商品和折扣券单独售价的相对比例对交易价格进行分摊如下:

A商品应分摊的交易价格为:100÷(100+12)×100=89(元)

折扣券应分摊的交易价格为:12÷(100+12)×100=11(元)

甲公司在销售A商品时的账务处理如下:

借:银行存款　　　　　　　　　　　　　　　　　　　　100
　　贷:主营业务收入　　　　　　　　　　　　　　　　　　89
　　　　合同负债　　　　　　　　　　　　　　　　　　　11

(三)奖励积分处理

1. 奖励积分的使用方式。企业向客户授予的奖励积分,可能有多种使用方式,如只能用于兑换本企业商品、只能兑换第三方商品或者既可兑换本企业商品又可兑换第三方商品等。

2. 奖励积分的处理。对只能用于兑换本企业商品的奖励积分,企业通常应当在将相关商品转让给客户或该积分失效时,确认与积分相关的收入。对只能兑换第三方商品的奖励积分,企业应当分析其在履约义务中的身份是主要责任人还是代理人,企业是代理人的，通常应当在完成代理服务时（例如协助客户自第三方兑换完积分时），按照其有权收取的佣金等确认收入。对客户可以选择兑换本企业商品或第三方商品的奖励积分，在客户选择如何兑换积分或该积分失效之前，企业需要随时准备为客户兑换积分提供商品。当客户选择兑换本企业商品的，企业通常应在将相关商品转让给客户或该积分失效时确认相关收入；当客户选择兑换第三方提供的商品时，企业需要分析其是主要责任人还是代理人，并进行相应的会计处理。

【例12-10】2022年1月1日，甲公司开始推行一项奖励积分计划。根据该计划，客户在甲公司每消费10元可获得1个积分，每个积分从次月开始在购物时可以抵减1元。截至2022年1月31日，客户共消费100 000元，可获得10 000个积分，根据历史经验，甲公司估计该积分的兑换率为95%。上述金额均不包括增值税，且假定不考虑相关税费影响。

本例中，甲公司认为其授予客户的积分为客户提供了一项重大权利，应当作为单项履约义务。客户购买商品的单独售价合计为100 000元，考虑积分的兑换率，甲公司估计积分的单独售价为9 500元（10 000×95%）。甲公司应按商品和积分单独售价的相对比例对交易价格进行分摊：

商品应分摊的交易价格：100 000÷(100 000+9 500)×100 000=91 324（元）

积分应分摊的交易价格：9 500÷(100 000+9 500)×100 000=8 676（元）

甲公司将商品的控制权转移给客户时，应当：

借：银行存款　　　　　　　　　　　　　　　　　　　　　100 000
　　贷：主营业务收入　　　　　　　　　　　　　　　　　　91 324
　　　　合同负债　　　　　　　　　　　　　　　　　　　　 8 676

假定截至2022年12月31日，客户共兑换了4 500个积分，甲公司对积分的兑换率进行了复核，认为兑换率仍会保持95%。因此，甲公司应以客户兑换的积分数占预计兑换的积分总数为基础确认收入。积分当期应确认的收入为4 110元（4 500÷9 500×8 676），未兑换的积分仍然作为合同负债。甲公司应进行如下账务处理：

借：合同负债　　　　　　　　　　　　　　　　　　　　　4 110
　　贷：主营业务收入　　　　　　　　　　　　　　　　　　4 110

假定截至2023年12月31日，客户累计兑换了8 500个积分。甲公司对积分兑换率进行了重新估计，认为客户将兑换的积分总数为9 700个。则甲公司本期应确认的收入为3 493元（8 500÷9 700×8 676－4 110），甲公司应进行如下账务处理：

借：合同负债　　　　　　　　　　　　　　　　　　　　　3 493
　　贷：主营业务收入　　　　　　　　　　　　　　　　　　3 493

三、包含重大融资成分的销售

前已述及，包含重大融资成分的销售，包括企业向客户提供重大融资利益以及客户向企业提供重大融资利益两类,企业应根据合同价款支付方式的不同,分别进行处理。

(一)企业向客户提供重大融资利益的处理

企业向客户提供重大融资利益,是指企业先将商品控制权转移给客户,之后再按合同约定收取价款的销售方式,即先履约后收款的销售方式。先履约后收款的情况下,根据客户的付款方式不同,可进一步区分为先履约后分期收款及先履约后一次性收款两种方式。

对于先履约后收款类销售,企业应当在商品控制权转移给客户时,按照合同约定的分期收款金额或一次性收款金额,借记"长期应收款"科目;按控制权转移时商品的现销价格,贷记"主营业务收入";按二者的差额,贷记"未实现融资收益"。对于未实现融资收益,应在合同约定的收款期间内按实际利率法进行摊销。涉及增值税的,应当进行相应的处理。

【例12-11】甲公司年初售出大型设备一套,合同约定的不含税价款为8 000万元,采用分期收款方式,从销售当年开始每年年末收取2 000万元。该设备控制权于发货时即转移给客户,发货时设备的市场价格为6 625万元,设备生产成本为5 600万元。假定甲公司适用的增值税税率为13%,相关纳税义务于收取合同款时产生,该合同包含融资成分的实际利率为8%。

本例中,客户分期付款日与甲公司设备控制权转移日之间的时间间隔以及客户付款金额与控制权转移日商品市场价格之间的差额,表明该合同包含重大融资成分。甲公司在确定合同交易价格时,应当剔除合同中包含的重大融资成分的影响,即以所售设备控制权转移日的现销价格作为交易价格。甲公司的账务处理如下(金额单位为万元,计算结果保留到整数):

(1)年初发货时:

借:长期应收款 9 040
　　贷:主营业务收入 6 625
　　　　未实现融资收益 1 375
　　　　应交税费——待转销项税 1 040

同时:

借:主营业务成本 5 600
　　贷:库存商品 5 600

(2)甲公司每年应摊销的未实现融资收益计算如表12-1所示。

表12-1　　　　　　　　　未实现融资收益摊销计算表　　　　　　　　　单位:万元

年数	年初摊余成本	应分摊的融资收益	按合同收款额	年末摊余成本
1	6 625	530	2 000	5 155
2	5 155	412	2 000	3 567

续表

年数	年初摊余成本	应分摊的融资收益	按合同收款额	年末摊余成本
3	3 567	285	2 000	1 852
4	1 852	148	2 000	0
合计	—	1 375	8 000	—

（3）甲公司应当根据表 12-1 计算结果，对每年分摊融资收益、收取合同价款进行如下处理：

第 1 年末摊销未实现融资收益时：

借：未实现融资收益　　　　　　　　　　　　　　530

　　贷：财务费用　　　　　　　　　　　　　　　530

年末收取合同价款时：

借：银行存款　　　　　　　　　　　　　　　　2 260

　　贷：长期应收款　　　　　　　　　　　　　2 260

借：应交税费——待转销项税　　　　　　　　　　260

　　贷：应交税费——应交增值税（销项税额）　　260

第 2 年至第 4 年摊销未实现融资收益及收取合同价款的账务处理略。

（二）客户向企业提供重大融资利益的处理

客户向企业提供重大融资利益，是指客户在取得相关商品控制权之前，按合同约定先向企业支付合同价款的销售方式，即先收款后履约的销售方式。先收款后履约的情况下，根据企业收款方式的不同，可进一步区分为先分期收款后履约及先一次性收款后履约两种方式。

对于先收款后履约的销售业务，企业应当在收到合同价款或取得无条件分期收款权时，借记"银行存款""长期应收款"等科目，按未来商品控制权转移时的现销价格，贷记"合同负债"等科目；按二者的差额，借记"未确认融资费用"科目。对于未确认融资费用，应在实际收款日或取得无条件分期收款权日与控制权转移日期间，按实际利率法进行摊销。涉及增值税的，应当进行相应的处理。

【例 12-12】2022 年 1 月 1 日，甲公司与乙公司签订合同，向其销售一批产品。合同约定，该批产品将于 2 年之后交货，产品售价为 441 万元，生产成本为 380 万元。合同中包含两种可供选择的付款方式，一种是在 2 年后交付产品时支付 441 万元，另一种是于合同签订日支付 400 万元，该批产品的控制权于交货时转移给乙公司。假定乙公司选择 2022 年 1 月 1 日支付货款，两种付款方式包含的实际内涵利率为 5%，不考虑相关税费影响。

本例中，乙公司付款日与相关商品控制权转移日之间的时间间隔以及乙公司付款金额与控制权转移日商品市场价格之间的差额，表明该合同包含重大融资成分。甲公司在确定合同交易价格时，应当剔除合同中包含的重大融资成分的影响，即以相关商品在控制权转移日的现销价格作为交易价格。

甲公司的账务处理如下（金额单位为万元）：

(1) 2022 年 1 月 1 日：

借：银行存款　　　　　　　　　　　　　　　　400
　　未确认融资费用　　　　　　　　　　　　　　41
　　贷：合同负债　　　　　　　　　　　　　　　　　441

(2) 2022 年 12 月 31 日：

借：财务费用（400×5%）　　　　　　　　　　　20
　　贷：未确认融资费用　　　　　　　　　　　　　　20

(3) 2023 年 12 月 31 日：

借：财务费用（420×5%）　　　　　　　　　　　21
　　贷：未确认融资费用　　　　　　　　　　　　　　21

借：合同负债　　　　　　　　　　　　　　　　441
　　贷：主营业务收入　　　　　　　　　　　　　　　441

借：主营业务成本　　　　　　　　　　　　　　380
　　贷：库存商品　　　　　　　　　　　　　　　　　380

四、委托代销安排

（一）委托代销安排概述

委托代销安排，是指委托方与受托方签订供销合同或协议，委托受托方向终端客户销售商品的协议。

委托代销安排的主要迹象包括但不限于：一是在特定事件发生（例如，向最终客户出售商品或指定期间到期）之前，企业拥有对商品的控制权；二是企业能够要求受托方将委托代销的商品退回或者将其销售给其他方（如其他经销商）；三是尽管受托方可能被要求向企业支付一定金额的押金，但是其并没有承担对这些商品无条件付款的义务。

（二）委托代销安排处理

委托代销安排属于典型的涉及第三方参与的销售业务，交易中的委托方及受托方，应当根据主要责任人及代理人的判断条件，确定各自的身份，并进行相应的账务处理。

委托代销安排中，委托方作为主要责任人的，通常应在受托方将代销商品售出时按总额确认收入；受托方作为代理人身份的，应当在商品销售后，按合同或协议约定的手续费确认收入。

【例 12-13】2023 年 10 月初，甲公司委托乙公司销售 W 商品 1 000 件，W 商品已经发出，每件成本为 70 元。合同约定乙公司应按每件 100 元对外销售，甲公司按不含增值税的销售价格的 10% 向乙公司支付手续费。除非这些商品在乙公司存放期间内由于乙公司的责任发生毁损或丢失，否则在 W 商品对外销售之前，乙公司没有义务向甲公司支付货款。乙公司不承担包销责任，没有售出的 W 商品须退回给甲公司，同时甲公司也有权要求收回 W 商品或将其销售给其他的客户。2023 年 11 月末，乙公司实际对外销售 1 000 件，开出的增值税专用发票上注明的销售价格为 100 000 元，增值税额为 13 000 元，款项已经收到，乙公司立即向甲公司开具代销清单并支付货款。甲公司收到乙公司开具的代销清单时，向乙公司开具一张相同金额的增值税专用发票。假定甲公司发出 W 商品时纳税义务尚未发生，乙公司收取的手续费适用的增值税税率为 6%，不考虑其他因素。甲、乙公司如何进行账务处理？

本例中，甲公司将 W 商品发送至乙公司后，乙公司虽然已经实物占有 W 商品，但是仅是接受甲公司的委托销售 W 商品，并根据实际销售的数量赚取一定比例的手续费。甲公司有权要求收回 W 商品或将其销售给其他的客户，乙公司并不能主导这些商品的销售，这些商品对外销售与否、是否获利以及获利多少等不由乙公司控制，乙公司没有取得这些商品的控制权。因此，该代销安排中甲公司的身份为主要责任人，乙公司的身份为代理人。甲公司将 W 商品发送至乙公司时，不应确认收入，而应当在乙公司将 W 商品销售给最终客户时确认收入。

（1）根据上述资料，甲公司的账务处理如下：

发出商品时：

借：发出商品——乙公司　　　　　　　　　　　　　　　70 000
　　贷：库存商品——W 商品　　　　　　　　　　　　　　　　　70 000

收到代销清单、发生增值税纳税义务时：

借：应收账款——乙公司　　　　　　　　　　　　　　 113 000
　　贷：主营业务收入——销售 W 商品　　　　　　　　　　　 100 000
　　　　应交税费——应交增值税（销项税额）　　　　　　　　13 000

结转销售成本时：

借：主营业务成本——销售 W 商品　　　　　　　　　　 70 000
　　贷：发出商品——乙公司　　　　　　　　　　　　　　　　　70 000

计算销售费用及相应增值税时：

借：销售费用——代销手续费　　　　　　　　　　　　　 10 000
　　应交税费——应交增值税（进项税额）　　　　　　　　　 600
　　贷：应收账款——乙公司　　　　　　　　　　　　　　　　　10 600

收到乙公司支付的货款时：

借：银行存款　　　　　　　　　　　　　　　　　　　 102 400
　　贷：应收账款——乙公司　　　　　　　　　　　　　　　　 102 400

(2) 乙公司的账务处理如下：

收到代销商品时：

借：受托代销商品——甲公司 100 000
　　贷：受托代销商品款——甲公司 100 000

对外销售时：

借：银行存款 113 000
　　贷：受托代销商品——甲公司 100 000
　　　　应交税费——应交增值税（销售税额） 13 000

收到增值税专用发票时：

借：受托代销商品款——甲公司 100 000
　　应交税费——应交增值税（进项税额） 13 000
　　贷：应付账款——甲公司 113 000

确认代销手续费收入并支付代销款时：

借：应付账款 113 000
　　贷：银行存款 102 400
　　　　其他业务收入——代销手续费 10 000
　　　　应交税费——应交增值税（销项税额） 600

思考题与练习题

一、思考题

1. 什么是收入？收入有哪些种类？
2. 收入的特征有哪些？
3. 简述收入确认和计量的五个步骤。
4. 适用收入准则的客户合同应符合哪些条件？
5. 什么是履约义务？什么是交易价格？
6. 如何确定可变对价最佳估计数？
7. 如何确定包含重大融资成分的销售的交易价格？
8. 如何将交易价格分摊至合同中包含的各单项履约义务？
9. 履约义务分哪两种？如何判断履约义务的种类？
10. 确定合同履约进度的方法有哪些？
11. 判断客户是否取得相关商品控制权应考虑哪些迹象？
12. 将合同履约成本确认为一项资产应符合哪些条件？
13. 什么是增量成本，将合同取得成本确认为一项资产应符合哪些条件？

二、练习题

习题一

【目的】通过练习,掌握附有销售退回条款业务的核算。

【资料】2022 年 10 月 1 日,甲公司向客户销售产品 A 产品 1 000 件,每件售价 500 元,成本 400 元,A 产品已发出,其控制权于发货时转移给客户。根据协议约定,客户应于 2022 年 12 月 1 日之前支付货款,在 2023 年 3 月 31 日之前有权退货。甲公司根据过去的经验,估计该批产品的退货率为 20%。在 2022 年 12 月 31 日,甲公司对退货率进行重新评估,认为只有 10% 的 A 产品会被退回。2023 年 3 月 31 日,客户退回 A 产品 150 件,甲公司按约定退款。上述价格均不含增值税。甲公司为增值税一般纳税人,适用的增值税税率为 13%,纳税义务于产品控制权转移时发生,实际发生退回时开具红字增值税专用发票。

【要求】对甲公司上述业务进行相应的会计处理。

习题二

【目的】通过练习,掌握附有客户额外购买选择权业务的核算。

【资料】2023 年 1 月 1 日,乙公司开始推行一项奖励积分计划。根据该计划,客户在乙公司每消费 50 元可获得 1 个积分,每个积分从次月开始在购物时可以抵减 1 元。截至 2023 年 1 月 31 日,客户共消费 1 000 000 元,可获得 20 000 个积分。根据历史经验,甲公司估计该积分的兑换率为 90%。

假定截至 2023 年 12 月 31 日,客户累计兑换了 12 000 个积分,甲公司对积分的兑换率进行了复核,认为兑换率会达到 95%。上述金额均不包括增值税,假定不考虑相关税费影响。

【要求】对乙公司上述业务进行相应的会计处理。

习题三

【目的】通过练习,掌握先履约后付款业务的账务处理。

【资料】丙公司 2023 年年初售出大型成套设备一套,合同约定的不含税价款为 6 000 万元,采用分期收款方式,从销售当年开始每年年末收取 1 500 万元。该设备控制权于发货时即转移给客户,发货时设备的市场价格为 5 197 万元,设备生产成本为 4 200 万元。假定丙公司适用的增值税税率为 13%,相关纳税义务于控制权转移时产生,该合同包含融资成分的实际利率为 6%。

【要求】根据上述资料,对甲公司的销售设备业务进行相应的账务处理(计算结果保留到整数,金额单位以万元表示)。

习题四

【目的】通过练习,掌握委托代销安排的账务处理。

【资料】2023 年 10 月初,甲公司委托丁公司销售 B 商品 2 000 件,B 商品已经发出,每件成本为 120 元。合同约定丁公司应按每件 200 元对外销售,甲公司按不含增值税的销售价格的8%向丁公司支付手续费。除非这些商品在丁公司存放期间内由于丁公司的责任发生毁损或丢失,否则在B商品对外销售之前,丁公司没有义务向甲公司支付货款。丁公司不承担包销责任,没有售出的B商品须退回给甲公司,同时甲公司也有权要求收回B商品或将其销售给其他的客户。2023年12月末,丁公司将B产品全部对外售出,开出的增值税专用发票上注明的销售价格为400 000元,增值税额为52 000元,款项已经收到,丁公司立即向甲公司开具代销清单并支付货款。甲公司收到丁公司开具的代销清单时,向丁公司开具一张相同金额的增值税专用发票。假定甲公司发出B商品时纳税义务尚未发生,丁公司收取的手续费适用的增值税税率为6%,不考虑其他因素。

【要求】对甲公司、丁公司的上述委托代销业务进行相应的账务处理。

第十三章

费　　用

【本章学习目的】

通过本章的学习，掌握费用的概念和分类，费用确认和计量的原则与基本要求；熟悉期间费用内容及其账务处理。

第一节　费用的概念和分类

一、费用的概念和特征

费用的概念有广义和狭义之分。从广义上理解，费用是指企业在生产经营过程中发生的各项耗费。从狭义上理解，费用是指企业为销售商品、提供劳务等日常活动所发生的、会导致所有者权益减少的、与向所有者分配利润无关的经济利益的总流出。

财务会计中，费用通常具有以下两个特征：

第一，费用代表企业资源的流出，与资源流入企业所形成的收入正好相反，具体表现为企业资金支出。企业发生的工资支出、消耗材料和机器设备的折旧费用等，最终都会使企业资源耗费。但企业资金的支出并不都构成费用，企业在生产经营过程中，有两类支出不应归入费用：一是偿债性支出，如用银行存款归还所欠债务等；二是企业向所有者分配的利润或股利，属于收益的分配，也不作为费用。费用可以理解为企业为了实现收入的目的而发生的资产耗费，以便获得更多的资产。

第二，费用最终会导致企业所有者权益的减少。一般而言，企业的所有者权益会因为收入的增加而增加，发生费用的减少而减少。但是，导致所有者权益减少的支出，并不都构成费用。企业经营管理中的某些支出，例如支付的股利会减少所有者权益，但并不增加费用。又如，企业以银行存款偿还一项负债，只是一项资产和一项负债的等额减少，对所有者权益没有影响，因此不构成企业的费用。

二、费用的分类

费用分类的目的是正确计算公司产品成本，客观反映公司的各期损益，同时控制公司费用的发生，降低公司费用支出。根据费用的性质和特征，可以按照不同的标准进行分类。

（一）按照费用的经济内容进行分类

这种分类的目的是反映公司在一定时期发生了哪些费用，数额是多少，从而为分析公司各个时期各种费用占全部费用比重、考核费用计划的执行情况提供参考。按照这种标准可以将公司的费用划分为若干个费用要素，具体包括：

1. 外购材料费用，指企业为生产而耗用的一切从外部购入的原材料、半成品、辅助材料、包装物、修理用备件和低值易耗品等。

2. 外购燃料费用，指企业为生产而耗用的一切从外部购进的各种燃料。

3. 外购动力，指企业为生产而耗用的从外部购进的各种动力。

4. 工资费用及职工福利费用，指企业应计入生产费用的职工工资以及按照工资总额的一定比例提取的职工福利费用。

5. 折旧费用，指企业所拥有的或控制的固定资产按照使用情况计提的折旧费用。

6. 利息支出，指企业为筹集生产经营资金而发生的利息支出。

7. 税金，指企业应计入生产费用的各种税金，如房产税、车船税、城镇土地使用税等。

8. 其他支出，指不属于以上各项目的费用支出之和。

（二）按照费用的经济用途进行分类

按照费用要素反映的费用只能说明公司在生产经营活动中支出了哪些费用，但不能说明这些费用的用途以及它们与产品、损益之间的关系。因此，需要按其经济用途进行分类。这种分类可以把费用分成两大类，即构成产品成本的费用和期间费用。

1. 构成产品成本的费用。产品成本是指企业为了生产产品、提供劳务而发生的各种消耗，构成产品成本的费用按照其经济用途具体可分为直接材料费用、直接人工费用和制造费用。

（1）直接材料费用，简称直接材料，是指用来构成产品主要部分的材料成本，包括企业生产经营过程中实际消耗的原材料、辅助材料、备品备件、外购半成品、燃料、动力、包装物以及其他直接材料。

（2）直接人工费用，简称直接人工，是指在生产过程中对材料进行加工使其变成产成品所耗用的人工费用。直接人工包括企业直接从事产品生产人员的工资、奖金、津贴和补贴以及福利费用。

（3）制造费用，是指在生产过程中发生的那些不能归入直接材料、直接人工的各种费用。制造费用包括企业各个生产单位（分厂、车间）为组织和管理生产所发生的生产单位管理人员的工资、职工福利费、生产单位房屋建筑物和机器设备等的折旧费、修理费、水电费、机物料消耗、劳动保护费、季节性和修理期间的停工损失。

构成产品成本的费用按照经济用途进行的上述分类，形成了产品的制造成本项目，简称成本项目。这些成本项目的费用，就是产品的制造成本。

2. 期间费用。期间费用是指企业当期发生的必须从当期收入得到补偿的费用。期间费用按其经济用途具体可分为销售费用、管理费用和财务费用。销售费用是指企业销售商品和材料、提供劳务过程中发生的各种费用；管理费用是指企业为组织和管理企业生产经营所发生的各项费用；财务费用是指企业为筹集生产经营所需资金等而发生的筹资费用。

（三）其他分类

1. 按照费用与产品的关系，可分为直接费用和间接费用。凡是根据费用发生的原始凭证就可以确定成本计算对象，直接计入产品成本的费用，即为直接费用，如直接材料费用和直接人工费用；凡是根据费用发生的原始凭证不能确定成本计算对象，必须通过分配程序才能计入产品生产成本的费用，即为间接费用，如制造费用。

2. 按照费用与生产工艺的关系，可以分为基本费用和一般费用。基本费用是指由于生产工艺本身引起的各项费用，如直接用于产品生产的材料费用；一般费用是指由于管理和组织生产而发生的各项费用，如制造费用。

3. 按照费用与产品产量的关系，可以分为变动费用和固定费用。变动费用是指随着产品产量增减变动而变动的费用，如构成产品实体的原材料耗费等；固定费用是指在一定的相关范围内发生的与产品生产量的多少没有直接联系的费用，如采用直线法计提的固定资产折旧费等。

第二节 费用的确认和计量

一、费用确认和计量的原则

（一）费用确认的原则

企业在生产经营过程中为了取得一定的收入，必然要发生各种各样的支出，这些支出哪些应形成本期的费用，即如何确认本期费用，需要遵循费用确认的原则。在长期的会计实务中，形成了两条可用于指导费用何时确认的基本原则：一是划分资本性支出和收益性支出；二是权责发生制。

根据划分资本性支出和收益性支出这一原则，若一项支出的效益长于一个会计期间，则该项支出就应予以资本化，计入某项长期资产，并在该项长期资产耗用的期间结转为费用；若一项支出的效益仅限于一个会计期间，则此项支出就应作为收益性支出，即应在支出期间确认为费用。这一原则为费用确认的时间给定了一个总体界限。

根据权责发生制原则,只要属于本期的收入和费用,不论其是否实际收到或支付,均应确认为本期的收入和费用;对于不属于本期的收入和费用,即使款项已经在本期收到或付出,也不应确认为本期的收入和费用。这一原则是根据费用与收入的相互关系建立起来的,只有遵循这一原则,才能正确反映各期的盈亏情况。

根据费用与收入之间的相互关系,企业费用的确认可归纳为以下三种情况:

1. 按其与营业收入的因果关系确认费用。凡是与本期收入有直接联系的耗费都应确定为本期的费用,如销售成本的确认;凡不是以取得营业收入为目的的各项耗费都不作为费用,如购买各种债券所发生的支出、罚没款支出等。

2. 采用一定的分摊程序,系统和合理地分配费用。如果一项资产能够在若干个会计期间为企业带来收益,企业应采用一定的分配方法将该项资产的成本分摊计入各个会计期间。如固定资产的价值,应采用一定的折旧方法,分配确认固定资产使用的各个会计期间的折旧费用。

3. 在支出发生时立即确认为费用。企业发生的有些支出,如企业行政管理部门发生的各项支出、为推销商品发生的各项支出,以及为筹措资金而发生的支出,这些支出虽与收入没有直接的关系,但与会计期间紧密相连,其效益直接影响该会计期间的收入,因而应在支出发生时确认为当期的费用。

(二) 费用计量的原则

费用的确认基本明确了企业各项支出的归属问题,而对于归属于本会计期间的费用应采用什么标准来计量,即是需要遵循的计量原则。按历史成本计量费用是会计上的传统方法,也是目前会计实务中所坚持的方法。这里的历史成本所依据的是企业发生的实际成本。

在我国企业应严格遵守《企业会计准则》的规定开展费用的计量。企业应根据管理及成本计算的需要,在具体核算中可以既采用实际成本来进行,也可以采用计划成本、定额成本或者标准成本来进行,但最终所提供的成本费用核算指标必须是实际成本。对于各会计期间所负担的费用,则必须按实际发生额计算、确认和结转。

二、费用确认和计量的基本要求

(一) 加强对成本、费用的审核和控制

对成本、费用的审核,主要是审核这些成本、费用应不应该发生,已经发生的成本、费用应不应计入产品成本;对成本、费用的控制,主要是指在成本、费用发生过程中,对各种耗费进行指导、限制和监督,使成本、费用的支出被控制在原先规定的范围内。

(二) 正确划分各种成本、费用的界限

为了正确地计算产品成本、归集期间费用，必须正确划分以下五个方面的费用界限：

1. 正确划分应计入产品成本和期间费用与不计入产品成本和期间费用的界限，遵守成本、费用的开支范围。现行制度明确规定下列开支不能计入成本、费用：（1）为购建固定资产、无形资产和其他资产的支出；（2）对外投资的支出及分配给投资者的利润；（3）被没收的财物，支付的滞纳金、罚款、违约金、赔偿金，对外赞助与捐赠支出；（4）应在公积金中开支的支出；（5）国家规定不得列入成本、费用的其他支出。

2. 正确划分各个月份的费用界限。根据权责发生制原则的要求，凡是应计入本期的收入和支出，不论款项是否收到或已付出，都算作本期的收入和支出；凡是不应计入本期的收入和支出，即使款项已经收到或付出，也不算作本期的收入或支出。在成本核算时，对于已经发生的支出，如果其受益期不仅包括本期还包括以后各期，就应按其受益期分摊，不能全部列入本期；对于虽未发生，但却应由本期负担的费用，则先行计入本期费用中，待实际支出时，不再列入费用。

3. 正确划分产品成本和期间费用的界限。为生产产品直接发生的材料、人工费用应计入产品成本，为生产产品发生的各项间接费用属于制造费用，也需分配计入各种产品的成本；企业行政管理部门为组织和管理生产活动发生的费用属于管理费用；企业为筹集生产经营所需资金等而发生的筹资费用属于财务费用；企业销售商品和材料、提供劳务的过程中发生的各种费用属于销售费用。管理费用、财务费用和销售费用均属于期间费用，直接计入本期损益。与期间费用不同，产品成本则不一定在本期转入损益。

4. 正确划分不同产品成本的界限。属于哪一种产品成本负担的费用，就应计入哪一种产品成本；对于不能直接计入各种产品成本的费用，应采用合理的分配标准，在有关产品之间进行分配。划清各种产品之间的成本界限，有利于正确核算各种产品的实际生产成本，便于成本管理和生产控制，防止以盈补亏、掩盖超支等错误行为的发生，便于区分盈利产品和亏损产品。

5. 正确区分产成品和在产品的界限。各种成本费用经过上述划分以后已经得出每种产品当月发生的生产成本，如果到月末没有在产品（即产品是当月投产，当月全部完工），那么所发生的生产成本就是本月完工产品的成本，这种情况比较简单。但经常出现的情况是，月末有些产品没能完工入库，还停留在生产过程之中，那么，当月发生的生产成本，并不等于当月入库的完工产品的生产成本，有一部分应当由在产品负担。同样的道理，本月完工入库的产品成本中，也包含有上月在产品的成本。它们之间的关系为：

月初在产品成本 + 本月生产成本 = 本月完工产品成本 + 月末在产品成本

可以看出，每种产品的生产成本还要在其完工产品和月末在产品之间进行划分，这

种划分也要根据具体条件，采用适当的分配方法，以便正确地计算完工产品成本和月末在产品成本。

上述成本费用界限的划分，都要贯彻受益原则，即何者受益何者负担成本费用，何时受益何时负担成本费用，负担成本费用的多少应当与受益程度的大小成近似的正比关系。对企业发生的各种成本费用，都要划分这些界限。

在制造业企业，费用的核算主要包括产品成本的核算和期间费用的核算。

三、期间费用

（一）销售费用的核算

1. 销售费用的科目设置。"销售费用"科目用于核算企业销售商品和材料、提供劳务的过程中发生的各种费用，包括运输费、装卸费、包装费、保险费、展览费和广告费、商品维修费、预计产品质量保证损失以及为销售本企业商品而专设的销售机构的职工薪酬、业务费、折旧费等经营费用。企业发生的与专设销售机构相关的固定资产修理费用等后续支出，也在本科目核算。

2. 销售费用的账务处理。

（1）企业在销售商品过程中发生的包装费、保险费、展览费和广告费、运输费、装卸费等费用，借记"销售费用"科目，贷记"库存现金""银行存款"科目。

（2）企业发生的为销售本企业商品而专设的销售机构的职工薪酬、业务费、折旧费等经营费用，借记"销售费用"科目，贷记"应付职工薪酬""银行存款""累计折旧"等科目。

（3）期末，应将"销售费用"科目余额转入"本年利润"科目，结转后"销售费用"科目应无余额。

【例13-1】某公司某月份销售费用发生的有关经济业务及编制的会计分录如下：

（1）以银行存款支付产品广告费5 000元，展览费4 000元。

借：销售费用　　　　　　　　　　　　　　　　　　　　　　　9 000
　　贷：银行存款　　　　　　　　　　　　　　　　　　　　　　9 000

（2）本月公司为销售产品以银行存款支付运输费1 200元，运输途中保险费350元，装卸费650元。

借：销售费用　　　　　　　　　　　　　　　　　　　　　　　2 200
　　贷：银行存款　　　　　　　　　　　　　　　　　　　　　　2 200

（3）公司本月专设销售机构发生下列费用：销售机构人员的工资为4 000元，提取职工福利费560元，固定资产的折旧费460元，以银行存款支付办公费200元。

借：销售费用　　　　　　　　　　　　　　　　　　　　　　　5 220
　　贷：应付职工薪酬　　　　　　　　　　　　　　　　　　　　4 560

累计折旧	460
银行存款	200

(4) 公司按规定将本月发生的销售费用 16 420 元予以结转。

借：本年利润　　　　　　　　　　　　　　　　　　　　　16 420
　　贷：销售费用　　　　　　　　　　　　　　　　　　　　16 420

(二) 管理费用的核算

1. 管理费用的科目设置。"管理费用"科目核算企业为组织和管理企业生产经营所发生的管理费用，包括企业在筹建期间内发生的开办费、董事会和行政管理部门在企业的经营管理中发生的或应由企业统一负担的公司经费（包括行政管理部门职工薪酬、物料消耗、低值易耗品摊销、办公费和差旅费等）、工会经费、董事会费（包括董事会成员津贴、会议费和差旅费）等、聘请中介机构费、咨询费（含顾问费）、诉讼费、业务招待费、技术转让费、矿产资源补偿费、研究费用、排污费等。企业生产车间（部门）和行政管理部门等发生的固定资产修理费用等后续支出，也在"管理费用"科目核算。

2. 管理费用的账务处理。

(1) 行政管理部门人员的职工薪酬，借记"管理费用"科目，贷记"应付职工薪酬"科目。

(2) 行政管理部门计提的固定资产折旧，借记"管理费用"科目，贷记"累计折旧"科目。

(3) 企业发生的办公费、水电费、业务招待费、聘请中介机构费、咨询费、诉讼费、技术转让费等，借记"管理费用"科目，贷记"银行存款""研发支出"等科目。

(4) 期末，应将"管理费用"科目余额转入"本年利润"科目，结转后本科目应无余额。

【例 13-2】某公司某月份管理费用发生的有关经济业务及编制的会计分录如下：

(1) 公司本月经计算应由本期管理费用负担的折旧费 8 000 元，行政部门人员的工资 50 000 元，福利费 7 000 元。

借：管理费用　　　　　　　　　　　　　　　　　　　　　65 000
　　贷：累计折旧　　　　　　　　　　　　　　　　　　　　8 000
　　　　应付职工薪酬　　　　　　　　　　　　　　　　　　57 000

(2) 公司本月以银行存款 2 000 元，支付购买办公用品的款项。

借：管理费用　　　　　　　　　　　　　　　　　　　　　2 000
　　贷：银行存款　　　　　　　　　　　　　　　　　　　　2 000

(3) 公司本月份报销职工差旅费 1 500 元。

借：管理费用　　　　　　　　　　　　　　　　　　　　　1 500
　　贷：其他应收款　　　　　　　　　　　　　　　　　　　1 500

（4）公司本月结转发生的管理费用 68 500 元。

借：本年利润　　　　　　　　　　　　　　　　　　　　　　　68 500
　　贷：管理费用　　　　　　　　　　　　　　　　　　　　　　　　68 500

（三）财务费用的核算

1. 财务费用的科目设置。"财务费用"科目核算企业为筹集生产经营所需资金等而发生的筹资费用，包括利息支出（减利息收入）、汇兑差额以及相关的手续费、企业发生的现金折扣或收到的现金折扣等。

2. 财务费用的账务处理。

（1）企业发生的财务费用，借记"财务费用"科目，贷记"银行存款""未确认融资费用"等科目。

（2）企业发生的应冲减财务费用的利息收入、汇兑差额、现金折扣，借记"银行存款""应付账款"等科目，贷记"财务费用"科目。

（3）期末，应将"财务费用"科目余额转入"本年利润"科目，结转后"财务费用"科目应无余额。

【例13-3】某公司某月份财务费用发生的有关经济业务及编制的会计分录如下：

（1）公司以银行存款支付本月手续费 400 元。

借：财务费用　　　　　　　　　　　　　　　　　　　　　　　　400
　　贷：银行存款　　　　　　　　　　　　　　　　　　　　　　　　400

（2）公司本月发生银行存款利息收入 1 300 元。

借：银行存款　　　　　　　　　　　　　　　　　　　　　　　1 300
　　贷：财务费用　　　　　　　　　　　　　　　　　　　　　　　1 300

（3）公司银行存款美元户期末账面人民币 253 000 元，根据期末汇率调整后的余额为 251 000 元，发生汇兑损失 2 000 元。

借：财务费用　　　　　　　　　　　　　　　　　　　　　　　2 000
　　贷：银行存款——美元户　　　　　　　　　　　　　　　　　　2 000

（4）公司本月结转发生的财务费用 1 100 元。

借：本年利润　　　　　　　　　　　　　　　　　　　　　　　1 100
　　贷：财务费用　　　　　　　　　　　　　　　　　　　　　　　1 100

思考题与练习题

一、思考题

1. 如何理解费用的含义及其特征？
2. 简述费用的不同分类方法。

3. 费用确认和计量的原则是什么？

4. 费用确认和计量的基本要求有哪些？

5. 什么是期间费用？销售费用、管理费用和财务费用的核算应如何进行？

二、练习题

【目的】通过练习，掌握费用的账务处理。

【资料】某企业11月发生下列经济业务：

1. 11月6日，按规定报销行政管理部门差旅费850元，以现金支付。

2. 11月13日，公司开出转账支票1张，支付水电费，金额3 800元。其中，生产车间2 000元，行政管理部门1 800元。

3. 11月15日，公司用银行存款支付销售产品的运输费、途中保险费、包装费，合计8 500元。

4. 11月25日，公司收到银行转来的利息通知，公司银行存款利息收入3 300元已存入银行存款账户。

5. 公司按规定预提当期短期借款利息4 200元。

6. 11月30日，公司材料费用分配表情况如下：本月生产产品耗用60 000元，生产车间耗用3 000元；行政管理部门耗用材料5 000元；专设销售机构耗用材料3 000元。

7. 11月30日，根据公司工资及福利费分配表所列，本月份基本生产车间生产产品的生产人员工资28 500元、福利费3 990元，车间管理人员工资10 000元、职工福利费1 400元；行政管理部门人员的工资8 000元、福利费1 120元；专设销售机构人员的工资2 000元、福利费280元。

8. 11月30日，公司本月共发生折旧费用8 500元。其中，基本生产车间5 200元，辅助生产车间1 100元，行政管理部门1 800元，专设销售机构400元。

9. 11月30日，结转"管理费用""销售费用""财务费用"科目的余额。

【要求】根据所发生的经济业务编制会计分录。

第十四章

利　　润

【本章学习目的】

通过本章的学习，了解利润的形成过程，掌握利润形成的会计处理；熟悉所得税会计的内容，掌握资产负债表负债法的具体内容以及会计核算的特征；熟悉利润分配的基本程序，掌握利润分配的会计处理方法。

第一节　利润的核算

一、利润的概念

利润是企业在一定会计期间的经营成果。利润包括收入减去费用后的净额、直接计入当期利润的利得和损失等。

企业进行生产经营活动的主要目的，就是要不断地提高企业的盈利水平，增强企业的获利能力。企业只有最大限度地获取利润，才能为国家积累资金，不断促进社会生产的发展，满足人民日益增长的物质文化生活水平的需要，因此，利润的高低不仅反映企业的盈利水平，而且反映企业对整个社会所作的贡献。

对企业的利润进行核算，可以及时反映企业在一定会计期间的经营业绩和获利能力，反映企业的投入产出效率和经济效益，有助于企业投资者和债权人据此进行盈利预测，评价企业的经营业绩，作出正确决策。

二、利润的组成

企业的利润就其构成来说，既有通过生产经营活动而取得，也有通过投资活动而获得，还包括那些与生产经营活动没有直接关系的事项所引起的盈亏，以及交易性金融资产的公允价值的变动损益和资产减值的损失。不仅如此，不同类型的企业其利润的构成也是不同的。

根据我国 2006 年 2 月财政部颁布的《企业会计准则》的规定，企业利润包括营业利润、营业外收入、营业外支出、所得税费用等组成部分。其中，营业利润加上营业外收入，减去营业外支出后的数额，又称为利润总额；利润总额减去所得税费用后的数额即为企业的净利润。即：

$$利润总额 = 营业利润 + 营业外收入 - 营业外支出$$
$$净利润 = 利润总额 - 所得税费用$$

（一）营业利润

营业利润是企业在一定会计期间内从事生产经营活动取得的利润，是企业利润的主要来源。它等于营业收入减去营业成本、税金及附加、销售费用、管理费用、研发费用、财务费用、资产减值损失、信用减值损失，再加上公允价值变动收益、其他收益、净敞口套期收益、资产处置收益、投资收益的净额。用公式表示如下：

$$营业利润 = 营业收入 - 营业成本 - 税金及附加 - 销售费用 - 管理费用 - 研发费用$$
$$- 财务费用 + 其他收益 + 投资收益（-投资损失）+ 净敞口套期收益$$
$$（-净敞口套期损失）+ 公允价值变动收益（-公允价值变动损失）$$
$$- 资产减值损失 - 信用减值损失 + 资产处置收益（-资产处置损失）$$

1. 营业收入。营业收入是指企业经营业务所确认的收入总额，企业的营业收入包括主营业务收入和其他业务收入。主营业务收入是企业某一时期内从事主要经营活动获取的收入，扣除应列入当期的销售退回和销售折让后的余额；其他业务收入是指除主营业务活动以外的其他经营活动实现的收入，包括出租固定资产、出租无形资产、出租包装物和商品、销售材料、用材料进行非货币性资产交换（非货币性资产交换具有商业实质且公允价值能够可靠计量）等实现的收入。

2. 营业成本。营业成本包括主营业务成本和其他业务成本。主营业务成本是指企业因销售商品、提供劳务或让渡资产使用权等主营业务活动而发生的实际成本；其他业务成本是指企业除主营业务活动以外的其他经营活动所发生的支出，包括销售材料的成本、出租固定资产的折旧额、出租无形资产的摊销额、出租包装物的成本或摊销额以及采用成本模式计量的投资性房地产计提的折旧额或摊销额。

3. 税金及附加。税金及附加是指企业经营活动发生的消费税、城市维护建设税、资源税和教育费附加以及与投资性房地产相关的房产税、城镇土地使用税等。

4. 销售费用、管理费用和财务费用是企业的期间费用，关于这些费用的详细内容，请参考前面有关章节。

5. 其他收益。反映计入其他收益的政府补助等。

6. 投资收益。投资收益是指企业以各种方式对外投资所取得的收益，减去投资发生的损失。

7. 净敞口套期收益。反映净敞口套期下被套期项目累计公允价值变动转入当期损益的金额或现金流量套期储备转入当期损益的金额。

8. 公允价值变动收益。公允价值变动收益是指交易性金融资产、交易性金融负债，以及采用公允价值模式计量的投资性房地产、衍生工具、套期保值业务等公允价值变动形成的应计入当期损益的利得或损失。

9. 资产减值损失。资产减值损失是指计提各项资产减值准备所形成的损失,包括存货、长期股权投资、固定资产、无形资产等资产发生的减值损失。

在建工程、工程物资、生产性生物资产、商誉以及采用成本模式计量的投资性房地产等资产发生的减值,也计入资产减值损失。

10. 信用减值损失。反映企业按照《企业会计准则第 22 号——金融工具确认和计量》(2017 年修订)的要求计提的各项金融工具减值准备所形成的预期信用损失。

11. 资产处置收益。反映企业出售划分为持有待售的非流动资产(金融工具、长期股权投资和投资性房地产除外)或处置组时确认的处置利得或损失,以及处置未划分为持有待售的固定资产、在建工程、生产性生物资产及无形资产而产生的处置利得或损失。债务重组中因处置非流动资产产生的利得或损失和非货币性资产交换产生的利得或损失也包括在本项目内。

(二)营业外收入

营业外收入是指与企业的生产经营活动没有直接关系的各项收入,包括债务重组利得、与企业日常活动无关的政府补助、盘盈利得、捐赠利得等。

(三)营业外支出

营业外支出是指与企业的生产经营活动没有直接关系的各项损失,包括债务重组损失、公益性捐赠支出、非常损失、盘亏损失、非流动资产毁损报废损失等。

(四)所得税费用

所得税费用是指企业应计入当期损益的所得税费用,企业应采用资产负债表债务法来对所得税费用进行核算。

三、利润形成的账务处理

(一)利润核算使用的主要会计科目

企业在进行利润核算时,除了设置有关营业收入与成本费用科目外,还应当设置"销售费用""管理费用""财务费用""其他收益""资产处置损益""信用减值损失""营业外收入""营业外支出""所得税费用""本年利润"等科目。"资产减值损失""公允价值变动损益""投资收益"等科目的核算内容详见前面有关章节。

"销售费用"科目用于核算企业销售商品和材料、提供劳务的过程中发生的各种费用,该科目的借方登记本期发生的费用数额,贷方登记本期转入"本年利润"科目的数额，结转后本科目应无余额。

"管理费用"科目核算企业为组织和管理企业生产经营所发生的管理费用，该科目的借方登记本期发生的费用数额，贷方登记本期转入"本年利润"科目的数额，结转后本科目应无余额。

"财务费用"科目核算企业为筹集生产经营所需资金等而发生的筹资费用，该科目的借方登记本期发生的费用数额，贷方登记本期转入"本年利润"科目的数额，结转后本科目应无余额。

"其他收益"科目核算总额法下与日常活动相关的政府补助以及其他与日常活动相关且应直接计入本科目的项目。该科目借方登记企业本期转入"本年利润"的其他收益，贷方登记总额法下与日常活动相关的政府补助，本科目结转后应无余额。

"资产处置损益"科目核算企业出售划分为持有待售的非流动资产（金融工具、长期股权投资和投资性房地产除外）或处置组（子公司和业务除外）时确认的处置利得或损失，以及处置未划分为持有待售的固定资产、在建工程、生产性生物资产及无形资产而产生的处置利得或损失。债务重组中因处置非流动资产产生的利得或损失和非货币性资产交换中换出非流动资产产生的利得或损失也在本科目核算。该科目贷方登记处置资产的利得，借方登记处置资产的损失，本科目期末余额转入"本年利润"后无余额。

"信用减值损失"科目核算企业根据金融工具准则对摊余成本计价的金融资产、公允价值计量且其变动计入其他综合收益的金融资产、租赁应收款、合同资产等金融工具计提减值准备所形成的预期信用损失。该科目借方登记本期发生的信用减值，贷方登记本期转入"本年利润"科目的数额，结转后本科目应无余额。

"营业外收入"科目核算企业发生的与其生产经营活动没有直接关系的各种利得。该科目贷方登记本期所发生的营业外收入，借方登记企业本期转入"本年利润"科目的营业外收入数额，结转后本科目应无余额。

"营业外支出"科目核算企业发生的与其经营活动没有直接关系的各项损失。该科目的借方登记本期发生的各项营业外支出，贷方登记企业本期转入"本年利润"科目的营业外支出数，结转后本科目应无余额。

"所得税费用"科目核算企业按规定从本期利润总额中扣除的所得税费用。该科目的借方登记发生的按规定从当期损益中扣除的所得税费用，贷方登记期末结转"本年利润"科目的数额。

"本年利润"科目核算企业本年度内实现的净利润（或发生的净亏损）。该科目的贷方登记"主营业务收入""其他业务收入""营业外收入""其他收益"等科目的期末结转额，借方登记"主营业务成本""其他业务成本""税金及附加""资产减值损失""信用减值损失""销售费用""管理费用""财务费用""营业外支出""所得税费用"等科目的期末结转数额，企业还应将"公允价值变动损益""投资收益"科目的净收益转入"本年利润"科目的贷方，将"公允价值变动损益""投资收益"科目的净损失转入"本年利润"科目的借方。结转后"本年利润"科目如为贷方余额即为本期净利润数,如为借方余额则为本期亏损数。

年度终了,应将本年实现的净利润转入"利润分配"科目,借记"本年利润"科目,贷记"利润分配——未分配利润"科目;如为亏损,做相反的会计分录。结转后,"本年利润"科目应无余额。

(二)利润形成的账务处理

形成利润的主营业务收入以及主营业务成本、其他业务收入和其他业务成本以及投资收益、资产减值损失、公允价值变动损益、期间费用等内容,在前面的有关章节中已作过介绍,这里只就营业外收支等内容加以说明。

1. 营业外收入的账务处理。营业外收入主要包括非流动资产毁损报废收益、盘盈利得、捐赠利得、政府补助利得等。

企业确认的与日常活动无关的政府补助利得,借记"银行存款""递延收益"等科目,贷记本科目。

期末,应将本科目余额转入"本年利润"科目,结转后本科目应无余额。

【例14-1】某企业盘盈库存现金20 000元,按规定进行结转:

借:待处理财产损溢　　　　　　　　　　　　　　　　20 000
　　贷:营业外收入——盘盈利得　　　　　　　　　　　　20 000

2. 营业外支出的账务处理。企业发生的营业外支出,借记本科目,贷记"待处理财产损溢""库存现金""银行存款""固定资产清理"等科目。

期末,应将本科目余额转入"本年利润"科目,结转后本科目应无余额。

【例14-2】某企业报废和毁损的固定资产处理后产生净损失6 000元,按规定予以转销,所作会计分录如下:

借:营业外支出——处理固定资产损失　　　　　　　　6 000
　　贷:固定资产清理　　　　　　　　　　　　　　　　6 000

3. 本年利润结转的账务处理。会计期末,企业结转利润时,应借记"主营业务收入""其他业务收入""营业外收入""投资收益""公允价值变动损益"等科目,贷记"本年利润"科目;同时,借记"本年利润"科目,贷记"主营业务成本""其他业务成本""税金及附加""资产减值损失""销售费用""管理费用""财务费用""营业外支出""所得税费用"等科目。

如前所述,年度终了,应将本年实现的净利润转入"利润分配"科目,借记"本年利润"科目,贷记"利润分配——未分配利润"科目;如为亏损,做相反的会计分录。结转后,"本年利润"科目应无余额。

实际工作中,计算本月利润总额和本年累计利润可以采用两种不同的方法,即账结法和表结法。

账结法，是指在每月月末将所有损益类科目的余额转入"本年利润"科目，结转后，各损益类科目月末均没有余额，"本年利润"科目反映年度内累计实现的净利润（或发生的净亏损）。采用账结法，账面上能够直接反映各月末累计实现的净利润（或发生的净亏损），但每月末结转本年利润的工作量较大。

表结法，是指各月月末不结转本年利润，而是通过编制利润表的过程计算出当月的净利润（或净亏损），在年末才将所有损益类科目的余额转入"本年利润"科目。采用表结法，各损益类科目的月末余额表示累计的收入或费用，"本年利润"科目在1~11月各月末不做任何记录，到12月末才结转本年利润。因此，各月末的累积净利润（或净亏损）不能在账面上直接得到反映，需要在编制利润表的过程中确定。采用表结法，由于平时不必结转本年利润，能够简化利润核算。

因此，采用账结法计算利润，每月都要使用"本年利润"科目；采用表结法计算利润，"本年利润"科目平时没有记录，只有年末才有记录。总之，无论企业采用哪种方法，年度终了时都必须将"本年利润"科目结平，转入"利润分配——未分配利润"科目，结转后，"本年利润"科目应无余额。

【例14-3】 某企业2023年12月结账前各损益类科目的余额如表14-1所示。

表14-1　　　　　　　　　　　　损益类科目余额表

2023年12月31日　　　　　　　　　　　　　　　　　　　　单位：元

科目名称	借方余额	贷方余额
主营业务收入		200 000
主营业务成本	120 000	
其他业务收入		2 000
其他业务成本	1 000	
税金及附加	800	
销售费用	15 000	
管理费用	18 000	
财务费用	10 000	
资产减值损失	12 000	
公允价值变动损益		23 000
投资收益		30 000
营业外收入		8 000
营业外支出	5 000	
所得税费用	20 300	

根据表14-1的资料，采用账结法的会计处理如下：

借：主营业务收入　　　　　　　　　　　　　　　　　　　200 000

其他业务收入		2 000
公允价值变动损益		23 000
投资收益		30 000
营业外收入		8 000
贷：本年利润		263 000
借：本年利润	202 100	
贷：主营业务成本		120 000
其他业务成本		1 000
税金及附加		800
销售费用		15 000
管理费用		18 000
财务费用		10 000
资产减值损失		12 000
营业外支出		5 000
所得税费用		20 300

月末，各损益类科目的余额为零。该企业2023年12月实现的净利润为65 200元，即"本年利润"科目的贷方发生额263 000元减去"本年利润"科目的借方发生额197 800元的余额。

上述净利润的会计处理过程如图14-1所示。

(三) 以前年度损益调整

企业应设置"以前年度损益调整"科目，用来核算企业本年度发生的影响以前年度损益的事项所作的调整。企业在年度资产负债表日至财务会计报告批准报出日之间发生的需要调整报告年度损益的事项，以及本年度发现的重要前期差错更正涉及调整以前年度损益的事项，也可以通过"以前年度损益调整"科目进行核算。该科目的贷方登记企业调整增加的以前年度利润或调整减少的以前年度的亏损数，借方登记企业调整减少的以前年度利润或调整增加的以前年度亏损数，调整了有关事项后，应同时将该科目的余额转入"利润分配——未分配利润"，结转后本科目应无余额。

企业调整增加的以前年度利润或调整减少的以前年度的亏损，借记有关科目，贷记"以前年度损益调整"科目；企业调整减少的以前年度利润或调整增加的以前年度亏损，借记"以前年度损益调整"科目，贷记有关科目。

企业由于调整增加以前年度利润或减少以前年度亏损而相应增加的所得税，借记"以前年度损益调整"科目，贷记"应交税费——应交所得税"科目；由于调整减少以前年度利润或增加以前年度亏损而相应减少的所得税，借记"应交税费——应交所得税"科目，贷记"以前年度损益调整"科目。

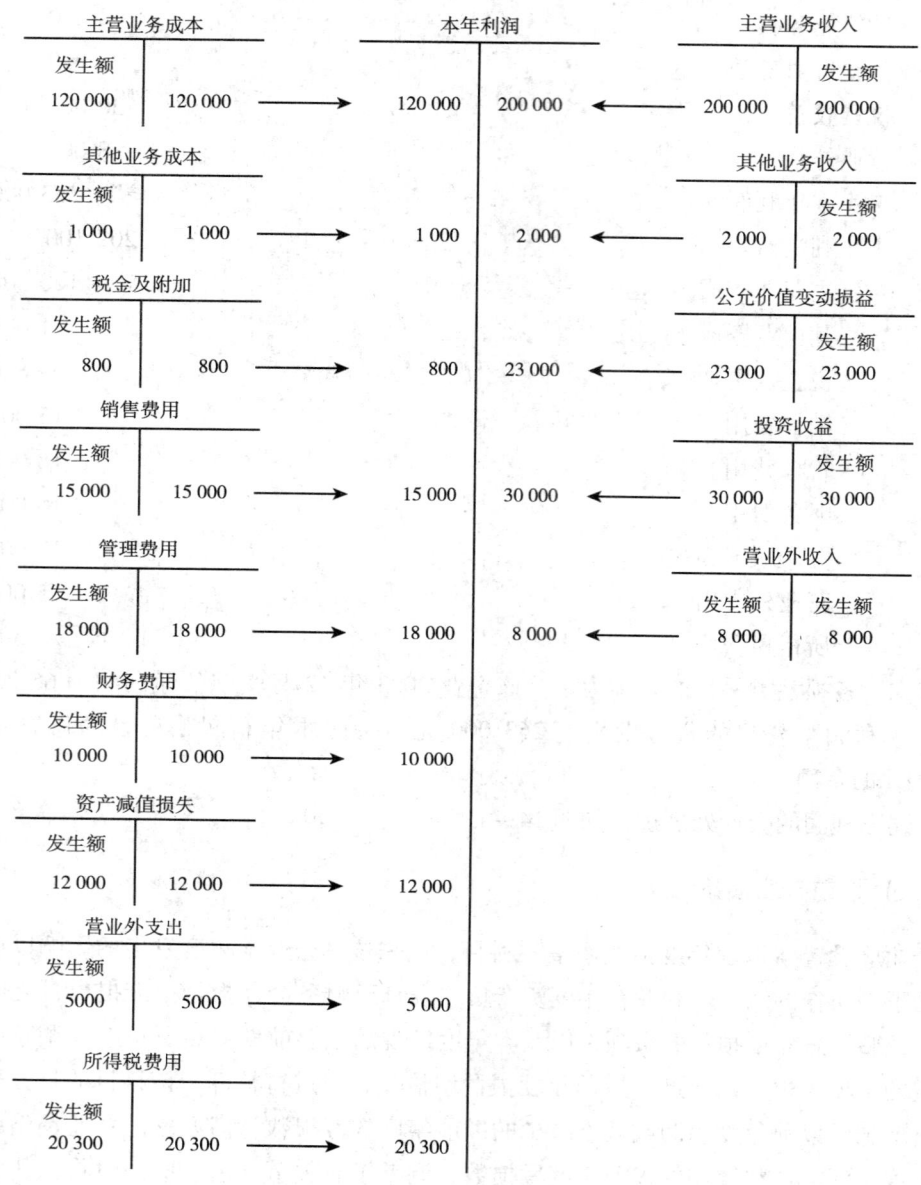

图 14-1 净利润会计处理过程

经过上述调整后，应同时将"以前年度损益调整"科目的余额转入"利润分配——未分配利润"科目。"以前年度损益调整"科目如为贷方余额，借记"以前年度损益调整"科目，贷记"利润分配——未分配利润"科目；如为借方余额，则借记"利润分配——未分配利润"科目，贷记"以前年度损益调整"科目。结转后，本科目应无余额。

需要注意的是，企业本年度发生的调整以前年度损益的事项，应当调整本年度会计报表相关项目的年初数或上年实际数；企业在年度资产负债表日至财务会计报告日之间发生的调整报告年度损益的事项，应当调整报告年度会计报表相关项目的数字。

第二节 所得税会计

一、所得税会计核算的内容

会计和税收是经济领域中两个不同的分支,分别遵循不同的原则,规范不同的对象,服务于不同的目的。一般来说,财务会计核算必须遵循一般会计原则和企业会计准则,以真实、完整地反映企业的财务状况、经营成果和现金流量变动的情况;而税收则是以课税为目的,依据有关的税收法规,确定一定期间内纳税人应缴纳的税额。依据企业会计准则所计算的税前利润称为会计利润;而根据税收法规的规定所计算的应税利润称为应纳税所得额。

随着我国会计制度改革和税制改革的逐步深入,企业财务会计和所得税会计逐步分离,企业按照会计准则核算的会计利润与按照税法计算的应纳税所得额之间的差异逐步扩大。所得税会计就是研究如何处理按照会计准则计算的资产、负债的账面价值和按照税法计算的资产、负债的计税基础之间差异的会计处理理论和方法。

我国2006年2月发布的《企业会计准则》要求企业所得税的会计处理采用资产负债表债务法。

企业在取得资产、负债时,应当确定其计税基础,资产和负债的计税基础是在计税时归属于该资产或负债的金额。资产或负债的账面价值与其计税基础之间的差额,称为暂时性差异。暂时性差异包括应纳税暂时性差异和可抵扣暂时性差异。应纳税暂时性差异是指在确定未来收回资产或清偿负债期间的应纳税所得额时,将导致产生应税金额的暂时性差异;可抵扣暂时性差异是指在确定未来收回资产或清偿负债期间的应纳税所得额时,将导致产生可抵扣金额的暂时性差异。

资产的账面价值大于其计税基础或者负债的账面价值小于其计税基础的,产生应纳税暂时性差异;资产的账面价值小于其计税基础或者负债的账面价值大于其计税基础的,产生可抵扣暂时性差异。

二、资产和负债的计税基础与暂时性差异

(一) 资产的计税基础与暂时性差异

资产的计税基础是指企业收回资产账面价值过程中,计算应纳税所得额时按照税法规定可以自应税经济利益中抵扣的金额即该资产在未来使用或处置时,允许作为成本或费用于税前列支的金额。通常情况下,资产在取得时其入账价值与计税基础是相同的,

后续计量过程中因企业会计准则规定与税法规定不同，可能产生资产的账面价值与其计税基础的差异。例如，交易性金融资产的公允价值变动。按照企业会计准则规定，交易性金融资产期末应以公允价值计量，公允价值的变动计入当期损益。如果按照税法规定，交易性金融资产在持有期间公允价值变动不计入应纳税所得额，即其计税基础保持不变，则产生了交易性金融资产的账面价值与计税基础之间的差异。

例如，企业支付100万元取得一项交易性金融资产，当期期末市价为160万元，按照企业会计准则的规定，60万元的公允价值变动计入企业当期的损益，期末交易性金融资产的账面价值调整到160万元，而税法上规定这项交易性金融资产的成本仍然按照100万元计价，企业在未来处置该项交易性金融资产时，允许在税前列支的金额为100万元，则该项交易性金融资产的计税基础为100万元。该项交易性金融资产的账面价值和计税基础之间的差额60万元即为应纳税暂时性差异。

（二）负债的计税基础与暂时性差异

负债的计税基础是指负债的账面价值减去未来期间计算应纳税所得额时按照税法规定可予抵扣的金额。

短期借款、应付票据、应付账款等负债的确认和偿还，通常不会对当期损益和应纳税所得额产生影响，其计税基础即为账面价值。但在某些情况下，负债的确认可能会影响损益，并影响不同期间的应纳税所得额，使其计税基础与账面价值之间产生差额。例如，某企业因销售商品提供售后服务等原因于当期确认了50万元的预计负债。税法规定，有关产品售后服务等与取得经营收入直接相关的费用于实际发生时允许税前列支，假定企业在确认预计负债的当期未发生售后服务费用，则预计负债的账面价值为50万元，按照税法规定可以从未来应纳税所得额中可予抵扣的金额也为50万元，则预计负债的计税基础＝50－50＝0。该预计负债的账面价值与计税基础之间的差额50万元形成可抵扣暂时性差异。

三、所得税的账务处理

企业应于资产负债表日，分析比较资产、负债的账面价值与其计税基础，两者之间存在差异的，企业应当按照暂时性差异与适用所得税税率计算的结果，确认递延所得税负债、递延所得税资产以及相应的递延所得税费用（或收益）。

应纳税暂时性差异所产生的递延所得税的影响，记入"递延所得税负债"账户，"递延所得税负债"账户的余额表示当期期末的应纳税暂时性差异所产生的未来期间应付所得税的增加；可抵扣暂时性差异所产生的递延所得税的影响，记入"递延所得税资产"账户，"递延所得税资产"账户的余额表示当期期末的可抵扣暂时性差异所产生的未来期间应付所得税的减少。

资产、负债的账面价值与计税基础、暂时性差异及递延所得税资产和递延所得税负债之间的关系见表14-2。

表14-2　　资产、负债的账面价值与计税基础、暂时性差异及递延所得税资产和递延所得税负债之间的关系

项目	资产	负债
应纳税暂时性差异递延所得税负债	账面价值>计税基础	账面价值<计税基础
可抵扣暂时性差异递延所得税资产	账面价值<计税基础	账面价值>计税基础

企业的所得税费用应当按照"当期所得税费用"和"递延所得税费用"进行明细核算。企业在计算确定当期所得税费用（即当期应交所得税）以及递延所得税费用（或收益）的基础上，应将两者之和确认为利润表中的所得税费用（或收益），但不包括直接计入所有者权益的交易或事项的所得税影响。即：

当期所得税费用(应交所得税) = 应纳税所得额 × 当期适用税率

$$\text{递延所得税费用（或收益）} = \text{当期递延所得税负债的增加（-减少）} - \text{当期递延所得税资产的增加（+减少）}$$

所得税费用(或收益) = 当期所得税费用 + 递延所得税费用(-递延所得税收益)

（一）应纳税暂时性差异与递延所得税负债

【例14-4】某企业持有一项交易性金融资产，账面价值为1 000万元，期末公允价值为1 500万元。即期末账面价值为1 500万元，而计税基础仍维持1 000万元不变。由于该项资产的升值部分为500万元，在将来收回时将会产生应交所得税，因此该项资产的账面价值1 500万元与其计税基础1 000万元之间的差额500万元属于应纳税暂时性差异。假定该企业适用企业所得税税率为25%。

不考虑其他因素，该企业年末应进行的会计处理为：

借：所得税费用　　　　　　　　　　　　　　　　　　　1 250 000
　　贷：递延所得税负债　　　　　　　　　　　　　　　　　　1 250 000

【例14-5】黄山公司2023年购入乙公司股票，成本为2 300万元，将其划分为其他权益工具投资。2023年末黄山公司持有的乙公司股票的公允价值为2 900万元。黄山公司适用企业所得税税率为25%。其他权益工具投资的计税基础为2 300万元，2023年末该其他权益工具投资的账面价值为2 900万元。假设黄山公司递延所得税负债的期初余额为0，本期应确认的递延所得税负债余额 = (2 900 - 2 300) × 25% = 150（万元）。

不考虑其他因素，该企业年末应进行的会计处理为：

借：其他综合收益　　　　　　　　　　　　　　　　　　1 500 000
　　贷：递延所得税负债　　　　　　　　　　　　　　　　　　1 500 000

（二）可抵扣暂时性差异和递延所得税资产

【例 14-6】 某公司是生产微波炉的企业，其每年的税前利润是 1 000 万元，2021 年预计了 100 万元的微波炉保修费用，实际的保修费用均匀地发生于 2022 年和 2023 年。2021 年年末，会计上确认了 100 万元的保修费用，相应的预计负债增加 100 万元，而税法上规定在实际发生保修费用的期间，才可以作为费用扣除。因此，在 2021 年 12 月 31 日，预计负债的账面价值是 100 万元，而其计税基础是 0，可抵扣暂时性差异为 100 万元，递延所得税资产是 100×25% = 25（万元），当期应交所得税 =（1 000 + 100）×25% = 275（万元），所得税费用 = 275 − 25 = 250（万元）[或 1 000 × 25% = 250（万元）]。

某公司在 2021 年年末的会计分录为：

借：所得税费用		2 500 000
递延所得税资产		250 000
贷：应交税费——应交所得税		2 750 000

2022 年该公司发生的保修费用为 100÷2 = 50（万元），2022 年年末，预计负债的账面价值为 50 万元，其计税基础仍然是 0，此时可抵扣暂时性差异为 50 万元，因此在 2022 年年末，该公司递延所得税资产账户的余额应该为 50×25% = 12.5（万元），当期应交所得税 =（1 000 − 50）×25% = 237.5（万元）。该公司 2022 年所得税费用的计算如下：

2022 年年末的递延所得税资产	125 000
2022 年年初的递延所得税资产	250 000
2022 年的递延所得税费用（收益）	125 000
2022 年的当期应交所得税	2 375 000
2022 年的所得税费用	2 500 000

该公司在 2022 年年末的会计分录为：

借：所得税费用		2 500 000
贷：递延所得税资产		125 000
应交税费——应交所得税		2 375 000

该公司 2023 年发生的保修费用仍为 50 万元，则 2023 年年末预计负债的账面价值和计税基础都为 0，"递延所得税资产"账户的借方余额应为 0，递延所得税资产减少 12.5 万元（50×25%），当期应交所得税 =（1 000 − 50）×25% = 237.5（万元）。所得税费用的计算如下：

2023 年年末的递延所得税资产	0
2023 年年初的递延所得税资产	125 000
2023 年的递延所得税费用（收益）	125 000
2023 年的当期应交所得税	2 375 000

2023 年的所得税费用　　　　　　　　　　　　　　　　　　2 500 000

则该公司 2023 年年末的会计分录为：

　　借：所得税费用　　　　　　　　　　　　　　2 500 000
　　　　贷：递延所得税资产　　　　　　　　　　　　　　125 000
　　　　　　应交税费——应交所得税　　　　　　　　　2 375 000

那么 2023 年年末的递延所得税资产的账户余额如图 14-2 所示。

```
        递延所得税资产
    250 000  │  125 000
             │  125 000
```

图 14-2　2023 年年末递延所得税资产的账户余额

【例 14-7】甲企业 2022 年 12 月 31 日资产负债表中部分项目的账面价值和计税基础情况见表 14-3。

表 14-3　　　　　　　　　甲企业 2022 年部分项目情况　　　　　　　　　单位：元

项目	账面价值	计税基础	应纳税暂时性差异	可抵扣暂时性差异
交易性金融资产	1 300 000	1 000 000	300 000	
存货	10 000 000	11 000 000		1 000 000
固定资产	13 000 000	12 000 000	1 000 000	
无形资产	8 000 000	9 000 000		1 000 000
预计负债	500 000	0		500 000
总计			1 300 000	2 500 000

假定甲企业适用的所得税税率是 25%，2022 年会计利润为 375 万元，该企业当年会计与税收之间的差异包括以下事项：（1）国债利息收入 25 万元；（2）税款滞纳金 30 万元；（3）交易性金融资产公允价值增加 30 万元；（4）提取存货跌价准备 100 万元；（5）固定资产的原始成本是 2 000 万元，会计上采用直线法折旧，应计提折旧为 700 万元，而税法上要求采用双倍余额递减法进行折旧，应计提折旧为 800 万元；（6）提取无形资产减值准备 100 万元；（7）因售后服务预计费用 50 万元。该企业 2022 年期初递延所得税资产和递延所得税负债的账户都没有余额。

该企业 2022 年度的所得税费用计算如下：

应纳税所得额 = 375 - 25 + 30 - 30 + 100 - 100 + 100 + 50 = 500（万元）

应交所得税 = 500 × 25% = 125（万元）

递延所得税负债 = 130 × 25% = 32.5（万元）

递延所得税资产 = 250 × 25% = 62.5（万元）

所得税费用 = 125 + 32.5 - 62.5 = 95（万元）

2022年甲企业所得税的会计分录为：

借：所得税费用　　　　　　　　　　　　　　　　　　950 000
　　递延所得税资产　　　　　　　　　　　　　　　　625 000
　　　贷：应交税费——应交所得税　　　　　　　　　　　　1 250 000
　　　　　递延所得税负债　　　　　　　　　　　　　　　　　325 000

【例14-8】 接〖例14-7〗，甲企业2023年12月31日资产负债表中部分项目的情况如表14-4所示。

表14-4　　　　　　　甲企业2023年部分项目情况　　　　　　　单位：元

项目	账面价值	计税基础	应纳税暂时性差异	可抵扣暂时性差异
交易性金融资产	1 400 000	1 900 000		500 000
存货	13 000 000	13 000 000		0
固定资产	12 000 000	11 000 000	1 000 000	
无形资产	1 000 000	0	1 000 000	
预计负债	300 000	0		300 000
总计			2 000 000	800 000

假定甲企业2023年的应纳税所得额为1 000万元，该企业2023年的所得税费用计算如下：

应纳所得税额 = 1 000 × 25% = 250（万元）
2023年年末的递延所得税负债（200 × 25%）　　　　　　　50
2023年年初的递延所得税负债　　　　　　　　　　　　　32.5
递延所得税费用（递延所得税负债增加）　　　　　　　　17.5
2023年年末的递延所得税资产（80 × 25%）　　　　　　　20
2023年年初的递延所得税资产　　　　　　　　　　　　　62.5
递延所得税费用（递延所得税资产减少）　　　　　　　　42.5
所得税费用 = 250 + 17.5 + 42.5 = 310（万元）

2023年甲企业所得税的会计分录为：

借：所得税费用　　　　　　　　　　　　　　　　　　3 100 000
　　贷：应交税费——应交所得税　　　　　　　　　　　　2 500 000
　　　　递延所得税负债　　　　　　　　　　　　　　　　　175 000
　　　　递延所得税资产　　　　　　　　　　　　　　　　　425 000

确认由可抵扣暂时性差异产生的递延所得税资产，应当以未来期间很可能取得用以抵扣可抵扣暂时性差异的应纳税所得额为限。企业在确定未来期间很可能取得的应纳税所得额时，应当包括未来期间正常生产经营活动实现的应纳税所得额，以及在可抵扣暂时性差异转回期间因应纳税暂时性差异的转回而增加的应纳税所得额，并应提供相应的证据。

第三节　净利润

一、利润分配的程序

企业取得的利润，应当按照我国有关法规的规定进行分配。利润的分配过程和结果，不仅关系到所有者的合法权益是否得到保护，而且还关系到企业能否长期稳定地发展。

（一）可供分配的利润

企业当期实现的净利润，加上年初未分配利润（或减去年初未弥补亏损）为可供分配的利润。一般企业每期实现的净利润，首先是弥补以前年度尚未弥补的亏损。如果企业发生亏损，可以用以后年度实现的利润来弥补，也可以用以前年度提取的盈余公积弥补。用利润弥补亏损时，一般在发生亏损后的 5 年内用所得税前的利润弥补，5 年后的利润用净利润弥补。

根据我国相关法规，可供分配的利润应按以下顺序进行分配：

（1）提取法定盈余公积。法定盈余公积是指企业按照规定的比例从净利润中提取可弥补企业亏损和转为资本或股本的公积金，提取比例一般为税后净利润的 10%，当企业提取的盈余公积达到企业注册资本的 50% 时，可以不再提取。

（2）提取任意盈余公积。任意盈余公积是指按照企业章程或董事会决议所提取的公积金。

（二）可供投资者分配的利润

可供分配的利润减去提取的法定盈余公积和任意盈余公积，为可供投资者分配的利润。可供投资者分配的利润应按以下顺序进行分配：

（1）应付现金股利或利润，是指经股东大会或类似机构决议，分配给股东或投资者的现金股利或利润。

（2）转作股本的股利，是指经股东大会或类似机构决议，分配给股东的股票股利。

可供投资者分配的利润，在经过上述分配后，即为未分配利润（或未弥补亏损）。未分配利润可留待以后年度进行分配。企业如果发生亏损，可以按规定由以后年度的利润弥补。企业未分配的利润（或未弥补亏损）应当在资产负债表的所有者权益项目中单独反映。

二、利润分配的核算

(一) 会计科目的设置

企业应设置"利润分配"科目,核算企业利润的分配(或亏损的弥补)和历年分配(或弥补)后的积存余额。"利润分配"科目应当分别"提取法定盈余公积""提取任意盈余公积""应付现金股利或利润""转作股本的股利""盈余公积补亏""未分配利润"等进行明细核算。

企业董事会或类似机构决议提请股东大会或类似机构批准的年度利润分配方案(除股票股利外),在股东大会或类似机构召开会议前应当将其列入报告年度的所有者(股东)权益变动表。股东大会或类似机构批准的利润分配方案,与董事会或类似机构提请批准的报告年度利润分配方案不一致时,其差额应当调整报告年度会计报表有关项目的年初数。

(二) 利润分配的会计处理

1. 年终净利润的结转。年度终了,企业应将"本年利润"科目的年末余额全部转入"利润分配"科目。如为盈利,应借记"本年利润"科目,贷记"利润分配——未分配利润"科目;如为亏损,则作相反的会计分录。

如果年终结转本年利润前,"利润分配——未分配利润"科目如有借方余额,即有未弥补的亏损数,本年利润转入后,就会自动与其相抵,因此,企业用利润弥补亏损,无须作专门的会计分录。

2. 利润分配的会计处理。

(1) 企业按规定从净利润中提取法定盈余公积和任意盈余公积时,应作如下会计分录:

借:利润分配——提取法定盈余公积
　　　　　　——提取任意盈余公积
　贷:盈余公积——法定盈余公积
　　　　　　——任意盈余公积

(2) 企业经股东大会或类似机构决议,分配给股东或投资者的现金股利或利润时,应作如下会计分录:

借:利润分配——应付现金股利
　贷:应付股利

(3) 企业经股东大会或类似机构决议,分配给股东的股票股利时,应作如下会计分录:

借:利润分配——转作股本的股利

贷：股本

（4）企业用盈余公积补亏时，应作如下会计分录：

借：盈余公积——法定盈余公积

　　　　　　——任意盈余公积

　　贷：利润分配——盈余公积补亏

3. 结转"利润分配"科目的明细科目。年度终了，企业应将"利润分配"科目下其他明细科目转入"利润分配"科目的"利润分配——未分配利润"明细科目。结转后，除"未分配利润"明细科目外，"利润分配"科目的其他明细科目应无余额。

结转"利润分配"科目的明细科目的会计分录如下：

借：利润分配——未分配利润

　　　　　　——盈余公积补亏

　　贷：利润分配——提取法定盈余公积

　　　　　　　　——提取任意盈余公积

　　　　　　　　——应付现金股利

　　　　　　　　——转作股本的股利

"利润分配"科目年末贷方余额，反映企业历年积存的未分配利润数额；如为借方余额则表示企业的累计未弥补的亏损数额。

思考题与练习题

一、思考题

1. 什么是利润？利润由哪些内容组成？
2. "本年利润"科目和"以前年度损益调整"科目的核算内容是什么？
3. 简述利润分配的顺序。
4. 什么是资产的计税基础和负债的计税基础？
5. 什么是应纳税暂时性差异和可抵扣暂时性差异？它们之间有何差别？
6. 递延所得税资产和递延所得税负债的含义是什么？

二、练习题

习题一

【目的】通过练习，掌握利润分配的账务处理。

【资料】龙腾公司2023年度实现净利润5 000万元，2023年12月31日的总股本为10 000万股。该公司董事会提出如下议案：按净利润的10%提取法定盈余公积金，每10股派发现金股利0.3元，每10股分配股票股利3股（每股面值1元）。

【要求】

（1）对董事会提出的议案进行账务处理。

（2）结转"利润分配"科目的明细科目。

习题二

【目的】通过练习，掌握所得税会计的账务处理。

【资料】赛博公司与所得税相关的资料如下：

（1）2023年1月1日，递延所得税负债账户的余额为25 000元，递延所得税资产的账户余额为0；

（2）2023年度该公司应纳税所得额为95 000元，税前会计利润为200 000元；

（3）2023年12月31日，该公司的应纳税暂时性差异为240 000万元，可抵扣暂时性差异为35 000元；

（4）公司的所得税税率为25%，公司在未来经营期间是盈利的。

【要求】计算赛博公司2023年度的应交所得税金额和所得税费用，并编制会计分录。

习题三

【目的】通过练习，掌握所得税会计的账务处理。

【资料】飞跃公司2021年年末资产和负债的账面价值和计税基础之间的差异如表14-5所示。

表14-5　　飞跃公司2021年年末资产和负债的账面价值和计税基础

资产、负债项目	账面价值	计税基础
应收账款	50 000	0
预计负债	30 000	0

根据估计，预计负债在2022年清偿，应收账款在2022年和2023年分别收回30 000元和20 000元，假设该公司每年的应纳税所得额为350 000元，所得税税率为25%。

【要求】分别计算该公司2021年度、2022年度和2023年度的应交所得税金额和所得税费用，并编制相应的会计分录。

第十五章

资产负债表

【学习目的与要求】

本章全面介绍了财务报告的构成及列报的基本要求、财务报表的编制与资产负债表的填列方法。通过本章的学习，熟悉财务报告和财务报表的含义与关键内容；正确理解财务报告和财务报表的编报要求；掌握资产负债表主要项目的编制与填列方法。

第一节 财务报告与财务报表概述

一、财务报告的含义与目标

(一) 财务报告的含义

早在1993年我国财政部发布实施的《企业会计准则》中，就曾提到"财务报告"的概念；其后，又陆续在相关的法规中被冠以"会计报告""财务会计报告"等名称；而在西方，统一的称谓为财务报告（financial reporting），并认为财务报告的核心主体是财务报表（financial statements）。经过确认、计量等一系列加工过程，企业需要将日常经营活动的结果最终以书面的形式，向报表使用者汇报。财务报表[①]，即为反映企业财务状况、经营成果和现金流量等日常经营活动结果信息的最常见载体，也是会计工作的最直接"成果"。

我国财政部2006年2月15日发布的《企业会计准则——基本准则》第四十四条指出："财务报告是指企业对外提供的反映企业某一特定日期的财务状况和某一会计期间的经营成果、现金流量等会计信息的文件。财务报告包括财务报表及其附注和其他应当在财务报告中披露的相关信息和资料。财务报表至少应当包括资产负债表、利润表、现金流量表等报表。小企业编制的财务报表可以不包括现金流量表。"

企业定期编制并对外提供财务报告，旨在真实、完整地反映企业的财务状况、经营成果和现金流量，为财务报告使用者提供经济决策所需的相关信息；反映企业管理层受

[①] 在我国，会计人员习惯称财务报表为会计报表，本书对二者不作严格区分。

托责任履行情况，确证或解除管理者的受托责任。

作为财务报告的核心，财务报表是对企业财务状况、经营成果和现金流量的结构性表述。财务报表至少应包括资产负债表、利润表、现金流量表、所有者权益（或股东权益，下同）变动表和报表附注。财务报表是会计经过确认、计量和报告的直接结果，其编制要受到企业会计准则的严格制约，年度财务报表还需经过会计师事务所的强制审计。

在财务会计中，企业日常生产经营活动所发生的各项经济业务，平时通过填制会计凭证和复式记账等方法，将分别记录在各种会计账簿中。尽管账簿资料是按照会计科目归类汇总的，但其提供的核算资料仍然相对分散，难以集中、概括、系统、全面地提供经营管理所需要的完整的财务会计信息。因此，企业需要在日常会计核算资料的基础上，定期地对账簿等核算资料进行归集、加工、汇总，编制各种财务报表。

（二）财务报告的构成与基本财务报表

财务报告是企业正式对外揭示或表述会计信息的书面文件。根据企业会计准则，财务报告至少应当包括下列组成部分：（1）资产负债表；（2）利润表；（3）现金流量表；（4）所有者权益（或股东权益，下同）变动表；（5）财务报表附注。财务报告列报，是在财务报表内的列示（属于最终确认层次）和在财务报表附注中的披露。

在企业对外披露的财务信息中，有些是通过财务报表提供的，另一些则是通过其他财务报告手段提供。财务报表必须根据企业会计准则编制；其他财务报告手段的编制基础与方式可以不受企业会计准则的约束，通常可以灵活多样的形式提供各种相关的信息，包括定量信息和定性信息。财务报表是财务报告的核心，企业对外提供的主要财务信息反映在财务报表中（包括表内确认和表外附注）。

（三）财务报告目标

美国 FASB 坚持财务报告的决策有用观，强调企业编制财务报告应为其现在和潜在的投资者、债权人及其他用户提供对其决策有用的信息，包括历史的、未来的和不确定的信息，以便其作出合理的投资、信贷和类似的决策。在其第 1 号财务会计概念公告——《企业财务报告的目标》（SFAC No. 1，1978.11.）中要求："财务报告应提供给现在的和潜在的投资者、贷款人及其他用户评估公司未来预期现金流量的金额、时间分布和不确定性的信息。"

我国财政部 2006 年 2 月 15 日发布的《企业会计准则——基本准则》第四条规定："企业应当编制财务会计报告（又称财务报告，下同）。财务报告的使用者包括投资者、债权人、政府及其有关部门和社会公众等。财务报告的目标是：向财务报告使用者提供与企业财务状况、经营成果和现金流量等有关的会计信息，反映企业管理层受托责任履行情况，有助于财务会计报告使用者作出经济决策。"编制财务报告是为了满足企业现在的和潜在的投资者、债权人、政府以及其他使用者对会计信息的需求,帮助他们对企业的财务状况和经营成果进行合理的评价,以便作出正确决策。

二、财务报告的种类

财务报表是财务报告的核心,是将财务信息传递给企业外界报表使用者的主要手段。但财务报告比财务报表提供的信息范围要大得多,除了财务报表,还包括很多在财务报表中无法直接列示的信息,如财务指标分析信息,财务预测信息,经济环境对企业经营成果和财务状况的影响,企业管理者对企业业绩的说明及评价等。

财务报表可以根据需要,按照不同的标准进行分类。

1. 按财务报表编报期间的不同,可以分为中期财务报表和年度财务报表。中期财务报表是以短于一个完整会计年度的报告期间为基础编制的财务报表,包括月报、季报和半年报等。其中月报要求简明扼要、及时;年报要求揭示完整、反映全面;季报在会计信息的详细程度方面,介于月报和年报之间。股份有限公司特别是其中的上市公司应按证监会与交易所要求编制半年报,半年报比年报提供的资料略为简单。

2. 按照财务报表反映财务活动方式的不同,可以分为静态财务报表和动态财务报表。静态财务报表指反映企业特定时点上有关资产、负债和所有者权益情况的财务报表,一般应根据各个账户的"余额"填列,主要指资产负债表;动态财务报表指反映企业一定时期内资金耗费和收回情况以及经营成果的财务报表,一般应根据有关账户的"发生额"填列,主要如利润表与现金流量表等。

3. 按照财务报表的服务对象,可以分为外部报表和内部报表。外部报表是企业定期向外部报表使用者(如政府部门、投资者、债权人)报送的财务报表,这类报表是按企业会计准则和有关的会计准则编制的,有统一的格式和指标体系;内部报表,又称为经营管理报表,则是为了适应企业内部经营管理的需要,自行设计、编制的报表,没有统一规定的格式与指标体系。

4. 按财务报表编报主体的不同,可以分为个别财务报表和合并财务报表。个别财务报表是由企业在自身会计核算基础上对账簿记录进行加工而编制的财务报表,它主要用以反映企业自身的财务状况、经营成果和现金流量情况。合并财务报表是以母公司和子公司组成的企业集团为会计主体,根据母公司和所属子公司的财务报表,由母公司编制的综合反映企业集团财务状况、经营成果及现金流量的财务报表。

三、财务报告的编报要求

为了充分发挥财务报表的作用,保证财务报表所提供的信息能够满足有关各方的需要,在编制财务报表时,必须做到数字真实、计算准确、内容完整、说明简洁、披露

（报送）及时、手续齐备。

1. 数字真实、计算准确。财务报表中的各项数字必须真实可靠，能够如实地反映编表单位经济活动的情况，以利于总结经验，分析问题，找出差距，改进工作。因此，财务报表必须根据真实的交易、事项以及完整、准确的账簿记录等资料，按照会计准则所规定的编制基础、编制依据、编制原则和方法进行编制。

2. 内容完整。每一种财务报表都是从不同侧面对会计对象进行反映。为方便报表的阅读、理解和汇总，我国企业会计准则对企业财务报表规定了统一的格式、内容和填列方法。因此，企业应当按照企业会计准则（含应用指南）所规定的财务报表格式和内容，根据登记完整、核对无误的会计账簿记录和其他有关资料编制财务报表。凡是会计准则要求提供的财务报表，各企业必须全部编制、报送，不得漏编、漏报；对于应当填列的报表指标，不论是表内的项目还是表外的补充资料，必须全部填列，不得少列、漏列，更不可随意取舍。

3. 说明简洁。财务报表中需要说明的项目，应在报表附注里用文字加以说明，作为报表内容的补充。对表内指标有重大影响的因素和特殊情况，如经营范围和机构的变动、发生的重大意外损失、会计核算方法的改变等，也必须在报表附注中解释清楚，以便报表阅读者了解和有关部门查证考核。

4. 披露（报送）及时。财务报表必须在规定的期限内编制完成，以便报表阅读者及时了解情况，发现问题。为此，各个企业平时就应做好记账、算账和对账工作，做到日清月结。同时，在编制过程中，相关人员应加强协作、密切配合；无论在何种情况下，均不能为赶编财务报表而提前结账、工作草率、马虎，影响财务报表的质量与披露（报送）时限。

5. 手续齐备。企业对外提供的财务报告应当依次编定页数，加具封面，装订成册，加盖公章。封面上应当注明：企业名称、企业统一代码、组织形式、地址、报表所属年度或者月份、报出日期，并由企业负责人和主管会计工作的负责人、会计机构负责人（会计主管人员）签名并盖章；设置总会计师的企业，还应当由总会计师签名并盖章。

第二节 资产负债表的性质、作用和局限

一、资产负债表的性质

资产负债表是指反映企业在某一特定日期财务状况的会计报表，在西方也称为财务状况表。它反映企业在某一特定日期所拥有或控制的经济资源、所承担的现时义务和所有者对净资产的要求权。通过资产负债表，可以提供某一日期资产的总额及其结构，表

明企业拥有或控制的资源及其分布情况，使用者可以一目了然地从资产负债表上了解企业在某一特定日期所拥有的资产总量及其结构；可以提供某一日期的负债总额及其结构，表明企业未来需要用多少资产或劳务清偿债务以及清偿时间；可以反映所有者所拥有的权益，据以判断资本保值、增值的情况以及对负债的保障程度。此外，资产负债表还可以提供进行财务分析的基本资料，如将流动资产与流动负债进行比较，计算出流动比率，将速动资产与流动负债进行比较，计算出速动比率等，可以表明企业的变现能力、短期偿债能力和资金周转能力，从而有助于报表使用者作出经济决策。

二、资产负债表的作用与局限

（一）资产负债表的作用

主要体现在以下几方面：

1. 反映企业拥有或控制的经济资源及其分布情况。资产负债表把企业所拥有或控制的资产按经济性质、用途分成流动资产、长期投资、固定资产、无形资产及其他资产等类别。在各类别下，又分成若干明细项目。这样，报表的使用者就可以一目了然地从报表上了解到企业在某一特定日期所拥有或控制的资产总量及其结构。

2. 反映企业的权益结构。所谓权益结构，是指在企业的权益总额中负债和所有者权益（业主权益）的相对比例。企业资金的提供者，无外乎债权人和所有者，相应地，企业的权益也由他们享有。资产负债表把企业的权益分成负债和所有者权益两大类。同时，又把各种不同性质的负债分为流动负债和非流动负债；把所有者权益（或股东权益）分为实收资本（或股本）、资本公积、盈余公积和未分配利润。这样，报表的使用者便可以清楚地从资产负债表上了解到企业在某一特定日期的资金来源及其构成。

3. 反映企业的流动性和财务实力。所谓流动性，又称变现能力，是指资产转换成现金或负债到期清偿所需的时间。资产转换成现金或负债到期清偿所需的时间越短，表明企业的流动性越强。由于资产负债表上的资产项目是按其流动性排列的，通过研究资产项目的构成及其比例，企业资产的流动性就可以得到充分的反映。

所谓财务实力，是指企业运用其财务资源以适应环境变化的能力。企业的财务实力，取决于企业的资产结构和其权益结构（或称资本结构）。保持合理的资产和资本结构，既可使企业以较低的成本获得资金，也可增强企业的财务弹性。资产负债表所显示的资产、负债及所有者权益，有助于评估企业的财务实力。

4. 提供进行财务分析的基本资料。通过对资产负债表上有关的项目进行分析，我们可以解释、评价和预测企业的短期偿债能力、长期偿债能力、财务弹性和企业的绩效，帮助管理部门作出合理的经营决策。如通过资产负债表我们可以计算出流动比率、速动比率等，了解企业的短期偿债能力，并进而作出正确的投资和融资决策。

（二）资产负债表的局限

资产负债表也存在着一定的局限性，主要包括：

1. 资产负债表各项目金额并不反映资产、负债和所有者权益的现行市场价值，虽然表中披露的信息比较客观并且容易核实，但由于通货膨胀的影响，账面上的原始成本与编表日的现时价值相差很远。

2. 资产负债表以货币来表述有关的会计信息，难免会遗漏许多无法用货币计量的重要经济资源和经济义务的消息，如企业的人力资源、生产技术的领先程度、企业所承担的社会责任等。

3. 资产负债表的信息中包含了许多估计数，如坏账准备、固定资产折旧、无形资产摊销等，不能完全避免主观因素的存在，从而影响会计信息的可靠性。

4. 资产负债表所提供信息的完全充分理解，依赖于报表使用者自身的判断，如前述流动比率、速动比率的计算，并不直接反映在资产负债表中，这就对报表使用者提出了较高的要求。

第三节 资产负债表的结构和内容

一、资产负债表的结构与内容

资产负债表的结构，包括表首标题、报表主体和附注三部分。表首标题列示资产负债表的名称、编制单位、编制日期、货币单位等；报表主体包括资产、负债和所有者权益各项目的期初和期末数，是资产负债表的主要部分，反映企业在一定日期的资产、负债和所有者权益的状况；附注则用于进一步说明报表的主要项目和编制基础。

资产负债表是按照"资产 = 负债 + 所有者权益"（一般企业）或者"资产 – 负债 = 股东权益"（需提供多期比较报表的股份制企业）会计恒等式，按照一定的分类标准和一定的顺序，把企业在特定日期的资产、负债、所有者权益等项目予以适当编排，并对日常工作中形成的大量数据进行高度浓缩整理后编制而成的。资产负债表集中反映了企业在该特定日期所拥有或控制的经济资源、所承担的经济义务和所有者对净资产的要求权。资产负债表是企业的主要财务报表之一，每个独立核算的企业都必须按月编制资产负债表。

资产负债表中的项目分为资产、负债和所有者权益三类，分别结出总额。根据《企业会计准则第 30 号——财务报表列报》的规定：资产和负债应当分别流动资产和非流动资产、流动负债和非流动负债列示。金融企业的各项资产或负债，按照流动性列示能够提供可靠且更相关信息的，可以按照其流动性顺序列示。

资产满足下列条件之一的,应当归类为流动资产:预计在一个正常营业周期中变现、出售或耗用;主要为交易目的而持有;预计在资产负债表日起 1 年内(含 1 年,下同)变现;自资产负债表日起 1 年内,交换其他资产或清偿负债的能力不受限制的现金或现金等价物。流动资产以外的资产应当归类为非流动资产,并应按其性质分类列示。负债满足下列条件之一的,应当归类为流动负债:预计在一个正常营业周期中清偿;主要为交易目的而持有;自资产负债表日起 1 年内到期应予以清偿;企业无权自主地将清偿推迟至资产负债表日后 1 年以上。流动负债以外的负债应当归类为非流动负债,并应按其性质分类列示。对于在资产负债表日起 1 年内到期的负债,企业预计能够自主地将清偿义务展期至资产负债表日后 1 年以上的,应当归类为非流动负债;不能自主地将清偿义务展期的,即使在资产负债表日后、财务报告批准报出日前签订了重新安排清偿计划协议,该项负债仍应归类为流动负债。企业在资产负债表日或之前违反了长期借款协议,导致贷款人可随时要求清偿的负债,应当归类为流动负债。贷款人在资产负债表日或之前同意提供在资产负债表日后 1 年以上的宽限期,企业能够在此期限内改正违约行为,且贷款人不能要求随时清偿,该项负债应当归类为非流动负债。

各项资产与负债的金额一般不应相互抵销。另外,资产负债表除了列示各项资产、负债和所有者权益项目的期末余额外,通常还列示这些项目的年初余额,通过对年初、期末数的比较,可以看出各资产、负债及所有者权益项目的净变动及其结果。这种格式的资产负债表通常称为比较资产负债表。除非存在资产负债表日后事项的影响,通常情况下,资产负债表各项目的 12 月末余额就是当年的年末余额,因而年度资产负债表往往和当年 12 月份的资产负债表相同。

二、资产负债表的格式

资产负债表一般有两种格式:报告式和账户式。账户式的资产负债表一般是在报表左方列示资产类项目,右方列示负债类和所有者权益类项目,从而使资产负债表左右两方平衡。

我国一般企业采用账户式的资产负债表,其格式如表 15-1 所示;在上市公司的年报中,为提供三期及以上的比较数据,通常需采用上下结构的报告式资产负债表。

根据《财政部关于修订印发 2018 年度一般企业财务报表格式的通知》附件 2 的规定,一般企业财务报表格式(已执行新准则)如表 15-1 所示。

表 15-1　　　　　　　　　　　　资产负债表　　　　　　　　　　会企 01 表

编制单位:　　　　　　　　　　　　　年　　　月　　　日　　　　　　　　单位:元

资产	期末余额	年初余额	负债和所有者权益(或股东权益)	期末余额	年初余额
流动资产:			流动负债:		

续表

资　　产	期末余额	年初余额	负债和所有者权益（或股东权益）	期末余额	年初余额
货币资金			短期借款		
交易性金融资产			交易性金融负债		
衍生金融资产			衍生金融负债		
应收票据			应付票据		
应收账款			应付账款		
应收款项融资			预收款项		
预付款项			合同负债		
其他应收款			应付职工薪酬		
存货			应交税费		
合同资产			其他应付款		
持有待售资产			持有待售负债		
一年内到期的非流动资产			一年内到期的非流动负债		
其他流动资产			其他流动负债		
流动资产合计			流动负债合计		
非流动资产：			非流动负债：		
债权投资			应付债券		
其他债权投资			其中：优先股		
长期应收款			永续债		
长期股权投资			长期借款		
其他权益工具投资			租赁负债		
其他非流动金融资产			长期应付款		
投资性房地产			预计负债		
固定资产			递延收益		
在建工程			递延所得税负债		
生产性生物资产			其他非流动负债		
油气资产			非流动负债合计		
使用权资产			负债合计		
无形资产			股东权益：		
开发支出			实收资本（或股本）		
商誉			其他权益工具		

续表

资　产	期末余额	年初余额	负债和所有者权益（或股东权益）	期末余额	年初余额
长期待摊费用			其中：优先股		
递延所得税资产			永续债		
其他非流动资产			资本公积		
非流动资产合计			减：库存股		
			其他综合收益		
			专项储备		
			盈余公积		
			未分配利润		
			所有者权益（或股东权益）合计		
资产总计			负债和所有者权益（或股东权益）总计		

法定代表人：　　　　　主管会计工作负责人：　　　　　会计机构负责人：

第四节　资产负债表的编制方法

一、资产负债表"期末余额"栏的内容和填列方法

资产负债表"期末余额"栏内各项数字，应当根据资产、负债和所有者权益期末情况填列。归纳而言，资产负债表"期末余额"栏内各项数字，可以通过以下几种方式取得：

（一）根据总账科目余额直接填列

资产负债表中的大部分项目，都可以根据相应的总账科目余额直接填列。如"应收票据""交易性金融资产""递延所得税资产""短期借款""金融负债""应付票据""应付职工薪酬""应交税费""其他应付款""预计负债""递延所得税负债""实收资本（或股本）""资本公积""库存股""盈余公积"等项目，均可根据有关总账科目的余额填列。

（二）根据总账科目余额计算填列

资产负债表中有些项目需要根据若干个总账科目的期末余额计算填列，如"货币资

金"项目,根据"库存现金""银行存款""其他货币资金"科目的期末余额的合计数填列。又如"存货"项目,根据"材料采购或物资采购+原材料+包装物+低值易耗品±材料成本差异+委托加工物资+自制半成品+库存商品+发出商品+分期收款发出商品+生产成本+(受托代销商品-代销商品款)+劳务成本+消耗性生物资产-存货跌价准备"填列。另外,"其他非流动资产""其他流动负债"项目,应根据有关科目的期末余额分析填列。

(三) 根据明细科目余额计算填列

资产负债表中某些项目不能根据总账科目的期末余额,或若干个总账科目的期末余额简单计算填列,而是需要根据有关科目所属的相关明细科目的期末余额计算填列,如:(1)"开发支出"项目,应根据"研发支出"科目中所属的"资本化支出"明细科目期末余额填列。(2)"应付账款"项目,应根据"应付账款"和"预付账款"两个科目所属的相关明细科目的期末贷方余额合计数填列;"预收款项"项目,应根据"预收账款"和"应收账款"科目所属各明细科目的期末贷方余额合计数填列,即:应收账款(应收账款期末借方余额-坏账准备+预收账款期末借方余额)、预付账款(预付账款借方余额+应付账款借方余额)、应付账款(应付账款贷方余额+预付账款贷方余额)、预收账款(预收账款贷方余额+应收账款贷方余额)。(3)"一年内到期的非流动资产""一年内到期的非流动负债"项目,应根据有关非流动资产或负债项目的明细科目余额分析填列;"长期借款""应付债券"项目,应分别根据"长期借款""应付债券"科目的明细科目余额分析填列。(4)"未分配利润"项目,应根据"利润分配"科目中所属的"未分配利润"明细科目期末余额填列。

(四) 根据总账科目和明细科目余额分析计算填列

资产负债表中的某些项目需要根据总账科目和明细科目的余额分析计算填列,如"长期借款"项目,应根据"长期借款"总账科目余额扣除"长期借款"科目所属的明细科目中将在资产负债表日起1年内到期且企业不能自主地将清偿义务展期的长期借款后的金额计算填列;"长期待摊费用"项目,应根据"长期待摊费用"科目的期末余额减去将于1年内(含1年)摊销的数额后的金额填列;"其他非流动负债"项目,应根据有关科目的期末余额减去将于1年内(含1年)到期偿还数后的金额填列。

(五) 根据科目余额减去其备抵科目余额后的净额填列

资产负债表中有些项目,需要根据该科目的有关期末余额,减去其所计提的各种减值准备后的净额填列。如"债权投资""其他债权投资""长期股权投资""在建工程""商誉"项目,应根据相关科目的期末余额填列,已计提减值准备的,还应扣减相应的减值准备;"固定资产""无形资产""投资性房地产""生产性生物资产""油气资产"

项目，应根据相关科目的期末余额扣减相关的累计折旧（或摊销、折耗）填列，已计提减值准备的，还应扣减相应的减值准备，采用公允价值计量的上述资产，应根据相关科目的期末余额填列；"长期应收款"项目，应根据"长期应收款"科目的期末余额，减去相应的"未实现融资收益"科目和"坏账准备"科目所属相关明细科目期末余额后的金额填列；"长期应付款"项目，应根据"长期应付款"科目的期末余额，减去相应的"未确认融资费用"科目期末余额后的金额填列。

（六）综合运用上述填列方法分析填列

主要包括"应收票据及应收账款""应收股利""其他应收款"项目，应根据相关科目的期末余额，减去"坏账准备"科目中有关坏账准备期末余额后的金额填列；其中："应收账款"，应根据"应收账款"和"预收账款"科目所属各明细科目的期末借方余额合计数，减去"坏账准备"科目中有关应收账款计提的坏账准备期末余额后的金额填列；"预付款项"项目，应根据"预付账款"和"应付账款"科目所属各明细科目的期末借方余额合计数，减去"坏账准备"科目中有关预付款项计提的坏账准备期末余额后的金额填列；"存货"项目，应根据"材料采购""原材料""发出商品""库存商品""周转材料""委托加工物资""生产成本""受托代销商品"等科目的期末余额合计，减去"受托代销商品款""存货跌价准备"科目期末余额后的金额填列，材料采用计划成本核算以及库存商品采用计划成本核算或售价核算的企业，还应按加或减"材料成本差异""商品进销差价"科目的期末余额后的金额填列。

二、资产负债表"年初余额"栏的填列方法

资产负债表"年初余额"栏内各项数字，应根据上年末资产负债表"期末余额"栏内所列数字填列。企业在首次执行新准则时，应当按照《企业会计准则第 38 号——首次执行企业会计准则》对首次执行新准则当年的"年初余额"栏及相关项目进行调整；以后期间，如果企业发生了会计政策变更、前期差错更正，应当对"年初余额"栏中的有关项目进行相应调整。此外，如果上年度资产负债表规定的各个项目的名称和内容同本年度不相一致，应对上年年末资产负债表各项目的名称和数字按照本年度的规定进行调整，填入资产负债表"年初余额"栏内。

三、资产负债表编制举例

【例 15-1】高强股份有限公司为股票在深圳证券交易所公开发行上市的高新技术装备制造企业，属增值税一般纳税人，增值税税率为 13%，适用的所得税税率为 15%。假定该公司 2021 年度资产与负债项目的账面价值均与其计税基础相等、不存在可抵扣暂时

性差异。该公司2021年1月1日有关科目的余额如表15-2所示。

表15-2　　　　　　　　　　　　　科目余额表　　　　　　　　　　　　　单位：元

科目名称	借方余额	科目名称	贷方余额
库存现金	4 000	短期借款	600 000
银行存款	2 560 000	应付票据	400 000
其他货币资金	248 600	应付账款	1 907 600
交易性金融资产	30 000	其他应付款	100 000
应收票据	492 000	应付职工薪酬	220 000
应收账款	600 000	应交税费	73 200
坏账准备（为应收账款计提）	-1 800	应付利息	2 000
预付账款	400 000	长期借款	3 200 000
其他应收款	10 000	其中：一年内到期的非流动负债	2 000 000
材料采购	450 000		
原材料	1 100 000		
包装物	76 100	股本（10 000 000股，每股面值1元）	10 000 000
低值易耗品	100 000	盈余公积	200 000
库存商品	3 360 000	利润分配（未分配利润）	100 000
材料成本差异	73 900		
长期股权投资	500 000		
固定资产	3 000 000		
累计折旧	-800 000		
在建工程	3 000 000		
无形资产	1 200 000		
长期待摊费用	400 000		
合　计	16 802 800	合　计	16 802 800

该公司2021年发生的经济业务如下：

（1）接银行通知，用银行存款支付到期的商业承兑汇票200 000元，增值税已于前期支付。

（2）购入原材料一批，用银行存款支付货款300 000元，以及购入材料支付的增值税额为39 000元，款项已付，材料未到。

（3）收到原材料一批，实际成本200 000元，计划成本190 000元，材料已验收入库，货款已于上月支付。

（4）公司收到开户银行转来银行汇票多余款收账通知，用银行汇票支付采购材料价款，购入材料及运费180 116.81元，支付增值税额23 415.19元，余款468元；原材料已验收入库，该批原材料计划价格 200 000 元。

（5）销售产品一批，销售价款 600 000 元，增值税专用发票上注明的增值税额为 78 000 元，该批产品实际成本 360 000 元，产品已发出，价款未收到。

（6）公司以 33 000 元将交易性金融资产（全部为股票投资）兑现，收到成本 30 000 元，实现投资收益 3 000 元，款项存入银行。

（7）购入不需要安装的设备一台，价款 178 761 元，支付包装费、运费 2 000 元，增值税 23 239 元。价款及包装费、运费均以银行存款支付，设备已交付使用。

（8）购入建筑仓库用工程物资一批，增值税专用发票上注明的货款 26 548.67 元，增值税额 3 451.33 元，已用银行存款支付。

（9）更新改造工程应付职工薪酬 656 000 元。

（10）更新改造工程完工，计算应负担的长期借款利息 300 000 元；该项借款本息未付。

（11）工程完工，交付生产使用，已办理竣工手续，固定资产价值 2 800 000 元。

（12）报废基本生产车间用机床 1 台，该机床原价 400 000 元，已提折旧 360 000 元，清理费用 1 000 元，残值收入 1 568.93 元、增值税额为 31.07 元，均通过银行存款收支。该项固定资产已清理完毕。

（13）从银行借入 3 年期借款 800 000 元，存入银行账户，该项借款专用于购建某项固定资产。

（14）销售产品一批，销售价款 1 400 000 元、应收增值税额 182 000 元，上述货款已收妥存入银行；该批产品的实际成本为 840 000 元。

（15）公司将要到期的一张面值为 400 000 元的不带息银行承兑汇票交银行办理转账，当日即收到银行盖章退回的进账单一联，显示款项银行已收妥。

（16）收到子公司发放的现金股利 60 000 元，已存入公司银行基本存款户，对方企业的所得税税率为 15%，且属中国居民企业。

（17）公司出售一台不需用设备，收到价款 530 973.45 元、增值税额 69 026.55 元，该设备原价 800 000 元，已提折旧 300 000 元。该项设备已由购入单位运走。

（18）归还短期借款本金 500 000 元，利息 25 000 元，已计提。

（19）以银行存款支付工资 1 000 000 元，其中包括支付给在建工程人员的工资 400 000 元。分配应支付的职工工资 600 000 元（不包括更改工程应负担的工资），其中生产人员工资 550 000 元，车间管理人员工资 20 000 元；行政管理部门人员工资 30 000 元。

（20）本年实际发生职工福利费 84 000 元（职工食堂经费补贴、职工交通补贴供暖费补贴、职工防暑降温费），其中生产工人福利费 77 000 元，车间管理人员福利费 2 800 元，行政管理部门福利费 4 200 元，假定均以银行存款支付。

（21）提取应计入本期损益的借款利息共 43 000 元，其中，短期借款利息 23 000 元；长期借款利息 20 000 元。

（22）基本生产领用原材料，计划成本 1 400 000 元；领用低值易耗品，计划成本 100 000 元，采用一次摊销法摊销。

（23）结转领用原材料应分摊的材料成本差异，材料成本差异率为 5%。

（24）摊销无形资产 120 000 元。

（25）计提固定资产折旧 400 000 元，其中计入制造费用 180 000 元、管理费用 220 000 元。

（26）收到应收账款 102 000 元，存入银行；按应收账款账龄进行的分析测试，本期无须另行计提坏账准备。

（27）用银行存款支付产品展览费 20 000 元。

（28）计算并结转本期完工产品成本 2 404 800 元。没有期初在产品，本期生产的产品全部完工入库。

（29）发生广告费 20 000 元，已用银行存款支付。

（30）公司采用商业承兑汇票结算方式销售产品一批，价款 500 000 元，增值税额为 65 000 元，收到 565 000 元的商业承兑汇票 1 张，产品实际成本 300 000 元。

（31）公司将上述承兑汇票到银行办理贴现，贴现息为 40 000 元。

（32）以银行存款支付退休金 100 000 元，本公司退休金未实行统筹。

（33）公司本期产品销售应交纳的教育费附加为 4 000 元。

（34）用银行存款交纳增值税 200 000 元；城市维护建设税 3 000 元、教育费附加 1 000元。

（35）结转本期产品销售成本 1 500 000 元。

（36）摊销并结转长期待摊费用 40 000 元。

（37）计算并结转应交所得税 53 001.36 元。

（38）将各收支科目结转并计算出本年净利润 360 341.02 元。

（39）经股东大会批准，按税后净利润的 15% 提取法定盈余公积金和任意盈余公积 54 051.15 元，宣告分配普通股现金红利 64 431.70 元。

（40）结转本年利润，并将利润分配各明细科目的余额转入"未分配利润"明细科目。

（41）偿还长期借款 2 000 000 元。

（42）用银行存款交纳所得税 53 001.36 元。

根据上述资料编制会计分录如下：

（1）借：应付票据　　　　　　　　　　　　　　　　　　200 000
　　　　贷：银行存款　　　　　　　　　　　　　　　　　　　　200 000
（2）借：材料采购　　　　　　　　　　　　　　　　　　300 000
　　　　　应交税费——应交增值税（进项税额）　　　　　39 000
　　　　贷：银行存款　　　　　　　　　　　　　　　　　　　　339 000
（3）借：原材料　　　　　　　　　　　　　　　　　　　190 000

	材料成本差异	10 000
	贷：材料采购	200 000
（4）	借：材料采购	180 116.81
	银行存款	468
	应交税费——应交增值税（进项税额）	23 415.19
	贷：其他货币资金	204 000
	借：原材料	200 000
	贷：材料采购	180 116.81
	材料成本差异	19 883.19
（5）	借：应收账款	678 000
	贷：主营业务收入	600 000
	应交税费——应交增值税（销项税额）	78 000
（6）	借：银行存款	33 000
	贷：交易性金融资产	30 000
	投资收益	3 000
（7）	借：固定资产	178 761
	应交税费——应交增值税（进项税额）	23 239
	贷：银行存款	202 000
（8）	借：工程物资	26 548.67
	应交税费——应交增值税（进项税额）	3 451.33
	贷：银行存款	30 000
（9）	借：在建工程	656 000
	贷：应付职工薪酬	656 000
（10）	借：在建工程	300 000
	贷：长期借款——应计利息	300 000
（11）	借：固定资产	2 800 000
	贷：在建工程	2 800 000
（12）	借：固定资产清理	40 000
	累计折旧	360 000
	贷：固定资产	400 000
	借：固定资产清理	1 000
	贷：银行存款	1 000
	借：银行存款	1 600
	贷：固定资产清理	1 568.93
	应交税费——应交增值税（销项税额）	31.07

	借：资产处置损益——处理固定资产净损失	39 431.07
	贷：固定资产清理	39 431.07
（13）	借：银行存款	800 000
	贷：长期借款	800 000
（14）	借：银行存款	1 582 000
	贷：主营业务收入	1 400 000
	应交税费——应交增值税（销项税额）	182 000
（15）	借：银行存款	400 000
	贷：应收票据	400 000
（16）	借：银行存款	60 000
	贷：投资收益	60 000
（17）	借：固定资产清理	500 000
	累计折旧	300 000
	贷：固定资产	800 000
	借：银行存款	600 000
	贷：固定资产清理	530 973.45
	应交税费——应交增值税（销项税额）	69 026.55
	借：固定资产清理	30 973.45
	贷：资产处置损益——处理固定资产净收益	30 973.45
（18）	借：短期借款	500 000
	应付利息	25 000
	贷：银行存款	525 000
（19）	借：应付职工薪酬	1 000 000
	贷：银行存款	1 000 000
	借：生产成本	550 000
	制造费用	20 000
	管理费用	30 000
	贷：应付职工薪酬	600 000
（20）	借：生产成本	77 000
	制造费用	2 800
	管理费用	4 200
	贷：应付职工薪酬	84 000
	借：应付职工薪酬	84 000
	贷：银行存款	84 000
（21）	借：财务费用	43 000

    贷：应付利息 23 000
      长期借款——应计利息 20 000
（22）借：生产成本 1 400 000
    贷：原材料 1 400 000
（23）借：制造费用 100 000
    贷：低值易耗品 100 000

当期领用材料应负担的材料成本差异为：

原材料应负担：1 400 000×5% = 70 000（元）

低值易耗品应负担：100 000×5% = 5 000（元）

    借：生产成本 70 000
      制造费用 5 000
    贷：材料成本差异 75 000
（24）借：管理费用——无形资产摊销 120 000
    贷：累计摊销 120 000
（25）借：制造费用——折旧费 180 000
      管理费用——折旧费 220 000
    贷：累计折旧 400 000
（26）借：银行存款 102 000
    贷：应收账款 102 000
（27）借：销售费用 20 000
    贷：银行存款 20 000
（28）借：生产成本 307 800
    贷：制造费用 307 800
    借：库存商品 2 404 800
    贷：生产成本 2 404 800
（29）借：销售费用——广告费 20 000
    贷：银行存款 20 000
（30）借：应收票据 565 000
    贷：主营业务收入 500 000
      应交税费——应交增值税（销项税额） 65 000
（31）借：财务费用 40 000
    银行存款 525 000
    贷：应收票据 565 000
（32）借：管理费用——劳动保险费 100 000
    贷：应付职工薪酬 100 000

（33）借：应付职工薪酬　　　　　　　　　　　　　　　100 000
　　　　贷：银行存款　　　　　　　　　　　　　　　　　　　100 000
（34）借：税金及附加　　　　　　　　　　　　　　　　4 000
　　　　贷：应交税费——应交城市维护建设税　　　　　　　　3 000
　　　　　　　　——应交教育费附加　　　　　　　　　　　　1 000
（35）借：应交税费——应交增值税（已交税金）　　　200 000
　　　　　　　　——应交城市维护建设税　　　　　　　3 000
　　　　　　　　——应交教育费附加　　　　　　　　　1 000
　　　　贷：银行存款　　　　　　　　　　　　　　　　　　　204 000
（36）借：管理费用　　　　　　　　　　　　　　　　　40 000
　　　　贷：长期待摊费用　　　　　　　　　　　　　　　　　40 000
（37）借：主营业务成本　　　　　　　　　　　　　　1 500 000
　　　　贷：库存商品　　　　　　　　　　　　　　　　　　1 500 000
（38）借：主营业务收入　　　　　　　　　　　　　　2 500 000
　　　　　　投资收益　　　　　　　　　　　　　　　　63 000
　　　　贷：本年利润　　　　　　　　　　　　　　　　　　2 563 000
　　　借：本年利润　　　　　　　　　　　　　　　　2 149 657.62
　　　　贷：主营业务成本　　　　　　　　　　　　　　　　1 500 000
　　　　　　销售费用　　　　　　　　　　　　　　　　　　　40 000
　　　　　　税金及附加　　　　　　　　　　　　　　　　　　4 000
　　　　　　管理费用　　　　　　　　　　　　　　　　　　514 200
　　　　　　财务费用　　　　　　　　　　　　　　　　　　　83 000
　　　　　　资产处置损益　　　　　　　　　　　　　　　8 457.62

（39）
本年利润总额 = 2 500 000 + 63 000 - 1 500 000 - 40 000 - 4 000 - 514 200
　　　　　　 - 83 000 - 8 457.62 = 413 342.38（元）

本年应交所得税 = (413 342.38 - 60 000) × 15% = 53 001.36（元）
借：所得税费用　　　　　　　　　　　　　　　　　　53 001.36
　　贷：应交税费——应交所得税　　　　　　　　　　　　53 001.36
年末结转：
借：本年利润　　　　　　　　　　　　　　　　　　　53 001.36
　　贷：所得税费用　　　　　　　　　　　　　　　　　　53 001.36
（40）本年应提盈余公积 = 360 341.02 × 15% = 54 051.15（元）
借：利润分配——提取法定/任意盈余公积　　　　　　54 051.15
　　贷：盈余公积——法定/任意盈余公积　　　　　　　　54 051.15

(41) 经股东大会批准，本年实际宣告分配普通股现金红利64 431.70元。

借：利润分配——应付普通股股利　　　　　　　　64 431.70
　　　贷：应付股利　　　　　　　　　　　　　　　　　64 431.70
借：利润分配——未分配利润　　　　　　　　　　118 482.85
　　　贷：利润分配——提取法定/任意盈余公积　　　　54 051.15
　　　　　　　　——应付普通股股利　　　　　　　　64 431.70
借：本年利润　　　　　　　　　　　　　　　　　360 341.02
　　　贷：利润分配——未分配利润　　　　　　　　　360 341.02
(42) 借：应交税费——应交所得税　　　　　　　　　53 001.36
　　　　　贷：银行存款　　　　　　　　　　　　　　　53 001.36

根据上述资料登记入账后，可得出该公司2021年12月31日的科目余额表如表15-3所示。

表15-3　　　　　　　　　　　　　　科目余额表　　　　　　　　　　　　　单位：元

科目名称	年初余额（借方）	本期发生额	年末余额	科目名称	年初余额（贷方）	本期发生额	年末余额
库存现金	4 000	0	4 000	短期借款	600 000	-500 000	100 000
银行存款	2 560 000	-673 933.36	1 886 066.64	应付票据	400 000	-200 000	200 000
其他货币资金	248 600	-204 000	44 600	应付账款	1 907 600	0	1 907 600
交易性金融资产	30 000	-30 000	0	其他应付款	100 000	0	100 000
应收票据	492 000	-400 000	92 000	应付职工薪酬	220 000	256 000	476 000
应收账款	600 000	576 000	1 176 000	应交税费	73 200	104 952.1	178 152.1
坏账准备（为应收账款计提）	-1 800	0	-1 800	应付利息	2 000	-2 000	0
预付账款	400 000	0	400 000	应付股利	0	64 431.7	64 431.7
其他应收款	10 000	0	10 000	长期借款	3 200 000	-880 000	2 320 000
材料采购	450 000	100 000	550 000	其中：一年内到期的非流动负债	2 000 000	-2 000 000	0
原材料	1 100 000	-1 010 000	90 000				0
包装物	76 100	0	76 100	股本（10 000 000股，每股面值1元）	10 000 000	0	10 000 000
低值易耗品	100 000	-100 000	0	盈余公积	200 000	54 051.15	254 051.15

续表

科目名称	年初余额（借方）	本期发生额	年末余额	科目名称	年初余额（贷方）	本期发生额	年末余额
库存商品	3 360 000	904 800	4 264 800	利润分配（未分配利润）	100 000	241 858.17	341 858.17
材料成本差异	73 900	-84 883.19	-10 983.19				0
长期股权投资	500 000	0	500 000				0
固定资产	3 000 000	1 778 761	4 778 761				0
累计折旧	-800 000	260 000	-540 000				0
在建工程	3 000 000	-1 844 000	1 156 000				0
工程物资	0	26 548.67	26 548.67				0
无形资产	1 200 000	-120 000	1 080 000				0
长期待摊费用	400 000	-40 000	360 000				0
合计	16 802 800	-860 706.88	15 942 093.12	合计	16 802 800	-860 706.88	15 942 093.12

编制 2021 年度资产负债表，如表 15-4 所示。

表 15-4　　　　　　　　　　　资产负债表　　　　　　　　　　　会企 01 表
编制单位：高强股份有限公司　　　　2021 年 12 月 31 日　　　　　　　　单位：元

资产	期末余额	年初余额	负债和股东权益	期末余额	年初余额
流动资产：			流动负债：		
货币资金	1 934 666.64	2 812 600	短期借款	100 000.00	600 000
交易性金融资产	—	30 000	交易性金融负债		
衍生金融资产			衍生金融负债		
应收票据	92 000	492 000	应付票据	200 000	400 000
应收账款	1 174 200	598 200	应付账款	1 907 600	1 907 600
应收款项融资			预收款项		
预付款项	400 000	400 000	合同负债		
其他应收款	10 000	10 000	应付职工薪酬	476 000	220 000
存货	4 969 916.81	5 160 000	应交税费	178 152.10	73 200
合同资产			其他应付款	164 431.70	102 000
持有待售资产			持有待售负债		
一年内到期的非流动资产			一年内到期的非流动负债	2 000 000	
其他流动资产			其他流动负债		
流动资产合计	8 580 783.45	9 502 800	流动负债合计	3 026 183.80	5 302 800

续表

资产	期末余额	年初余额	负债和股东权益	期末余额	年初余额
非流动资产：			非流动负债：		
债权投资			应付债券		
其他债权投资			其中：优先股		
长期应收款			永续债		
长期股权投资	500 000	500 000	长期借款	2 320 000	1 200 000
其他权益工具投资			租赁负债		
其他非流动金融资产			长期应付款		
投资性房地产			预计负债		
固定资产	4 238 761	2 200 000	递延收益		
在建工程	1 182 548.67	3 000 000	递延所得税负债		
生产性生物资产			其他非流动负债		
油气资产			非流动负债合计	2 320 000	1 200 000
使用权资产			负债合计	5 346 183.80	6 502 800
无形资产	1 080 000	1 200 000	股东权益：		
开发支出			股本	10 000 000	10 000 000
商誉			其他权益工具		
长期待摊费用	360 000	400 000	其中：优先股		
递延所得税资产			永续债		
其他非流动资产			资本公积		
非流动资产合计	7 361 309.67	7 300 000	减：库存股		
			其他综合收益		
			专项储备		
			盈余公积	254 051.15	200 000
			未分配利润	341 858.17	100 000
			股东权益合计	10 595 909.32	10 300 000
资产总计	15 942 093.12	16 802 800	负债和股东权益总计	15 942 093.12	16 802 800.00

法定代表人：　　　　　主管会计工作负责人：　　　　　会计机构负责人：

思考题与练习题

一、思考题

1. 什么是财务报告？财务报告的基本组成部分包括哪些内容？
2. 什么是财务报表？企业编制财务报告（财务报表）的目的何在？

3. 企业财务报告与财务报表的本质区别有哪些？

4. 资产负债表的基本内容有哪些？如需了解一个企业的短期偿债能力和信用状况，应当关注此表中的哪些项目呢？

5. 为什么说资产负债表是企业财务状况和营运情况的一张快照？

二、练习题

【目的】通过练习，掌握资产负债表的编制。

【资料】

1. 高强股份有限公司为增值税一般纳税人，增值税税率为13%，所得税税率为25%。该公司2023年1月1日有关科目的余额如表15-5所示。

表15-5　　　　　　　　　　　　科目余额表　　　　　　　　　　　　单位：元

科目名称	借方余额	科目名称	贷方余额
现金	4 000	短期借款	600 000
银行存款	2 560 000	应付票据	400 000
其他货币资金	248 600	应付账款	1 907 600
交易性金融资产	30 000	其他应付款	100 000
应收票据	492 000	应付职工薪酬	220 000
应收账款	600 000	应交税费	73 200
坏账准备（全为应收账款计提）	-1 800	应付利息	2 000
预付账款	400 000	长期借款	3 200 000
其他应收款	10 000	其中：一年内到期的非流动负债	2 000 000
材料采购	450 000		
原材料	1 100 000		
包装物	76 100	股本（10 000 000股，每股面值1元）	10 000 000
低值易耗品	100 000	盈余公积	200 000
库存商品	3 360 000	利润分配（未分配利润）	100 000
材料成本差异	73 900		
长期股权投资	500 000		
固定资产	3 000 000		
累计折旧	-800 000		
在建工程	3 000 000		
无形资产	1 200 000		
长期待摊费用	400 000		
合　　计	16 802 800	合　　计	16 802 800

2. 该公司 2023 年发生的经济业务如下：

（1）购入原材料一批，用银行存款支付货款 400 000 元，其中，增值税专用发票上注明购入材料支付的增值税额为 52 000 元，货款已付，材料已收到验收入库。

（2）购入需要安装的设备一台，价款为 200 000 元，增值税专用发票上注明的增值税额为 26 000 元，同时支付包装费、运杂费 2 000 元，价款及包装、运杂费等均以银行存款支付。

（3）交易性金融资产到期进行兑付，收到款项 250 000 元，该债券账面成本为 220 000 元，款项已存入银行。

（4）分配支付的职工工资，其中生产人员工资 300 000 元，车间管理人员工资 120 000 元，行政管理人员工资 100 000 元，在建工程人员工资 80 000 元。

（5）列支职工福利费，其中生产人员福利费 42 000 元，车间管理人员福利费 16 800 元，行政管理人员福利费 14 000 元，在建工程人员福利费 11 200 元。

（6）工程完工后，计算应负担的专门借款利息为 150 000 元。

（7）基本生产车间报废一台设备，原价 300 000 元，已提折旧 290 000 元，清理费用 1 000 元，残值收入 2 000 元，已用银行存款收支。

（8）销售产品一批，销售价款 2 000 000 元，应收的增值税额为 260 000 元，销售产品的实际成本为 700 000 元，货款已收到并存入银行。

（9）采用分期收款方式销售产品一批，销售价款 600 000 元，本年应收取全部销售价款的 40%；该批产品的销售成本为 300 000 元，本年应收的价款尚未收到。

（10）拥有其 100% 股份的被投资企业本年度实现净利润 1 000 000 元，该被投资企业适用的所得税税率 25%。

（11）计提生产车间用固定资产折旧，其原价为 1 000 000 元。从 2022 年 12 月投入使用，会计折旧年限为 5 年，采用直线法计提折旧，预计净残值为 0。税法规定的折旧年限为 2 年。

（12）销售材料一批，销售价款为 570 000 元，增值税额为 74 100 元，款项已收到并存入银行，该批材料的实际成本为 300 000 元。

（13）计提本年销售应负担的城市维护建设税 100 000 元，其中产品销售应负担的城市维护建设税为 80 000 元。

（14）计提本年销售应负担的教育费附加 5 000 元，其中产品销售应负担的教育费附加为 4 000 元。

（15）以银行存款支付违反税收规定应交纳的罚款 20 000 元，支付非公益性捐赠支出 100 000 元。

（16）计提应计入本期损益的短期借款利息 50 000 元。

（17）归还短期借款本金 200 000 元及利息 25 000 元。

（18）摊销无形资产 60 000 元。

（19）计提本年度应收账款的坏账准备5 000元、固定资产减值准备10 000元。

（20）用银行存款支付广告费10 000元，退休人员工资50 000元，其他管理费用150 000元。

（21）用银行存款缴纳增值税100 000元、教育费附加5 000元。

（22）偿还长期借款本金1 000 000元，偿还上年所欠货款390 000元。

【要求】根据上述资料编制会计分录和比较资产负债表。

第十六章

利润表和所有者权益变动表

【学习目的与要求】

通过本章的学习,掌握利润表的主要内容和填列方法;熟悉所有者权益变动表的编制方法。

第一节 利润表的性质和作用

一、利润表的性质

利润表,又称收益表(income statement),是反映企业在一定期间(如年度、季度、月份)的经营成果的报表。《企业会计准则——基本准则》(2006)指出:"利润表是指反映企业在一定会计期间的经营成果的会计报表"。利润表属于动态报表,主要依据会计的收入实现原则和配比原则编制,即把一定时期的营业收入与同一会计期间相关的销售费用(成本)进行配比,以计算出企业一定时期的净利润或净亏损,考虑其他综合收益,最终确定每股收益和综合收益总额。

二、利润表的作用

利润表的作用主要体现在以下几个方面:

1. 有助于分析企业的经营成果和获利能力。经营成果通常是一个绝对数指标,是一定期间的营业收益扣抵相关的销售费用(成本)后的余额,体现着企业财富增长的规模。获利能力是一个相对数指标,是企业运用一定的经济资源获取经营成果的能力。利润表直接揭示了企业一定会计期间经营成果的形成,而获利能力的信息,则需根据利润表和其他报表资料计算取得。

根据利润表提供的经营成果数据,报表阅读者通过比较同一企业在不同时期,或同一行业中不同企业在相同时期的有关指标,就可以分析企业今后的利润发展趋势,评价和预测企业的获利能力,并据此作出相关决策。

2. 有助于考核企业管理人员的经营业绩。在现代企业中,由于所有权与经营权是分离的,如何考核管理人员对受托资源经营管理的绩效,是一个重大的问题。而利润表中所提供的盈利方面的信息，是一项综合性的信息，它是企业在生产、经营、理财、投资等各项活动中管理效率和效益的直接表现，是生产经营过程中投入与产出对比的结果，它基本上能够反映企业管理当局的经营业绩和管理效率。通过对各管理部门有关人员的业绩作出评价，可以使企业针对变化了的客观情况作出调整，适应未来竞争的需要。

3. 有助于预测企业未来利润和现金流量。报表使用者非常关注企业各种预期的现金来源、金额、时间和不确定性，包括股利或利息的支付、到期负债的清偿等。这些预期的现金流量和企业的获利能力密切相关，因为没有盈利，就无法分配股利，也会逐渐失去债务清偿能力。而有关过去经营活动的收益水平，在预测企业未来盈利和现金流量方面的作用是非常重要的。利润表就提供了对于过去经营活动收益水平的客观记录和历史反映，有助于报表的使用者更好地判断企业未来的利润状况和现金流量。

4. 有助于企业管理人员的未来决策。企业管理当局通过比较和分析利润表中的各种构成要素，可以把握各项收入、成本、费用与利润之间的此消彼长关系，发现工作中存在的问题，揭露缺点，找出差距，采取措施，改善经营管理。

随着人们对企业的盈利状况越来越重视，而利润表又具备以上诸多作用，目前，利润表已成为非常重要的报表，其地位仅次于资产负债表。

第二节 利润表的内容和基本格式

一、利润表的内容

利润表的列报必须充分反映企业经营业绩的主要来源和构成，有助于使用者判断净利润的质量及其风险、预测净利润的持续性，从而作出正确的决策。通过利润表，可以反映企业一定会计期间的收入实现情况，如实现的营业收入、投资收益、营业外收入各为多少；可以反映一定会计期间的费用耗费情况，如耗费的营业成本、营业税费、销售费用、管理费用、财务费用、营业外支出各有多少；可以反映企业生产经营活动的成果，即净利润的实现情况，据以判断资本保值、增值情况。将利润表中的信息与资产负债表中的信息相结合，还可以提供进行财务分析的基本资料，如将赊销收入净额与应收账款平均余额进行比较，计算出应收账款周转率；将销货成本与存货平均余额进行比较，计算出存货周转率；将净利润与资产总额进行比较，计算出资产收益率等，可以表现企业资金周转情况以及企业的盈利能力和水平，便于报表使用者判断企业未来的发展趋势，作出经济决策。

利润表主要反映以下几方面的内容：

1. 企业的营业收入。由主营业务收入和其他业务收入组成。
2. 构成营业利润的各项要素。营业收入减去营业成本（主营业务成本、其他业务成本)、税金及附加、销售费用、管理费用、财务费用、资产减值损失,加上其他收益、资产处置收益、公允价值变动收益、投资收益,即为营业利润。

3. 构成利润总额（或亏损总额）的各项要素。营业利润加上营业外收入,减去营业外支出,即为利润总额。

4. 构成净利润（或净亏损）的各项要素。利润总额减去所得税费用,即为净利润。

5. 构成综合收益总额的各项要素。综合收益,包括其他综合收益和综合收益总额。其中,其他综合收益反映企业根据企业会计准则规定未在损益中确认的各项利得或损失扣除所得税影响后的净额；综合收益总额是企业净利润与其他综合收益的合计额。企业应当在附注中详细披露其他综合收益各项目及其所得税影响,以及原计入其他综合收益、当期转入损益的金额等信息。企业合并利润表也应按照上述规定进行调整。在"综合收益总额"项目下单独列示"归属于母公司所有者的综合收益总额"项目和"归属于少数股东的综合收益总额"项目。

6. 构成每股收益的各项要素。普通股或潜在普通股已公开交易的企业,以及正处于公开发行普通股或潜在普通股过程中的企业,还应当在利润表中列示每股收益信息,包括基本每股收益和稀释每股收益两项指标。

二、利润表的基本格式

利润表常见的格式有两种:单步式利润表和多步式利润表。

单步式利润表是将本期发生的所有收入汇集在一起,将所有的成本、费用也汇集在一起,然后将收入合计减去成本费用合计,得出本期净利润。在单步式下,利润表分为营业收入和收益、销售费用和损失、净收益三部分。营业收入和收益包括营业收入、营业外收入和投资收益等；销售费用和损失包括营业成本、销售费用、管理费用、财务费用、营业外支出、投资损失等；净利润是两者计算的结果。单步式利润表对于营业收入和一切费用支出一视同仁,不分彼此先后,不像多步式利润表那样必须区分费用和支出与收入配比的先后层次。由于单步式利润表所表示的都是未经加工的原始资料,所以便于报表阅读者的理解,但不能反映利润的形成过程,一些有意义的中间信息,如营业利润、营业利润等无法直接反映,在一定程度上降低了利润表的有用性。

多步式利润表中的当期净利润,是通过多步计算确定的,通常分为以下几步:

第一步,反映营业利润,从营业收入出发,减去营业成本、税金及附加,减去销售费用、管理费用、财务费用、资产减值损失、公允价值变动损失（减收益）、资产处置收益和投资损失（减收益）,计算得出营业利润。

第二步,反映利润总额,在营业利润的基础上加上营业外收入,减去营业外支出,计算得出本期实现利润的利润总额,即税前的会计利润。

第三步,反映净利润,从税前会计利润中减去所得税费用,计算得出本期的净利润

（或净亏损）。

第四步，反映其他综合收益。根据《企业会计准则第30号——财务报表列报》的规定，应将其他综合收益分为：（1）以后会计期间不能重分类进损益的其他综合收益，包括：重新计量设定受益计划净负债或净资产导致的变动的税后净额；按照权益法核算的在被投资单位不能重分类进损益其他综合收益中所享有份额的税后净额等。（2）以后会计期间在满足规定条件时将重分类进损益的其他综合收益，包括：按照权益法核算的在被投资单位可重分类进损益的其他综合收益中所享有份额的税后净额，可供出售金融资产公允价值变动产生利得或损失的税后净额，持有至当期投资重分类为可供出售金融资产形成的利得或损失的税后净额。

第五步，计算列示综合收益总额。"综合收益总额"项目，反映企业净利润与其他综合收益的合计金额。

第六步，计算列示每股收益。普通股或潜在普通股已公开交易的企业，以及正处于公开发行普通股或潜在普通股过程中的企业，还应当在利润表中列示每股收益信息，包括基本每股收益和稀释每股收益两项指标。

多步式利润表将收入和费用项目加以归类，列示一些中间性收益指标，分步反映净利润的构成内容，可以明显地看出利润的形成过程，能比单步式利润表提供更为丰富的会计信息。这样，既有利于对企业的生产经营情况进行分析，也有利于预测企业今后的盈利能力。但多步式利润表容易引起误解，似乎收入与费用的配比，有层次分明的先后顺序，而实际上这仅仅是约定的假设，并没有事实上的依据。

在我国，企业利润表采用的基本上是多步式结构，即通过对当期的收入、费用、支出项目按性质加以归类，按利润形成的主要环节列示一些中间性利润指标，分步计算当期净损益。我国《企业会计准则第30号——财务报表列报》及其应用指南要求企业采用多步式利润表。

根据《财政部关于修订印发2018年度一般企业财务报表格式的通知》附件2的规定，一般企业利润表格式（已执行新准则）如表16-1所示。

表16-1　　　　　　　　　　　利润表　　　　　　　　　　会企02表
编制单位：　　　　　　　　　　年度　　　　　　　　　　　单位：元

项目	本期金额	上期金额
一、营业收入		
减：营业成本		
税金及附加		
销售费用		
管理费用		
研发费用		

续表

项 目	本期金额	上期金额
财务费用		
其中：利息费用		
利息收入		
资产减值损失		
信用减值损失		
加：其他收益		
投资收益（损失以"-"号填列）		
其中：对联营企业和合营企业的投资收益		
净敞口套期收益（损失以"-"号填列）		
公允价值变动收益（损失以"-"号填列）		
资产处置收益（损失以"-"号填列）		
二、营业利润（亏损以"-"号填列）		
加：营业外收入		
减：营业外支出		
三、利润总额（亏损总额以"-"号填列）		
减：所得税费用		
四、净利润（净亏损以"-"号填列）		
（一）持续经营净利润（净亏损以"-"号填列）		
（二）终止经营净利润（净亏损以"-"号填列）		
五、其他综合收益的税后净额		
（一）不能重分类进损益的其他综合收益		
1. 重新计量设定受益计划变动额		
2. 权益法下不能转损益的其他综合收益		
3. 其他权益工具投资公允价值变动		
4. 企业自身信用风险公允价值变动……		
（二）将重分类进损益的其他综合收益		
1. 权益法下可转损益的其他综合收益		
2. 其他债权投资公允价值变动		
3. 金融资产重分类计入其他综合收益的金额		
4. 其他债权投资信用减值准备		
5. 现金流量套期储备		
6. 外币财务报表折算差额……		
六、综合收益总额		

续表

项 目	本期金额	上期金额
七、每股收益		
（一）基本每股收益		
（二）稀释每股收益		

法定代表人：　　　　　主管会计工作负责人：　　　　　会计机构负责人：

第三节　利润表的编制方法

一、利润表的编制方法

利润表反映企业在一定期间内实现的利润（亏损）情况。

1. 本表中的各栏目，分为"本期金额"栏和"上期金额"栏。"本期金额"栏主要根据各损益类科目的发生额填列。其中，"营业利润""利润总额""净利润""综合收益总额"项目根据本表中相关项目计算填列。

2. 本表"上期金额"栏内各项数字，应根据上年该期利润表"本期金额"栏内所列数字填列。如果上年度利润表规定的各个项目的名称和内容同本年度不相一致，应对上年该期利润表规定各项目的名称和数字按本年度的规定进行调整，填入本表"上期金额"栏内。

3. 本表"本期金额"栏内各项数字一般应当反映以下内容：

（1）"营业收入"项目，反映企业经营主要业务和其他业务所确认的收入总额。本项目应根据"主营业务收入"和"其他业务收入"账户的贷方发生额扣除借方发生额后的净额计算填列。"营业成本"项目，反映企业经营主要业务和其他业务发生的实际成本总额。本项目应根据"主营业务成本"和"其他业务成本"账户的借方发生额扣除贷方发生额后的净额计算填列。

（2）"税金及附加"项目，反映企业经营业务应负担的消费税、城市维护建设税、资源税、土地增值税和教育费附加、印花税、房产税、车船税、城镇土地使用税等。

（3）"销售费用"项目，反映企业在销售商品过程中发生的包装费、广告费等费用和为销售本企业商品而专设的销售机构的职工薪酬、业务费等经营费用。"管理费用"项目，反映企业为组织和管理生产经营发生的管理费用。"财务费用"项目，反映企业筹集生产经营所需资金等而发生的筹资费用。

（4）"资产减值损失"项目，反映企业各项资产发生的减值损失。

（5）"信用减值损失"项目，反映企业按照《企业会计准则第22号——金融工具确认和计量》(2017年修订)的要求、计提的各项金融工具减值准备所形成的预期信用损失。根据"信用减值损失"科目发生额分析填列。

(6)"公允价值变动收益"项目，反映企业按照相关准则规定应当计入当期损益的资产或负债公允价值变动净收益，如交易性金融资产当期公允价值的变动额。如为净损失，以"-"号填列。

(7)"投资收益"项目，反映企业以各种方式对外投资所取得的收益。如为净损失，以"-"号填列。

(8)"营业外收入""营业外支出"项目，反映企业发生的与其经营活动无直接关系的各项收入和支出。

(9)"资产处置收益"项目，反映企业出售划分为持有待售的非流动资产（金融工具、长期股权投资和投资性房地产除外）或处置组时确认的处置利得或损失，以及处置未划分为持有待售的固定资产、在建工程、生产性生物资产及无形资产而产生的处置利得或损失。债务重组中因处置非流动资产产生的利得或损失和非货币性资产交换产生的利得或损失也包括在本项目内。该项目应根据在损益类科目新设置的"资产处置损益"科目的发生额分析填列；如为处置损失，以"-"号填列。

(10)"其他收益"项目，反映计入其他收益的政府补助等。该项目应根据在损益类科目新设置的"其他收益"科目的发生额分析填列。

(11)"利润总额"项目，反映企业实现的利润总额。如为亏损总额，以"-"号填列。

(12)"所得税费用"项目，反映企业根据所得税准则确认的应从当期利润总额中扣除的所得税费用。

(13)"其他综合收益的税后净额"项目。根据《企业会计准则第30号——财务报表列报》的规定，其他综合收益可分为：①不能重分类进损益的其他综合收益，包括重新计量设定受益计划的变动额，权益法下不能转损益的其他综合收益等；②将重分类进损益的其他综合收益，包括权益法下可转损益的其他综合收益，其他债权投资下公允价值变动产生利得（损失以"-"号填列）。

本项目及其各组成部分应根据"其他综合收益"的明细科目的本期发生额分析填列。

(14)计算综合收益总额。依据"综合收益总额=企业净利润+其他综合收益"的合计金额计算填列。

(15)计算每股收益。普通股或潜在普通股已公开交易的企业，以及正处于公开发行普通股或潜在普通股过程中的企业，还应当在利润表中列示每股收益信息，包括基本每股收益和稀释每股收益两项指标。"基本每股收益"和"稀释每股收益"项目，应当根据《企业会计准则第34号——每股收益》的规定计算的金额填列。

二、利润表编制举例

【例 16-1】 沿用〖例 15-1〗的有关资料,高强股份有限公司为股票在深圳证券交易所公开发行上市的高新技术装备制造企业,属增值税一般纳税人,增值税税率为 13%,适用的所得税税率为 15%。假定该公司 2021 年度资产与负债项目的账面价值均与其计税基础相等,不存在可抵扣暂时性差异。该公司 2021 年度有关损益类科目的金额如表 16-2 所示。

表 16-2　　　　　　　　高强股份有限公司损益类科目累计发生额　　　　　　　单位:元

项目	借方发生额	贷方发生额
主营业务收入		2 500 000
主营业务成本	1 500 000	
税金及附加	4 000	
销售费用	40 000	
管理费用	514 200	
资产减值损失	0	
财务费用	83 000	
投资收益		63 000
资产处置损益	8 457.62	
所得税费用	53 001.36	

根据上述资料编制该公司的利润表,其中"本期金额"栏如表 16-3 所示(假定"上期金额"栏的数据已给定)。

表 16-3　　　　　　　　　　　　　利　润　表　　　　　　　　　　　　　会企 02 表
编制单位:高强股份有限公司　　　　　　　　　2021 年度　　　　　　　　　　　单位:元

项　目	本期金额	上期金额
一、营业收入	2 500 000	2 230 000
减：营业成本	1 500 000	1 300 000
税金及附加	4 000	2 300
销售费用	40 000	50 000
管理费用	514 200	300 000
研发费用		
财务费用	83 000	52 000

续表

项　　目	本期金额	上期金额
其中：利息费用		
利息收入		
资产减值损失	0	
信用减值损失		
加：其他收益		
投资收益（损失以"－"号填列）	63 000	20 000
其中：对联营企业和合营企业的投资收益		
净敞口套期收益（损失以"－"号填列）		
公允价值变动收益（损失以"－"号填列）		
资产处置收益（损失以"－"号填列）	－8 457.62	20 000
二、营业利润（亏损以"－"号填列）	413 342.38	565 700
加：营业外收入		
减：营业外支出		
三、利润总额（亏损总额以"－"号填列）	413 342.38	565 700
减：所得税费用	53 001.36	180 680
四、净利润（净亏损以"－"号填列）	360 341.02	385 020
（一）持续经营净利润（净亏损以"－"号填列）		
（二）终止经营净利润（净亏损以"－"号填列）		
五、其他综合收益的税后净额		
（一）不能重分类进损益的其他综合收益		
1. 重新计量设定受益计划变动额		
2. 权益法下不能转损益的其他综合收益		
3. 其他权益工具投资公允价值变动		
4. 企业自身信用风险公允价值变动……		
（二）将重分类进损益的其他综合收益		
1. 权益法下可转损益的其他综合收益		
2. 其他债权投资公允价值变动		
3. 金融资产重分类计入其他综合收益的金额		
4. 其他债权投资信用减值准备		
5. 现金流量套期储备		
6. 外币财务报表折算差额……		

续表

项　　目	本期金额	上期金额
六、综合收益总额	360 341.02	385 020
七、每股收益		
（一）基本每股收益	0.036	0.0385
（二）稀释每股收益	0.036	0.0385

法定代表人：　　　　　　主管会计工作负责人：　　　　　　会计机构负责人：

三、每股收益的计算与列示

（一）每股收益的含义

每股收益是指普通股股东每持有一股普通股所能享有的企业净利润或需承担的企业净亏损。每股收益是用于反映企业的经营成果，衡量普通股的获利水平及投资风险，是投资者、债权人等信息使用者据以评价企业盈利能力、预测企业成长潜力、进而作出相关经济决策的一项重要的财务指标。进行财务分析时，每股收益指标既可用于不同企业间的业绩比较，以评价某企业的相对盈利能力；也可用于企业不同会计期间的业绩比较，以了解该企业盈利能力的变化趋势；另外还可用于企业经营实绩与盈利预测的比较，以掌握该企业的管理能力。

每股收益包括基本每股收益和稀释每股收益两类。基本每股收益仅考虑当期实际发行在外的普通股股份，而稀释每股收益的计算和列报主要是为了避免每股收益虚增可能带来的信息误导。例如，一家公司发行可转换公司债券融资，由于转换选择权的存在，这些可转换债券的利率低于正常同等条件下普通债券的利率，从而降低了融资成本，在经营业绩和其他条件不变的情况下，相对提高了基本每股收益金额。要求考虑可转换公司债券的影响计算和列报稀释每股收益，就是为了能够提供一个更可比、更有用的财务指标。

（二）基本每股收益

基本每股收益只考虑当期实际发行在外的普通股股份，按照归属于普通股股东的当期净利润除以当期实际发行在外普通股的加权平均数计算确定。

1. 分子的确定。计算基本每股收益时，分子为归属于普通股股东的当期净利润，即企业当期实现的可供普通股股东分配的净利润或应由普通股股东分担的净亏损金额。发生亏损的企业，每股收益以负数列示。以合并财务报表为基础计算的每股收益，分子应当是归属于母公司普通股股东的当期合并净利润，即扣减少数股东损益后的余额。与合并财务报表一同提供的母公司财务报表中企业自行选择列报每股收益的，以母公司个别财务报表为基础计算的每股收益，分子应当是归属于母公司全部普通股股东的当期净利润。

2. 分母的确定。计算基本每股收益时，分母为当期发行在外普通股的算术加权平均数，即期初发行在外普通股股数根据当期新发行或回购的普通股股数与相应时间权数的乘积进行调整后的股数。需要指出的是，公司库存股不属于发行在外的普通股，且无权参与利润分配，应当在计算分母时扣除。

$$\text{发行在外普通股加权平均数} = \text{期初发行在外普通股股数} + \text{当期新发行普通股股数} \times \text{已发行时间} \div \text{报告期时间} - \text{当期回购普通股股数} \times \text{已回购时间} \div \text{报告期时间}$$

其中，作为权数的已发行时间、报告期时间和已回购时间通常按天数计算，在不影响计算结果合理性的前提下，也可以采用简化的计算方法，如按月数计算。

【例 16 - 2】 某公司 2023 年期初发行在外的普通股为 30 000 万股；4 月 30 日新发行普通股 16 200 万股；12 月 1 日回购普通股 7 200 万股，以备将来奖励职工之用。该公司当年度实现净利润为 16 250 万元。2023 年度基本每股收益计算如下：

发行在外普通股加权平均数为：

30 000 × 12 ÷ 12 + 16 200 × 8 ÷ 12 - 7 200 × 1 ÷ 12 = 40 200（万股）

或者 30 000 × 4 ÷ 12 + 46 200 × 7 ÷ 12 + 39 000 × 1 ÷ 12 = 40 200（万股）

基本每股收益 = 16 250 ÷ 40 200 = 0.4（元/股）

新发行普通股股数应当根据发行合同的具体条款，从应收对价之日（一般为股票发行日）起计算确定。通常包括下列情况：（1）为收取现金而发行的普通股股数，从应收现金之日起计算。（2）因债务转资本而发行的普通股股数，从停计债务利息之日或结算日起计算。（3）非同一控制下的企业合并，作为对价发行的普通股股数，从购买日起计算；同一控制下的企业合并，作为对价发行的普通股股数，应当计入各列报期间普通股的加权平均数。（4）为收购非现金资产而发行的普通股股数，从确认收购之日起计算。

第四节 所有者权益变动表

一、所有者权益变动表的性质

所有者权益变动表是反映各项交易和事项导致的所有者权益增减变动，以及所有者权益各组成部分增减变动的结构性信息的报表。自 2006 年《企业会计准则》发布实施后，此表由附表上升为主表，取代了原来利润表的附表——利润分配表，成为继资产负债表、利润表和现金流量表之后的第四报表。由于净利润及其分配情况已作为所有者权益变动表的组成部分，不需要再单独设置利润分配表。

根据《企业会计准则第 30 号——财务报表列报》的规定：所有者权益变动表是反映构成所有者权益各组成部分当期增减变动情况的报表。所有者权益变动表应当全面反映一定时期所有者权益变动的情况，不仅包括所有者权益总量的增减变动，还包括所有者权益增减变动的重要结构性信息，特别是要反映直接计入所有者权益的利得和损失，让报表使用者准确理解所有者权益增减变动的根源。

在所有者权益变动表中，企业至少应当单独列示反映下列信息的项目：（1）综合收益总额；（2）会计政策变更和差错更正的累积影响金额；（3）所有者投入资本和向所有者分配利润等；（4）提取的盈余公积；（5）所有者权益各组成部分包括实收资本或股本、资本公积、盈余公积、未分配利润的期初和期末余额及其调节情况。

为了清楚地表明构成所有者权益的各组成部分当期的增减变动情况，所有者权益变动表应当以矩阵的形式列示：一方面，列示导致所有者权益变动的交易或事项，改变了以往仅仅按照所有者权益的各组成部分反映所有者权益变动情况，而是从所有者权益变动的来源对一定时期所有者权益变动情况进行全面反映；另一方面，按照所有者权益各组成部分（包括实收资本、资本公积、盈余公积、未分配利润和库存股）及其总额列示交易或事项对所有者权益的影响。此外，企业还需要提供比较所有者权益变动表，所有者权益变动表还就各项目再分为"本年金额"和"上年金额"两栏分别填列。

所有者权益变动表由所有者权益各项目的"上年年末余额"开始，加上"会计政策变更""前期差错更正"的追溯调整影响数，得到"本年年初余额"；加上反映所有者权益各项目的"本年增减变动金额（减少以'-'号填列）"的各影响因素构成了本表的主体内容，这些影响因素包括：综合收益总额（涉及：其他债权投资和其他权益投资公允价值变动净额、权益法下被投资单位其他所有者权益变动的影响、与计入所有者权益项目相关的所得税影响等）、所有者投入和减少资本（涉及：所有者投入资本、股份支付计入所有者权益的金额等）、利润分配［涉及：提取盈余公积、对所有者（或股东）的分配等］、所有者权益内部结转［涉及：资本公积转增资本（或股本）、盈余公积转增资本（或股本）和盈余公积弥补亏损等］，得到所有者权益各项目的"本年年末余额"。

二、所有者权益变动表的格式

所有者权益变动表的一般格式如表 16-4 所示。

三、所有者权益变动表的编制方法

所有者权益变动表反映企业年末所有者权益（或股东权益）变动的情况。本表包含了最终属于所有者权益变动的企业综合收益总额，在一定程度上体现了综合收益的特征。本表各项目应当根据当期综合收益总额、所有者投入资本和向所有者权分配利润、

第十六章 利润表和所有者权益变动表 337

表16-4
编制单位:

所有者权益变动表

年度

会企04表
单位：元

项目	本年金额									上年金额								
	实收资本（或股本）	其他权益工具			资本公积	减：库存股	其他综合收益	盈余公积	未分配利润	所有者权益合计	实收资本（或股本）	其他权益工具			资本公积	减：库存股	其他综合收益	盈余公积	未分配利润	所有者权益合计
		优先股	永续债	其他								优先股	永续债	其他						
一、上年年末余额																				
加：会计政策变更																				
前期差错更正																				
二、本年年初余额																				
三、本年增减变动金额（减少以"－"号填列）																				
（一）综合收益总额																				
（二）所有者投入和减少资本																				
1. 所有者投入的普通股																				
2. 其他权益工具持有者投入资本																				
3. 股份支付计入所有者权益的金额																				
4. 其他																				
（三）利润分配																				
1. 提取盈余公积																				

续表

项目	本年金额										上年金额									
	实收资本（或股本）	其他权益工具			资本公积	减：库存股	其他综合收益	盈余公积	未分配利润	所有者权益合计	实收资本（或股本）	其他权益工具			资本公积	减：库存股	其他综合收益	盈余公积	未分配利润	所有者权益合计
		优先股	永续债	其他								优先股	永续债	其他						
2. 对所有者（或股东）的分配																				
3. 其他																				
（四）所有者权益内部结转																				
1. 资本公积转增资本（或股本）																				
2. 盈余公积转增资本（或股本）																				
3. 盈余公积弥补亏损																				
4. 设定受益计划变动额结转留存收益																				
5. 其他综合收益结转留存收益																				
6. 其他																				
四、本年年末余额																				

提取盈余公积等情况分析填列。所有者权益变动表基本上按照所有者权益类科目的年末余额和年初余额以及"利润分配"科目的有关明细科目来填列。

(一) 上年金额栏的填列方法

所有者权益变动表"上年金额"栏内各项数字，应根据上年度所有者权益变动表"本年金额"栏内所列数字填列。如果上年度所有者权益变动表规定的各个项目的名称和内容同本年度不相一致，应对上年度所有者权益变动表各项目的名称和数字按本年度的规定进行调整，填入所有者权益变动表"上年金额"栏内。

(二) 本年金额栏的填列方法

所有者权益变动表"本年金额"栏内各项数字一般应根据"实收资本（或股本）""资本公积""盈余公积""利润分配""库存股""以前年度损益调整"科目的发生额分析填列。

所有者权益变动表各项目的内容及其填列方法简述如下：

"所有者（股东）权益各项目的上年年末余额"项目可从上年该表的"本年金额"或上年末"资产负债表"各项目的年末余额中得到。

"会计政策变更、前期差错更正的调整数"可从本年报表附注"会计政策变更和前期差错更正对年初留存收益的影响数"中获得。

"综合收益总额"项目根据利润表中"本期金额"栏的"综合收益总额"项目数字填列。

"所有者投入和减少资本"反映本年内吸收投资者投入的资本的增加额，以及当年内实际减少的资本额，通常由以下因素构成：减少注册资本而减资、弥补亏损而减资等。

其中："所有者投入资本"项目反映当年内增资扩股实际接受投资者投入的资本额；"股份支付计入所有者权益的金额"项目反映当年对高管人员和职工进行股权激励授予的股票期权，主要表现为以权益结算的股份支付增加的资本公积。

"利润分配"各项目反映当年实际计提的盈余公积和向投资者分配的利润。

其中，"提取盈余公积"项目反映企业按照当年内实际提取的盈余公积（包括法定盈余公积和任意盈余公积）；"对所有者（或股东）的分配"项目反映当年企业实际向投资者分配的利润（如宣告发放的现金股利或利润）；这些项目的金额可根据"利润分配"账户的借贷方发生额计算分析填列。

所有者权益内部结转各项目及其填列方法为：

"资本公积转增资本（或股本）"项目，反映本年内企业运用"资本公积转增的实收资本或股本"的金额，本项目可根据"实收资本""资本公积"账户的借贷方发生额分析计算填列。

"盈余公积转增资本（或股本）"项目，反映本年内企业运用"盈余公积转增的实收资本或股本"的金额，本项目可根据"实收资本""盈余公积"账户的借贷方发生额分析计算填列。

"盈余公积弥补亏损"项目，反映本年内企业运用"盈余公积"弥补的亏损额，本项目可根据"盈余公积"或"利润分配——未分配利润"账户的借贷方发生额分析计算填列。

"其他综合收益结转留存收益"项目，主要反映：（1）企业指定为以公允价值计量且其变动计入其他综合收益的非交易性权益工具投资终止确认时，之前计入其他综合收益的累计利得或损失从其他综合收益中转入留存收益的金额；（2）企业指定为以公允价值计量且其变动计入当期损益的金融负债终止确认时，之前由企业自身信用风险变动引起而计入其他综合收益的累计利得或损失从其他综合收益中转入留存收益的金额等。

四、所有者权益变动表编制举例

【例 16-3】 沿用〖例 15-1〗的有关资料，高强股份有限公司 2021 年度有关"利润分配"科目的金额如表 16-5 所示。

表 16-5　　　　　　　　利润分配科目发生额及余额　　　　　　　　单位：元

科目	借方发生额	贷方发生额
本年利润	360 341.02	
利润分配——提取盈余公积	54 051.15	
利润分配——应付普通股股利	64 431.70	
盈余公积——法定、任意盈余公积		54 051.15
应付股利		64 431.70
利润分配——未分配利润	118 482.85	360 341.02

根据上述资料，编制该公司的所有者权益变动表，其中"本年金额"栏如表 16-6 所示（假定"上年金额"栏的数据已给定，本例略去）。

表 16-6　　　　　　　　所有者权益变动表（简表）
编制单位：高强股份有限公司　　　　　2021 年度　　　　　　　　单位：元

项目	本年金额								
	股本	其他权益工具	资本公积	减：库存股	其他综合收益	盈余公积	一般风险准备	未分配利润	所有者权益合计
一、上年年末余额	10 000 000					200 000		100 000	10 300 000
加：会计政策变更									
前期差错更正									
二、本年年初余额	10 000 000					200 000		100 000	10 300 000

续表

项目	本年金额								
	股本	其他权益工具	资本公积	减：库存股	其他综合收益	盈余公积	一般风险准备	未分配利润	所有者权益合计
三、本年增减变动金额（减少以"-"号填列）									
（一）综合收益总额								360 341.02	360 341.02
（二）所有者投入和减少资本									
1. 所有者投入的普通股									
2. 权益工具持有者投入资本									
3. 股份支付计入所有者权益的金额									
4. 其他									
（三）利润分配									
1. 提取盈余公积						54 051.15		54 051.15	54 051.15
2. 对所有者（或股东）的分配								64 431.70	64 431.70
3. 其他									
（四）所有者权益内部结转									
1. 资本公积转增资本（或股本）									
2. 盈余公积转增资本（或股本）									
3. 盈余公积弥补亏损									
4. 其他									
四、本年年末余额	10 000 000					254 051.15		341 858.17	10 595 909.32

法定代表人： 　　　　主管会计工作负责人： 　　　　会计机构负责人：

思考题与练习题

一、思考题

1. 编制利润表和所有者权益变动表的目的何在？作用各有哪些？

2. 利润表和所有者权益变动表之间的关系如何？它们与资产负债表之间的关系怎样？

3. 作为公司的利益相关者，你如何看待利润表和资产负债表？

4. 何谓所有者权益变动表？

二、练习题

习题一

【目的】通过练习，掌握利润表和所有者权益变动表的编制。

【资料】高强股份有限公司为增值税一般纳税人，增值税税率为13%，所得税税率为25%。该公司2023年1月1日有关科目的余额如表16-7所示。

表16-7　　　　　　　　　　　　　　科目余额表　　　　　　　　　　　　　　单位：元

科目名称	借方余额	科目名称	贷方余额
库存现金	4 000	短期借款	600 000
银行存款	2 560 000	应付票据	400 000
其他货币资金	248 600	应付账款	1 907 600
交易性金融资产	30 000	其他应付款	100 000
应收票据	492 000	应付职工薪酬	220 000
应收账款	600 000	应交税费	73 200
坏账准备（全为应收账款计提）	-1 800	应付利息	2 000
预付账款	400 000	长期借款	3 200 000
其他应收款	10 000	其中：一年内到期的非流动负债	2 000 000
材料采购	450 000		
原材料	1 100 000		
包装物	76 100	股本（10 000 000股，每股面值1元）	10 000 000
低值易耗品	100 000	盈余公积	200 000
库存商品	3 360 000	利润分配（未分配利润）	100 000
材料成本差异	73 900		
长期股权投资	500 000		
固定资产	3 000 000		
累计折旧	-800 000		
在建工程	3 000 000		
无形资产	1 200 000		
长期待摊费用	400 000		
合　计	16 802 800	合　计	16 802 800

该公司2023年发生的经济业务如下：

（1）购入原材料一批，用银行存款支付货款 400 000 元，其中，增值税专用发票上注明购入材料支付的增值税额为 52 000 元，货款已付，材料已收到验收入库。

（2）购入需要安装的设备一台，价款为 200 000 元，增值税专用发票上注明的增值税额为 26 000 元，同时支付包装费、运杂费 2 000 元，价款及包装、运杂费等均以银行存款支付。

（3）交易性金融资产到期进行兑付，收到款项 250 000 元，该债券账面成本为 220 000 元，款项已存入银行。

（4）分配支付的职工工资，其中生产人员工资 300 000 元，车间管理人员工资 120 000 元，行政管理人员工资 100 000 元，在建工程人员工资 80 000 元。

（5）列支职工福利费，其中生产人员福利费 42 000 元，车间管理人员福利费 16 800 元，行政管理人员福利费 14 000 元，在建工程人员福利费 11 200 元假定均以现金支付。

（6）工程完工后，计算应负担的专门借款利息为 150 000 元。

（7）基本生产车间报废一台设备，原价 300 000 元，已提折旧 290 000 元，清理费用 1 000 元，残值收入 2 000 元，已用银行存款收支。

（8）销售产品一批，销售价款 2 000 000 元，应收的增值税额为 260 000 元，销售产品的实际成本为 700 000 元，货款已收到并存入银行。

（9）采用分期收款方式销售产品一批，销售价款 600 000 元，本年应收取全部销售价款的 40%；该批产品的销售成本为 300 000 元，本年应收的价款尚未收到。

（10）拥有其 100% 股份的被投资企业本年度实现净利润 1 000 000 元，该被投资企业适用的所得税税率为 25%。

（11）计提生产车间用固定资产折旧，其原价为 1 000 000 元。从 2013 年 12 月投入使用，会计折旧年限为 5 年，采用直线法计提折旧，预计净残值为 0。税法规定的折旧年限为 2 年。

（12）销售材料一批，销售价款为 570 000 元，增值税额为 74 100 元，款项已收到并存入银行，该批材料的实际成本为 300 000 元。

（13）计提本年销售应负担的城市维护建设税 100 000 元。

（14）计提本年销售应负担的教育费附加 5 000 元。

（15）以银行存款支付违反税收规定应交纳的罚款 20 000 元，支付非公益性捐赠支出 100 000 元。

（16）计提应计入本期损益的短期借款利息 50 000 元。

（17）归还短期借款本金 200 000 元及利息 25 000 元。

（18）摊销无形资产 60 000 元。

（19）计提本年度应收账款的坏账准备 5 000 元、固定资产减值准备 10 000 元。

（20）用银行存款支付广告费 10 000 元，其他管理费用 150 000 元。

（21）用银行存款交纳增值税 100 000 元、教育费附加 5 000 元。

（22）偿还长期借款本金 1 000 000 元，偿还上年所欠货款 390 000 元。

【要求】根据上述资料编制利润表和所有者权益变动表的本期数。

习题二

【目的】通过练习，掌握资产负债表、利润表和所有者权益变动表的编制。

【资料】某公司 2023 年 12 月 31 日结账前各账户余额如表 16-8 所示。

表 16-8　　　　某公司 2023 年 12 月 31 日结账前各账户余额

账户名称	借方余额	贷方余额
库存现金	6 000	
银行存款	294 000	
应收账款	4 195 000	
坏账准备		20 975
存货类账户	5 530 000	
固定资产	35 000 000	
累计折旧		7 025 000
短期借款		1 000 000
应付账款		646 825
应付职工薪酬		800 000
应付利息		154 700
实收资本		22 500 000
盈余公积		400 000
利润分配		577 500
主营业务收入		67 500 000
主营业务成本	43 685 000	
税金及附加	4 050 000	
营业费用	3 885 000	
管理费用	3 925 300	
财务费用	54 700	
合计	100 625 000	100 625 000

该公司适用的所得税税率为 25%，应付企业投资者利润按本年税后利润的 20% 计算，盈余公积按本年税后利润的 10% 提取。

【要求】根据以上资料，编制该公司 2023 年度利润表、所有者权益变动表及 2023 年 12 月 31 日资产负债表。

第十七章

现金流量表

【学习目的与要求】

通过本章的学习，熟悉现金流量表的关键内容；掌握现金流量的内容和分类；熟悉现金流量表及其补充资料的编制。

第一节 现金流量表的内容与作用

一、现金流量表的含义与内容

现金流量表，是指反映企业在一定会计期间现金和现金等价物流入和流出的报表。它是一张从动态的角度反映企业资金运行过程和结果的财务报表。

从编制原则上看，现金流量表按照收付实现制原则编制，将权责发生制下的盈利信息调整为收付实现制下的现金流量信息，便于信息使用者了解企业盈余的质量。从内容上看，现金流量表被划分为经营活动、投资活动和筹资活动三个部分，每类活动又分为各具体项目，这些项目从不同角度反映企业业务活动的现金流入与流出，弥补了资产负债表和利润表提供信息的不足。通过现金流量表，报表使用者能够了解现金流量的影响因素，评价企业的支付能力、偿债能力和周转能力，预测企业未来现金流量，为其决策提供更加科学有效的依据。

众所周知，资产负债表是反映企业在某一特定日期财务状况的财务报表。它提供企业某一日期资产或负债的总额及其构成和所有者权益状况，揭示企业目前拥有或控制的经济资源及其分布情况、企业未来某时点需要用多少资产或劳务偿还债务、判断企业价值保值、增值的情况以及对负债的保障程度。但是，资产负债表仅从静态方面反映了企业在某一特定日期的财务状况，却未能反映其变动情况，即使通过连续期间的指标比较，也只能说明报告期与比较期的资产、负债和所有者权益相比增加或减少了多少，但不能说明企业的资产、负债和所有者权益为何发生了变化。利润表是反映企业在一定会计期间财务成果实现和分配过程及结果的财务报表，说明了企业一定期间的收入实现与费用耗费情况，反映企业生产经营活动的成果，即净利润的实现情况，据以判断资本保值、增值情况。利润表中有关营业收入和营业成本等信息说明了经营活动对财务状况的影响，虽在一定程度上解释了财务状况变动的原因，但由于利润表是按照权责发生制原则确认、计量收入与费用的，没有提供经营活动引起的现金流入和现金流出的信息，不能说明当期的经营活动、筹资活动和投资活动为企业提供了多少可供周转的资金。利润表中有关投资损益和财务费用的信息反映了企业投资和筹资活动的效率和最终成果，如投资效益、资本成本等，但是没有反映对外投资的规模和投向，以及筹集资金的规模和具体来源。可见，资产负债表和利润表只提供了某一方面的信息，为了全面反映企业经营活动与投融资等财务活动对财务状况变动的影响，说明财务状况变动的原因，还需要编制现金流量表，以反映经营活动、投资活动以及筹资活动引起现金流量的变化。现金流量表是在资产负债表、利润表已反映了企业财务状况与经营成果信息的基础上，进一步提供企业现金流量（即反映财务状况变动）的信息。

二、现金流量表的作用

尽管在市场经济条件下，企业的目标是通过盈利实现企业价值的增值和不断地发展，但现金流转情况对一个企业的生存和发展却有着决定性的影响，即使一个暂时亏损的企业，如果企业现金充裕，仍可以及时购入必要的材料物资和固定资产、发放工资、偿还债务、支付股利和利息；相反，一个盈利的企业如果缺乏现金，轻则影响企业的正常生产经营，重则危及企业的生存或导致破产清算。因此，现金流管理已成为企业财务管理的一个重要方面，广泛受到企业管理人员、投资者、债权人以及政府监管部门的普遍关注。现金流量表主要提供有关企业现金流量方面的信息，编制现金流量表旨在为财务报表使用者提供企业一定期间内现金与现金等价物流入和流出的信息，以便于财务报表使用者了解与评价企业获取现金和现金等价物的能力，据以预测企业未来现金流量，作出相关决策。因而，现金流量表在评价企业经营业绩、衡量企业财务资源和财务风险以及预测企业未来前景方面，有着十分重要的作用。具体来说，现金流量表的作用主要表现为三个方面：

第一，有助于财务报表使用者对企业整体财务状况作出客观评价。虽然资产负债表反映企业静态的财务状况，利润表从动态方面反映企业一定时期财务成果的形成过程和影响因素，但都不能直接揭示影响财务状况与经营成果变动的财务活动和原因。而现金流量表以现金制为前提，分别提供有关经营活动、投资活动、筹资活动现金流入、流出方面的信息对企业财务状况和经营成果的影响，排除了权责发生制（应计制）下不同标准确定和调整收入、支出对企业净利润的影响，有助于报表使用者客观地评价企业经营业绩、财务资源和财务风险，进一步了解企业的经营活动能否顺利开展、经营资金的周转是否顺畅等；通过配合资产负债表和利润表，将现金与流动负债比较、与发行在外的普通股加权平均股数进行比较、与净利润进行比较，可以掌握企业的现金能否偿还到期债务、支付股利和进行必要的固定资产投资，了解企业现金流转效率效果与盈利质量，从而便于投资者作出投资决策、债权人作出信贷决策。

第二，有助于财务报表使用者预测企业未来现金流量。通过现金流量表所反映的企业过去一定期间的现金流量以及其他生产经营指标，可以了解企业现金的来源和用途是否合理，了解经营活动产生的现金流量有多少，企业在多大程度上依赖外部资金，就可以据以预测企业未来现金流量，从而为企业编制现金流量计划、组织现金调度、合理节约地使用现金创造条件，为投资者和债权人评价企业的未来现金流量、作出投资和信贷决策提供必要信息。

第三，有助于分析企业收益质量及影响现金净流量的因素。利润表中列示的净利润指标，反映了一个企业的经营成果，这是体现企业经营业绩的最重要的一个指标。但是，利润表是按照权责发生制原则编制的，通过收入与费用的配比确定损益，它不能反映企业经营活动产生了多少现金，也没有反映投资活动和筹资活动对企业财务状况的影响。通过编制现金流量表，可以掌握企业经营活动、投资活动和筹资活动的现金流量，将经营活动产生的现金流量与净利润相比较，就可以从现金流量的角度大致判断企业当期净利润的质量。通过现金流量表，有助于财务报表使用者进一步判断，是哪些因素影响了企业的现金流入与现金流出，从而为分析和判断企业的财务前景提供了更为准确的信息。

第二节 现金流量的含义、分类与内容

一、现金流量的含义：兼及现金与现金等价物

企业现金流量表中反映的"现金流量"，是指企业一定时期内现金和现金等价物的流入与流出量。

现金，是指企业库存现金以及可以随时用于支付的存款。现金具体包括以下内容：（1）库存现金，指企业持有的、可随时用于支付的现金限额，也就是"库存现金"账户核算的现金。（2）银行存款，指企业存在金融企业、随时可以用于支付的存款，它与银行存款账户核算的银行存款基本一致，主要的区别是编制现金流量表所指的银行存款是可以随时用于支付的银行存款，如结算户存款、通知存款等。（3）其他货币资金，指企业存在金融企业有特定用途的资金，也就是"其他货币资金"账户核算的银行存款，包括外埠存款、银行汇票存款、银行本票存款、信用证保证金存款、在途货币资金、信用卡存款等。

应注意的是，不能随时用于支付的存款不属于现金。即银行存款和其他货币资金中有些不能随时用于支付的存款，如不能随时支取的定期存款等，不应作为现金，而应列作投资；提前通知金融企业便可支取的定期存款，则应包括在现金范围内。

现金等价物，是指企业持有的期限短、流动性强、易于转换为已知金额现金、价值变动风险很小的投资。现金等价物虽然不是现金，但其支付能力与现金的差别不大，可

视为现金。例如，企业为保证支付能力、手持必要的现金，为了不使现金闲置，可以购买短期债券，在需要现金时，随时可以变现。期限短，一般是指从购买日起 3 个月内到期。现金等价物通常包括 3 个月内到期的债券投资等。权益性投资变现的金额通常不确定，因而不属于现金等价物。企业应当根据具体情况，确定现金等价物的范围，一经确定不得随意变更。现金等价物的定义本身，包含了判断一项投资是否属于现金等价物的四个条件：（1）期限短（一般是指从购买之日起 3 个月内到期）；（2）流动性强；（3）易于转换为已知金额的现金；（4）价值变动风险很小。其中，期限短、流动性强，强调了变现能力，而易于转换为已知金额的现金、价值变动风险较小，则强调了支付能力的大小。实际工作中，具体到一个企业来说，哪些投资可以确认为现金等价物，需要根据具体情形加以判断。典型的现金等价物是自购买之日起 3 个月内到期的短期债券。企业作为交易性金融资产而购买的、市场上可以流通的股票，虽然期限短、变现能力强，但是其变现的金额并不确定，变现价值并不稳定，因此，不属于现金等价物。

二、现金流量的分类

现金流量是现金流量表所要反映的一个重要指标，它反映了企业各类活动形成的现金流量的最终结果，它产生于不同的来源，也有不同的用途，如企业可通过销售商品、提供劳务收回现金，通过向银行借款收到现金、对外投资分红收到现金等；购买原材料、购买固定资产、对外投资、支付职工工资等需要用现金进行支付。因而，编制现金流量表首先应对现金流量进行合理的分类。我国《企业会计准则第 31 号——现金流量表》将现金流量分为三类，即：经营活动产生的现金流量、投资活动产生的现金流量、筹资活动产生的现金流量。

（一）经营活动产生的现金流量

经营活动，是指企业投资活动和筹资活动以外的所有交易和事项。也就是说，除归属于企业投资活动和筹资活动以外的所有交易和事项，都可归属于经营活动。

对于工业企业而言，经营活动主要包括：销售商品、提供劳务、购买商品、接受劳务、支付税费等，故工业企业经营活动产生的现金流入项目主要包括：销售商品、提供劳务收到的现金，收到的税费返还，收到的其他与经营活动有关的现金；经营活动产生的现金流出项目主要有：购买商品、接受劳务支付的现金，支付给职工以及为职工支付的现金。

（二）投资活动产生的现金流量

投资活动是指企业长期资产的购建以及不包括在现金等价物范围内的投资及其处置活动，既包括实物资产的投资，也包括金融资产投资。这里的长期资产是指固定资产、无形资产、在建工程、其他资产等持有期限在一年或一个营业周期以上的资产。

一般来说，投资活动产生的现金流入项目主要有：收回投资收到的现金，取得投资收益收到的现金，处置固定资产、无形资产和其他长期资产所收回的现金净额，收到的其他与投资活动有关的现金；投资活动产生的现金流出项目主要有：购建固定资产、无形资产和其他长期资产支付的现金，投资支付的现金，支付的其他与投资活动有关的现金。长期资产是指固定资产、无形资产、在建工程、其他资产等持有期限在一年或一个营业周期以上的资产。这里所讲的投资活动，既包括实物资产投资，也包括金融资产投资。之所以将"包括在现金等价物范围内的投资"排除在外，是因为已经将包括在现金等价物范围内的投资视同现金。

（三）筹资活动产生的现金流量

筹资活动是指导致企业资本与债务规模及其构成发生变化的活动。这里所说的资本，既包括实收资本（股本），也包括资本溢价（股本溢价）；这里所说的债务，指对外举借的债务，包括向银行借款、发行债券。而应付账款、应付票据等商业应付款等通常作为经营活动，不属于筹资活动。

一般来说，筹资活动产生的现金流入项目主要有：吸收投资收到的现金，取得借款收到的现金收到的其他与筹资活动有关的现金；筹资活动产生的现金流出项目主要有：偿还债务支付的现金，分配股利、利润或偿付利息支付的现金，支付的其他与筹资活动有关的现金。

需要注意的是，在企业日常活动之外企业可能还会偶然遇到一些特殊的、不经常发生的项目，如自然灾害损失、保险赔款、捐赠等。现金流量表通过揭示企业现金流量的来源和用途，为分析现金流量前景提供信息，对于那些日常活动之外特殊的、不经常发生的项目，现金流量表会计准则规定应当归并到相关类别中，并单独反映，也就是在现金流量相应类别下单设一项。比如，对于自然灾害损失和保险赔款，如果能够确指属于流动资产损失，应当列入经营活动产生的现金流量；如果能够确指属于固定资产损失，应当列入投资活动产生的现金流量；如果不能确指，则可以列入经营活动产生的现金流量。当然，如果特殊项目的现金流量金额不大，也可以列入现金流量类别下的"其他"项目，不单列项目。

第三节 现金流量表的格式与经营活动现金流量的列报方法

一、现金流量表的结构与格式

在现金流量表中，现金及现金等价物被视为一个整体，企业现金形式的转换不会产生现金的流入和流出。例如，企业从银行提取现金，是企业现金存放形式的转换，并未流出企业，不构成现金流量。同样，现金与现金等价物之间的转换也不属于现金流量，例如企业用现金购买3个月到期的国库券。根据企业业务活动的性质和现金流量的来源，现金流量表在结构上将企业一定期间产生的现金流量分为三类：经营活动产生的现金流量、投资活动产生的现金流量和筹资活动产生的现金流量。

一般工业企业的现金流量表及其附注的格式如表17-1、表17-2所示。

表17-1　　　　　　　　　　　现金流量表　　　　　　　　　　　　会企03表
编制单位：　　　　　　　　　　　　年度　　　　　　　　　　　　　　　单位：元

项　目	本期金额	上期金额
一、经营活动产生的现金流量		
销售商品、提供劳务收到的现金		
收到的税费返还		
收到其他与经营活动有关的现金		
经营活动现金流入小计		
购买商品、接受劳务支付的现金		
支付给职工以及为职工支付的现金		
支付的各项税费		
支付其他与经营活动有关的现金		
经营活动现金流出小计		
经营活动产生的现金流量净额		
二、投资活动产生的现金流量		
收回投资收到的现金		
取得投资收益收到的现金		
处置固定资产、无形资产和其他长期资产收回的现金净额		
处置子公司及其他营业单位收到的现金净额		
收到其他与投资活动有关的现金		
投资活动现金流入小计		
购建固定资产、无形资产和其他长期资产支付的现金		
投资支付的现金		
取得子公司及其他营业单位支付的现金净额		
支付其他与投资活动有关的现金		
投资活动现金流出小计		
投资活动产生的现金流量净额		
三、筹资活动产生的现金流量		

续表

项　目	本期金额	上期金额
吸收投资收到的现金		
取得借款收到的现金		
收到其他与筹资活动有关的现金		
筹资活动现金流入小计		
偿还债务支付的现金		
分配股利、利润或偿付利息支付的现金		
支付其他与筹资活动有关的现金		
筹资活动现金流出小计		
筹资活动产生的现金流量净额		
四、汇率变动对现金的影响		
五、现金及现金等价物净增加额		
加：期初现金及现金等价物余额		
六、期末现金及现金等价物余额		

表 17 – 2　　　　　　　现金流量表补充资料的披露格式

补充资料	本期金额	上期金额
1. 将净利润调节为经营活动产生的现金流量		
净利润		
加：资产减值准备		
固定资产折旧、油气资产折耗、生产性生物资产折旧		
无形资产摊销		
长期待摊费用摊销		
处置固定资产、无形资产和其他长期资产的损失（收益以"－"号填列）		
固定资产报废损失（收益以"－"号填列）		
公允价值变动损失（收益以"－"号填列）		
财务费用（收益以"－"号填列）		
投资损失（收益以"－"号填列）		
递延所得税资产减少（增加以"－"号填列）		
递延所得税负债增加（减少以"－"号填列）		
存货的减少（增加以"－"号填列）		
经营性应收项目的减少（增加以"－"号填列）		
经营性应付项目的增加（减少以"－"号填列）		
其他		

续表

补充资料	本期金额	上期金额
经营活动产生的现金流量净额		
2. 不涉及现金收支的重大投资和筹资活动		
债务转为资本		
一年内到期的可转换公司债券		
融资租入固定资产		
3. 现金及现金等价物净变动情况		
现金的期末余额		
减：现金的期初余额		
加：现金等价物的期末余额		
减：现金等价物的期初余额		
现金及现金等价物净增加额		

现金流量表包括主表和补充资料。主表中的内容有六项：一是经营活动产生的现金流量；二是投资活动产生的现金流量；三是筹资活动产生的现金流量；四是汇率变动对现金的影响；五是现金及现金等价物净增加额；六是期末现金及现金等价物余额。其中，经营活动产生的现金流量，是按直接法编制的。补充资料有三项：一是将净利润调节为经营活动产生的现金流量，换言之，要在补充资料中采用间接法报告经营活动产生的现金流量信息；二是不涉及现金收支的重大投资和筹资活动；三是现金及现金等价物净变动情况。主表中第一项"经营活动产生的现金流量净额"，与补充资料第一项"经营活动产生的现金流量净额"应当核对相符。主表中的第五项"现金及现金等价物净增加额"，与补充资料中的第三项"现金及现金等价物净变动额"，存在勾稽关系，即金额应当一致。主表中的数字是现金流入与现金流出的差额，补充资料中的数字是资产负债表中的有关"现金及等价物"期末数与期初数的差额，计算依据不同，但结果应当一致，两者应当核对相符。

二、经营活动现金流量的列报方法

经营活动产生的现金流量的列报方法，通常也被称为现金流量表的编制方法，主要有直接法和间接法两种。

(一) 直接法

直接法是指按现金收入和现金支出的主要类别直接反映企业经营活动产生的现金流量，如销售商品、提供劳务收到的现金，购买商品、接受劳务支付的现金等就是按现金收入和支出的来源直接反映的。在直接法下，一般是以利润表中的"营业收入"为起点，调节与经营活动有关的项目的增减变动，然后计算出经营活动产生的现金流量。采用直接法编制的现金流量表，便于分析企业经营活动产生的现金流量的来源和用途，预测和评价企业现金流量的未来前景。

（二）间接法

间接法是指以净利润为起点，调整不涉及现金的收入、费用支出、营业外收支等相关项目，据此计算出经营活动产生的现金流量。采用间接法编制的现金流量表，有利于将净利润与经营活动产生的现金流量净额进行比较，了解净利润与经营活动产生的现金流量差异的原因，从现金流量的角度分析净利润的质量。

鉴于采用直接法编制现金流量表可以直接揭示经营活动产生的现金流量的收支总额，预测和评价企业现金流量的未来前景。因而，国际会计准则鼓励企业采用直接法编制现金流量表；我国的现金流量表会计准则也规定企业应当采用直接法编制现金流量表，同时要求提供在净利润基础上调节到经营活动产生的现金流量的信息。

三、现金流量表的编制方法与程序

编制现金流量表的方法与程序主要包括：工作底稿法、T型账户法、现金流量表日记账法和直接分析填列法。其中，现金流量表日记账法是通过设立以现金流量表项目开设账户的日记账来逐日登记相关项目金额，期末汇总填列现金流量表的方法；工作底稿法、现金流量表日记账法和T型账户法比较复杂但思路清晰，不易出现差错；而直接分析填列法需要对整个报表体系有一个透彻的把握。这里主要介绍工作底稿法、T型账户法和直接分析填列法。

（一）工作底稿法

采用工作底稿法编制现金流量表，就是以工作底稿为手段，以利润表和资产负债表数据为基础，对每一项目进行分析并编制调整分录，从而编制出现金流量表。在直接法下，整个工作底稿纵向分成三段：第一段是资产负债表项目，其中又分为借方项目和贷方项目；第二段是利润表项目；第三段是现金流量表项目（当然也可采取利润表→资产负债表→现金流量表的排列顺序，因为调整分录通常是从利润表项目开始调整的）。工作底稿横向分为五栏，在资产负债表部分，第一栏是项目栏，填列资产负债表各项目名称；第二栏是年初数，用来填列资产负债表项目的期初数；第三栏是调整分录的借方；第四栏是调整分录的贷方；第五栏是期末数，用来填列资产负债表项目的期末数。在利润表和现金流量表部分，第一栏也是项目栏，用来填列利润表和现金流量表项目名称；第二栏空置不填；第三、第四栏分别是调整分录的借方和贷方；第五栏是本期数，利润表部分此栏数字应和本期利润表数字保持一致,现金流量表部分此栏的数字可直接用于填制正式的现金流量表。

采用工作底稿法编制现金流量表的程序是:

第一步,将资产负债表的期初数和期末数过入工作底稿的期初数栏和期末数栏。

第二步,对当期业务进行分析并编制调整分录。调整分录大体有这样几类:第一类涉及利润表中的收入、成本和费用项目以及资产负债表中的资产、负债及所有者权益项目,通过调整,将权责发生制下的收入费用转换为现金基础;第二类是涉及资产负债表和现金流量表中的投资、筹资项目,反映投资和筹资活动的现金流量;第三类是涉及利润表和现金流量表中的投资和筹资项目,目的是将利润表中有关投资和筹资方面的收入和费用列入现金流量表投资、筹资现金流量中去。此外,还有一些调整分录并不涉及现金收支,只是为了核对资产负债表项目的期末、期初变动。在调整分录中,有关现金和现金等价物的事项,并不直接借记或贷记现金,而是分别记入"经营活动产生的现金流量""投资活动产生的现金流量""筹资活动产生的现金流量"有关项目,借记表明现金流入,贷记表明现金流出。

第三步,将调整分录过入工作底稿中的相应部分。

第四步,核对调整分录,借贷合计应当相等,资产负债表项目期初数加减调整分录中的借贷金额以后,应当等于期末数。

第五步,根据工作底稿中的现金流量表项目部分编制正式的现金流量表。

(二) T型账户法

采用T型账户法,就是以T型账户为手段,以利润表和资产负债表数据为基础,对每一项目进行分析并编制调整分录,从而编制出现金流量表。采用T型账户法编制现金流量表的程序如下:

第一步,为所有的非现金项目(包括资产负债表项目和利润表项目)分别开设T型账户,并将各自的期末期初变动数过入各该账户。

第二步,开设一个大的"现金及现金等价物"T型账户,每边分为经营活动、投资活动和筹资活动三个部分,左边记现金流入,右边记现金流出。与其他账户一样,过入期末期初变动数。

第三步,以利润表项目为基础,结合资产负债表分析每一个非现金项目的增减变动,并据此编制调整分录。

第四步,将调整分录过入各T型账户,并进行核对,该账户借贷相抵后的余额与原先过入的期末期初变动数应当一致。

第五步,根据大的"现金及现金等价物"T型账户编制正式的现金流量表。

(三) 直接分析填列法

直接分析填列法是直接根据资产负债表、利润表和有关会计科目明细账的记录,分析计算出现金流量表各项目的金额,并据以编制现金流量表的一种方法。

四、现金流量表项目的内容和直接分析填列法

现金流量表的项目主要有:经营活动产生的现金流量、投资活动产生的现金流量、筹资活动产生的现金流量、汇率变动对现金的影响、现金及现金等价物净增加额、期末现金及现金等价物余额等项目。

（一）经营活动产生的现金流量

1. 经营活动产生的现金流入项目。

（1）"销售商品、提供劳务收到的现金"项目：反映企业本期销售商品、提供劳务收到的现金；以及前期销售商品、提供劳务本期收到的现金（包括销售收入和应向购买者收取的增值税销项税额）；本期预收的款项，减去本期销售本期退回的商品和前期销售本期退回的商品支付的现金；此外，企业销售材料和代购代销业务收到的现金，也在本项目反映。本项目可根据"库存现金""银行存款""应收账款""应收票据""预收账款""主营业务收入""其他业务收入"等科目的记录分析填列。在填列这个项目时，需要考虑以下因素：

一是销售商品、提供劳务收到的收入。应根据"主营业务收入""其他业务收入"科目的贷方发生额取得。

二是应收账款和应收票据。企业在当期销售实现但没有收到货款时，是按照权责发生制原则确认收入并记入"应收账款"或"应收票据"科目的，因而，本期"主营业务收入"和"其他业务收入"科目反映的销售收商品、提供劳务所取得的收入并不是企业本期实际收到的现金收入。可见，如果期末"应收账款"和"应收票据"的余额比期初余额增加，表明本期实现的销售收入并没有收到现金；相反，如果期末"应收账款"和"应收票据"的余额比期初余额减少，表明本期实现的销售收入全部收回现金而且本期还收回了前期的"应收账款"或"应收票据"；但应注意的是，购货方（或债务人）用非现金资产偿还债务，应收账款和应收票据的减少实际上是没有现金流入的。因而，在计算该项目时，可以根据"主营业务收入""其他业务收入"科目的本期贷方发生额，加上本期应收账款和应收票据的减少，减去本期应收账款和应收票据的增加，并减去债务人以非现金实物资产抵偿债务而减少的应收账款和应收票据。

三是销售退回支付的现金。本期销售退回一般通过"主营业务收入"和"其他业务收入"科目的借方反映，但有的已经支付了现金，有的尚未支付现金，在填列本项目时，应当减去已支付现金的销售退回。

四是预收账款。本期收到的预收账款有实际的现金流入，在填列本项目时，应当加上本期预收账款的增加，减去本期预收账款的减少。

五是核销的坏账损失。本期计提的坏账准备是减少应收账款的因素。通常，减少应收账款表明收回现金，但鉴于计提坏账准备减少的应收账款却没有现金流入，在填列本项目时，应扣除计提的坏账准备而减少的应收账款。如果本期收回前期已核销的坏账损失，在填列本项目时，则应当加上本期收回前期已核销的坏账损失。在填列"销售商品、提供劳务收到的现金"项目时，可根据以下公式计算：

$$\begin{aligned}\text{销售商品、提供劳务收到的现金} =\ &\text{本期销售商品、提供劳务实际收到的现金（包括收到的增值税额）} + \text{前期销售或提供劳务本期实际收到现金的应收账款} \\ &+ \text{前期销售或提供劳务本期实际收到现金的应收票据} + \text{本期实际收到现金的预收账款} + \text{本期收回前期核销的坏账损失} \\ &- \text{前期销售本期退回而支付的现金}\end{aligned}$$

或：

$$\begin{aligned}\text{销售商品、提供劳务收到的现金} =\ &\text{本期销售商品、提供劳务收入及增值税（不含销售退回冲减的销售收入）} + (\text{应收账款期初余额} - \text{应收账款期末余额}) \\ &- \text{本期计提的坏账准备} + (\text{应收票据期初余额} - \text{应收票据期末余额}) + (\text{预收账款期末余额} - \text{预收账款期初余额}) \\ &- \text{前期销售本期退回而支付的现金} - \text{以非现金资产清偿债务减少的应收账款和应收票据}\end{aligned}$$

【例17-1】高强股份有限公司本期销售一批商品，开出的增值税专用发票上注明的销售价款为2 800 000元，增值税销项税额为364 000元，以银行存款收讫；应收票据期初余额为270 000元，期末余额为60 000元；应收账款期初余额为1 000 000元，期末余额为400 000元。另外，本期因商品质量问题发生退货，支付银行存款30 000元，货款已通过银行转账支付。本期销售商品、提供劳务收到的现金计算如下：

本期销售商品收到的现金	3 164 000
加：本期收到前期的应收票据（270 000 - 60 000）	210 000
本期收到前期的应收账款（1 000 000 - 400 000）	600 000
减：本期因销售退回支付的现金	30 000
本期销售商品、提供劳务收到的现金	3 944 000

（2）收到的税费返还。"收到的税费返还"项目：反映企业本期实际收到返还的增值税、所得税费用、消费税、关税和教育费附加返还款等各种税费。本项目可根据"库存现金""银行存款""税金及附加""补贴收入""应收补贴款"等科目的记录分析填列。

（3）收到其他与经营活动有关的现金。"收到其他与经营活动有关的现金"项目：反映企业收到的罚款收入、经营租赁收到的租金等其他与经营活动有关的现金流入，金额较大的应当单独列示。本项目可以根据"营业外收入""营业外支出""库存现金"

"银行存款""其他应付款"等科目的记录分析填列。

2. 经营活动产生的现金流出项目。

（1）购买商品、接受劳务支付的现金。"购买商品、接受劳务支付的现金"项目：反映企业本期购买商品、接受劳务实际支付的现金（包括增值税进项税额）；本期支付前期购买商品、接受劳务的未付款项和本期预付款项，减去本期发生的购货退回收到的现金。本项目可以根据"在途物资""原材料""库存商品""应付账款""应付票据""库存现金""银行存款"等科目的记录分析填列。需要注意的是，本期发生的购货退回收到的现金应从本项目中扣除。在填列本项目时，也可以根据以下公式计算填列：

$$\begin{aligned}\text{购买商品、接受} \\ \text{劳务支付的现金}\end{aligned} = \begin{aligned}\text{本期购买商品、接受} \\ \text{劳务支付的现金}\end{aligned} + \begin{aligned}\text{前期购买商品或接受劳务} \\ \text{本期支付现金的应付账款}\end{aligned}$$

$$+ \begin{aligned}\text{前期购买商品或接受劳务本期} \\ \text{支付现金的应付票据}\end{aligned} + \begin{aligned}\text{本期支付现金} \\ \text{的预付账款}\end{aligned} - \begin{aligned}\text{本期购货退} \\ \text{回收到的现金}\end{aligned}$$

或：

$$\begin{aligned}\text{购买商品、接受} \\ \text{劳务支付的现金}\end{aligned} = \begin{aligned}\text{本期销售成本} \\ \text{及增值税}\end{aligned} + \left(\begin{aligned}\text{存货期} \\ \text{末余额}\end{aligned} - \begin{aligned}\text{存货期} \\ \text{初余额}\end{aligned}\right) + \left(\begin{aligned}\text{应付账款} \\ \text{期初余额}\end{aligned} - \begin{aligned}\text{应付账款} \\ \text{期末余额}\end{aligned}\right)$$

$$+ \left(\begin{aligned}\text{应付票据} \\ \text{期初余额}\end{aligned} - \begin{aligned}\text{应付票据} \\ \text{期末余额}\end{aligned}\right) + \left(\begin{aligned}\text{预付账款} \\ \text{期末余额}\end{aligned} - \begin{aligned}\text{预付账款} \\ \text{期初余额}\end{aligned}\right) - \begin{aligned}\text{购货退回} \\ \text{收到的现金}\end{aligned}$$

$$- \begin{aligned}\text{本期以非现金资产清偿债务} \\ \text{减少的应付账款、应付票据}\end{aligned}$$

上述支付现金的应付账款、应付票据如含有销售退回支付的部分，应从本项目中扣除，并在"销售商品、提供劳务收到的现金"项目中反映。

【例 17-2】高强股份有限公司本期购买原材料，收到的增值税专用发票上注明的材料价款为 150 000 元，增值税进项税额为 19 500 元，款项已通过银行转账支付；本期支付应付票据 100 000 元。

本期购买商品、接受劳务支付的现金计算如下：

本期购买原材料支付的价款	150 000
加：本期购买原材料支付的增值税进项税额	19 500
本期支付的应付票据	100 000
本期购买商品、接受劳务支付的现金	269 500

（2）支付给职工以及为职工支付的现金。"支付给职工以及为职工支付的现金"项目：反映企业本期实际支付给职工的工资、奖金、各种津贴和补贴等职工薪酬。但是应由在建工程、无形资产负担的职工薪酬以及支付的离退休人员的职工薪酬除外。支付的离退休人员的各项费用，包括支付的统筹退休金以及未参加统筹的退休人员的费用，在"支付的其他与经营活动有关的现金"项目中反映；支付的在建工程人员的工资，在"购建固定资产、无形资产和其他长期资产支付的现金"项目中反映。本项目可根据

"库存现金""银行存款""管理费用""应付职工薪酬"等科目的记录分析填列。

需要注意的是,企业为职工支付的养老、失业等社会保险基金、补充养老保险、住房公积金;支付给职工的住房困难补助;企业为职工交纳的商业保险金;企业支付给职工或为职工支付的其他福利费用等,应根据职工的工作性质和服务对象,分别在"购建固定资产、无形资产和其他长期资产支付的现金"和"支付给职工以及为职工支付的现金"项目中反映。

【例17-3】高强股份有限公司本期实际支付工资500 000元,其中经营人员工资300 000元,在建工程人员工资200 000元,则本期支付给职工以及为职工支付的现金为300 000元。

(3) 支付的各项税费。"支付的各项税费"项目:反映企业本期发生并支付的、本期支付以前各期发生的以及预交的教育费附加、印花税、房产税、土地增值税、车船税、增值税、所得税等。不包括本期退回的增值税、所得税;本期退回的增值税、所得税等,在"收到的税费返还"项目中反映;也不包括计入固定资产价值、实际支付的土地增值税。本项目可根据"库存现金""银行存款""应交税费"等科目的记录分析填列。

【例17-4】高强股份有限公司本期向税务机关交纳增值税34 000元;本期发生的所得税3 100 000元已全部交纳;企业期初未交所得税280 000元;期末未交所得税120 000元。

本期支付的各项税费计算如下:

本期支付的增值税额	34 000
加:本期发生并交纳的所得税额	3 100 000
前期发生本期交纳的所得税额(280 000 - 120 000)	160 000
本期支付的各项税费	3 294 000

(4) 支付的其他与经营活动有关的现金。本项目反映企业除上述各项目外,支付的其他与经营活动有关的现金,如罚款支出、支付的差旅费、业务招待费、保险费、经营租赁支付的现金等其他与经营活动有关的现金流出;金额较大的,应单列项目反映。本项目可根据有关"管理费用""销售费用""研发费用""库存现金""银行存款""营业外支出"等科目的记录分析填列。

(二) 投资活动产生的现金流量

1. 投资活动产生的现金流入项目。

(1) 收回投资收到的现金。本项目反映企业出售、转让或到期收回除现金等价物以外的交易性金融资产、债权投资、其他债权投资、长期股权投资、投资性房地产而收到的现金。不包括债权性投资如持有至到期投资收回的利息、收回的非现金资产,以及处置子公司及其他营业单位收到的现金净额。债权性投资收回的本金,在本项目反映,债权性投资收回的利息,不在本项目中反映,而在"取得投资收益所收到的现金"项目中反映。处置子公司及其他营业单位收到的现金净额单设项目反映。本项目可以根据"交易性金融资产""债权投资""其他债权投资""长期股权投资""投资性房地产""库存现金""银行存款"等科目的记录分析填列。

【例 17-5】高强股份有限公司出售某项长期股权投资,收回的全部投资金额为 480 000 元;出售某项长期债权性投资,收回的全部投资金额为 410 000 元,其中,60 000 元是债券利息。本期收回投资所收到的现金计算如下:

收回长期股权投资金额	480 000
加:收回长期债权性投资本金(410 000 - 60 000)	350 000
本期收回投资所收到的现金	830 000

(2)取得投资收益收到的现金。"取得投资收益收到的现金"项目:反映企业因股权性投资而分得的现金股利,从子公司、联营企业或合营企业分回利润而收到的现金;因债权性投资而取得的现金利息收入,但股票股利除外。本项目可根据"库存现金""银行存款""投资收益"等科目的记录分析填列。

【例 17-6】高强股份有限公司期初长期股权投资余额 2 000 000 元,其中 1 500 000 万元投资于联营公司 A 公司,占其股本的 25%,采用权益法核算,另外 200 000 元和 300 000 元分别投资于 B 公司和 C 公司,各占接受投资公司总股本的 5% 和 10%,采用公允价值计量;当年 A 公司盈利 2 000 000 元,分配现金股利 800 000 元,B 公司亏损没有分配股利,C 公司盈利 600 000 元,分配现金股利 200 000 元。公司已如数收到现金股利。

本期取得投资收益收到的现金计算如下:

取得 A 公司实际分回的投资收益(800 000×25%)	200 000
加:取得 B 公司实际分回的投资收益	0
取得 C 公司实际分回的投资收益(200 000×10%)	20 000
本期取得投资收益收到的现金	220 000

(3)处置固定资产、无形资产和其他长期资产收回的现金净额。"处置固定资产、无形资产和其他长期资产收回的现金净额"项目:反映企业出售、报废固定资产、无形资产和其他长期资产所取得的现金(包括因资产毁损而收到的保险赔偿收入),减去为处置这些资产而支付的有关费用后的净额,但现金净额为负数的除外。如处置固定资产、无形资产和其他长期资产所收回的现金净额为负数,则应作为投资活动产生的现金流量,在"支付的其他与投资活动有关的现金"项目中反映。由于处置固定资产、无形资产和其他长期资产收到的现金,与处置活动支付的现金,两者在时间上比较接近,以净额反映更能反映处置活动对现金流量的影响,且由于金额不大,故以净额反映。由于自然灾害等原因所造成的固定资产等长期资产的报废、毁损而收到的保险赔偿收入,也在本项目中反映。本项目可根据"库存现金""银行存款""固定资产清理""资产处置

【例 17-7】高强股份有限公司出售一台不需用设备，收到价款 30 000 元，该设备原价 40 000 元，已提折旧 15 000 元。支付该项设备拆卸费用 200 元，运输费用 80 元，设备已由购入单位运走。本期处置固定资产、无形资产和其他长期资产所收回的现金净额计算如下：

本期出售固定资产收到的现金	30 000
减：支付出售固定资产的清理费用	280
本期处置固定资产、无形资产和其他长期资产所收回的现金净额	29 720

（4）处置子公司及其他营业单位收到的现金净额。本项目反映企业处置子公司及其他营业单位所取得的现金减去相关处置费用后的净额。

（5）收到的其他与投资活动有关的现金。本项目反映企业除上述各项目外，收到的其他与投资活动有关的现金。其他与投资活动有关的现金，如果价值较大的，应单列项目反映。本项目可根据有关科目的记录分析填列。

2. 投资活动产生的现金流出项目。

（1）购建固定资产、无形资产和其他长期资产支付的现金。"购建固定资产、无形资产和其他长期资产支付的现金"项目：反映企业购买、建造固定资产、取得无形资产和其他长期资产支付的现金及增值税款；支付的应由在建工程和无形资产负担的职工薪酬现金支出，但为购建固定资产而发生的借款利息资本化部分、融资租入固定资产所支付的租赁费除外。为购建固定资产而发生的借款利息资本化部分，以及融资租入固定资产所支付的租赁费，应在"筹资活动产生的现金流量"有关项目中反映，不在本项目中反映。企业以分期付款方式购建的固定资产，其首次付款支付的现金在本项目中反映，以后各期支付的现金在筹资活动产生的现金流量中反映。本项目可根据"库存现金""银行存款""固定资产""无形资产""在建工程"等科目的记录分析填列。

【例 17-8】接〖例 17-2〗、〖例 17-3〗，高强股份有限公司购入房屋一幢，价款 1 850 000元，通过银行转账 1 800 000 元；其他价款以公司产品抵偿。为在建厂房购进建筑材料一批，价值为 160 000 元，价款已通过银行转账支付；购买工程用物资 150 000 元，实际支付在建工程人员工资 200 000 元。

本期购建固定资产、无形资产和其他长期资产支付的现金计算如下：

购买房屋支付的现金	1 800 000
加：为在建工程购买材料支付的现金	160 000
购买工程物资及支付工程人员工资	350 000
本期购建固定资产、无形资产和其他长期资产支付的现金	2 310 000

（2）投资支付的现金。"投资支付的现金"项目：反映企业取得的除现金等价物以外的权益性投资和债权性投资支付的现金以及支付的佣金、手续费等附加费用。企业购买债券的价款中含有债券利息的，以及溢价或折价购入的，均按实际支付的金额反映。

本项目可根据"库存现金""银行存款""长期股权投资""债权投资""其他债权投资""交易性金融资产""投资性房地产"等科目的记录分析填列。

需要注意的是,企业购买股票和债券时,实际支付的价款中包含的已到付息期但尚未领取的债券利息,应在"支付的其他与投资活动有关的现金"项目中反映;收回购买股票和债券时支付的已到付息期但尚未领取的债券利息,应在"收到的其他与投资活动有关的现金"项目中反映。

(3) 取得子公司及其他营业单位支付的现金净额。本项目反映企业购买子公司及其他营业单位购买出价中以现金支付的部分,减去子公司或其他营业单位持有的现金和现金等价物后的净额。

(4) 支付的其他与投资活动有关的现金。本项目反映企业除上述各项目外,支付的其他与投资活动有关的现金。其他与投资活动有关的现金,如果价值较大的,应单列项目反映。本项目可根据有关科目的记录分析填列。

(三) 筹资活动产生的现金流量

1. 筹资活动产生的现金流入项目。

(1) 吸收投资收到的现金。"吸收投资收到的现金"项目:反映企业以发行股票、债券等方式筹集资金实际收到的款项,减去直接支付给金融企业的佣金、手续费、宣传费、咨询费、印刷费等发行费用后的净额。以发行股票、债券等方式筹集资金而由企业直接支付的审计费、咨询费等费用,在"支付的其他与筹资活动有关的现金"项目中反映,不从本项目中扣除。本项目可根据"库存现金""银行存款""实收资本(或股本)"等科目的记录分析填列。

【例17-9】高强股份有限公司对外公开募集股份1 000 000股,每股1元,发行价每股1.1元,代理发行的证券公司为其支付的各种费用,共计15 000元。此外,高强股份有限公司为建设一新项目,批准发行2 000 000元的长期债券。与证券公司签署的协议规定:该批长期债券委托证券公司代理发行,发行手续费为发行总额的3.5%,宣传及印刷费由证券公司代为支付,并从发行总额中扣除。该企业至委托协议签署日止,已支付咨询费、公证费等5 800元。证券公司按面值发行,价款全部收到,支付宣传及印刷费等各种费用11 420元,按协议将发行款划至企业在银行的存款账户上。

本期吸收投资收到的现金计算如下:

发行股票取得的现金	1 085 000
其中:发行总额 (1 000 000×1.1)	1 100 000
减:发行费用	15 000
发行债券取得的现金	1 918 580
其中:发行总额	2 000 000
减:发行手续费 (2 000 000×3.5%)	70 000

　　　　证券公司代付的各种费用　　　　　　　　　　　　　　　　11 420
　本期吸收投资收到的现金　　　　　　　　　　　　　　　　　　3 003 580

　　本例中，已支付的咨询费、公证费等5 800元，应在"支付的其他与筹资活动有关的现金"项目中反映。

　　（2）取得借款收到的现金。"取得借款收到的现金"项目：反映企业举借各种短期、长期借款而收到的现金。本项目可根据"库存现金""银行存款""短期借款""长期借款"等科目的记录分析填列。

　　（3）收到的其他与筹资活动有关的现金。本项目反映企业除上述各项目外，收到的其他与筹资活动有关的现金。其他与筹资活动有关的现金，如果价值较大的，应单列项目反映。本项目可根据有关科目的记录分析填列。

　　2. 筹资活动产生的现金流出项目。

　　（1）偿还债务支付的现金。"偿还债务支付的现金"项目：反映企业以现金偿还债务的本金。包括：归还金融企业的借款本金、偿付企业到期的债券本金等。本项目可根据"库存现金""银行存款""短期借款""长期借款"等科目的记录分析填列。

　　需要注意的是，企业偿还的借款利息、债券利息在"分配股利、利润或偿付利息支付的现金"项目中反映，不在本项目中反映。

　　（2）分配股利、利润或偿付利息所支付现金。"分配股利、利润或偿付利息支付的现金"项目：反映企业实际支付的现金股利、支付给其他投资单位的利润或用现金支付的借款利息、债券利息。本项目可根据"库存现金""银行存款""应付股利""财务费用""长期借款"等科目的记录分析填列。

　　【例17-10】高强股份有限公司期初应付现金股利为21 000元，本期宣布并发放现金股利50 000元，期末应付现金股利12 000元。本期分配股利、利润或偿付利息所支付的现金计算如下：

　　本期宣布并发放的现金股利　　　　　　　　　　　　　　　　50 000
　　加：本期支付的前期应付股利（21 000 - 12 000）　　　　　　 9 000
　　本期分配股利、利润或偿付利息支付的现金　　　　　　　　　 59 000

　　（3）支付的其他与筹资活动有关的现金。"支付其他与筹资活动有关的现金"项目：反映企业除上述项目外，支付的其他与筹资活动有关的现金流出，包括：以发行股票、债券等方式筹集资金而由企业直接支付的审计和咨询等费用；为购建固定资产而发生的借款利息资本化部分、融资租入固定资产所支付的租赁费；以分期付款方式购建固定资产以后各期支付的现金等。如"发生筹资费用支付的现金""融资租赁支付的现金""减少注册资本支付的现金"项目等，其他与筹资活动有关的现金，如果价值较大的，应单列项目反映。本项目可根据有关科目的记录分析填列。

　　（四）汇率变动对现金的影响

　　编制现金流量表时，应当将企业外币现金流量以及境外子公司的现金流量折算成记账本位币。外币现金流量以及境外子公司的现金流量，应当采用现金流量发生日的即期汇率或按照系统合理的方法确定的、与现金流量发生日即期汇率近似的汇率折算。汇率变动对现金的影响额应当作为调节项目，在现金流量表中单独列报。

"汇率变动对现金的影响"项目反映下列项目的差额：（1）企业外币现金流量及境外子公司的现金流量折算为记账本位币时，所采用的现金流量发生日的即期汇率或按照系统合理的方法确定的、与现金流量发生日即期汇率近似的汇率折算的金额；（2）"现金及现金等价物净增加额"中外币现金净增加额按期末汇率折算的金额。

在编制现金流量表时，对当期发生的外币业务，也可不必逐笔计算汇率变动对现金的影响，可以通过财务报表附注中"现金及现金等价物净增加额"数额与报表中"经营活动产生的现金流量净额""投资活动产生的现金流量净额""筹资活动产生的现金流量净额"三项之和比较，其差额即为"汇率变动对现金的影响"。

五、现金流量表附注——补充资料的编制

企业应当采用间接法在现金流量表附注披露将净利润调节为经营活动现金流量的信息。间接法是指以净利润为起算点，调整不涉及现金的收入、费用、营业外收支以及不影响损益的经营性现金流入流出项目，剔除投资活动、筹资活动对现金流量的影响，据此计算出经营活动产生的现金流量。

1. "将净利润调节为经营活动现金流量"的内容及填列方法。

（1）资产减值准备。"资产减值准备"项目包括：企业本期计提的坏账准备、存货跌价准备、长期股权投资减值准备、持有至到期投资减值准备、投资性房地产减值准备、固定资产减值准备、在建工程减值准备、无形资产减值准备、商誉减值准备、生产性生物资产减值准备、油气资产减值准备等资产减值准备。企业计提的各项资产的减值准备，作为资产减值损失已包括在利润表中，并已从利润中扣除，但是，并没有发生现金流出。因而，在将净利润调节为经营活动现金流量时，需要将其加回。本项目可根据"资产减值损失"科目的记录分析填列。

（2）固定资产折旧、油气资产折耗、生产性生物资产折旧。"固定资产折旧、油气资产折耗、生产性生物资产折旧"项目：分别反映企业本期计提的固定资产折旧、油气资产折耗、生产性生物资产折旧。企业计提的固定资产折旧、油气资产折耗、生产性生物资产折旧，有的包括在管理费用中，有的包括在制造费用中。计入管理费用中的部分，作为期间费用在计算净利润时从中扣除，但没有发生现金流出，因而，在将净利润调节为经营活动现金流量时，需要予以加回；计入制造费用中的已经变现的部分，在计算净利润时通过销售成本予以扣除，但没有发生现金流出，计入制造费用中的没有变现的部分，由于在调节存货时，已经从中扣除，但不涉及现金收支，因而，在此处将净利润调节为经营活动现金流量时，需要予以加回。同理，企业计提的油气资产折耗、生产

性生物资产折旧,也需要予以加回。本项目可根据"累计折旧""累计折耗""生产性生物资产折旧"科目的贷方发生额分析填列。

【例 17-11】2023 年度,高强股份有限公司计提固定资产折旧金额 200 000 元,在将净利润调节为经营活动现金流量时应当加回。

(3) 无形资产摊销、长期待摊费用摊销。本项目分别反映企业本期计提的无形资产摊销、长期待摊费用摊销。企业摊销无形资产时,计入管理费用;长期待摊费用摊销时,有的计入管理费用,有的计入销售费用,有的计入制造费用。计入管理费用、销售费用中的部分,作为期间费用在计算净利润时从中扣除,但没有发生现金流出,因而,在将净利润调节为经营活动现金流量时,需要予以加回。计入制造费用中的已经变现的部分,在计算净利润时通过销售成本予以扣除,却没有发生现金流出;计入制造费用中的没有变现的部分,由于在调节存货时,已经从中扣除,但不涉及现金收支,因而,在此处将净利润调节为经营活动现金流量时,需要予以加回。这两个项目可根据"累计摊销""长期待摊费用"科目的贷方发生额分析填列。

【例 17-12】2023 年度,高强股份有限公司计提了无形资产摊销 5 000 元,在将净利润调节为经营活动现金流量时应当加回。

(4) 处置固定资产、无形资产和其他长期资产的损失(减:收益)。本项目反映企业本期处置固定资产、无形资产和其他长期资产发生的损益;企业处置固定资产、无形资产和其他长期资产发生的损益,属于投资活动产生的损益,不属于经营活动产生的损益,因而,在将净利润调节为经营活动现金流量时,需要予以调节。本项目可根据"资产处置收益""其他业务收入""其他业务成本"等科目所属有关明细科目的记录分析填列;如为净收益,以"-"号填列。

【例 17-13】2023 年度,高强股份有限公司处置设备一台,原价 180 000 元,累计已提折旧 110 000 元,收到现金 80 000 元,产生处置收益 10 000 元 [80 000 - (180 000 - 110 000)]。处置固定资产的收益 10 000 元,在将净利润调节为经营活动现金流量时应当扣除。

(5) 固定资产报废损失(减:收益)。本项目反映企业本期固定资产盘亏(减:盘盈)后的净损失。企业发生的固定资产报废损益,属于投资活动产生的损益,不属于经营活动产生的损益,因而,在将净利润调节为经营活动现金流量时,需要予以调节。本项目可根据"营业外支出""营业外收入"等科目所属有关明细科目中固定资产盘亏损失减去固定资产盘盈收益后的差额填列。

【例 17-14】2023 年度,高强股份有限公司盘亏机器一台,原价 130 000 元,已提折旧 120 000 元;报废汽车一辆,原价 180 000 元,已提折旧 110 000 元;共发生固定资产盘亏、报废损失为 80 000 元[(130 000 - 120 000) + (180 000 - 110 000)]。固定资产盘亏、报废损失 80 000 元,在将净利润调节为经营活动现金流量时应当加回。

(6) "公允价值变动损失"项目,反映企业持有的金融资产、金融负债以及采用公允价值计量模式的投资性房地产的公允价值变动损益。本项目应根据"公允价值变动损益"科目的有关记录分析填列。

【例17-15】2021年12月31日，高强股份有限公司持有交易性金融资产的公允价值为80万元，2023年度未发生投资性房地产的增减变动，2023年12月31日，该企业持有交易性金融资产的公允价值为805万元，公允价值变动损益为5万元。这5万元的资产持有利得，在将净利润调节为经营活动现金流量时应当扣除。

(7) 财务费用。本项目反映企业本期发生的应属于投资活动或筹资活动的财务费用。企业发生的财务费用，可以分别归属于经营活动、筹资活动和投资活动。其中，属于经营活动的部分，本身就应该在计算净利润时予以扣除，因而，在将净利润调节为经营活动现金流量时，不需要调节。与此相对应，属于投资活动、筹资活动的部分，在计算净利润时也从中扣除，但是，这部分发生的现金流出不属于经营活动范畴，因而，在将净利润调节为经营活动现金流量时，需要予以加回。本项目可根据"财务费用"科目的本期借方发生额分析填列；如为收益，以"-"号填列。

【例17-16】2023年度，高强股份有限公司共发生财务费用350 000元，其中属于经营活动的为50 000元，属于筹资活动的为300 000元。属于筹资活动的财务费用300 000元，在将净利润调节为经营活动现金流量时应当加回。

(8) 投资损失（减：收益）。本项目反映企业本期投资所发生的损失减去收益后的净损失。企业发生的投资损益，属于投资活动产生的损益，不属于经营活动产生的损益，因而，在将净利润调节为经营活动现金流量时，需要予以调节。本项目可根据利润表中"投资收益"项目的数字填列；如为投资收益，以"-"号填列。

【例17-17】2023年度，高强股份有限公司发生投资收益230 000元，在将净利润调节为经营活动现金流量时，应将这部分减去。

(9) "递延所得税资产减少"项目，反映企业资产负债表"递延所得税资产"项目的期初余额与期末余额的差额。"递延所得税负债增加"项目，反映企业资产负债表"递延所得税负债"项目的期初余额与期末余额的差额。企业发生递延所得税负债，与其相对应的是所得税费用，在计算净利润时从中扣除，但没有发生现金流出，因而，在将净利润调节为经营活动现金流量时，需要予以加回；同理，企业发生递延所得税资产，需要予以扣除。本项目可根据资产负债表中"递延所得税资产""递延所得税负债"项目的期初、期末余额的差额填列。"递延所得税资产"的期末数小于期初数的差额，以及"递延所得税负债"的期末数大于期初数的差额，以正数填列；"递延所得税资产"的期末数大于期初数的差额，以及"递延所得税负债"的期末数小于期初数的差额，以"-"号填列。

【例17-18】2023年1月1日，高强股份有限公司递延所得税资产借方余额为5 000元；2023年12月31日，递延所得税资产借方余额为14 900元，增加了9 900元，经分析，为该企业计提了固定资产减值准备30 000元，使资产和负债的账面价值与其计税基础不一致。递延所得税资产增加的 9 900 元，在将净利润调节为经营活动现金流量时应当扣减。

（10）存货的减少（减：增加）。本项目反映企业资产负债表"存货"项目的期初余额与期末余额的差额。在不存在赊购情况下，如果某一期间期末存货比期初存货增加，说明当期购入的存货除耗用外，还余留了一部分，即除了为当期销货成本包含的存货发生支出外，还为增加的存货发生了现金流出，因而，在将净利润调节为经营活动现金流量时，需要从中扣除；反之，如果某一期间期末存货比期初存货减少，说明本期生产过程耗用的存货有一部分是期初的存货，耗用这部分存货并没有发生现金流出，因而，在将净利润调节为经营活动现金流量时，需要予以加回。本项目可根据资产负债表中"存货"项目的期初数、期末数之间的差额填列；期末数大于期初数的差额，以"－"号填列。

【例 17 – 19】2023 年 1 月 1 日，高强股份有限公司存货余额为 200 000 元；2023 年 12 月 31 日，存货余额为 360 000 元；2023 年度，存货增加了 160 000 元（360 000 － 200 000）。存货的增加金额 160 000 元，在将净利润调节为经营活动现金流量时应当扣除。

（11）经营性应收项目的减少（减：增加）。"经营性应收项目的减少"项目：反映企业本期经营性应收项目（包括应收票据、应收账款、预付账款、长期应收款和其他应收款中与经营活动有关的部分及应收的增值税销项税额等）的期初余额与期末余额的差额。如果某一期间经营性应收项目期末余额大于经营性应收项目期初余额，说明本期销售收入中有一部分没有收回现金，但是，在计算净利润时这部分销售收入已包括在内，因而，在将净利润调节为经营活动现金流量时，需要从中扣除；反之，如果某一期间经营性应收项目期末余额小于经营性应收项目期初余额，说明本期收回的现金大于利润表中所确认的销售收入，因而，在将净利润调节为经营活动现金流量时，需要予以加回。

【例 17 – 20】2023 年 1 月 1 日，高强股份有限公司资料为：净利润为 300 000 元；应收账款为 750 000 元，应收票据为 230 000 元；2023 年 12 月 31 日，高强股份有限公司资料为：应收账款 950 000 元，应收票据为 200 000 元；2023 年度，经营性应收项目年末比年初增加了 170 000 元[（950 000 － 750 000）+（200 000 － 230 000）]。经营性应收项目增加金额 170 000 元，在将净利润调节为经营活动现金流量时应当扣除。

（12）经营性应付项目的增加（减：减少）。"经营性应付项目的增加"项目：反映企业本期经营性应付项目（包括应付票据、应付账款、预收账款、应付职工薪酬、应交税费、应付利息、应付股利、长期应付款、其他应付款中与经营活动有关的部分及应付的增值税进项税额等）的期初余额与期末余额的差额。如果某一期间经营性应付项目期末余额大于经营性应付项目期初余额，说明本期购入的存货中有一部分没有支付现金，但是，在计算净利润时却通过销售成本包括在内，因而，在将净利润调节为经营活动现金流量时，需要予以加回；反之，如果某一期间经营性应付项目期末余额小于经营性应付项目期初余额,说明本期支付的现金大于利润表中所确认的销售成本,因而,在将净利润调节为经营活动现金流量时,需要从中扣除。

【例 17-21】2023 年 1 月 1 日,高强股份有限公司资料为:应付账款为 600 000 元,应付票据为 390 000 元,应付职工薪酬为 10 000 元,应交税费为 60 000 元;2023 年 12 月 31 日,高强股份有限公司资料为:应付账款为 850 000 元,应付票据为 300 000 元,应付职工薪酬为 15 000 元,应交税费为 40 000 元;2023 年度,经营性应付项目年末比年初增加了 145 000 元[(850 000 - 600 000) + (300 000 - 390 000) + (15 000 - 10 000) + (40 000 - 60 000)]。经营性应付项目增加金额 145 000 元,在将净利润调节为经营活动现金流量时应当加回。

2. "不涉及现金收支的投资和筹资活动"项目的内容和填列方法。"不涉及现金收支的投资和筹资活动"项目,反映企业一定期间内影响资产或负债但不形成该期现金收支的所有投资和筹资活动的信息。这些投资和筹资活动虽然不涉及现金收支,但对以后各期的现金流量有重大影响。

(1)"债务转为资本"项目,反映企业本期转为资本的债务金额。

(2)"一年内到期的可转换公司债券"项目,反映企业一年内到期的可转换公司债券的本息。

(3)"融资租入固定资产"项目,反映企业本期融资租入固定资产的最低租赁付款额扣除应分期计入利息费用的未确认融资费用的净额。

3. "现金及现金等价物净增加额"与现金流量表中的"现金及现金等价物净增加额"项目的金额应当相等。

【例 17-22】根据〖例 15-1〗、〖例 16-1〗的有关资料,编制高强股份有限公司 2021 年度现金流量表。

本例采用工作底稿法编制程序,具体步骤如下:

第一步,将资产负债表的期初数和期末数过入工作底稿的期初数栏和期末数栏。

第二步,对当期业务进行分析并编制调整分录。编制调整分录时,要以利润表项目为基础,从"营业收入"开始,结合资产负债表项目逐一进行分析。本例调整分录如下:

(1)分析调整营业收入:

借:经营活动现金流量——销售商品收到的现金　　2 649 000
　　应收账款　　　　　　　　　　　　　　　　　　576 000
　贷:营业收入　　　　　　　　　　　　　　　　　　　　　2 500 000
　　　应收票据　　　　　　　　　　　　　　　　　　　　　　400 000
　　　应交税费　　　　　　　　　　　　　　　　　　　　　　325 000

利润表中的营业收入是按照权责发生制反映的,应转化为现金制。为此,应调整应收账款和应收票据的变动。本例中,应收账款增加 576 000 元,应减少经营活动产生现金流量；增值税的销项税额增加 325 000 元；应收票据减少 400 000 元，应增加经营活动产生现金流量。

（2）分析调整营业成本：

借：营业成本	1 500 000
应付票据	200 000
应交税费	62 415.19
贷：经营活动现金流量——购买商品支付的现金	1 572 332
存货	190 083.19

应付票据减少 200 000 元，表明本期用于购买存货的现金支出增加 200 000 元；存货减少 190 083.19 元，表明本期消耗的存货中有 190 083.19 元是原先库存的，也即购买商品支付的现金减少 190 083.19 元。

（3）调整本年税金及附加：

借：税金及附加	4 000
贷：应交税费	4 000

（4）计算销售费用付现：

借：销售费用	40 000
贷：经营活动现金流量——支付的其他与经营活动有关的现金	40 000

本例中利润表中所列销售费用与按现金制确认数相同。

（5）分析调整管理费用：

借：管理费用	514 200
贷：经营活动现金流量——支付的其他与经营活动有关的现金	514 200

管理费用中包含不涉及现金支出的项目，此笔分录先假定当期管理费用均支付了现金，并将管理费用全额转入"经营活动现金流量——支付的其他与经营活动有关的现金"项目中，至于不涉及现金支出的项目，后续再分别进行调整。

（6）分析调整财务费用：

借：财务费用	83 000
贷：经营活动现金流量——销售商品收到的现金	40 000
应付利息	23 000
长期借款	20 000

本期增加的财务费用中，有 40 000 元是票据贴现利息，由于在调整应收票据时已全额计入"经营活动现金流量——销售商品收到的现金"，故要从"经营活动现金流量——销售商品收到的现金"项目内冲回，作为现金流出；应付利息 23 000 元和长期借款 20 000 元均对应利息费用。

（7）分析调整投资收益：

借：投资活动现金流量——取得投资收益收到的现金	60 000

——收回投资收到的现金	33 000
贷：投资收益	63 000
交易性金融资产	30 000

投资收益应从利润表项目中调整出来，列入投资活动现金流量中。本例中，投资收益由两部分组成：一是分得现金股利60 000元；二是出售交易性金融资产获利3 000元。

（8）分析调整资产处置损益：

借：投资活动现金流量——处置固定资产收到的现金	600 600
累计折旧	660 000
资产处置损益	8 457.62
贷：固定资产	1 200 000
应交税费	69 057.62

处置固定资产过程中收到的现金应列入投资活动现金流量中。本题有两笔资产处置业务，分别产生资产处置损失39 431.07元和资产处置收益30 973.45元，二者差额为8 457.62元。

（9）分析调整所得税费用：

借：所得税费用	53 001.36
贷：应交税费	53 001.36

将利润表中的所得税费用调入应交税费。

（10）分析调整固定资产：

借：固定资产	2 978 761
应交税费	23 239
贷：在建工程	2 800 000
投资活动现金流量——购建固定资产支付的现金	202 000

本期固定资产的增加包括两部分：一是购入设备178 761元；二是在建工程完工转入2 800 000元。

（11）分析调整累计折旧：

借：经营活动现金流量——购买商品支付的现金	180 000
——支付的其他与经营活动有关的现金	220 000
贷：累计折旧	400 000

本期计提的折旧400 000元中，计入管理费用的是220 000元，计入制造费用的180 000元。由于第（5）笔调整中将所有管理费用均作为支付的其他与经营活动有关的现金，故本笔应作补充调整。同样道理，第（2）笔调整中将所有存货、营业成本中的制造费用均作为购买商品支付的现金，故本笔需调增180 000元。

（12）分析调整在建工程：

借：在建工程	956 000

　　　　工程物资　　　　　　　　　　　　　　　　　　　　　26 548.67
　　　　应交税费　　　　　　　　　　　　　　　　　　　　　 3 451.33
　　　　　贷：投资活动现金流量——购建固定资产支付的现金　　 30 000
　　　　　　　长期借款　　　　　　　　　　　　　　　　　　 300 000
　　　　　　　应付职工薪酬　　　　　　　　　　　　　　　　 656 000
本期在建工程的增加原因：一是以现金购买工程物资26 548.67元，支付工资656 000元；二是长期借款利息资本化30 000元。

（13）分析调整无形资产：
　　借：经营活动现金流量——支付的其他与经营活动有关的现金　120 000
　　　贷：累计摊销　　　　　　　　　　　　　　　　　　　　　120 000
无形资产摊销时已计入管理费用和累计摊销（冲减了资产负债表无形资产项目的期末数），因此应作补充调整。理由同第（11）笔分录。

（14）分析调整长期待摊费用：
　　借：经营活动现金流量——支付的其他与经营活动有关的现金　 40 000
　　　贷：长期待摊费用　　　　　　　　　　　　　　　　　　　 40 000
理由同第（11）笔分录。

（15）分析调整短期借款：
　　借：短期借款　　　　　　　　　　　　　　　　　　　　　　500 000
　　　贷：筹资活动现金流量——偿还债务支付的现金　　　　　　500 000
偿还短期借款应列入筹资活动的现金流量。

（16）分析调整应付职工薪酬：
　　借：应付职工薪酬　　　　　　　　　　　　　　　　　　　1 084 000
　　　贷：经营活动现金流量——支付给职工以及为职工支付的现金　684 000
　　　　　投资活动现金流量——购建固定资产支付的现金　　　　400 000
　　借：经营活动现金流量——购买商品支付的现金　　　　　　　649 800
　　　　　　　　　　　　——支付的其他与经营活动有关的现金　 34 200
　　　贷：应付职工薪酬　　　　　　　　　　　　　　　　　　　684 000
上述分录中，由于工资费用分配时已分别计入生产成本、制造费用和管理费用，因此要补充调整。理由同第（11）笔分录。

（17）分析调整应交税费：
　　借：应交税费　　　　　　　　　　　　　　　　　　　　　　204 000
　　　贷：经营活动现金流量——支付的各项税费　　　　　　　　　 4 000
　　　　　　　　　　　　　——购买商品支付的现金　　　　　　200 000
　　借：应交税费　　　　　　　　　　　　　　　　　　　　　 53 001.36
　　　贷：经营活动现金流量——支付的各项税费　　　　　　　 53 001.36

调整实际以现金交纳的增值税款、城市维护建设税、教育费附加和企业所得税，其中，53 001.36 元为应交所得税。为便于分析，企业在日常核算中，应按应交税费的税种分设明细账，以便取得分析所需的数据。

（18）分析调整其他应付款：

借：应付利息　　　　　　　　　　　　　　　　　　25 000
　　贷：筹资活动现金流量——偿付利息支付的现金　　25 000

（19）分析调整长期借款：

借：长期借款　　　　　　　　　　　　　　　　　　2 000 000
　　贷：筹资活动现金流量——偿还债务支付的现金　　2 000 000

以现金偿还长期借款。

借：筹资活动现金流量——借款收到的现金　　　　　800 000
　　贷：长期借款　　　　　　　　　　　　　　　　800 000

举借长期借款。

（20）结转净利润：

借：净利润　　　　　　　　　　　　　　　　　　　360 341.02
　　贷：未分配利润　　　　　　　　　　　　　　　360 341.02

（21）提取盈余公积和分配股利

借：未分配利润　　　　　　　　　　　　　　　　　118 482.85
　　贷：盈余公积　　　　　　　　　　　　　　　　54 051.15
　　　　应付股利　　　　　　　　　　　　　　　　64 431.70

（22）最后调整现金净变化额：

借：现金净减少额　　　　　　　　　　　　　　　　877 933.36
　　贷：货币资金　　　　　　　　　　　　　　　　877 933.36

第三步，将调整分录过入工作底稿，见表 17-3。

表 17-3　　　　　　　　　现金流量表工作底稿　　　　　　　　　单位：元

项目	年初数	调整分录		期末数
		借方	贷方	
一、资产负债表项目				
借方项目：				
货币资金	2 812 600		(22) 877 933.36	1 934 666.64
交易性金融资产	30 000		(7) 30 000	0
应收票据	492 000		(1) 400 000	92 000
应收账款	598 200	(1) 576 000		1 174 200
预付款项	400 000			400 000

续表

项目	年初数	调整分录 借方	调整分录 贷方	期末数
其他应收款	10 000			10 000
存货	5 160 000		(2) 190 083.19	4 969 916.81
长期股权投资	500 000			500 000
固定资产	2 200 000	(8) 660 000	(8) 1 200 000	4 238 761
		(10) 2 978 761	(11) 400 000	
在建工程	3 000 000	(12) 956 000	(10) 2 800 000	1 182 548.67
		(12) 26 548.67		
无形资产	1 200 000		(13) 120 000	1 080 000
长期待摊费用	400 000		(14) 40 000	360 000
借方项目合计:	16 802 800			15 942 093.12
贷方项目:				
短期借款	600 000	(15) 500 000		100 000
应付票据	400 000	(2) 200 000		200 000
应付账款	1 907 600			1 907 600
应付职工薪酬	220 000	(16) 1 084 000	(12) 656 000	476 000
			(16) 684 000	
应交税费	73 200	(2) 62 415.19	(1) 325 000	178 152.1
		(10) 23 239	(3) 4 000	
		(12) 3 451.33	(8) 69 057.62	
		(17) 204 000	(9) 53 001.36	
		(17) 53 001.36		
其他应付款	102 000	(18) 25 000	(6) 23 000	164 431.70
			(21) 64 431.70	
一年内到期的非流动负债	2 000 000	(19) 2 000 000		
长期借款	1 200 000		(6) 20 000	2 320 000
			(12) 300 000	
			(19) 800 000	
股本	10 000 000			10 000 000
盈余公积	200 000		(21) 54 051.15	254 051.15
未分配利润	100 000	(21) 118 482.85	(20) 360 341.02	341 858.17
贷方项目合计:	16 802 800			15 942 093.12
二、利润表项目				本期数

续表

项目	年初数	调整分录 借方	调整分录 贷方	期末数
营业收入			(1) 2 500 000	2 500 000
营业成本		(2) 1 500 000		1 500 000
税金及附加		(3) 4 000		4 000
销售费用		(4) 40 000		40 000
管理费用		(5) 514 200		514 200
财务费用		(6) 83 000		83 000
投资收益			(7) 63 000	63 000
资产处置收益		(8) 8 457.62		8 457.62
所得税费用		(9) 53 001.36		53 001.36
净利润		(20) 360 341.02		360 341.02
三、现金流量表项目				本期数
（一）经营活动产生的现金流量				
销售商品、提供劳务收到的现金		(1) 2 649 000	(6) 40 000	2 609 000
现金流入小计				2609000
购买商品、接受劳务支付的现金		(11) 180 000	(2) 1 572 332	942 532
		(16) 649 800	(17) 200 000	
支付给职工以及为职工支付的现金			(16) 684 000	684 000
支付的各项税费			(17) 4 000	57 001.36
			(17) 53 001.36	
支付的其他与经营活动有关的现金		(11) 220 000	(4) 40 000	140 000
		(13) 120 000	(5) 514 200	
		(14) 40 000		
		(16) 34 200		
现金流出小计				1 823 533.36
经营活动产生的现金流量净额				785 466.64
（二）投资活动产生的现金流量				
收回投资收到的现金		(7) 60 000		60 000
取得投资收益收到的现金		(7) 33 000		33 000
处置固定资产收回的现金净额		(8) 600 600		600 600
现金流入小计				693 600

续表

项目	年初数	调整分录 借方	调整分录 贷方	期末数
购建固定资产支付的现金			(10) 202 000	632 000
			(12) 30 000	
			(16) 400 000	
现金流出小计				632 000
投资活动产生的现金流量净额				61 600
（三）筹资活动产生的现金流量				
取得借款收到的现金		(19) 800 000		800 000
现金流入小计				800 000
偿还债务支付的现金			(15) 500 000	2 500 000
			(19) 2 000 000	
偿还利息支付的现金			(18) 25 000	25 000
现金流出小计				2 525 000
筹资活动产生的现金流量净额				-1 725 000
（四）现金及现金等价物净减少额			(22) 877 933.36	877 933.36
调整分录借贷合计		17 420 499.4	17 420 499.4	

第四步，核对调整分录，借方、贷方合计数均已经相等，资产负债表项目期初数加减调整分录中的借贷金额以后，也已等于期末数。

第五步，根据工作底稿中的现金流量表项目部分编制正式的现金流量表，见表17-4。

表17-4　　　　　　　　　　　　　现金流量表　　　　　　　　　　　　会企03表
编制单位：高强股份有限公司　　　　　2021年度　　　　　　　　　　　　单位：元

项　目	行次	金额
一、经营活动产生的现金流量		
销售商品、提供劳务收到的现金	1	2 609 000
收到的税费返还	3	0
收到其他与经营活动有关的现金	8	0
经营活动现金流入小计	9	2 609 000
购买商品、接受劳务支付的现金	10	942 532
支付给职工以及为职工支付的现金	12	684 000
支付的各项税费	13	57 001.36
支付其他与经营活动有关的现金	18	140 000

续表

项　目	行次	金额
经营活动现金流出小计	20	1 823 533.36
经营活动产生的现金流量净额	21	785 466.64
二、投资活动产生的现金流量		
收回投资收到的现金	22	60 000
取得投资收益收到的现金	23	33 000
处置固定资产、无形资产和其他长期资产收回的现金净额	25	600 600
收到其他与投资活动有关的现金	28	0
投资活动现金流入小计	29	693 600
购建固定资产、无形资产和其他长期资产支付的现金	30	632 000
投资支付的现金	31	0
支付其他与投资活动有关的现金	35	0
投资活动现金流出小计	36	632 000
投资活动产生的现金流量净额	37	61 600
三、筹资活动产生的现金流量		
吸收投资收到的现金	38	0
取得借款收到的现金	40	800 000
收到其他与筹资活动有关的现金	43	0
筹资活动现金流入小计	44	800 000
偿还债务支付的现金	45	2 500 000
分配股利、利润或偿付利息支付的现金	46	25 000
支付其他与筹资活动有关的现金	52	0
筹资活动现金流出小计	53	2 525 000
筹资活动产生的现金流量净额	54	-1 725 000
四、汇率变动对现金的影响	55	0
五、现金及现金等价物净增加额	56	-877 933.36
补充资料	行次	金额
1. 将净利润调节为经营活动现金流量		
净利润	57	360 341.02
加：资产减值准备	58	
固定资产折旧	59	400 000
无形资产摊销	60	120 000
长期待摊费用摊销	61	40 000

续表

项　目	行次	金额
处置固定资产、无形资产和其他长期资产的损失（减：收益）	66	8 457.62
固定资产报废损失	67	0
财务费用	68	83 000
投资损失（减：收益）	69	−63 000
递延所得税负债（减：借项）	70	0
存货的减少（减：增加）	71	190 083.19
经营性应收项目的减少（减：增加）	72	−136 000
经营性应付项目的增加（减：减少）	73	−137 415.19
其他	74	0
经营活动产生的现金流量净额	75	785 466.64
2. 不涉及现金收支的投资和筹资活动		
债务转为资本	76	0
一年内到期的可转换公司债券	77	0
融资租入固定资产	78	0
3. 现金及现金等价物净增加情况		
现金的期末余额	79	770 259
减：现金的期初余额	80	1 406 300
加：现金等价物的期末余额	81	0
减：现金等价物的期初余额	82	0
现金及现金等价物净增加额	83	−636 041

其中：经营性应收项目包括应收账款增加 576 000 元、应收票据减少 400 000 元、应收票据贴现财务费用 40 000 元；经营性应付项目包括应付账款和应付票据减少 200 000 元、应交税费本期发生的增值税进项税额 62 415.19 元、销项税额 325 000 元和交纳增值税额 200 000 元。

【例 17−23】高强股份有限公司自 2023 年的有关资料如下：

（1）本年商品销售收入 100 万元；应收账款年初余额 20 万元，期末余额 36 万元；本年预收的货款为 6 万元，计提的坏账准备为 0.4 万元，应交增值税销项税额 13 万元。

（2）本年以银行存款支付原材料货款 30 万元，增值税进项税额 3.9 万元；以银行存款支付工程用物资货款 50 万元、增值税 6.5 万元，补付办公楼装修工程款 5 万元；以银行存款预付原材料购货款 10 万元；本年度实际交纳增值税 16 万元。

（3）年末从银行提取现金 8 万元，备用。

（4）本年实际发放工资及福利费 80 万元。其中：支付生产经营人员工资 45 万元，支付工会人员工资2万元，支付在建工程人员工资10万元，报销职工医药费8万元。

（5）本年对一幢厂房进行清理变卖。该厂房原值110万元，累计折旧60万元，变价收入40万元，支付清理费用55万元。至年末，该项固定资产已清理完毕。

要求：根据上述资料计算高强股份有限公司2023年下列现金流量表项目的金额，列出必要的计算过程。

（1）"经营——销售商品、提供劳务收到的现金"项目；
（2）"经营——购买商品、接受劳务支付的现金"项目；
（3）"经营——支付给职工以及为职工支付的其他现金"项目；
（4）"投资——购建固定资产、无形资产和其他长期资产所支付的现金"项目；
（5）"投资——处置固定资产、无形资产和其他长期资产而收到的现金净额"项目。

据此，采用直接分析填列法计算如下：
（1）销售商品、提供劳务收到的现金
 = 1 000 000 −（360 000 − 200 000）+ 60 000 + 130 000 − 4 000 = 1 026 000（元）
（2）购买商品、接受劳务支付的现金
 = 300 000 + 39 000 + 100 000 = 439 000（元）
（3）支付给职工以及为职工支付的其他现金
 = 450 000 + 20 000 + 80 000 = 550 000（元）
（4）购建固定资产、无形资产和其他长期资产所支付的现金
 = 500 000 + 65 000 + 50 000 + 100 000 = 715 000（元）
（5）处置固定资产、无形资产和其他长期资产而收到的现金净额
 = 0（元）（由于处置净收入为负数应填入"支付其他与投资活动有关的现金"项目，故"处置固定资产、无形资产和其他长期资产而收到现金净额"应填0元。）

思考题与练习题

一、思考题

1. 简述现金流量表中"现金"的含义，它与会计核算中的"库存现金"概念有何区别？如何区分现金与现金等价物？现金等价物具有哪些特征？
2. 现金流量表中的现金流量是如何分类的？各包括哪些内容？
3. 现金流量表的编制方法有哪些？其间的主要区别是什么？

二、练习题

【目的】通过练习，掌握现金流量表的编制。

【资料】高强股份有限公司为高新技术企业，股票在深圳证券交易所公开上市交易，属增值税一般纳税人，增值税税率为13%，所得税税率为15%。该公司2023年1月1日有关科目的余额如表17−5所示。

表 17-5　　　　　　　　　　　　科目余额表　　　　　　　　　　　　单位：元

科目名称	借方余额	科目名称	贷方余额
库存现金	4 000	短期借款	600 000
银行存款	2 560 000	应付票据	400 000
其他货币资金	248 600	应付账款	1 907 600
交易性金融资产	30 000	其他应付款	100 000
应收票据	492 000	应付职工薪酬	220 000
应收账款	600 000	应交税费	73 200
坏账准备（全部为应收账款计提）	-1 800	应付利息	2 000
预付账款	400 000	长期借款	3 200 000
其他应收款	10 000	其中：1年内到期的非流动负债	2 000 000
材料采购	450 000		
原材料	1 100 000		
包装物	76 100	股本（10 000 000股，每股面值1元）	10 000 000
低值易耗品	100 000	盈余公积	200 000
库存商品	3 360 000	利润分配（未分配利润）	100 000
材料成本差异	73 900		
长期股权投资	500 000		
固定资产	3 000 000		
累计折旧	-800 000		
在建工程	3 000 000		
无形资产	1 200 000		
长期待摊费用	400 000		
合　　计	16 802 800	合　　计	16 802 800

该公司2023年发生的经济业务如下：

（1）购入原材料一批，用银行存款支付货款400 000元，其中，增值税专用发票上注明购入材料支付的增值税额为52 000元，货款已付，材料已收到验收入库。

（2）购入需要安装的设备一台，价款为200 000元，增值税专用发票上注明的增值税额为26 000元（假定符合抵扣条件），同时支付包装费2 000元，价款及包装等均以银行存款支付。

（3）交易性金融资产到期进行兑付，收到款项250 000元，该债券账面成本为220 000元，款项已存入银行。

（4）分配支付的职工工资，其中生产人员工资300 000元，车间管理人员工资120 000元，行政管理人员工资100 000元，在建工程人员工资80 000元。

（5）实际发生职工福利费，其中生产人员福利费42 000元，车间管理人员福利费16 800元，行政管理人员福利费14 000元，在建工程人员福利费11 200元，假定均以银行存款支付。

（6）工程完工后，计算应负担的专门借款利息为150 000元。

（7）基本生产车间报废一台设备，原价300 000元，已提折旧290 000元，清理费用1 000元，残值收入2 000元，已用银行存款收支。

（8）销售产品一批，销售价款2 000 000元，应收的增值税额为260 000元，销售产品的实际成本为700 000元，货款已收到并存入银行。

（9）采用分期收款方式销售产品一批，销售价款600 000元，本年应收取全部销售价款的40%；该批产品的销售成本为300 000元，本年应收的价款尚未收到。

（10）拥有其100%股份的被投资企业本年度实现净利润1 000 000元，该被投资企业适用的所得税税率也为25%。

（11）计提生产车间用固定资产折旧，其原价为1 000 000元。从2021年12月投入使用，会计折旧年限为5年，采用直线法计提折旧，预计净残值为0。税法规定的折旧年限为2年。

（12）销售材料一批，销售价款为570 000元，增值税额为74 100元，款项已收到并存入银行，该批材料的实际成本为300 000元。

（13）计提本年销售应负担的城市维护建设税100 000元，其中产品销售应负担的城市维护建设税为80 000元。

（14）计提本年销售应负担的教育费附加5 000元，其中产品销售应负担的教育费附加为4 000元。

（15）以银行存款支付违反税收规定应交纳的罚款20 000元，支付非公益性捐赠支出100 000元。

（16）计提短期借款利息50 000元。

（17）归还短期借款本金200 000元及利息25 000元。

（18）摊销无形资产60 000元。

（19）计提本年度应收账款的坏账准备5 000元、固定资产减值准备10 000元（假定税法规定资产减值准备应在实际发生的当期申报扣除，在计提时均不允许在税前扣除）。

（20）用银行存款支付广告费10 000元，其他管理费用150 000元。

（21）用银行存款交纳增值税100 000元、教育费附加5 000元。

（22）偿还长期借款本金1 000 000元，偿还上年所欠货款390 000元。

【要求】根据上述资料编制高强股份有限公司2023年度的现金流量表。

第十八章

财务报表附注

【本章学习目的】

本章重点介绍财务报表附注的相关知识。通过本章的学习，了解财务报表附注的含义、作用、方式和内容。

第一节 财务报表附注的含义、作用及形式

一、财务报表附注的含义

财务会计报告包括财务报表及其附注和其他应当在财务会计报告中披露的相关信息和资料。其中，财务报表附注主要是对资产负债表、利润表、现金流量表和所有者权益变动表等报表中所列示项目的文字描述或明细资料，以及未能在这些报表中列示项目的说明等，它是财务会计报告不可或缺的一个组成部分。

二、财务报表附注的作用

财务报表附注是为了便于财务报表使用者理解财务报表的内容而对财务报表的编制基础、编制依据、编制原则、编制方法及主要项目等所作的解释和进一步说明，其作用主要是提供更多与决策相关的信息和提高财务报表信息的可理解性。

1. 提供更多与决策相关的信息。财务报表是对企业财务状况、经营成果和现金流量的结构性表述。受到财务报表固定格式的限制，财务报表只能披露数量有限的定量信息。随着社会经济的日趋复杂化，财务报表使用者的信息需求也日益丰富，单纯依靠财务报表所披露的信息已无法满足财务报表使用者的信息需求。这就需要借助于财务报表附注提供更多的信息，以满足会计信息使用者的决策需要。

比如，《国际会计准则第1号——财务报表列报》规定，财务报表附注应披露《国际财务报告准则》所要求的，但未在资产负债表、利润表、所有者权益变动表、现金流量表中列示的信息。

2. 提高财务报表信息的可理解性。财务报表中的信息是按照企业特定的会计政策和会计估计编制产生的。由于不同的企业可能对同一交易或事项采用不同的会计政策或具

有不同的会计估计，所产生出的会计信息可能具有不同的信息含义。因而在财务报表附注中披露有关的会计政策和会计估计等信息有助于财务报表使用者了解生成会计信息的基础、依据、原则和方法等，从而增强会计信息在企业内部的纵向可比性和在企业之间的横向可比性。

比如，美国财务会计准则委员会（FASB）在其于1984年发布的《财务会计概念公告第5号——企业财务报表中的确认和计量》中指出："在财务报表旁注或底注中披露的信息，如重要的会计政策或资产、负债的可选择性计量方法，能够加强或解释财务报表中确认的信息。这类信息对于理解财务报表中所确认的信息是关键的，并且长期以来被视为按公认会计原则所编制的财务报表不可或缺的组成部分。"而《国际会计准则第1号——财务报表列报》中规定，财务报表附注应披露与理解资产负债表、利润表、所有者权益变动表、现金流量表项目相关的附加信息。

三、财务报表附注的形式

财务报表附注主要以表后底注形式来揭示基本财务报表内有关项目的附加信息和其他财务信息，以便帮助信息使用者理解和使用财务报表信息。

底注（也称脚注）是指在财务报表正文后面用一定的文字和数字对企业财务信息和非财务信息所作的补充说明。运用底注的目的是揭示那些不便于列入基本财务报表的有关信息，其主要优点在于：（1）可以提供非财务信息，如企业的股权结构、产品与业务、会计政策等基本情况；（2）可以列示比报表项目更为详细的信息，如应收账款的账龄分析情况等；（3）可以披露一些次要的定量或定性信息。

随着经济业务的逐渐复杂，报表底注的内容日益丰富、篇幅日渐增加。报表底注对于财务报表阅读者的作用越来越大。但是作为财务报表的组成部分，底注仅是报表正文的补充，不能代替会计确认和计量，也不能与报表项目的信息或数据相抵触，如对会计政策和会计估计变更的说明，对财务报表重要项目的说明，对或有事项及关联方交易的说明等。

第二节　财务报表附注的内容

财务报表附注主要是对财务报表中所列示项目以及未能在这些报表中列示的项目进行说明。各个准则制定机构对财务报表附注应披露的内容都予以了明确规定。《国际会计准则第1号——财务报表列报》中规定，财务报表附注应按如下顺序列报：

（1）遵循国际财务报告准则的声明；

（2）所应用的重要会计政策的概述；

（3）资产负债表、利润表、所有者权益变动表、现金流量表中列示项目的支持性信息，这些支持性信息应按各张报表及报表中项目的顺序列报；

（4）其他披露事项，包括：① 或有负债和未确认的合同承诺事项；② 非财务信息披露，如企业的财务风险管理目标和政策等。

我国《企业会计准则第30号——财务报表列报》规定附注应当披露财务报表的编制基础，相关信息应当与资产负债表、利润表、现金流量表和所有者权益变动表等报表中列示的项目相互参照。企业还应当在附注中披露在资产负债表日后、财务报告批准报出日前提议或宣布发放的股利总额和每股股利金额（或向投资者分配的利润总额）。附注一般应当按照下列顺序披露：

（1）财务报表的编制基础；

（2）遵循企业会计准则的声明；

（3）重要会计政策的说明，包括财务报表项目的计量基础和会计政策的确定依据等；

（4）重要会计估计的说明，包括下一会计期间内很可能导致资产、负债账面价值重大调整的会计估计的确定依据等；

（5）会计政策和会计估计变更以及差错更正的说明；

（6）对已在资产负债表、利润表、现金流量表和所有者权益变动表中列示的重要项目的进一步说明，包括终止经营税后利润的金额及其构成情况等；

（7）或有和承诺事项、资产负债表日后非调整事项、关联方关系及其交易等需要说明的事项。

另外，下列各项未在与财务报表一起公布的其他信息中披露的，企业应当在附注中披露：（1）企业注册地、组织形式和总部地址；（2）企业的业务性质和主要经营活动；（3）母公司以及集团最终母公司的名称。

因此，企业报表附注一般应包括以下主要内容：

一、企业的基本情况

企业在财务报表附注中应披露：（1）企业注册地、组织形式和总部地址；（2）企业的业务性质和主要经营活动；（3）母公司以及集团最终母公司的名称；（4）财务报告的批准报出者和财务报告批准报出日。

我国证监会还规定，首次公开发行证券的公司应简述公司历史沿革、改制情况、行业性质、经营范围、主要产品或提供的劳务、主业变更、营业收入构成、公司的基本组织架构等有关资料。首次公开发行证券的公司若从其设立为股份有限公司时起运行不足3年的，应说明设立为股份有限公司之前各会计期间的财务报表主体及其确定方法和所有者权益（或股东权益）变动情况。已上市公司披露定期报告时至少应简述公司历史沿革、所处行业、经营范围、主要产品或提供的劳务等。公司在报告期间内主营业务发生变更的，应予以说明。

二、报表编制基础及遵循会计准则的声明

（一）财务报表的编制基础

按照公认会计原则，企业应当对其本身发生的交易或者事项进行会计确认、计量和报告；会计确认、计量和报告应当以权责发生制为基础，以持续经营为前提。同时，企业会计应当以货币计量，并划分会计期间，分期结算账目和编制财务会计报告。上述这些都是财务报表编制的基础，如果企业的会计核算基础与上述要求不相符，则会计核算的结果就会发生重大差异。比如，某个企业进入破产清算程序，其会计核算以非持续经营为前提，因而会计核算结果就与持续经营前提下的核算结果有较大的差异。因此，企业在财务报表附注中披露其财务报表的编制基础有助于报表使用者更好地理解表内会计信息的含义。

一般来说，企业在该部分的附注中应披露：(1) 会计期间。(2) 记账本位币。若记账本位币为人民币以外的其他货币的，说明选定记账本位币的考虑因素及折算成人民币时的折算方法。(3) 计量属性在本期发生变化的报表项目及其本期采用的计量属性。(4) 编制现金流量表时现金等价物的确定标准等。

（二）遵循会计准则的声明

按照会计准则进行会计核算是保障会计信息真实性的要求，有利于提高会计信息在企业之间的横向可比性和企业内部的纵向可比性。因此，遵循会计准则是企业管理层的责任。为明确企业管理层在提供会计信息方面的法律责任，企业应当在财务报表附注中声明本企业编制的财务报表符合企业会计准则的要求，真实、完整地反映了企业的财务状况、经营成果和现金流量等有关信息。

三、重要会计政策和会计估计的说明

（一）重要会计政策和会计估计

企业应当披露采用的重要会计政策和会计估计，不重要的会计政策和会计估计可以不披露。在披露重要会计政策和会计估计时，应当披露重要会计政策的确定依据和财务报表项目的计量基础，以及会计估计中所采用的关键假设和不确定因素。

（二）会计政策和会计估计变更以及差错更正的说明

企业应当按照《会计政策、会计估计变更和差错更正》准则的规定，在财务报表附注中披露会计政策和会计估计变更以及差错更正的有关情况。

四、财务报表重要项目的说明

企业对报表重要项目的说明，应当按照资产负债表、利润表、现金流量表、所有者权益变动表及其项目列示的顺序，采用文字和数字描述相结合的方式进行披露。报表重要项目的明细金额合计，应当与报表项目金额相衔接。

五、其他披露事项

（一）或有事项

企业通常不应当披露或有资产。但或有资产很可能会给企业带来经济利益的，应当披露其形成的原因、预计产生的财务影响等。

对于或有负债（不包括极小可能导致经济利益流出企业的或有负债），企业应按已贴现商业承兑汇票形成的或有负债、未决诉讼或仲裁形成的或有负债、对外提供担保形成的或有负债、其他或有负债等分项披露该事项形成的原因、预计产生的财务影响（如无法预计，应说明理由）、获得补偿的可能性。

企业应说明预计负债的期初余额、期末余额和本期变动情况及本期确认的预期补偿金额。必要时，披露可能导致预计负债最佳估计数发生变化的各种因素。如果公司没有需要在财务报表附注中说明的或有事项，也应予以说明。

（二）资产负债表日后事项

公司应按有关资产负债表日后事项准则的规定，说明资产负债表日后股票和债券的发行、对一个公司的巨额投资、协商中的并购或重组计划、一年内实施的重大经营战略调整、金额重大的债务重组、自然灾害导致的资产损失以及外汇汇率发生较大变动等非调整事项的内容，估计对财务状况、经营成果的影响；如无法作出估计，应说明其原因。

（三）关联方关系及其交易

公司应按企业会计准则和中国证监会的相关规定，说明其关联方的认定标准，还应披露各类关联交易占公司全部同类交易的金额比例。

（四）承诺事项

对于资产负债表日存在的重大承诺事项，应在财务报表附注中按已签订的尚未履行或尚未完全履行的对外投资合同及有关财务支出、已签订的正在或准备履行的大额发包合同、已签订的正在或准备履行的租赁合同及财务影响、已签订的正在或准备履行的并购协议、已签订的正在或准备履行的重组计划、其他重大财务承诺等分项说明其存在的原因和金额。公司应说明前期承诺的履行情况。如果公司没有需要说明的承诺事项，也应予以说明。

（五）其他事项

报告期内发生的非货币性资产交换、债务重组、借款费用、外币折算、企业合并、租赁等其他对投资者决策有影响的重要事项，应分项说明。

思考题

1. 编制财务报表附注的意义是什么？
2. 财务报表附注的披露方式有哪些？

第十九章

会计调整事项

【本章学习目的】

通过本章的学习，了解会计政策、会计政策变更、会计估计、会计差错、资产负债表日后事项、调整事项、非调整事项的概念；掌握会计政策变更、会计估计变更、会计差错以及资产负债表日后事项的会计处理方法，以及相应的信息披露要求。

第一节 会计政策、会计估计变更和前期差错更正

一、会计政策及其变更

（一）会计政策概述

1. 会计政策的概念。会计政策，是指企业在会计确认、计量和报告中所采用的原则、基础和会计处理方法。原则，是指按照企业会计准则规定的、适合于企业会计要素确认过程中所采用的具体会计原则；基础，是指为了将会计原则应用于交易或事项而采用的基础，主要指计量基础（即计量属性），包括历史成本、重置成本、可变现净值、现值和公允价值等；会计处理方法，是指企业按照法律、行政法规或者国家统一的会计制度等规定采用或者选择的、适合于本企业的具体会计处理方法。

原则、基础和会计处理方法是对任何交易或事项进行处理不可避免要涉及的方面，三者密切相关、缺一不可，共同构成了会计政策的有机整体。其中原则通常与相关交易或事项的确认有关，包括是否确认、确认为哪项会计要素、确认的条件等问题；基础则是对相关交易或事项进行确认过程中涉及的计量金额（计量属性）的表述，计量与确认密不可分，没有金额计量也就谈不上确认；会计处理方法则是在明确对相关交易或事项的确认原则、计量基础后所采用的具体处理方法。

2. 会计政策的选择与制定。企业应当根据国家统一的会计准则规定的原则、基础及相应的会计处理方法，结合本企业的实际情况，确定相关交易或事项的会计政策。

随着我国经济的发展，作为会计法规体系重要组成部分的会计准则也不断发展和完善，对许多业务的处理都制定了相应的具体准则。对各类业务核算的会计政策所涉及的

原则、基础和会计处理方法一般都由相关会计准则作出规定，具有一定的强制性。企业必须在准则所允许的范围内选择适合本企业实际情况的会计政策。即企业对发生的各类经济业务事项，必须在准则允许的会计原则、计量基础和会计处理方法中选择出适合本企业特点的会计政策。

企业根据会计准则规定选择的会计政策，应当经过股东大会或董事会、经理（厂长）会议或类似机构批准，按照法律、行政法规等的规定报送有关各方备案。企业的会计政策一经确定，不得随意变更。如需变更，应重新履行上述程序，并按本准则的规定处理。

企业应当对相同或者相似的交易或事项采用相同的会计政策进行处理。但是，其他会计准则另有规定的除外。

3. 会计政策的运用要求。我国《企业会计准则第28号——会计政策、会计估计变更和差错更正》第四条规定，企业采用的会计政策，在每一会计期间和前后各期应当保持一致，不得随意变更。但是，如果法律、行政法规或者国家统一的会计制度等要求企业变更会计政策，或者会计政策变更能够提供更可靠、更相关的会计信息情况下，企业应当变更会计政策。

4. 会计政策的披露。企业应当在财务报表附注披露采用的重要会计政策，不重要的会计政策可以不披露。在披露重要会计政策时，应当披露重要会计政策的确定依据和财务报表项目的计量基础。

（1）会计政策的确定依据，例如，企业应当根据本企业业务的实际情况说明确定金融资产分类的判断标准等。这些判断对在报表中确认的项目金额具有重要影响。因此，这项披露要求有助于使用者理解企业选择和运用会计政策的背景，增加财务报表的可理解性。

（2）财务报表项目的计量基础。会计计量属性包括历史成本、重置成本、可变现净值、现值和公允价值，这直接影响报表使用者的分析，这项披露要求便于使用者了解企业财务报表的项目是按何种计量基础予以计量的，如存货是按成本还是按可变现净值计量等。

（二）会计政策变更

1. 会计政策变更的含义。会计政策变更，是指企业对相同的交易或事项由原来采用的会计政策改用另一会计政策的行为。

一般情况下，为保证会计信息的可比性，使财务报告使用者在比较企业各期财务报表时，能够正确判断企业的财务状况、经营成果和现金流的趋势，企业采用的会计政策，在每一会计期间和前后各期应当保持一致，不得随意变更；否则就会影响会计信息的可比性，给财务报表使用者造成不便。

2. 会计政策变更的条件。企业对选定的会计政策应当在每一会计期间及前后各期连续使用，不得随意变更，但这并不意味着企业在任何情况下都不能变更其会计政策。存在下列条件之一的，企业应当变更会计政策：

（1）法律、行政法规或者国家统一的会计制度等要求变更。这种情况是指，按照法律、行政法规以及国家统一的会计制度的规定，要求企业采用新的会计政策。这种情况下，企业应当按照法律、行政法规以及国家统一的会计制度的规定改变原会计政策，采用新的会计政策。

（2）会计政策变更能够提供更可靠、更相关的会计信息。这种情况是指，由于经济环境、客观情况的改变，使企业原来采用的会计政策所提供的会计信息，已不能恰当地反映企业的财务状况、经营成果和现金流量等情况。在这种情况下，企业应当改变原有会计政策，按照更切合当前情况的新会计政策进行核算，以便能够对外提供更可靠、更相关的会计信息。

对该类会计政策变更，企业必须有充分、合理的证据表明其变更的合理性，并说明变更会计政策后，能够提供关于企业财务状况、经营成果和现金流量等更可靠、更相关会计信息的理由。

会计政策变更，并不意味着以前期间的会计政策是错误的，只是由于情况发生了变化，或者掌握了新的信息、积累了更多的经验，使得变更会计政策能够更好地反映企业的财务状况、经营成果和现金流量。如果以前期间会计政策的选择和运用是错误的，则属于前期差错更正的会计处理方法进行处理。

企业变更会计政策，应经股东大会或董事会、经理（厂长）会议或类似机构批准，并按照法律、行政法规等的规定报送有关各方备案。如无充分、合理的证据表明会计政策变更的合理性或未经股东大会等类似机构批准擅自变更会计政策的，或者连续、反复地自行变更会计政策的，视为滥用会计政策，按照前期差错更正的方法进行处理。

上市公司的会计政策目录及变更会计政策后重新制定的会计政策目录，除应按上市公司信息披露的要求进行披露外，还应当报公司上市地交易所备案。未报公司上市地交易所备案的，视为滥用会计政策，按照前期差错更正的方法进行处理。

3. 不属于会计政策变更的情况。判断对相关交易或事项的处理是否属于会计政策变更，直接影响到企业会计信息的质量。实务中，下列各项不属于会计政策变更：

（1）本期发生的交易或者事项与以前相比具有本质差别而采用新的会计政策。

（2）对初次发生的或不重要的交易或者事项采用新的会计政策。

（三）会计政策变更的核算

1. 会计政策变更的处理原则。企业应当根据会计政策变更的原因，分别以下情况进行处理：

（1）企业根据法律、行政法规或者国家统一的会计制度等要求变更会计政策的，应当按照国家相关会计规定执行。其中法律、行政法规或者国家统一的会计制度等要求变更相关交易或事项会计政策的同时，规定了相应处理办法的，从其规定。

(2) 会计政策变更能够提供更可靠、更相关的会计信息的，应当采用追溯调整法处理，将会计政策变更的累计影响数调整列报前期最早期初留存收益，其他相关项目的期初余额和列报前期披露的其他比较数据也应当一并调整。

(3) 确定会计政策变更对列报前期累积影响数不切实可行的，应当从可追溯调整的最早期间期初开始应用变更后的会计政策。

(4) 在当期期初确定会计政策变更对以前各期累积影响数不切实可行的，应当采用未来适用法处理。例如企业因账簿、凭证超过法定保存期限而销毁，因不可抗力而毁坏、遗失，或因人为因素毁坏、灭失等，导致当期期初无法确定会计政策变更对以前各期累积影响数的，这种情况下对会计政策变更应当采用未来适用法进行处理。

2. 追溯调整法。追溯调整法，是指对某项交易或事项变更会计政策，视同该项交易或事项初次发生时即采用变更后的会计政策，并以此对财务报表相关项目进行调整的方法。

追溯调整法的运用通常包括以下几个步骤：

(1) 计算会计政策变更的累积影响数；

(2) 编制相关的调整分录，即"调账"；

(3) 调整相关报表项目金额，即"调表"；

(4) 在附注中进行说明。

采用追溯调整法时，对于比较财务报表期间的会计政策变更，应调整相应期间净损益各项目和财务报表其他项目，视同该政策在比较财务报表期间一直采用。对于比较财务报表可比期间以前的会计政策变更的累积影响数，应调整比较财务报表最早期间的期初留存收益，财务报表其他相关项目的数字也应一并调整。因此，追溯调整法，是将会计政策变更的累积影响数调整列报前期最早期间期初的留存收益，而不计入当期损益。但确定会计政策变更对列报前期影响数不切实可行的，应当从可追溯调整的最早期间的期初开始应用变更后的会计政策。

3. 会计政策变更累积影响数。会计政策变更累积影响数，是指按照变更后的会计政策对以前各期追溯计算的列报前期最早期初留存收益应有金额与现有金额之间的差额。也就是在假定与会计政策变更相关的交易或事项在初次发生时即采用新的会计政策的情况下，计算得出的列报前期最早期间期初留存收益应有余额与现有余额之间的差额。

会计政策变更采用追溯调整法的，应当将会计政策变更的累积影响数调整期初留存收益。留存收益包括当年和以前年度的未分配利润和按照相关法律规定提取并累积的盈余公积。这里的留存收益，指的是未分配利润和盈余公积两个项目，不考虑由于损益的变化对企业现金股利或利润分配的影响。例如，某企业由于会计政策变化，增加了以前期间可供分配的利润，该企业通常按净利润的20%分派股利。但在计算调整会计政策变更的累积影响数时，不应当考虑由于以前期间净利润的变化而需要分派的股利。

在财务报表只提供一个比较期间数据的情况下，上述列报前期最早期初留存收益指的是上期资产负债表所反映的期初留存收益数，可从上期资产负债表中获得；变更当期期初留存收益数额，即上期资产负债表所反映的留存收益期末数，也可从上期资产负债表中获得。追溯调整后的留存收益数额，是指扣除所得税后的净额，也就是说计算确定会计政策变更的累积影响数时，应当考虑所得税的影响。

会计政策变更的累计影响数，可通过以下步骤计算确定：

（1）根据新会计政策重新计算受影响的前期交易或事项的税前损益；

（2）计算两种会计政策下的税前损益差异；

（3）计算差异的所得税影响金额；

（4）确定每一前期的税后差异；

（5）计算会计政策变更的累积影响数。

4. 不切实可行的判断。不切实可行，是指企业在采取所有合理努力后，仍然无法采用某项规定。即企业在采取所有合理的方法后，仍然不能获得采用某项规定所必需的相关信息，而导致无法采用该项规定，则该项规定在此时是不切实可行的。

对于以下特定前期，对某项会计政策变更应用追溯调整法是不切实可行的：

（1）应用追溯调整法的累积影响数不能确定。

（2）应用追溯调整法要求对管理层在该期当时的意图作出假定。

（3）应用追溯调整法要求对有关金额进行重大估计，并且不可能提供有关交易发生时存在状况的证据（如有关金额确认、计量或披露日期存在事实的证据，以及在受变更影响的当期和未来期间确认会计估计变更影响的证据）和该期间财务报表批准报出时能够取得的信息这两类信息与其他信息客观地加以区分。

在当期期初确定会计政策变更对以前各期累积影响数不切实可行的，应当采用未来适用法处理。

5. 未来适用法。未来适用法，是指将变更后的会计政策应用于变更日及以后期间发生的交易或者事项，或者在会计估计变更当期和未来期间确认会计估计变更影响数的方法。

在未来适用法下，不需要计算会计政策变更产生的累积影响数，不需要编制相关的调整分录，也无须调整列报前期的财务报表。企业会计账簿记录及财务报表中列报的项目，变更之日仍保留原有的金额，不因为会计政策变更以前期间的既定结果，只需在现有金额的基础上按新的会计政策进行核算。

（四）会计政策变更的披露

企业应当按照《企业会计准则第 28 号——会计政策、会计估计变更和差错更正》及其应用指南的规定，在附注中披露与会计政策变更有关的下列信息：

1. 会计政策变更的性质、内容和原因。包括对会计政策变更的简要阐述、变更的日期、变更前采用的会计政策、变更后所采用的新会计政策以及会计政策变更的原因。例如依据法律、行政法规或企业会计准则等会计法规体系要求变更会计政策时,应在财务报表附注中披露所依据的文件,如依据《企业会计准则第×号——×××》的要求变更会计政策……

2. 当期和各个列报前期财务报表中受影响的项目名称和调整金额。包括采用追溯调整法时,计算出的会计政策变更的累积影响数,当期和各个列报前期财务报表中需要调整项目的名称及调整金额等。

3. 无法进行追溯调整的,说明该事实和原因以及开始应用变更后的会计政策的时点、具体应用情况。包括无法进行追溯调整的事实、确定会计政策变更对列报前期影响数不切实可行的原因、在当期期初确定会计政策变更对以前各期累积影响数不切实可行的原因、开始应用新会计政策的时点和具体应用情况等。

在以后期间的财务报表中,不需要重复披露在以前期间的附注中已披露的会计政策变更的信息。

【例19-1】宏达股份有限公司于20×5年、20×6年分别以5 000万元和2 000万元的价格从二级市场购入A、B两只以交易为目的的股票,购入后两只股票的市价一直高于成本。假定不考虑相关税费。宏达公司采用成本与市价孰低法对购入股票进行后续计量。公司从20×7年起开始执行新会计准则,并按规定对以交易为目的的股票改按公允价值进行后续计量,公司保存的会计资料比较齐全,可以通过会计资料追溯计算。假定公司适用的所得税税率为25%,公司按净利润的10%计提法定盈余公积,公司股票的面值为1元,20×6年公司的有关财务报表(调整前)如表19-1、表19-2及表19-3所示,A、B股票有关成本及公允价值资料见表19-4。

表19-1　　　　　　　　宏达公司20×6年资产负债表(简表)
20×6年12月31日

项目	金额(万元)	
	年末数	年初数(略)
资产:		
交易性金融资产	7 000	
其他资产	54 000	
资产总计	61 000	
负债:		
递延所得税负债	0	
其他负债	6 000	
负债合计	6 000	
所有者权益:		

续表

项 目	金额（万元）	
	年末数	年初数（略）
股本	10 000	
资本公积	26 000	
盈余公积	6 600	
未分配利润	12 400	
所有者权益合计	55 000	
负债和所有者权益总计	61 000	

表 19-2 宏达公司利润表

20×6 年度 单位：万元

项 目	本年数	上年数（略）
一、营业收入	90 000	
加：公允价值变动收益	—	
……		
二、营业利润	6 500	
三、利润总额	7 000	
所得税费用	1 000	
四、净利润	6 000	
五、每股收益		
（一）基本每股收益	0.60	
（二）稀释每股收益	0.60	

表 19-3 宏达公司所有者权益变动表

20×6 年度 单位：万元

项 目	本年金额					上年金额（略）
	实收资本	资本公积	盈余公积	未分配利润	所有者权益合计	
一、上年年末余额	10 000	24 000	6 000	10 000	50 000	
加：会计政策变更	—	—	—	—	—	
前期差错更正	—	—	—	—	—	
二、本年年初余额	10 000	24 000	6 000	10 000	50 000	
三、本年增减变动金额	—	2 000	600	2 400	5 000	
四、本年年末余额	10 000	26 000	6 600	12 400	55 000	

表 19-4　　　　　　　　　　A、B 股票有关成本与公允价值　　　　　　　　　单位：万元

股票	购入成本	20×5 年年末公允价值	20×6 年年末公允价值	20×7 年年末公允价值
A	5 000	6 200	7 000	8 000
B	2 000	—	2 800	3 000

根据上述资料，宏达公司 20×7 年采用追溯调整法对上述股票处理如下：

1. 计算变更交易性金融资产后续计量基础的累计影响数，结果见表 19-5。

表 19-5　　　　　变更交易性金融资产后续计量基础累计影响数　　　　　　单位：万元

时间	股票	公允价值	成本与市价孰低	税前差异	所得税影响	税后差异
20×5 年年末	A	6 200	5 000	1 200	300	900
	B	—	—	—	—	—
	合计	6 200	5 000	1 200	300	900
20×6 年年末	A	7 000	5 000	2 000	500	1 500
	B	2 800	2 000	800	200	600
	合计	9 800	7 000	2 800	700	2 100

按惯例宏达公司只提供一个期间的比较财务报表，故其 20×7 年比较财务报表涵盖的期间为 20×6 年度，其比较财务报表最早期间的期初为 20×6 年 1 月 1 日。根据表 19-5 计算可知，宏达公司 20×5 年年末交易性金融资产按变更后的会计政策（即公允价值）计量的账面价值为 6 200 万元，按原会计政策（即成本与市价孰低）计量的账面价值为 5 000 万元，二者差额 1 200 万元，所得税影响数 300 万元，所得税后差异为 900 万元，该数即为 20×7 年会计政策变更的累计影响数。

宏达公司 20×6 年年末交易性金融资产的按变更后的会计政策计量的账面价值为 9 800 万元，按原会计政策计量的账面价值为 7 000 万元，二者的差额为 2 800 万元，为截至 20×6 年年末的累计税前影响数，所得税影响数为 700 万元，所得税后差异为 2 100 万元，其中 900 万元为至列报前期最早期间期初的税后影响数，即会计政策变更的累计影响数，其余 1 200 万元为对比较期间财务报表的影响，应当调整 20×6 年财务报表当期数据。

2. 编制会计政策变更的相关调整分录。

（1）按公允价值调整交易性金融资产的账面价值，调整分录为：

借：交易性金融资产——公允价值变动　　　　　　　　　　　　　　28 000 000
　　贷：利润分配——未分配利润　　　　　　　　　　　　　　　　　21 000 000
　　　　递延所得税负债　　　　　　　　　　　　　　　　　　　　　7 000 000

（2）调整提取盈余公积分录：

借：利润分配——未分配利润　　　　　　　　　　　2 100 000
　　　贷：盈余公积——法定盈余公积　　　　　　　　　　2 100 000

3. 调整财务报表相关项目。宏达公司在编制20×7年度财务报表时，应调整20×7年资产负债表有关项目年初余额，调整利润表及所有者权益变动表有关项目的上年金额。20×7年资产负债表的年初数栏、所有者权益变动表的盈余公积及未分配利润本年年初余额栏应以调整后的数据为基础填列。

宏达公司会计政策变更当期即20×7年对外报出的资产负债表、利润表及所有者权益变动表及其比较财务报表相关项目调整前及调整后的数据如表19-6、表19-7、表19-8所示。

表19-6　　　　　　　　　宏达公司资产负债表（简表）

20×7年12月31日　　　　　　　　　　　　　　　单位：万元

项目	年末数	年初数		
		调整前	调整数	调整后
资产：				
交易性金融资产	11 000	7 000	2 800	9 800
其他资产	65 100	54 000		54 000
资产总计	76 100	61 000		63 800
负债：				
递延所得税负债	1 000	0	700	700
其他负债	7 000	6 000		6 000
负债合计	8 000	6 000		6 700
所有者权益：				
股本	10 000	10 000		10 000
资本公积	32 000	26 000		26 000
盈余公积	7 810	6 600	210	6 810
未分配利润	18 290	12 400	1 890	14 290
所有者权益合计	68 100	55 000		57 100
负债和所有者权益总计	76 100	61 000		63 800

上述对资产负债表的调整包括：调增交易性金融资产年初余额2 800万元；调增递延所得税负债年初余额700万元；调增盈余公积年初余额210万元；调增未分配利润年初余额1 890万元。

表 19-7　　　　　　　　　　　宏达公司利润表（简表）

20×7 年度　　　　　　　　　　　　　　单位：万元

项　目	本年数	上年数		
		调整前	调整数	调整后
一、营业收入	120 000	90 000	—	90 000
加：公允价值变动收益	1 200	—	1 600	1 600
……				
二、营业利润	12 000	6 500	1 600	8 100
三、利润总额	12 500	7 000	1 600	8 600
所得税费用	2 500	1 000	400	1 400
四、净利润	10 000	6 000	1 200	7 200
五、每股收益				
（一）基本每股收益	1.00	0.60	0.12	0.72
（二）稀释每股收益	1.00	0.60	0.12	0.72

上述对利润表的调增包括：调增上年公允价值变动收益 1 600 万元；调增上年所得税费用 400 万元；调增上年净利润 1 200 万元；调增上年基本每股收益 0.12 元；调增上年稀释每股收益 0.12 元。

表 19-8　　　　　　　　　　宏达公司所有者权益变动表（简表）

20×7 年度　　　　　　　　　　　　　　单位：万元

项　目	本年金额				
	实收资本	资本公积	盈余公积	未分配利润	所有者权益合计
一、上年年末余额	10 000	26 000	6 600	12 400	57 100
加：会计政策变更	—	—	210	1 890	—
前期差错更正	—	—	—	—	—
二、本年年初余额	10 000	26 000	6 810	14 290	57 100
三、本年增减变动金额	—	6 000	1 000	4 000	11 000
四、本年年末余额	10 000	32 000	7 810	18 290	68 100

项　目	上年金额								
	实收资本	资本公积	盈余公积			未分配利润			所有者权益合计	
			调整前	调整数	调整后	调整前	调整数	调整后	调整前	调整后
一、上年年末余额	10 000	24 000	6 000	—	6 000	10 000	—	10 000	50 000	50 000
加：会计政策变更	—	—	—	90	—	—	810	—	900	
前期差错更正	—	—								

续表

项目	实收资本	资本公积	盈余公积			未分配利润			所有者权益合计	
			调整前	调整数	调整后	调整前	调整数	调整后	调整前	调整后
二、本年年初余额	10 000	24 000	6 000	90	6 090	10 000	810	10 810	50 000	50 900
三、本年增减变动金额	—	2 000	600	120	720	2 400	1 080	3 480	5 000	6 200
四、本年年末余额	10 000	26 000	6 600	210	6 810	12 400	1 890	14 290	55 000	57 100

表头："上年金额"

上述对所有者权益变动表的调整包括：调增上年所有者权益变动表中会计政策变更项目对应的盈余公积栏金额90万元；调增上年所有者权益变动表中会计政策变更项目对应的未分配利润栏金额810万元；调增上年所有者权益变动表中会计政策变更项目对应的所有者权益合计栏金额900万元；调增上年所有者权益变动表中本年增减变动金额项目对应的盈余公积栏金额120万元；调增上年所有者权益变动表中本年增减变动金额项目对应的未分配利润栏金额1 080万元；调增上年所有者权益变动表中本年增减变动金额项目对应的所有者权益合计栏金额1 200万元。

4. 附注说明。宏达公司20×7年度按照会计准则的规定，对交易性金融资产后续计量由原来的按成本与市价孰低计量变更为按公允价值计量。对此项会计政策变更采用追溯调整法进行处理，20×7年度的比较财务报表已重新表述。按照变更后的会计政策采用追溯调整法计算确定的会计政策变更的累计影响数为900万元，按规定调增20×6年年初留存收益900万元，其中调增盈余公积90万元，调增未分配利润810万元；会计政策变更对20×6年度财务报表（比较期财务报表）影响数为1 200万元，按规定分别对20×6年度的利润表及20×6年所有者权益变动表相关项目进行调整，其中调增利润表公允价值变动收益项目金额1 600万元；调增利润表所得税费用项目金额400万元；调增所有者权益变动表本年增减变动金额项目对应的盈余公积项目金额120万元、调增所有者权益变动表本年增减变动金额项目对应的未分配利润金额1 080万元。

二、会计估计及其变更

（一）会计估计概述

1. 会计估计的概念。会计估计，是指企业对结果不确定的交易或者事项以最近可利用的信息为基础所作的判断。由于企业经济活动所处的内外环境的不确定性，许多财务报表中的项目金额并不能精确计量，而只能加以估计。随着企业经营所处的内外环境不断发展变化，企业应当以最近可利用的信息为基础，对财务报表中需要估计项目的估计金额进行重新判断。

2. 会计估计的特点。会计估计具有如下特点：

（1）会计估计的存在是由于企业经营所处内外环境的不确定性决定的。在会计核算中，可靠性是会计信息应具有的基本质量要求，但这并不意味着企业财务报表中的每一项目的金额都能精确进行计量，实际上由于多种计量属性的存在以及会计信息应具有的相关性、谨慎性等其他质量要求，财务报表中的许多项目金额都不是根据其历史成本计量的，而是需要根据企业经营所处内外环境进行估计，如应收账款的坏账准备、存货的可变现净值、金融资产的公允价值、固定资产的折旧、无形资产的摊销、预计负债、跨期劳务的完工百分比，等等。也就是说，会计估计是企业进行会计核算及信息披露中必须面对的事实，是企业必须处理的会计事项。

（2）会计估计应当以企业最近可利用的信息或资料为基础。会计估计是由企业经营所处内外环境的不确定性决定的，随着企业经营所处内外环境的不断变化，企业不得不经常进行估计。一些估计的主要目的是确定资产负债表相关项目的账面价值，例如坏账准备、担保责任引起的负债；另一些估计的主要目的是某一期间记录的收入或费用的金额，如某一期间的折旧费、摊销费等。企业在进行会计估计时，通常应当根据当时的情况和经验，以最近可利用的信息或资料为基础进行。但是随着时间的推移、环境的变化，企业进行会计估计所依据的信息或资料也处于不断地更新、变化当中，导致企业进行会计估计的基础可能会发生变化。由于最新的信息是最接近目标的信息，以其为基础所作的估计最贴近事实，所以进行会计估计时，应当以最近可利用的信息或资料为基础进行。

（3）进行会计估计并不会削弱会计确认和计量的可靠性。企业为了定期、及时提供有用的会计信息，将延续不断的经营活动人为地划分为一定的期间，并以权责发生制为基础对企业的财务状况、经营成果定期进行确认、计量。例如，在会计分期的情况下，许多企业的交易跨越若干年度，以至于需要在一定程度上作出决定：哪些支出只在当年受益而应作为当期费用处理，哪些支出属资本化支出应当递延至以后各期等。由于存在会计分期和货币计量的前提，在确认和计量过程中，不得不对许多尚在延续中的、其结果不确定的交易或事项予以估计入账。但估计是以最近所掌握的可靠信息或资料为基础作出的，不会削弱会计核算的可靠性。

3. 会计估计的判断。会计估计的判断，应当考虑与会计估计相关项目的性质和金额，通常情况下，下列项目金额的确定属于会计估计：

（1）存货可变现净值的确定；

（2）采用公允价值模式计量的投资性房地产公允价值的确定；

（3）固定资产的预计使用寿命、净残值及折旧方法；

（4）使用寿命有限的无形资产的预计使用寿命与净残值；

（5）建造合同或劳务合同履约进度的确定；

(6) 相关资产、负债公允价值的确定；
(7) 预计负债最佳估计数的确定；
(8) 附有销售退回条款销售退货率的确定；
(9) 相关资产可收回金额的确定。

4. 会计估计的披露。企业应当在财务报表附注中披露重要会计估计的说明，包括下一会计期间内很可能导致资产、负债账面价值重大调整的会计估计的确定依据等，不重要的会计估计可以不披露。在披露重要会计估计时，应当披露会计估计中所采用的关键假设和不确定因素的确定依据。

在确定财务报表相关资产或负债账面金额过程中，企业经常需要在资产负债表日对结果不确定的未来事项的影响加以估计。例如，固定资产可收回金额的计算需要根据其公允价值减去处置费用后的净额与预计未来现金流量的现值两者之间的较高者确定，在计算资产预计未来现金流量的现值时需要对未来现金流量进行预测，并选择适当的折现率；又如，为正在进行中的诉讼确认预计负债时最佳估计数的确定依据等。上述估计中所采用的假设的变动对这些资产或负债项目金额的确定影响很大，有可能会在下一个会计年度内作出重大调整。为了有助于提高财务报表的可理解性，企业应当在附注中披露会计估计中所采用的关键假设和不确定因素的确定依据等信息。

(二) 会计估计变更

1. 会计估计变更的含义。会计估计变更，是指由于资产和负债的当前状况及预期经济利益和义务发生了变化，从而对资产和负债的账面价值或者资产的定期消耗金额进行调整。

由于企业经营所处的内外环境的不确定性，企业财务报表的某些项目不能精确计量，而只能加以估计。如果赖以估计的基础发生了变化，或者由于取得新信息、积累更多经验以及后来的发展变化，就需要对之前的会计估计进行变更，但会计估计变更的依据应当真实、可靠。

2. 会计估计变更的原因。

会估计变更的原因包括：

(1) 赖以进行估计的基础发生了变化。企业进行会计估计时，总是依赖于一定的基础。如果其所依赖的基础发生了变化，则会计估计也应相应发生变化。例如某企业的一项无形资产摊销年限原定为15年，之后由于受到国家专利保护，该资产的剩余受益年限已变为10年，企业应当随之调减该资产的摊销年限。

(2) 取得了新的信息，积累了更多的经验。企业进行会计估计是就现有资料对未来所作的判断，随着时间的推移，企业有可能取得新的信息，积累了更多的经验，在这种情况下，企业应当对原来的会计估计进行修订，即进行会计估计变更。例如，某企业根据当时可利用的信息，对某项应收账款计提了10%的坏账准则，之后由于掌握了对方发生严重财务困难的新情况,判定该项应收账款基本不能收回,故应当对将该项应收账款全额计提坏账准备。

会计估计变更,并不意味着以前期间会计估计是错误的,只是由于情况发生变化,或者掌握了新的信息,积累了更多的经验,使得原来的会计估计不再适应当前的新情况。如果以前期间的会计估计是错误的,则属于会计差错,应按会计差错更正的规定进行处理。

(三)会计估计变更的会计处理

1. 会计估计变更的处理方法。企业对会计估计变更,应当采用未来适用法处理,即在会计估计变更当期及以后期间,采用新的会计估计,不改变以前期间的会计估计,不调整以前期间的账务处理结果及财务报告信息。

按照未来适用法规定,如果会计估计变更仅影响变更当期的,其影响数应当在变更当期予以确认;如果会计估计变更既影响变更当期又影响未来期间的,其影响数应当在变更当期和未来期间予以确认。

会计估计变更影响的只是变更要素的金额,并不影响变更要素的列报项目,企业应将会计估计变更影响数计入与变更之前相同的列报项目中。为了保证不同期间的财务报表具有可比性,会计估计变更的影响如果以前在经营活动的损益项目中列报,则变更后也应在经营活动的损益项目中列报;如果以前在营业外收支项目中列报,则变更后仍在营业外收支中列报。

2. 企业对某项变更难以区分为会计政策变更或会计估计变更的,应当将其作为会计估计变更处理。某些情况下,企业对某交易或事项处理的变更很难分清是会计政策变更还是会计估计变更,这种情况下,应将其作为会计估计变更处理。

(四)会计估计变更的披露

企业应当按照《企业会计准则第28号——会计政策、会计估计变更和差错更正》及其应用指南的规定,在附注中披露与会计估计变更有关的下列信息:

(1)会计估计变更的内容和原因。
(2)会计估计变更对当期和未来期间的影响数。
(3)会计估计变更的影响数不能确定的,披露这一事实和原因。

【例19-2】宏达公司2020年12月购入一台管理用设备,设备成本为125 000元,预计使用年限为10年,预计净残值为5 000元,预计设备使用期间给企业带来的经济利益是均衡的,故从2021年起对该设备采用直线法计提折旧。2023年年初,由于技术进步等原因,原对设备使用年限及净残值进行估计的依据已明显发生了变化,需要进行修订。根据2023年年初掌握的最新资料,预计该设备的剩余使用年限为4年,净残值为1 000元,假定该设备并未发生减值。宏达公司适用的所得税税率为25%。

宏达公司对上述会计估计变更的会计处理如下：

1. 不需对 2021 年、2022 年已提折旧及财务报表相关数据进行调整，也不需要计算累计影响数。

2. 从 2023 年开始改按新的会计估计计提折旧。按原来估计，宏达公司对生产设备每年应计提折旧 12 000 元[（125 000 − 5 000）/10]，两年共计提折旧 24 000 元，故 2023 年年初固定资产净值为：

固定资产	125 000
减：累计折旧	24 000
固定资产净值	101 000

自 2023 年 1 月 1 日起，由于该管理设备预计剩余使用年限及预计净残值的变更，其在剩余使用年限内每年应计提折旧额为 25 000 元[（101 000 − 1 000）/4]，计提折旧的分录为：

借：管理费用　　　　　　　　　　　　　　　　　　25 000
　　贷：累计折旧　　　　　　　　　　　　　　　　　　25 000

也就是说，该项会计估计变更只影响 2023 年及以后各年计提折旧的金额，具体的账务处理科目及其在财务报表中的列报项目并不会因为会计估计变更而改变。

3. 附注说明。本公司 2020 年 12 月购入的一台管理用设备，成本为 125 000 元，原预计使用年限为 10 年，原预计净残值为 5 000 元，按直线法计提折旧。由于技术进步等原因，该生产设备的预计使用年限及预计净残值已发生了变化，本年年初，公司根据掌握的最新情况，对该管理设备的剩余使用年限及预计净残值进行了修订，将设备的剩余使用年限修订为 4 年，将设备的净残值修订为 1 000 元。此项会计估计变更使本年度净利润减少了 9 750 元[（25 000 − 12 000）×（1 − 25%）]。

三、会计政策变更与会计估计变更的区分

（一）区分两种会计变更的原因

1. 会计变更事项概述。会计变更事项是指对会计政策变更及会计估计变更的统称。企业对其生产经营中发生的各类交易或事项的处理一般按规定进行，前后各期要保持一致性。但由于相关法律法规、企业会计准则及国家统一会计制度等要求对某特定交易或事项的处理进行变更，或者对相关交易事项处理的变更能够提供更相关、更可靠会计信息的情况，或者由于企业生产经营内外环境的变化等原因，经常需要对相关交易或事项的处理进行变更。上述变更中的前两种变更属于会计政策变更，第三种变更属于会计估计变更。

2. 区分两种会计变更的意义。

（1）区分是对相关变更事项进行账务处理的前提。前已述及，会计政策变更与会计

估计变更的会计处理完全不同。会计政策变更采用追溯调整法处理，不仅影响变更当期，而且要调整列报前期最早期初的留存收益及各个列报前期的财务报表相关项目的金额，对企业整体财务状况、经营成果及对财务报表使用者的影响都很大；会计估计变更采用未来适用法处理，只在变更当期及以后期间（如影响）适用新的会计估计，只影响变更当期及以后期间的财务报表，并不需要对列报前期的财务报表作任何调整。

根据企业会计准则的要求，对两种不同性质变更的账务处理存在很大的差异，要对企业生产经营中发生的各种变更事项进行正确的账务处理，必须首先区分所发生的变更事项到底属于哪种类型的变更，否则就无法对发生的会计变更事项进行正确的账务处理。

（2）错误区分变更类型的后果。如果将一项会计政策变更错误地认定为会计估计变更，或将一项会计估计变更错误地认定会计政策变更，不仅会对企业的财务状况、经营成果等会计信息影响巨大，还有可能直接影响财务报表使用者所作的各类决策，给企业本身及财务报表使用者带来无法挽回的不良后果。

无论从企业财务人员的角度、从企业会计信息有用性的角度，还是从报表使用者角度，都必须正确区分企业生产经营过程中发生的各类变更事项，以便对相应的变更事项进行正确的账务处理，提高企业财务信息的质量，为财务报表使用者提供可靠的决策依据。

（二）两种会计变更的主要区别（如何区分两种变更）

要想正确区分一项变更是会计政策变更还是会计估计变更，必须首先明确两种不同性质变更的关键点，会计政策变更与会计估计变更的区别主要包括：

1. 会计政策与会计估计的适用范围不同。会计政策与会计估计都是会计核算中需要面对的，但二者本身的适用对象并不完全一致，企业对发生的各类交易或事项都应制定相应的会计政策，或者说各类交易或事项都需要依据事前确定的会计政策规定进行处理，但并不是所有的交易事项都需要进行估计，对某些结果确定的交易或事项并不需要估计，如企业的银行存款、应收票据、短期借款、应付票据等的金额就不需要估计。也就是说，会计政策适用于企业各类经济业务事项，不管该经济业务事项的金额是否需要估计；而会计估计只适用于金额需要估计的经济业务事项或报表项目。

从上面的论述不难看出，会计政策的适用范围比会计估计适用范围要宽泛得多，相应地，会计政策变更的适用范围也比会计估计的适用范围要宽泛。

2. 二者的制定或行为时间不同。企业会计政策的制定或变更通常是在事前完成，且要作为企业会计核算制度的重要内容报经相关权力机构批准并备案，而不是经济业务发生时或期末才制定或变更；而会计估计一般无法提前确定，通常要根据企业经营内外环境的变化在期末据实进行估计或变更估计。

3. 二者的处理顺序不同。企业运用会计政策过程中通常会涉及（或包含）会计估计问题，这点并不受会计政策变更与否的影响，也就是说，不论企业采用变更前的会计政策或执行变更后的新会计政策，在运用会计政策过程中都不可避免会涉及会计估计问题；但企业进行会计估计过程中通常不影响企业采用的会计政策。例如存货准则规定，企业资产负债表中的存货应按成本与可变现净值孰低进行计量，该项计量要求属于存货会计政策层面的要求，企业对该项计量基础并没有选择的余地；但企业在执行该项会计政策时，则需要对存货的可变现净值进行估计，由此可见，会计估计通常是企业运用（或执行）会计政策过程中的后续行为，或者说运用（或执行）会计政策是会计估计的先导，会计政策变更通常会导致相应会计估计变更，但会计估计变更并不能反过来影响会计政策发生变更。

4. 二类变更的性质不同。会计政策变更是指对相关交易或事项确认原则、计量基础、会计处理方法及列报项目的变更，该项变更的性质既有定性的变更，又有定量的变更；而会计估计变更只是对结果不确定的交易或事项金额确定方法的变更，会计估计变更并不涉及相关项目确认原则、计量基础、会计处理方法以及报表列报项目等性质的变化，只涉及列报项目金额的变更。

5. 二类变更依据不同。会计政策变更包括被动的变更和主动的变更两种情况。被动变更是指相关法律法规或国家统一会计制度要求的变更，企业没有选择的余地，只能被动地接受变更。主动变更是指企业在会计准则允许的可选范围内变更会计政策，虽然主动变更会计政策能提供更可靠、更相关的会计信息，但由于会计准则对相关交易事项的确定原则、计量基础、会计处理方法及列报要求大多都是明确的，企业可以选择的余地很小；而会计估计变更则要根据企业经营所处内外环境的变化对财务报表中金额需要估计项目所作出的调整，只要影响报表项目金额的内外环境发生了变化，会计估计就应当随之发生变化，所以说会计估计变更的依据就是企业内外环境的变化，或者说会计估计变化实际上是客观环境变化要求的结果。

6. 二类变更发生的频率不同。会计估计是指对财务报表中金额需要估计项目所采用的具体估计方法或手段，实际上财务报表中需要估计项目的金额每一期末都需要根据企业所处内外环境的变化而进行调整，所以会计估计的频率基本上是固定的，即每一期末都需要对相关报表项目进行估计；而会计政策变更的两种情况一般都很少发生，其中相关法律法规或国家统一会计制度强制要求变更会计政策的情况屈指可数，且因其影响大范围广，应该很好判断；如果是因变更会计政策能够提供更相关、更可靠的会计信息，企业也只能在准则允许的范围内变更会计政策，可以选择变更会计政策的范围很小，实务中企业一般很少主动变更会计政策。

7. 二类变更的结果不同。会计政策变更至少会导致会计要素的确认、计量、会计处理方法及列报项目之中的一项或几项同时发生变更；而会计估计变更则不会引起相关交易或事项的确认原则、计量基础、会计处理方法或列报项目发生变化，会计估计变更只影响相关交易或事项的列报金额发生变化。该项差别是区别会计政策变更与会计估计变更的最重要标准。如果一项变更导致了相关交易或事项的确认要素、计量基础、会计处理方法或列报项目之中的任何一项发生了变化，则说明该项变更属于会计政策变更，反之则不是会计政策变更；如果一项变更没有导致相关交易或事项的确认要素、计量基础、会计处理方法或列报项目之中的任何一项发生变化，而只是列报的金额发生了变化，则说明该项变更不属于会计政策变更，而是会计估计变更。

四、前期差错更正

（一）前期差错概述

1. 前期差错的概念。前期差错，是指由于没有运用或错误运用下列信息，而对前期财务报表造成的省略或错报。

（1）编报前期财务报表时预期能够取得并加以考虑的可靠信息。

（2）前期财务报告批准报出时能够取得的可靠信息。

2. 前期差错的分类。前期差错根据不同的标准分为不同的种类。

（1）按照前期差错的影响程度分类。根据前期差错的影响程度，可将其区分为重要的前期差错及不重要的前期差错两类。重要的前期差错，是指足以影响财务报表使用者对企业财务状况、经营成果和现金流量作出正确判断的前期差错；不重要的前期差错，是指不足以影响企业报表使用者对企业的财务状况、经营成果和现金流量作出正确判断的前期差错。

前期差错重要性的判断一般应结合企业所处经济环境，从定性与定量两方面进行衡量，也就是说，前期差错所影响的财务报表项目的性质和金额，是判断该前期差错是否具有重要性的决定性因素。一般来说，前期差错所影响的财务报表项目的绝对金额及相对金额越大、性质越严重，其重要性水平就越高。

（2）按照前期差错的性质分类。按照前期差错性质，可将其分为计算错误、会计政策应用错误、疏忽或曲解事实、舞弊，以及存货、固定资产盘盈等。

① 计算错误，是指由于计算不正确而导致的前期财务报表错报。比如企业对分期收款销售业务产生的未实现融资收益的摊销，按实际利率法计算的上一年度应分摊数额应为 5 000 万元，但由于企业实际利率计算错误，导致上期计算分摊的未实现融资收益额为 4 500 万元，两者相差 500 万元，即属于计算错误。

② 会计政策应用错误，是指企业选择确定的会计政策不符合相关法律法规、会计准则及国家统一的会计制度要求而导致的前期财务报表错报行为。例如按照《企业会计准则第 17 号——借款费用》的规定，企业应将资本化期间内发生的专门借款的利息费用予以资本化，如果企业的会计政策规定将资本化期间内专门借款的利息费用计入当期损益，则属会计政策运用错误。

③ 疏忽或曲解事实，是指企业由于不认真、马虎大意，或者对会计准则、相关交易

或事项理解上的错误，而非故意行为所造成的前期财务报表的错报或漏报。如企业会计人员由于疏忽，将一笔138万元的费用误记为183万元的行为就属疏忽；再如某企业将一项实质上具有抵押借款性质的发出商品行为错误地理解为销售商品行为，造成了企业将本应确认为负债的借款额错误地确认为销售商品收入，该行为造成的财务报表错报就属于曲解。

④ 舞弊，是指由于主观故意而导致的前期财务报表错报或漏报行为。如企业为了虚增利润，故意多记收入或故意少记费用，或者人为调整劳务合同的完工进度的行为，都属舞弊行为。

⑤ 存货、固定资产盘盈，是指企业期末对存货、固定资产进行清查、盘点而发现的、由于以前期间确认、计量等差错导致的盘盈行为。一般情况下，如果企业的存货、固定资产本期确认、计量方面没有错漏，不大可能出现盘盈，除非是前期确认、计量等方面出现错漏，故将由于前期原因导致的存货、固定资产盘盈视为前期差错。

企业应当严格区分会计估计变更和前期差错更正，对于前期根据当时的信息、假设等作了合理估计，在当期按照新的信息、假设等需要对前期估计金额作出变更的，应当作为会计估计变更处理，不应作为前期差错更正处理。

（二）前期差错的处理

企业对本期发现的前期差错，应视其重要程度分别进行相应的处理。

1. 不重要的前期差错的处理。对于不重要的前期差错，企业不需要对其进行追溯重述，即不需要计算调整财务报表相关项目期初数及前期比较数据，而是应调整发现当期财务报表与前期相同的项目。属于影响损益的，应直接计入本期与上期相同的损益项目，不影响损益的，应调整本期与前期的相关项目。

2. 重要的前期差错的处理。

（1）对重要的前期差错，应当采用追溯重述法进行更正，追溯重述法的会计处理与追溯调整法相同。即对发现的重要前期差错，视同该项差错从未发生过，从而对财务报表相关项目进行更正并重新列示和披露。

在编制比较财务报表时，对于比较财务报表期间的重要的前期差错，应调整各该期间的净损益和其他相关项目，视同该差错在产生的当期已经更正；对于比较财务报表期间以前发生的重要前期差错，应调整比较财务报表最早期间的期初留存收益，财务报表其他相关项目的数字也应一并调整。

具体而言，对重要的前期差错采用追溯重述法，应区分以下情况进行处理：

① 如果前期差错发生在列报的比较财务报表期间，且只影响差错发生当期一个会计期间，应当追溯重述差错发生当期资产负债表相关项目金额，影响损益的，还应当追溯重述差错发生当期利润表及所有者权益变动表相关项目金额；差错发生之后各比较期间的资产负债表相关项目、所有者权益变动表前期差错更正项目也应进行调整；差错发现

当期的资产负债表、所有者权益变动表中本年年初余额项目对应的盈余公积、未分配利润项目数应以对各列报前期重述后的数据为基础填列。

② 如果前期差错发生在列报的比较财务报表期间，其不仅影响差错发生当期一个比较期间，而且影响之后各会计期间的，应当追溯重述差错发生当期及之后各比较期间资产负债表相关项目金额，影响损益的，还应当追溯重述差错发生当期及以后各比较期间利润表及所有者权益变动表相关项目金额；差错发生之后的各比较期间资产负债表相关项目期末、期初数、所有者权益变动表前期差错更正数也应相应进行重述；差错发现当期的资产负债表、所有者权益变动表中本年年初余额项目对应的盈余公积及未分配利润数应以对各列报前期重述后的数据为基础填列。

③ 如果前期差错发生在列报的比较期间最早期初之前，但只影响差错发生当期、不影响以后各期的，应当追溯重述列报前期最早期初的留存收益及其他相关项目的期初余额；各比较期间资产负债表相关项目、所有者权益变动表前期差错更正项目也应进行调整；差错发现当期的资产负债表、所有者权益变动表中本年年初余额项目对应的盈余公积、未分配利润项目数应以对各列报前期重述后的数据为基础填列。

④ 如果前期差错发生在列报的比较期间最早期初之前，但不仅影响差错发生当期一个会计期间，而且影响之后各会计期间的，应当计算差错对列报前期最早期初留存收益的累计影响数，并追溯重述列报前期最早期初的留存收益及其他相关项目；还应当追溯重述列报的各比较期间利润表及所有者权益变动表相关项目金额；对各比较期间资产负债表相关项目、所有者权益变动表前期差错更正项目也应进行调整；差错发现当期的资产负债表、所有者权益变动表中本年年初余额项目对应的盈余公积、未分配利润项目数应以对各列报前期重述后的数据为基础填列。

(2) 确定前期差错的累计影响数不切实可行的，可以从可追溯重述的最早期间开始调整留存收益的期初余额，财务报表其他相关项目的期初余额也应当一并调整，也可以采用未来适用法。当企业确定前期差错对列报的一个或多个前期比较期间的累计影响数不切实可行时，应当从可以追溯重述的最早期间开始应用追溯重述法，相应调整比较期间财务报表相关项目；如果企业在差错发现当期期初确定前期差错的累计影响数不切实可行时，应当采用未来适用法对前期差错进行处理。

3. 属于资产负债表日后事项的前期差错。上述对前期差错的处理要求，是针对不属于资产负债表日后事项的前期差错而言的，也就是对发生在企业财务报告批准报出日之后至会计年度年末（12月31日）之间的前期差错的处理规定。对于年度资产负债表日至财务报告批准报出日之间发现的前期差错，应当按照《企业会计准则第29号——资产负债表日后事项》的规定进行处理。

(三) 前期差错更正的披露

企业应当按照《企业会计准则第28号——会计政策、会计估计变更和差错更正》

及其应用指南的规定,在附注中披露与前期差错更正有关的下列信息:

1. 前期差错的性质;
2. 各个列报前期财务报表中受影响的项目名称和更正金额;
3. 无法进行追溯重述的,说明该事实和原因以及对前期差错开始进行更正的时点、具体更正情况;
4. 在以后期间的财务报表中,不需要重复披露在以前期间的附注中已披露的前期差错更正的信息。

(四) 前期差错更正举例

1. 不重要的前期差错的会计处理。

【例19-3】宏发公司2023年12月31日发现,一台价值4 800元、应计入固定资产并于2022年3月1日开始计提折旧的管理用设备,在2022年计入了当期费用。该公司固定资产折旧采用直线法,上述资产估计使用4年,不考虑净残值因素。则公司在2023年对上述前期差错进行更正的分录如下:

借:固定资产 4 800
  贷:管理费用 2 600
    累计折旧 2 200

如果上述差错直到2026年3月以后才发现,则不需要作任何处理,因为该项差错的影响已经抵销了。

2. 重要的前期差错的会计处理。重要的前期差错,有的只影响差错发生当期的一个前期期间,有的不仅影响差错发生当期,还影响到差错发生以后的各个会计期间,甚至影响至差错发现当期及以后期间。由于前期差错的影响期不同,具体的会计处理也是不同的。下面分别就只影响一个期间及影响多个期间的前期差错分别予以举例说明。

(1) 只影响一个期间的前期差错。

【例19-4】宏宇公司2023年发现,2021年公司漏记一项固定资产折旧费用160万元,所得税申报表中未扣除该项目。假定公司适用的所得税税率为25%,按净利润的10%提取盈余公积,无其他纳税调整事项;公司各年对外提供的财务报表中,只包含一个比较期间的数据;公司2021年以来发行在外普通股一直为10 000万股。

对于该项前期差错,宏宇公司应进行如下处理:

① 分析该项前期差错的影响数。2021年少计折旧费用160万元;多计所得税费用40万元(160×25%);多计净利润120万元;多提盈余公积12万元;多计应交税费40万元(假定税法允许调整)。

② 编制有关调整分录(调账)。

补提折旧:

借:以前年度损益调整 1 600 000

贷：累计折旧　　　　　　　　　　　　　　　　　　　　　　　　1 600 000
调整应交所得税：
　　借：应交税费——应交所得税　　　　　　　　　　　　　　　　400 000
　　　　贷：以前年度损益调整　　　　　　　　　　　　　　　　　　400 000
将"以前年度损益调整"科目余额转入未分配利润：
　　借：利润分配——未分配利润　　　　　　　　　　　　　　　1 200 000
　　　　贷：以前年度损益调整　　　　　　　　　　　　　　　　1 200 000
调整多提取的盈余公积：
　　借：盈余公积——法定盈余公积　　　　　　　　　　　　　　　120 000
　　　　贷：利润分配——未分配利润　　　　　　　　　　　　　　120 000

③ 财务报表调整和重述（调表）。宏宇公司在编制2023年度财务报表时，应追溯重述列报前期最早期初即2022年年初的留存收益及其他相关项目的余额；2023年资产负债表的年末数栏、所有者权益变动表的盈余公积及未分配利润项目本年年初余额栏应以重述后的数据为基础填列。

宏宇公司2023年对外报出的资产负债表、利润表及所有者权益变动表及其比较财务报表相关项目调整前及调整后的数据如表19-9、表19-10、表19-11所示。

表19-9　　　　　　　　　　　　宏宇公司资产负债表（简表）
2023年12月31日　　　　　　　　　　　　　　　　　　　　　　　　单位：万元

项　目	期末数	期初数		
		调整前	调整数	调整后
资产：				
固定资产	11 000	10 000	(160)	9 840
其他资产	62 900	54 000		54 000
资产总计	73 900	64 000		63 840
负债：				
应交税费	1 020	0	(40)	(40)
其他负债	7 000	9 000		9 000
负债合计	8 020	9 000		8 960
所有者权益：				
股本	10 000	10 000		10 000
资本公积	32 000	26 000		26 000
盈余公积	7 588	6 600	(12)	6 588
未分配利润	16 292	12 400	(108)	12 292
所有者权益合计	65 880	55 000		54 880
负债和所有者权益总计	73 900	64 000		63 840

上述对资产负债表的调整包括：调减固定资产年初余额 160 万元；调减应交税费年初余额 40 万元；调减盈余公积年初余额 12 万元；调减未分配利润年初余额 108 万元。

表 19-10　　　　　　　　　　宏宇公司利润表（简表）
2023 年度　　　　　　　　　　　　　　　　　　　　　单位：万元

项　目	本年数	上年数		
		调整前	调整数	调整后
一、营业收入	120 000	90 000	—	90 000
二、营业利润	12 000	6 500	—	8 100
三、利润总额	12 500	7 000	—	8 600
所得税费用	2 500	1 000	—	1 400
四、净利润	10 000	6 000	—	7 200
五、每股收益	—	—	—	—
（一）基本每股收益（元）	1.00	0.60	—	0.60
（二）稀释每股收益（元）	1.00	0.60	—	0.60

本例中涉及的前期差错发生在财务报表列报前期最早期初之前，只影响差错发生当期一个期间，故不需对差错发现当期的利润表及前期的比较利润表进行重述与调整。

表 19-11　　　　　　　　宏宇公司所有者权益变动表（简表）
2023 年度　　　　　　　　　　　　　　　　　　　　　　单位：万元

项目	本年金额					上年金额				
	实收资本	资本公积	盈余公积	未分配利润	所有者权益合计	实收资本	资本公积	盈余公积	未分配利润	所有者权益合计
一、上年年末余额	10 000	26 000	6 600	12 400	55 000	10 000	24 000	6 000	10 000	50 000
加：会计政策变更	—	—	—	—	—	—	—	—	—	—
前期差错更正			(12)	(108)	(120)			(12)	(108)	(120)
二、本年年初余额	10 000	26 000	6 588	12 292	54 880	10 000	24 000	5 988	9 892	49 880
三、本年增减变动金额	—	6 000	1 000	4 000	11 000	—	2 000	600	2 400	5 000
四、本年年末余额	10 000	32 000	7 588	16 292	65 880	10 000	26 000	6 588	12 292	54 880

上述对所有者权益变动表的调整包括：调减所有者权益变动表前期差错更正项目上年金额中盈余公积栏金额 12 万元，调减所有者权益变动表中前期差错更正项目上年金额中未分配利润栏金额 108 万元，调减所有者权益变动表前期差错更正项目上年金额中所有者权益合计栏金额 120 万元；调减所有者权益变动表前期差错更正项目对应的本年金额中盈余公积金额 12 万元；调减所有者权益变动表中前期差错更正项目对应的本年

金额中未分配利润金额 108 万元；调减所有者权益变动表前期差错更正项目对应的本年金额中所有者权益合计金额 120 万元。

④ 附注说明。宏宇公司本年度发现 2021 年漏记固定资产折旧费用 160 万元，在编制及对外披露 2023 年度财务报表时，已对该项重要的前期差错采用追溯重述法进行了重述与调整。按照追溯重述法计算该项差错的累积影响数为 120 万元，已按规定调减 2022 年年初留存收益 120 万元，其中调减盈余公积 12 万元，调减未分配利润 108 万元；对资产负债表相关项目的年初余额进行了相应的调整，包括调减固定资产年初余额 160 万元，调减应交税费年初余额 40 万元，调减盈余公积年初余额 12 万元、调减未分配利润年初余额 108 万元。

（2）影响多个期间的前期差错。

【例 19-5】假定上例中宏宇公司 2023 年发现漏记的不是 2021 年的固定资产折旧费，而是漏记一项管理用固定资产，该固定资产为接受其他公司捐赠取得，相关凭证上注明的价款为 240 万元，资产已于 2021 年 6 月投入使用，预计使用年限 5 年。假定公司适用的所得税税率为 25%，按净利润的 10% 提取盈余公积，无其他纳税调整事项，不考虑净残值。按惯例公司各年对外提供的财务报表中，只包含一个比较期间的数据。公司 2021 年以来发行在外普通股为 10 000 万股，未发生变动，不考虑其他因素影响。

对于该项前期差错，宏宇公司应进行如下处理：

① 分析该项前期差错的影响数。该项前期差错发生在 2021 年，属于发生在财务报表列报前期最早期初之前的差错，但其影响则要一直持续 5 年，按照追溯重述法要求，既要计算确定该前期差错的累计影响数，追溯重述列报前期最早期初留存收益及其他相关项目金额，同时也要确定该差错对比较期间财务报表的影响，重述比较利润表及比较所有者权益变动表相关项目金额。

由于漏记接受捐赠的固定资产，不仅少记接受捐赠当年的营业外收入 240 万元，同时也导致 2021 年的折旧费用少计提 24 万元，所得税费用少记 54 万元。根据上述各项计算该项前期差错的累积影响数为 162 万元[(240 - 24) × (1 - 25%)]，应重述 2022 年年初留存收益及其他相关项目金额；该差错使公司 2022 年少提折旧费用 48 万元（240/5），多计所得税费用 12 万元（48 × 25%），两项合计对 2022 年度净损益的影响额为减少 36 万元（48 - 12），应追溯重述 2022 年比较财务报表相关项目数（假定税法允许调整）。

② 编制有关调整分录（调账）。

补记接受捐赠资产：

借：固定资产　　　　　　　　　　　　　　　　　　　　　2 400 000
　　贷：以前年度损益调整　　　　　　　　　　　　　　　　　　2 400 000

补提 2021 年、2022 年折旧 72 万元（24 + 48）：

借：以前年度损益调整　　　　　　　　　　　　　　　　　　720 000
　　贷：累计折旧　　　　　　　　　　　　　　　　　　　　　　720 000

补记应交所得税 42 万元[(240-72)×25%]：

借：以前年度损益调整　　　　　　　　　　　　　420 000
　　贷：应交税费——应交所得税　　　　　　　　　　　　　420 000

将"以前年度损益调整"科目余额 126 万元转入未分配利润：

借：以前年度损益调整　　　　　　　　　　　　1 260 000
　　贷：利润分配——未分配利润　　　　　　　　　　　　1 260 000

调整少提取的盈余公积 12.6 万元：

借：利润分配——未分配利润　　　　　　　　　　　126 000
　　贷：盈余公积——法定盈余公积　　　　　　　　　　　　126 000

③ 财务报表调整和重述（调表）。宏宇公司在编制 2023 年度财务报表时，应追溯重述列报前期最早期初即 2022 年年初的留存收益及其他相关项目的余额；追溯重述比较期财务报表相关项目金额，包括 2022 年度利润表及所有者权益变动表相关项目，及 2023 年年初（即 2022 年年末）资产负债表相关项目金额；2023 年资产负债表的年末数栏、所有者权益变动表的盈余公积及未分配利润本年年初余额栏应以重述后的数据为基础填列。

宏宇公司 2023 年对外报出的资产负债表、利润表及所有者权益变动表及其比较财务报表相关项目调整前及调整后的数据如表 19-12、表 19-13、表 19-14 所示。

表 19-12　　　　　　　　　宏宇公司资产负债表（简表）
2023 年 12 月 31 日　　　　　　　　　　　　　　　　　　　单位：万元

项目	期末数	期初数		
		调整前	调整数	调整后
资产：				
固定资产	12 280	10 000	168	10 168
其他资产	60 900	54 000	—	54 000
资产总计	73 180	64 000	168	64 168
负债：				
应交税费	1 090	0	42	42
其他负债	7 000	9 000	—	9 000
负债合计	8 090	9 000	42	9 042
所有者权益：				
股本	10 000	10 000	—	10 000
资本公积	32 000	26 000	—	26 000
盈余公积	7 609	6 600	12.6	6 612.6
未分配利润	16 481	12 400	113.4	12 513.4
所有者权益合计	65 090	55 000	126	55 126
负债和所有者权益总计	73 180	64 000	168	64 168

上述对资产负债表的调整包括：调增固定资产年初余额 168 万元；调增应交税费年初余额 42 万元；调增盈余公积年初余额 12.6 万元；调增未分配利润年初余额 113.4 万元。

表 19–13　　　　　　　　　宏宇公司利润表（简表）
2023 年度　　　　　　　　　　　　　　　　　　单位：万元

项　目	本年数	上年数		
		调整前	调整数	调整后
一、营业收入	120 000	90 000	—	90 000
二、营业利润	11 952	6 500	(48)	6 452
三、利润总额	12 452	7 000	(48)	6 952
所得税费用	2 488	1 000	(12)	988
四、净利润	9 964	6 000	(36)	5 964
五、每股收益				
（一）基本每股收益（元）	0.996 4	0.60	(0.003 6)	0.596 4
（二）稀释每股收益（元）	0.996 4	0.60	(0.003 6)	0.596 4

本例中涉及的前期差错发生在财务报表列报前期最早期初之前，但其影响期间不仅包括差错发生当期的 2021 年，也影响前期比较数据及差错发现当期的财务报表数据。表 19–13 中对利润表的调理包括调减营业利润上年数 48 万元，调减所得税费用上年数 12 万元，调减净利润上年数 36 万元，调减基本每股收益上年数 0.003 6 元，调减稀释每股收益上年数 0.003 6 元。

表 19–14　　　　　　　　宏宇公司所有者权益变动表（简表）
2023 年度　　　　　　　　　　　　　　　　　　单位：万元

项　目	本年金额				
	实收资本	资本公积	盈余公积	未分配利润	所有者权益合计
一、上年年末余额	10 000	26 000	6 600	12 400	55 000
加：会计政策变更	—	—	—	—	—
前期差错更正	—	—	12.6	113.4	126
二、本年年初余额	10 000	26 000	6 612.6	12 513.4	55 126
三、本年增减变动金额	—	6 000	996.4	3 967.6	10 964
四、本年年末余额	10 000	32 000	7 609	16 481	66 090

续表

项目	实收资本	资本公积	上年金额					
			盈余公积		未分配利润		所有者权益合计	
			调整前	调整后	调整前	调整后	调整前	调整后
一、上年年末余额	10 000	24 000	6 000	6 000	10 000	10 000	50 000	50 000
加：会计政策变更	—	—	—	—	—	—	—	—
前期差错更正	—	—	—	16.2	—	145.8	—	162
二、本年年初余额	10 000	24 000	6 000	6 016.2	10 000	10 145.8	50 000	50 162
三、本年增减变动金额	—	2 000	600	596.4	2 400	2 367.6	5 000	4 964
四、本年年末余额	10 000	26 000	6 600	6 612.6	12 400	12 513.4	55 000	55 126

上述对所有者权益变动表的调整包括：调增所有者权益变动表前期差错更正项目上年金额中盈余公积栏金额 16.2 万元，调增所有者权益变动表中前期差错更正项目上年金额中未分配利润栏金额 145.8 万元，调增所有者权益变动表前期差错更正项目上年金额中所有者权益合计栏金额 162 万元；调减所有者权益变动表本年增减变动金额项目上年金额中盈余公积金额 3.6 万元，调减所有者权益变动表中本年增减变动金额项目上年金额中未分配利润金额 32.4 万元，调减所有者权益变动表本年增减变动金额项目上年金额中所有者权益合计金额 36 万元；调增所有者权益变动表前期差错更正项目对应的本年金额中盈余公积金额 12.6 万元，调增所有者权益变动表中前期差错更正项目对应的本年金额中未分配利润金额 113.4 万元，调增所有者权益变动表前期差错更正项目对应的本年金额中所有者权益合计金额 126 万元。

④ 附注说明。宏宇公司本年度发现 2021 年漏记接受捐赠固定资产 240 万元，在编制及对外披露 2023 年度财务报表时，已对该项重要的前期差错采用追溯重述法进行了重述与调整。按照追溯重述法计算该项差错的累积影响数为 126 万元，已按规定调增 2022 年年初留存收益 126 万元，其中调增盈余公积 12.6 万元，调增未分配利润 113.4 万元；对受影响的比较前期（即 2022 年）的利润表及所有者权益变动表分别进行的追溯重述，包括调减 2022 年营业利润 48 万元，调减 2022 年所得税费用 12 万元，调减 2022 年净利润 36 万元，调减 2022 年基本每股收益上年数 0.0036 元，调减 2022 年稀释每股收益上年数 0.0036 元；调减 2022 年所有者权益变动表盈余公积金额 3.6 万元，调减 2022 年未分配利润金额 32.4 万元，调减 2022 年所有者权益合计金额 36 万元；对列报当期期初（即 2023 年年初）资产负债表相关项目余额进行了调整，包括调减固定资产年初余额 160 万元，调减应交税费年初余额 40 万元，调减盈余公积年初余额 12 万元、调减未分配利润年初余额 108 万元。

第二节 资产负债表日后事项

一、资产负债表日后事项概述

财务报告的编制需要一定的时间,因此资产负债表日与财务报告的批准报出日之间往往存在着一定的时间差,在这段时间差内发生的一些事项可能对财务报告使用者有重要影响。下面分别对资产负债表日后事项的确认、计量和相关信息的披露进行阐述。

(一)资产负债表日后事项的概念

资产负债表日后事项,是指资产负债表日至财务报告批准报出日之间发生的有利或不利事项。在理解资产负债表日后事项概念时,应明确以下问题。

1. 资产负债表日。资产负债表日即会计期末,包括会计年末和会计中期期末。中期是指短于一年完整会计年度的报告期间,包括半年度、季度和月度等。按照《会计法》规定,我国会计年度采用公历年度,即1月1日至12月31日。因此,年度资产负债表日是指每年的12月31日,中期资产负债表日是指半年末、季末和月末等。

对处于国外的母公司或者子公司,无论其如何确定会计年度和会计中期,其向国内提供的财务报告都应根据我国《会计法》和会计准则的要求确定资产负债表日。

2. 财务报告批准报出日。财务报告批准报出日,是指董事会或类似权力机构批准财务报告对外报出的日期,通常是指对财务报告的内容负有法律责任的单位或个人批准财务报告对外公布的日期。

财务报告的批准报出者包括所有者、所有者中的多数、董事会或类似的管理单位、部门和个人。《公司法》规定,公司制企业的董事会有权批准对外公布财务报告,因此公司制企业的财务报告批准报出日是指董事会批准财务报告报出的日期,而不是股东大会审议批准的日期,也不是注册会计师出具审计报告的日期。对于非公司制企业,财务报告批准报出日是指经理(厂长)会议或类似机构批准财务报告报出的日期。

3. 有利事项和不利事项。资产负债表日后事项准则所称"有利或不利事项",是指资产负债表日后对企业财务状况和经营成果具有一定影响的事项。如果某些事项的发生对企业的财务状况和经营成果无任何影响,那么这些事项既不是有利事项也不是不利事项,也就不属于准则所称的资产负债表日后事项。

对资产负债表日后发生的有利和不利事项,应当采用相同的原则进行处理。资产负债表日后发生的有利或不利事项,如果属于调整事项,应当调整报告年度或报告中期的财务报表;资产负债表日后发生的有利或不利事项,如果属于非调整事项且具有重大影响,则应在报告年度或报告中期的财务报表附注中进行披露。

（二）资产负债表日后事项涵盖的期间

资产负债表日后事项涵盖的期间是指从资产负债表日次日起至财务报告批准报出日止的一段时间，具体是指报告年度次年的1月1日或报告期下一期间的第一天至董事会或类似机构批准财务报告对外公布的日期。

如果财务报告批准报出以后、实际报出之前又发生与资产负债表日后事项有关的事项，并由此影响财务报告对外公布日期的，应以董事会或类似机构再次批准财务报告对外公布的日期为截止日期。

例如，甲上市公司2023年的年度财务报告于2024年3月15日编制完成，注册会计师完成年度审计工作并签署审计报告的日期为2024年4月13日，2024年4月15日董事会批准财务报告对外公布，财务报告实际对外公布的日期为2024年4月18日，股东大会召开日期为2024年5月18日。

本例中，甲公司2023年度资产负债表日后事项涵盖的期间为2024年1月1日至2024年4月15日。如果在4月15日至18日之间发生了重大事项，需要调整财务报表相关项目的数字或需要在财务报表附注中披露；经调整或说明后的财务报告再经董事会批准报出的日期为2024年4月23日，实际报出的日期为2024年4月25日，则资产负债表日后事项涵盖的期间为2024年1月1日至2024年4月23日。

（三）资产负债表日后事项的分类

资产负债表日后事项包括资产负债表日后调整事项（以下简称"调整事项"）和资产负债表日后非调整事项（以下简称"非调整事项"）两类。

1. 调整事项。

（1）调整事项的定义。资产负债表日后调整事项，是指对资产负债表日已经存在的情况提供了新的或进一步证据的事项。

如果资产负债表日及所属会计期间已经存在某种情况，但当时并不知道其存在或者不能知道确切结果，资产负债表日后发生的事项能够证实该情况的存在或者确切结果，则该事项属于资产负债表日后事项中的调整事项。如果资产负债表日后事项对资产负债表日已经存在的情况提供了进一步的证据，证据表明企业原来的估计和判断并不恰当，则需要对原来的会计处理进行调整。

（2）调整事项举例。

① 资产负债表日后诉讼案件的结案，法院判决证实了企业在资产负债表日已经存在现时义务，需要调整原先确认的与该诉讼案件相关的预计负债，或确认一项新负债。

② 资产负债表日后取得确凿证据，表明某项资产在资产负债表日发生了减值或者需要调整该项资产原先确认的减值金额。

③ 资产负债表日后进一步确定了资产负债表日前购入资产的成本或售出资产的收入。

④ 资产负债表日后发现了财务报表舞弊或差错。

2. 非调整事项。

（1）非调整事项的定义。资产负债表日后非调整事项，是指表明资产负债表日后发生的情况或事项。非调整事项的发生不影响资产负债表日企业的财务报表数字，只说明资产负债表日后发生了某些情况。对于财务报告使用者来说，非调整事项涉及的情况有的重要，有的不重要；其中重要的非调整事项虽然与资产负债表日的财务报表数字无关，但可能影响资产负债表日以后的财务状况和经营成果，所以应当对其进行披露。

例如，2023年3月18日某上市公司发生重大火灾，将一栋厂房和一条生产线烧毁，给公司造成了近2 000万元的损失。该公司2022年的年度财务报告于2023年4月15日经董事会批准对外公布。股东大会召开日期为2023年5月18日。

本例中，上市公司的火灾发生于2023年3月18日，公司财务报告的批准报出日为2023年4月15日，火灾发生在2022年度资产负债表日后事项涵盖的期间，属于资产负债表日后事项。但火灾的发生与公司2022年度资产负债表日存在的情况无关，属资产负债表日后非调整事项，并不影响公司2022年度财务报表数字，不需要调整公司2022年度财务报表相关项目的数字。但由于火灾影响重大，需要在财务报表附注中披露，以便于财务报表使用者对公司未来期间的财务状况、经营成果等作出合理判断。

（2）非调整事项举例。资产负债表日后非调整事项，通常包括以下各项：

① 资产负债表日后发生重大诉讼、仲裁、承诺。
② 资产负债表日后资产价格、税收政策、外汇汇率发生重大变化。
③ 资产负债表日后因自然灾害导致资产发生重大损失。
④ 资产负债表日后发行股票和债券以及其他巨额举债。
⑤ 资产负债表日后资本公积转增资本。
⑥ 资产负债表日后发生巨额亏损。
⑦ 资产负债表日后发生企业合并或处置子公司事项。

3. 调整事项与非调整事项的区别。如何确定资产负债表日后发生的某一事项是调整事项还是非调整事项，是运用资产负债表日后事项准则的关键。某一事项究竟是调整事项还是非调整事项，取决于该事项表明的情况在资产负债表日或资产负债表日以前是否已经存在。若该情况在资产负债表日或之前已经存在，日后事项的发生提供了新的或进一步证据证实情况的存在或者确切结果，则属于调整事项；反之，则属于非调整事项。

例如，甲公司为上市公司，每年的财务报表均于次年的4月15日批准对外报出，乙公司是甲公司的重要客户，多年来乙公司的财务状况一直稳定并良好，不存在拖欠账款问题。2022年12月31日，甲公司预计应收乙公司账款能够按时收回，没有计提坏账准备；2023年1月15日，乙公司遭受重大火灾，导致甲公司50%的应收账款无法收回。2023年12月31日甲公司根据掌握的资料判断，乙公司有可能破产清算，甲公司估计其应收乙公司账款将有20%无法收回，故按20%的比例计提坏账准备。2024年1月15

日,甲公司接到通知,乙公司已被宣告破产清算,甲公司估计有70%的债权无法收回。

本例中,导致甲公司2022年度应收账款损失的因素是火灾,应收账款发生损失这一事实在资产负债表日以后才发生,因此乙公司发生火灾导致甲公司应收款项发生坏账的事项属于非调整事项;导致甲公司2023年度应收账款无法收回的事实是乙公司财务状况恶化,该事实在资产负债表日已经存在,乙公司被宣告破产只是证实了资产负债表日财务状况恶化的情况,因此该事项属于调整事项。

二、资产负债表日后调整事项的处理

(一) 调整事项的处理原则

企业对发生的资产负债表日后调整事项,应当调整资产负债表日的财务报表。对于年度财务报告而言,由于资产负债表日后事项发生在报告年度的次年,报告年度的有关账目已经结转,特别是损益类科目在结账后已无余额。因此,对年度资产负债表日后发生的调整事项,应按以下程序进行处理:

1. 账簿调整。

(1) 对涉及损益的调整事项,通过"以前年度损益调整"科目核算。调整增加以前年度利润或调整减少以前年度亏损的事项,记入"以前年度损益调整"科目的贷方;反之,记入"以前年度损益调整"科目的借方。

需要注意的是,对涉及损益的调整事项,如果发生在资产负债表日所属年度(即报告年度)所得税汇算清缴之前,应按准则要求调整报告年度应纳税所得额、应纳所得税税额;如果发生在报告年度所得税汇算清缴之后,应按准则要求调整本年度(即报告年度的次年)应纳所得税税额。

(2) 涉及利润分配调整的事项,直接在"利润分配——未分配利润"科目中核算。

(3) 不涉及损益以及利润分配的事项,调整相关科目。

2. 报表调整。通过上述账务处理后,还应同时调整财务报表相关项目的数字,包括:

(1) 报告年度财务报表相关项目的期末数或本年发生数;

(2) 当期编制的财务报表相关项目的期初数或上年数;

3. 附注说明。经过上述账务处理及报表调整后,如果涉及报表附注内容的,还应当在报表附注中披露相关调整事项的情况。

(二) 调整事项的具体处理方法

为便于理解调整事项的具体会计处理,以下举例涉及的相关公司财务报告批准报出日均为次年3月31日,所得税税率均为25%,按净利润的10%提取法定盈余公积,提取法定盈余公积后不再作其他分配;调整事项按税法规定均可调整应交纳的所得税;涉及递延所得税资产的,均假定未来期间很可能取得用来抵扣暂时性差异的应纳税所得额。

1. 资产负债表日后诉讼案件结案。

【例 19-6】甲公司因违约,于 2022 年 12 月被乙公司告上法庭,要求甲公司赔偿 100 万元。2022 年 12 月 31 日法院尚未判决,甲公司按或有事项准则对该诉讼事项确认预计负债 60 万元。2023 年 3 月 10 日,经法院判决甲公司应赔偿乙公司 80 万元。甲、乙双方均服从判决。判决当日,甲公司向乙公司支付赔偿款 80 万元。甲、乙公司 2022 年所得税汇算清缴在 2023 年 4 月 10 日完成(假定该项预计负债产生的损失不允许税前扣除,只有在损失实际发生时才允许税前抵扣)。

本例中,2023 年 3 月 10 日的判决证实了甲、乙两公司在资产负债表日(即 2022 年 12 月 31 日)分别存在现时赔偿义务和获赔权利,因此两公司都应将"法院判决"这一事项作为调整事项进行处理。

(1) 甲公司的会计处理。

① 账簿调整。

2023 年 3 月 10 日,记录支付的赔款:

借:以年度损益调整	200 000
贷:其他应付款	200 000
借:预计负债	600 000
贷:其他应付款	600 000
借:其他应付款	800 000
贷:银行存款	800 000

调整递延所得税资产:

借:以前年度损益调整(600 000×25%)	150 000
贷:递延所得税资产	150 000

甲公司 2022 年年末确认预计负债 60 万元时,已确认相应的递延所得税资产,日后事项发生后递延所得税资产不复存在,故应冲销相应记录。

调整报告年度所得税费用及应交所得税:

借:应交税费——应交所得税(800 000×25%)	200 000
贷:以前年度损益调整	200 000

将"以前年度损益调整"科目余额转入未分配利润:

借:利润分配——未分配利润	150 000
贷:以前年度损益调整	150 000

因净利润变动,调整盈余公积:

借:盈余公积(150 000×10%)	15 000
贷:利润分配——未分配利润	15 000

② 报表调整。

甲公司 2022 年资产负债表、利润表及所有者权益变动表各项目调整前及调整后数据如表 19-15、表 19-16、表 19-17 所示。

资产负债表项目调整。

表 19-15　　　　　　　　　甲公司资产负债表（简表）
2022 年 12 月 31 日　　　　　　　　　　　　　单位：万元

项目	期末余数			期初余额（略）
	调整前	调整数	调整后	
资产：				
递延所得税资产	680	-15	665	
其他资产	64 320		64 320	
资产总计	65 000	-15	64 985	
负债：				
应交税费	500	-20	480	
其他应付款	1 500	+80	1 580	
预计负债	800	-60	740	
其他负债	7 200		7 200	
负债合计	10 000	0	10 000	
所有者权益：				
股本	10 000		10 000	
资本公积	26 000		26 000	
盈余公积	6 600	-1.5	6 598.5	
未分配利润	12 400	-13.5	12 386.5	
所有者权益合计	55 000	-15	54 985	
负债和所有者权益总计	65 000	-15	64 985	

表 19-15 中对甲公司 2022 年度资产负债表期末数调整包括：调减递延所得税资产 15 万元；调减预计负债 60 万元；调增其他应付款 80 万元；调减应交税费 20 万元；调减盈余公积 1.5 万元；调减未分配利润 13.5 万元。

利润表项目调整。

表19-16　　　　　　　　　　甲公司利润表（简表）

2022年度　　　　　　　　　　　　　　　　单位：万元

项　目	本年数			上年数（略）
	调整前	调整数	调整后	
一、营业收入	80 000		80 000	
二、营业利润	6 000		6 000	
减：营业外支出	120	+20	140	
三、利润总额	7 000	-20	6 980	
所得税费用	1 000	-5	995	
四、净利润	6 000	-15	5 985	
五、每股收益				
（一）基本每股收益（元）	0.60	-0.0015	0.5985	
（二）稀释每股收益（元）	0.60	-0.0015	0.5985	

表19-16中对甲公司2022年度利润表本年数调整包括：调增营业外支出项目20万元；调减所得税费用项目5万元，调减基本每股收益0.0015元，调减稀释每股收益0.0015元。

所有者权益变动表调整。

表19-17　　　　　　　　　甲公司所有者权益变动表（简表）

2022年度　　　　　　　　　　　　　　　　单位：万元

项　目	本年金额								上年金额（略）
	实收资本	资本公积	盈余公积		未分配利润		所有者权益合计		
			调整前	调整后	调整前	调整后	调整前	调整后	
一、上年年末余额	10 000	24 000	6 000	6 000	10 000	10 000	50 000	50 000	
加：会计政策变更									
前期差错更正									
二、本年年初余额	10 000	24 000	6 000	6 000	10 000	10 000	50 000	50 000	
三、本年增减变动金额									
1. 本年净利润					6 000	5 985	6 000	5 985	
2. 提取盈余公积			600	598.5	-600	-598.5	0	0	
3. 分配现金股利					-3 000	-3 000	-3 000	-3 000	
4. 其他		2 000					2 000	2 000	
四、本年年末余额	10 000	26 000	6 600	6 598.5	12 400	12 386.5	55 000	54 985	

对甲公司2022年度所有者权益变动表本年金额调整包括：调减本年净利润对应的未分配利润项目15万元；调减提取盈余公积项目对应的盈余公积项目栏1.5万元，调增对

应的未分配利润项目栏 1.5 万元。

资产负债表日后事项如果涉及货币资金收支项目的，不调整报告年度资产负债表的货币资金项目和现金流量表各项目的数字。本例中，虽然当日已经支付了赔偿款，但在调整财务报表相关数字时，只需调整上述前五笔分录，第六笔分录应作为 2023 年的会计事项处理。

③ 附注披露（略）。

（2）乙公司的会计处理。

① 账务处理。

2023 年 3 月 10 日，记录收到的赔款及应交所得税：

借：其他应收款　　　　　　　　　　　　　　　　　　800 000
　　贷：以前年度损益调整　　　　　　　　　　　　　　　　800 000

借：银行存款　　　　　　　　　　　　　　　　　　　800 000
　　贷：其他应收款　　　　　　　　　　　　　　　　　　　800 000

借：以前年度损益调整（800 000×25%）　　　　　　　200 000
　　贷：应交税费——应交所得税　　　　　　　　　　　　　200 000

将"以前年度损益调整"科目余额转入未分配利润：

借：以前年度损益调整　　　　　　　　　　　　　　　600 000
　　贷：利润分配——未分配利润　　　　　　　　　　　　　600 000

因净利润增加，补提盈余公积：

借：利润分配——未分配利润　　　　　　　　　　　　 60 000
　　贷：盈余公积　　　　　　　　　　　　　　　　　　　　 60 000

② 报表调整。乙公司 2022 年度资产负债表、利润表及所有者权益变动表各项目调整前及调整后数据如表 19-18、表 19-19、表 19-20 所示。

① 资产负债表项目调整。

表 19-18　　　　　　　　　乙公司资产负债表（简表）

2022 年 12 月 31 日　　　　　　　　　　　　　　　　　　　　单位：万元

项　目	期末余数			期初余额（略）
	调整前	调整数	调整后	
资产：				
其他应收款	1 800	+80	1 880	
其他资产	10 200		10 200	
资产总计	12 000	+80	12 080	
负债：				
应交税费	600	+20	620	

续表

项 目	期末余数			期初余额（略）
	调整前	调整数	调整后	
其他负债	3 000		3 000	
负债合计	3 600	+20	3 620	
所有者权益：				
股本	4 000		4 000	
资本公积	2 200		2 200	
盈余公积	700	+6	706	
未分配利润	1 500	+54	1 554	
所有者权益合计	8 400	+60	8 460	
负债和所有者权益总计	12 000	+80	12 080	

表19-15中对乙公司2022年度资产负债表期末数调整包括：调增其他应收款80万元，调增盈余公积6万元；调增未分配利润54万元；调增应交税费20万元。

② 利润表项目调整。

表19-19　　　　　　　　　　乙公司利润表（简表）

2022年度　　　　　　　　　　　　　　　　　　　　　单位：万元

项 目	本年数			上年数（略）
	调整前	调整数	调整后	
一、营业收入	15 000		15 000	
二、营业利润	1 080		1 080	
加：营业外收入	120	+80	200	
三、利润总额	1 200	+80	1 280	
所得税费用	200	+20	220	
四、净利润	1 000	+60	1 060	
五、每股收益				
（一）基本每股收益（元）	0.25	+0.015	0.265	
（二）稀释每股收益（元）	0.25	+0.015	0.265	

表19-19中对乙公司2022年度利润表本年数调整包括：调增营业外收入80万元；调增所得税费用20万元，调增基本每股收益0.015元，调增稀释每股收益0.015元。

所有者权益变动表项目调整。

表 19 – 20   乙公司所有者权益变动表（简表）

2022 年度   单位：万元

项　目	实收资本	资本公积	本年金额						上年金额（略）
			盈余公积		未分配利润		所有者权益合计		
			调整前	调整后	调整前	调整后	调整前	调整后	
一、上年年末余额	4 000	2 000	600	600	1 400	1 400	8 000	8 000	
加：会计政策变更									
前期差错更正									
二、本年年初余额	4 000	2 000	600	600	1 400	1 400	8 000	8 000	
三、本年增减变动金额									
1. 净利润					1 000	1 060	1 000	1 060	
2. 提取盈余公积			100	106	-100	-106	0	0	
3. 分配现金股利					-800	-800	-800	-800	
4. 其他		200					200	200	
四、本年年末余额	4 000	2 200	700	706	1 500	1 554	8 400	8 460	

表 19 – 20 中对乙公司 2022 年度所有者权益变动表本年金额调整包括：调增净利润 60 万元；调增提取盈余公积项目对应的盈余公积项目栏 6 万元，调减对应的未分配利润项目栏 6 万元。

③ 附注披露（略）。

2. 资产负债表日后取得确凿证据，表明某项资产在资产负债表日发生了减值或者需要调整该项资产原先确认的减值金额。

这一事项是指在资产负债表日，根据当时的资料判断某项资产可能发生了减值，并根据当时的最佳估计数确认了相关资产减值准备。但在包括上述减值处理的财务报告批准报出日之前，取得了确凿证据证明相关资产确实已经发生了减值，则应当对资产负债表日所作的估计加以修正。

【例 19 – 7】2022 年 8 月东强公司销售给西达公司一批商品，货款为 100 万元（含增值税），西达公司已于当月收到所购商品。按合同约定西达公司应于收到所购商品后 3 个月内付款。由于西达公司财务状况不佳，到 2022 年 12 月 31 日仍未付款。东强公司编制 2022 年度财务报表时，已为该项应收账款计提了 20 万元的坏账准备。2023 年 2 月 2 日（所得税汇算清缴前）东强公司收到法院通知，西达公司已宣告破产清算，无力偿还所欠部分货款。东强公司预计可收回该项应收账款的 40%。

本例中，东强公司在收到法院通知后，首先可判断该事项属于资产负债表日后调整事项。根据调整事项的处理原则，东强公司应进行如下会计处理：

（1）账务调整。

① 补提坏账准备 40 万元（100×60% – 20）：

借：以前年度损益调整　　　　　　　　　　　　　　　400 000
　　　贷：坏账准备　　　　　　　　　　　　　　　　　　　400 000

② 调整递延所得税资产10万元（40×25%）：

借：递延所得税资产　　　　　　　　　　　　　　　　100 000
　　　贷：以前年度损益调整　　　　　　　　　　　　　　　100 000

③ 将"以前年度损益调整"科目余额转入利润分配：

借：利润分配——未分配利润　　　　　　　　　　　　300 000
　　　贷：以前年度损益调整　　　　　　　　　　　　　　　300 000

④ 调减盈余公积3万元（30×10%）：

借：盈余公积　　　　　　　　　　　　　　　　　　　 30 000
　　　贷：利润分配——未分配利润　　　　　　　　　　　　 30 000

（2）报表调整（东强公司财务报表略）。

① 资产负债表项目调整。对东强公司2022年度资产负债表期末数调整包括：调减应收账款40万元，调增递延所得税资产10万元；调减盈余公积3万元，调减未分配利润27万元；

② 利润表项目调整。对东强公司2022年度利润表本年数调整包括：调增资产减值损失40万元；调减所得税费用10万元。

③ 所有者权益变动表项目调整。对东强公司2022年度所有者权益变动表本年金额调整包括：调减净利润30万元；调减提取盈余公积项目对应的盈余公积项目栏3万元，调增对应的未分配利润项目栏3万元。

（3）附注披露（略）。

3. 资产负债表日后进一步确定了资产负债表日前购入资产的成本或售出资产的收入。

这类调整事项包括两个方面的内容：（1）若资产负债表日前购入的资产已经按暂估金额等入账，资产负债表日后获得证据，可以进一步确定该资产的成本，则应该对已入账的资产成本进行调整。（2）企业在资产负债表日已根据收入确认条件确认资产销售收入，但资产负债表日后获得关于资产收入的进一步证据，如发生销售退回等，此时也应调整财务报表相关项目的金额。

需要说明的是，资产负债表日后发生的销售退回，既包括报告年度或报告中期销售的商品在资产负债表日后发生的销售退回，也包括以前期间销售的商品在资产负债表日后发生的销售退回。

资产负债表所属期间或以前期间所售商品在资产负债表日后退回的，应作为资产负债表日后调整事项处理。发生于资产负债表日后至财务报告批准报出日之间的销售退回事项，可能发生于年度所得税汇算清缴之前，也可能发生于年度所得税汇算清缴之后。对发生于报告年度所得税汇算清缴之前的销售退回，应调整报告年度利润表的收入、成本等，并相应调整报告年度的应纳税所得及报告年度的应缴所得税等项目；对发生于报告年度所税汇算清缴之后的销售退回，应调整报告年度会计报表的收入、成本等，但按照税法规定在此期间的销售退回所涉及的应缴所得税，应作为退回年度的纳税调整事项。

下面分别就发生于年度所得税汇算清缴之前及发生于年度所得税汇算清缴之后的两种销售退回事项的会计处理进行举例说明。

【例19-8】发生于报告年度所得税汇算清缴之前的销售退回：甲公司2022年12月20日销售一批货商品A企业，商品价格为200万元（不含税，增值税税率13%）。甲公司发出商品后，按照正常情况已确认收入，并结转成本160万元。此笔货款到年末尚未收到，甲公司未对该应收账款计提坏账准备。2023年1月18日，由于产品质量问题，所售商品被退回。甲公司于2023年2月28日完成2022年所得税汇算清缴。

本例中，销售退回业务发生在资产负债表日后事项涵盖期间内，应属于资产负债表日后调整事项。根据资产负债表日后调整事项处理规定，甲公司对上述销售退回事项应进行如下会计处理：

（1）账务调整。

① 调减报告年度销售收入200万元：

借：以前年度损益调整　　　　　　　　　　　　　　　2 000 000
　　应交税费——应交增值税（销项税额）　　　　　　　260 000
　　　贷：应收账款　　　　　　　　　　　　　　　　　　　　2 260 000

② 调整报告年度销售成本160万元：

借：库存商品　　　　　　　　　　　　　　　　　　　1 600 000
　　　贷：以前年度损益调整　　　　　　　　　　　　　　　　1 600 000

③ 调减报告期应纳所得税10万元[(200-160)×25%]：

借：应交税费——应交所得税　　　　　　　　　　　　　100 000
　　　贷：以前年度损益调整　　　　　　　　　　　　　　　　　100 000

④ 将"以前年度损益调整"科目30万元(200-160-10)余额转入未分配利润：

借：利润分配——未分配利润　　　　　　　　　　　　　300 000
　　　贷：以前年度损益调整　　　　　　　　　　　　　　　　　300 000

⑤ 调减报告年度盈余公积3万元（30×10%）：

借：盈余公积　　　　　　　　　　　　　　　　　　　　30 000
　　　贷：利润分配——未分配利润　　　　　　　　　　　　　　30 000

（2）报表调整（财务报表略）。

① 资产负债表项目调整。对甲公司2022年度资产负债表期末数调整包括：调减应收账款226万元，调增存货160万元，调减应交税费44万元，调减盈余公积3万元，调减未分配利润27万元。

② 利润表项目调整。对甲公司 2022 年度利润表调整包括：调减营业收入 200 万元；调减营业成本 160 万元，调减所得税费用 10 万元。

③ 所有者权益变动表项目调整。对甲公司 2022 年度所有者权益变动表本年金额调整包括：调减净利润 30 万元；调减提取盈余公积项目对应的盈余公积项目栏 3 万元，调增对应的未分配利润项目栏 3 万元。

（3）附注披露（略）。

【例 19 - 9】发生于报告年度所得税汇算清缴之后、财务报告批准报出日之前的销售退回：沿用〖例 19 - 8〗的资料，假定销售退回的时间为 2023 年 3 月 5 日，即报告期所得税汇算清缴后。其他资料与〖例 19 - 8〗相同。

本例中，销售退回业务发生在资产负债表日后事项涵盖期间内，应属于资产负债表日后调整事项。但该退回发生于报告年度所得税汇算清缴之后，退回对收入、成本的影响应调整报告年度收入、成本等，但退回对应缴所得税的影响，则应调整退回年度的纳税事项。甲公司对上述销售退回事项应进行如下会计处理：

（1）账务调整。

① 调减报告年度销售收入 200 万元：

借：以前年度损益调整	2 000 000
应交税费——应交增值税（销项税额）	260 000
贷：应收账款	2 260 000

② 调整报告年度销售成本 160 万元：

借：库存商品	1 600 000
贷：以前年度损益调整	1 600 000

③ 调减退回年度应纳所得税 10 万元[（200 - 160）×25%]：

借：应交税费——应交所得税	100 000
贷：所得税费用	100 000

该项调整在退回时可不作处理，而是等到退回年度年末一并处理。

④ 将"以前年度损益调整"科目 40 万元（200 - 160）余额转入未分配利润：

借：利润分配——未分配利润	400 000
贷：以前年度损益调整	400 000

⑤ 调减报告年度盈余公积 4 万元（40×10%）：

借：盈余公积	40 000
贷：利润分配——未分配利润	40 000

（2）报表调整（甲公司财务报表略）。

① 资产负债表项目调整。对甲公司 2022 年度资产负债表期末数调整包括：调减应收账款 226 万元，调增存货 160 万元，调减应交税费 34 万元，调减盈余公积 4 万元，调减未分配利润 36 万元。

② 利润表项目调整。对甲公司 2022 年度利润表调整包括：调减营业收入 200 万元；调减营业成本 160 万元。

③ 所有者权益变动表项目调整。对甲公司 2022 年度所有者权益变动表本年金额调整包括：调减净利润 40 万元；调减提取盈余公积项目对应的盈余公积项目栏 4 万元，调增对应的未分配利润项目栏 4 万元。

（3）附注披露（略）。

4. 资产负债表日后发现了财务报表舞弊或差错。这一事项是指资产负债表日后发现报告期或以前期间存在的财务报表舞弊或差错。企业发生这一事项后，应当将其作为资产负债表日后调整事项，调整报告年度的年度财务报告或中期财务报告相关项目的数字。具体会计处理见本章第一节相关内容。

三、资产负债表日后非调整事项

（一）非调整事项的会计处理原则

资产负债表日后发生的非调整事项，是表明资产负债表日后发生情况的事项，与资产负债表日存在状况无关，不应当调整资产负债表日的财务报表。

有的非调整事项对财务报告使用者具有重大影响，如不加以说明，将不利于财务报告使用者作出正确估计和决策。因此，资产负债表日后事项准则要求在附注中披露"重要的资产负债表日后非调整事项的性质、内容，及其对财务状况和经营成果的影响"。

（二）非调整事项的具体会计处理方法

资产负债表日后发生的非调整事项，应当在报表附注中披露每项重要的资产负债表日后非调整事项的性质、内容，及其对财务状况和经营成果的影响。无法作出估计的，应当说明原因。

资产负债表日后非调整事项主要有：

1. 资产负债表日后发生的重大诉讼、仲裁、承诺。资产负债表日后发生的重大诉讼等事项，对企业影响较大，为防止误导投资者及其他财务报告使用者，应当在报表附注中进行相关披露。

2. 资产负债表日后资产价格、税收政策、外汇汇率发生重大变化。

【例 19－10】甲企业有一笔长期美元贷款，在编制 2022 年 12 月 31 日的财务报表时已按 2022 年年末的汇率进行折算（假设 2022 年年末的汇率为 1 美元兑换 6.30 元人民币）。假设国家规定从 2023 年 1 月 1 日起进行外汇管理体制改革，外汇管理体制改革后人民币对美元的汇率发生重大变化。

本例中，甲企业在资产负债表日已经按照当天的资产计量方式进行处理，或按规定的汇率对有关账户进行调整，因此无论资产负债表日后的资产价格和汇率如何变化，均不应影响资产负债表日的财务状况和经营成果。但是,如果资产负债表日后资产价格、外汇汇率发生重大变化,应对由此产生的影响在报表附注中进行披露。同样,国家税收政策发生重大改变将会影响企业的财务状况和经营成果,也应当在报表附注中及时披露该信息。

3. 资产负债表日后因自然灾害导致资产发生重大损失。

【例 19 – 11】甲企业拥有某外国企业(乙企业)15% 的股权,无重大影响,投资成本 2 000 000 元。乙企业的股票在国外某股票交易所上市交易。在编制 2022 年 12 月 31 日的资产负债表时,甲企业对乙企业投资的账面价值按初始投资成本反映。2023 年 1 月,该国发生海啸造成乙企业的股票市场价值大幅下跌,甲企业对乙企业的股权投资遭受重大损失。

本例中,自然灾害导致的资产重大损失对企业资产负债表日后财务状况的影响较大,如果不加以披露,有可能使财务报告使用者作出错误的决策,因此应作为非调整事项在报表附注中进行披露。本例中海啸发生在 2023 年 1 月,属于资产负债表日后才发生或存在的事项,应当作为非调整事项在 2022 年度报表附注中进行披露。

4. 资产负债表日后发行股票和债券以及其他巨额举债。企业发行股票、债券以及向银行或非银行金融机构举借巨额债务都是比较重大的事项,虽然这一事项与企业资产负债表日的存在状况无关,但这一事项的披露能使财务报告使用者了解与此有关的情况及可能带来的影响,故应披露。

5. 资产负债表日后资本公积转增资本。企业以资本公积转增资本将会改变企业的资本(或股本)结构,影响较大,需要在报表附注中进行披露。

6. 资产负债表日后发生巨额亏损。企业资产负债表日后发生巨额亏损将会对企业报告期以后的财务状况和经营成果产生重大影响,应当在报表附注中及时披露该事项,以便为投资者或其他财务报告使用者作出正确决策提供信息。

7. 资产负债表日后发生企业合并或处置子公司。企业合并或者处置子公司的行为可以影响股权结构、经营范围等方面,对企业未来生产经营活动能产生重大影响。因此企业应在附注中披露处置子公司的信息。

8. 资产负债表日后,企业利润分配方案中拟分配的以及经审议批准宣告发放的股利或利润。企业报告期的利润分配方案,通常在次年年初由公司董事会拟订初步方案。虽然由董事会拟订的利润分配预案或经审议批准宣告发放股利或利润的行为,并不会致使企业在资产负债表日形成现时义务,但支付义务在资产负债表日尚不存在,不应该调整资产负债表日的财务报告。也就是说,资产负债表日后拟订的利润分配方案以及经审议批准宣告发放的股利或利润事项,属于非调整事项,但由于其对企业资产负债表日后的财务状况及财务报表使用者的决策有较大影响,故准则要求企业对利润分配方案中拟分配的以及经审议批准宣告发放的股利或利润,不确认为资产负债表日的负债,但应当在附注中单独披露。

资产负债表日后事项表明持续经营假设不再适用的，企业不应当在持续经营基础上编制财务报表。

四、资产负债表日后事项的披露

企业应当按照《企业会计准则第29号——资产负债表日后事项》及其应用指南的规定，在附注披露与资产负债表日后事项有关的下列情况。

1. 财务报告的批准报出者和财务报告批准报出日。按照有关法律、行政法规等规定，企业所有者或其他方面有权对报出的财务报告进行修改的，应当披露这一情况。

2. 每项重要的资产负债表日后非调整事项的性质、内容，及其对财务状况和经营成果的影响无法作出估计的，应当说明原因。

3. 资产负债表日后，企业利润分配方案中拟分配的以及经审议批准宣告发放的股利或利润。

企业在资产负债表日后取得了影响资产负债表日存在情况的新的或进一步的证据，应当调整与之相关的披露信息。

思考题与练习题

一、思考题

1. 什么是会计政策？什么是会计估计？什么是前期会计差错？
2. 会计政策与会计估计的主要区别有哪些？
3. 企业如何选择和运用会计政策？
4. 变更会计政策变更的条件有哪些？
5. 前期差错分为哪几类？
6. 企业如何处理前期重要差错？
7. 什么是资产负债表日后事项？
8. 资产负债表日后事项涵盖的期间是指哪个时间段？
9. 财务报告批准报出日指的是哪个日期？
10. 资产负债表日后非调整事项如何处理？
11. 资产负债表日后非调整事项主要有哪些？

二、练习题

习题一

【目的】通过练习，掌握会计政策变更的会计处理。

【资料】甲公司于20×5年、20×6年分别以4 000万元和1 000万元的价格从二级市场购入A、B两只以交易为目的的股票，购入后两只股票的市价一直高于成本。假定不考虑相关税费。甲公司采用成本与市价孰低法对购入股票进行后续计量。公司从20×7年起开始执行新会计准则，并按规定对以交易为目的的股票改按公允价值进行后续计量，公司保存的会计资料比较齐全，可以通过会计资料追溯计算。假定公司适用的所得税税率为25%，公司按净利润的10%提取法定盈余公积，20×6年公司发行在外普通股为10 000万股。A、B股票有关成本及公允价值资料如表19-21所示。

表19-21　　　　　　A、B股票有关成本与公允价值　　　　　　单位：万元

股票	购入成本	20×5年年末公允价值	20×6年年末公允价值	20×7年年末公允价值
A	4 000	4 800	6 000	7 200
B	1 000	—	2 200	3 000

【要求】根据上述资料完成下列各项：
(1) 计算会计政策变更的累积影响数；
(2) 编制有关调整分录；
(3) 对公司财务报表进行相应的追溯调整。

习题二

【目的】通过练习，掌握会计估计变更的会计处理。

【资料】乙公司2021年12月购入一台管理用设备，设备成本为63 000元，预计使用年限为5年，预计净残值为3 000元，预计设备使用期间给企业带来的经济利益是均衡的，故从2021年起对该设备采用直线法计提折旧。2023年年初，由于技术进步等原因，原对设备使用年限及净残值进行估计的依据已明显发生了变化，需要进行修订。根据2023年初掌握的最新资料，预计该设备的剩余使用年限为2年，净残值为1 000元，假定该设备并未发生减值。乙公司适用的所得税税率为25%。

【要求】对乙公司上述会计估计变更进行相应的会计处理。

习题三

【目的】通过练习，掌握重要前期差错的会计处理。

【资料】丙公司2023年发现，2021年公司漏记一项固定资产折旧费用120万元，所得税申报表中未扣除该项目。假定公司适用的所得税税率为25%，按净利润的10%提取盈余公积，无其他纳税调整事项；公司各年对外提供的财务报表中，只包含一个比较期间的数据；公司2021年以来发行在外普通股一直为10 000万股。

【要求】对丙公司发现的上述重要前期差错进行相应的会计处理。
(1) 分析该项前期差错的影响数；
(2) 编制相关的调整分录；
(3) 对相关财务报表项目进行调整。

习题四

【目的】通过练习，掌握重要前期差错的会计处理方法。

【资料】假定习题三中丙公司2023年发现漏记的不是2021年的固定资产折旧费，而是漏记一项管理用固定资产，该固定资产为接受其他公司捐赠取得，相关凭证上注明的价款为300万元，资产已于2021年6月投入使用，预计使用年限5年。假定公司适用的所得税税率为25%，按净利润的10%提取盈余公积，无其他纳税调整事项，不考虑净残值。按照惯例公司各年对外提供的财务报表中，只包含一个比较期间的数据。公司2021年以来发行在外普通股为10 000万股，未发生变动。

【要求】对丙公司发现的上述重要前期差错进行相应的会计处理：

（1）分析该项前期差错的影响数；
（2）编制相关的调整分录；
（3）对相关财务报表项目进行调整。

习题五

【目的】通过练习，掌握对发生于报告年度所得税汇算清缴之前的销售退回的会计处理。

【资料】丁公司2022年12月20日销售一批货商品A企业，商品价格为160万元（不含税，增值税税率13%）。甲公司发出商品后，按照正常情况已确认收入，并结转成本120万元。此笔货款到年末尚未收到，丁公司未对该应收账款计提坏账准备。2023年1月18日，由于产品质量问题，所售商品被退回。丁公司于2023年2月28日完成2022年所得税汇算清缴。

【要求】对上述资产负债表调整事项进行相应的会计处理。

习题六

【目的】通过练习，掌握资产负债表日后调整事项的会计处理。

【资料】2022年8月A公司销售给B公司一批商品，货款为160万元（含增值税），B公司已于当月收到所购商品。按合同约定B公司应于收到所购商品后3个月内付款。由于B公司财务状况不佳，到2022年12月31日仍未付款。A公司于12月31日编制2022年度财务报表时，已为该项应收账款计提了16万元的坏账准备。2023年2月2日（所得税汇算清缴前）A公司收到法院通知，B公司已宣告破产清算，无力偿还所欠部分货款。A公司预计可收回该项应收账款的40%。

【要求】对A公司上述事项进行会计处理。

参考文献

[1] 财政部会计司. 企业会计准则讲解 2010［M］. 北京：人民出版社，2010.

[2] 财政部会计资格评价中心. 中级会计实务［M］. 北京：经济科学出版社，2023.

[3] 王君彩. 中级财务会计（第七版）［M］. 北京：经济科学出版社，2019.

[4] 中国会计准则委员会组织翻译. 国际财务报告准则 2015［M］. 北京：中国财政经济出版社，2015.

[5] 中华人民共和国财政部. 企业会计准则（合订本）［M］. 北京：经济科学出版社，2019.

[6] 中华人民共和国财政部. 企业会计准则——应用指南（2006）［M］. 北京：中国财政经济出版社，2006.